本书出版获得江苏天淦律师事务所资助

江苏省法学会金融法学与财税法学研究会会刊

金融财税法律评论

JINRONG CAISHUI FALV PINGLUN

陶广峰／主　编

第2辑

中国检察出版社

图书在版编目（CIP）数据

金融财税法律评论．第2辑/陶广峰主编．—北京：中国检察出版社，2019.12
ISBN 978-7-5102-2362-4

Ⅰ．①金…　Ⅱ．①陶…　Ⅲ．①金融法—研究—中国　②财政法—研究—中国　③税法—研究—中国　Ⅳ．①D922.204

中国版本图书馆CIP数据核字（2019）第260999号

金融财税法律评论（第2辑）
陶广峰　主编

出版发行：中国检察出版社
社　　址：北京市石景山区香山南路109号（100144）
网　　址：中国检察出版社（www.zgjccbs.com）
编辑电话：（010）86423707
发行电话：（010）86423726　86423727　86423728
　　　　　（010）86423730　68650016
经　　销：新华书店
印　　刷：北京玺诚印务有限公司
开　　本：710mm×960mm　16开
印　　张：29.75
字　　数：495千字
版　　次：2019年12月第一版　2019年12月第一次印刷
书　　号：ISBN 978-7-5102-2362-4
定　　价：89.00元

前 言

《金融财税法律评论》第2辑收录了江苏省法学会金融法学与财税法学研究会各位学界、实务界专家、同仁过去一年里有关金融法、财税法的最新研究成果。

在过去的一年，全球经济增长因诸多原因出现了滞胀，甚或是负增长，为应对经济增长困局，各国相继出台了刺激经济增长或宏观调控的政策，因而，无论中国还是世界其他主要经济体，其金融法、财税法等相关法律制度和实践都出现了重大变化。

自2017年以来，中国国内金融业无论是规模、制度还是监管，其发展可谓日新月异。尤其是中央金融工作会议将金融、金融安全提到了前所未有的高度。与之相呼应，我国金融监管机构也出现了重大变化，监管模式也出现了由集中监管到分业监管再到目标监管的变化。中国的金融监管可谓处于大变革时代。随着银监会保监会合并，监管理念从行业监管转向功能监管，形成了国家金融稳定发展委员会、中国人民银行、银保监会、证监会，即“一委一行两会”的新监管体系。特别是2017年国务院金融稳定发展委员会的设立，标志着我国初步形成了由国家金融稳定发展委员会统筹协调，以健全货币政策与宏观审慎政策为双支柱，综合考虑微观审慎、行为审慎等因素的多元目标监管制度。随着国家金融稳定发展委员会的设立，各省市也相继成立了地方金融监管局，陆续出台金融监管条例，监管职能持续加强，地方金融监管局与“一行两会”的地方分支机构形成更强互补，改变了原政府金融办侧重协调难于监管的短板。金融发展稳定委员会在“一行两会”之上，负监管协调之责。相对应的“一行两会”工作侧重点将依央行——宏观审慎监管、银保——微观行为监管、证监会——证券市场监管进行，这一变化较之前可以说是巨大的。

这一变化为实现中央提出的“金融是现代经济的核心”“金融安全是国家安全的重要组成部分”提供了制度保障。

因而，本书聚焦了宏观审慎与宏观经济政策、新型金融业务、网络借贷、绿色债券、信托、金融犯罪、金融审判等金融法专题研究。

同金融法一样，在过去的一年，中国的财税法研究与实践也出现了重大变化。

鉴于税收治理现代化是国家治理现代化的重要组成部分，征税权力作为国家财政权力的一种，实质上关乎国家权力与社会权利的划分。课税的主要目的在于公共物品的提供，而公共物品的提供，既涉及国家征税权力的归属问题、国家财政权与私人财产权的平衡与协调问题，更涉及国家的法治治理问题。因而，除国家税务总局为配合于2019年1月1日新修改《中华人民共和国个人所得税法》的实施，出台了《国家税务总局关于全面实施新个人所得税法若干征管衔接问题的公告》等政策解读之外，还组织了庞大的专家队伍对《税收征收管理法》的修订进行了论证。

尤其要指出的是，2019年，在《中华人民共和国环境保护税法》已实施的基础上，全国人民代表大会常务委员会于8月26日修改通过了《中华人民共和国资源税法》（2020年9月1日起施行），并在9月26日国务院颁布《实施更大规模减税降费后调整中央与地方收入划分改革推进方案》，方案的颁布是为了保持现有财力格局总体稳定，建立更加均衡合理的分担机制，稳步推进健全地方税体系改革，建立权责清晰、财力协调、区域均衡的中央与地方财政关系，也是为减税降费政策的实施创造条件，确保企业和人民群众有实实在在的获得感。该方案提出三个方面的政策措施：一是保持增值税“五五分享”比例稳定；二是调整完善增值税留抵退税分担机制；三是后移消费税征收环节，并稳步下划地方。国务院《实施更大规模减税降费后调整中央与地方收入划分改革推进方案》的颁布，不仅是国家调整中央与地方收入划分改革，落实减税降费政策，同时也是应对当前经济下行压力的关键之举。所以说，该方案对解决税收权力背后的国家整体与国家部分、中央与地方的利益分配问题的意义，无疑是重大的。

正是基于以上，本书涵盖了税收征管、个人所得税、减税降费、纳税人权利保护、国地税合并、互联网金融税收、纳税人保护官制度、《税收征收管理法》修订、税务审判等财税法重点研究论题。

总之，本书不仅汇集了江苏省金融法学与财税法学专家、同仁一年的研究心得，更是凝聚了江苏省法学会金融法学与财税法学研究会同仁对国家金融财税法律实践、法治发展进程的关切和期盼。

当然，因时间所限，入选论文在文风及学术观点等的表述方面，依从文责自负的原则，本书未作统一要求。

陶广峰

2019年10月16日于南京

目　录

金融财税法总论篇

新型金融业务法律问题研究
——以银行黄金租赁业务为例 ………………………… 侯钟鲁　张金明　003
《电子商务法》视角下的税收征管与完善 ………………………… 龚万松　009
论金融稳定中宏观审慎与宏观经济政策的关系 ………………………… 陶　峘　016
中韩两国间直接证券投资活动初探 ………………………… 张月霞　024
新时代背景下 P2P 网络借贷风险防控研究 ………………… 黄德清　程俊杰　035
民营企业税收法治保障 ………………………… 王宏伟　049
完善个人所得税制度之浅见 ………………………… 郭治国　许惠玲　058
税收换取的公共自由
——以水资源税改革为视角 ………………………… 唐安然　066
法治视野下减税降费政策研究 ………………………… 李　宁　080
我国依法治税转型发展的对策研究 ………………………… 张艺晨　089
论我国纳税人权利保护体系的构建和完善 ………………………… 黄　悦　102

金融法理论与实务篇

新型农村金融机构的制度缺陷与法律规则完善 ………………………… 蒋大平　115

农村信贷担保的财政支持政策研究…………………………… 钱清华 132
农村承包土地经营权抵押贷款制度研究……………………… 顾 烨 142
我国绿色债券发行的法律问题研究…………………………方朝阳 王成英 154
我国私募股权投资基金监管法律问题研究…………………… 马 靖 161
金融安全视野下涉众型金融犯罪之治理对策研究
——兼谈民间金融的法律规制 ……………………………… 赵 峰 170
加强金融案件审判 护航经济稳定发展
——常州市天宁区法院金融纠纷案件调研报告
……………………… 王留洪 长梅磊 申国胜 查熙迪 赵超男 185
第三方支付客户备付金监管制度研究………………………… 王 敏 192
信托登记制度探析………………………………………………… 尹炜杰 207
论家族信托受托人义务制度的完善…………………………龚鹏程 石 蕾 216
家族信托登记制度在法律层面上的矛盾及解决思路………… 佘梓欣 229
我国家族信托发展的税法障碍及破解………………………… 刘 艳 241

财税法理论与实务篇

纳税人保护官制度及常州税务局的实践……………………高 军 程金池 259
首例税务行政诉讼提审案件评析
——兼论价格明显偏低且无正当理由征税规则的完善 ………… 谢 丹 272
浅议对赌协议及其财税问题…………………………………… 于东升 283
论财税法中公权力和私权利的冲突与求同
——从破产债权中的税收债权角度探析 …………………… 鲁思远 290
"富力税案"中房产税问题的深度思考 ……………………… 王 馨 296
关于逃税罪处罚阻却性事由的若干思考……………………… 张 旭 306
企业破产程序中的税收问题刍议……………………………… 顾冶青 312
浅议国地税合并及完善路径…………………………………… 刘红雨 318
互联网金融税收法律问题探讨………………………………… 朱聪影 324

《税收征收管理法》第 88 条的法教义学之反思…………………… 杜昕怡 333
论公平分配中财税法促进与保障制度的研究…………………… 王 红 347

其他金融财税法问题篇

地方政府投资的财政部门监督机制研究……………………邹焕聪 王治富 357
初探仲裁实务中关于第三人的相关问题…………………………… 王传柱 370
机动车辆保险纠纷同案不同判问题研究…………………………… 肖天存 385
破产重整制度相关问题研究及建议………………………………… 傅璟琳 394
抵押物被查封后贷款展期的法律风险防范………………………… 周雷明 405
网络虚拟信用卡法律之探讨………………………………………… 袁丙杰 415
预售商品房按揭制度中抵押权预告登记实务问题研究……夏 磊 丁 丽 421
PPP 项目合同中唯一性条款纠纷解决机制研究 …………………… 张 蕾 436
我国智能投顾的定位及监管………………………………………… 李 林 450

金融财税法总论篇

新型金融业务法律问题研究

——以银行黄金租赁业务为例

侯钟鲁　张金明*

摘　要 ▶ 黄金租赁业务已成为了各家商业银行积极涉足的又一新兴业务领域，该业务适用于产金、用金、涉及黄金加工与贸易等企业，不仅可以大大减轻企业现金流的压力，还能为企业节约大量资金占用成本。该业务对增加银行收益、维护客户关系等方面起到了一定的积极作用，但也存在较大的法律风险需要从不同环节进行防范。

关键词 ▶ 黄金租赁　新型金融　法律风险

随着社会经济水平的提高及金融业务领域的创新，银行在提供传统金融业务的同时，也在不断推出新型金融业务，随着我国黄金市场的迅速发展，以黄金租赁为代表的贵金属租赁业务成为各家商业银行积极涉足的又一新兴业务领域。[①] 本文将以黄金租赁业务为契机，探讨新型金融业务的法律问题及风险把控。

一、银行黄金租赁业务简介

1. 银行黄金租赁业务概述。银行黄金租赁业务是指企业从银行租赁实物黄金，到期后归还实物黄金，企业拥有黄金在租赁期间的处置权并按照合同约定支付租赁费用的一项金融业务。

与一般的租赁法律关系类似，客户应当在到期后归还符合银行要求的实物黄金，但黄金租赁与一般租赁法律关系最大的区别在于，客户在取得实物黄金后，可对黄金进行加工、转让等处置行为，故银行黄金租赁业务虽名为“租

*　作者单位：江苏天淦律师事务所。

①　参见屈磊：《商业银行黄金租赁业务模式创新研究》，载《北京金融评论》2013 年第 1 期。

赁”，实为一种附带特殊条件的出让行为。

2. 银行黄金租赁业务的特点。黄金租赁业务可以满足企业的实体黄金流动性需要，并具有随时归还的优势。企业可以根据自身情况随时归还黄金，终止黄金租赁合同，但银行有权适当调节黄金租赁费率以弥补更改交易造成的损失；企业还可在租赁合同到期时申请展期。适用于用金企业所需黄金的融通，以及生产经销企业用于保值目的的提前销售。

这一业务还特别适用于产金、用金、涉及黄金加工与贸易等企业，不仅可以大大减轻企业现金流的压力，还能为企业节约大量资金占用成本。

二、银行黄金租赁业务的主要法律文件

1. 黄金租赁框架协议。框架协议上银行与客户签订银行黄金租赁业务提纲性协议，该协议明确了黄金租赁业务的定义、授信额度的调整方式、租赁费的计算标准、交易流程，约定了客户违约的事由以及违约的处理方式，并约定了管辖法院为银行所在地人民法院。

2.《中国银行间市场金融衍生产品交易主协议》及《补充协议》。根据中国人民银行的授权，中国银行间市场交易商协会于 2007 年 10 月发布了《主协议》相关文本。《主协议》是加强市场自律、规范市场参与者从事金融衍生产品交易行为的基本准则，是中国场外金融衍生产品交易的规范、标准文本，是中国金融衍生产品市场发展至关重要的基础性制度安排。[①]

作为我国金融衍生产品市场制度建设的一项重要成果，《主协议》的发布是中国金融衍生产品市场发展的里程碑事件，必将对我国金融市场发展产生积极而深远的影响。

《补充协议》是在《主协议》的基础上制定的，是对《主协议》作出的补充或特别约定。依据《主协议》的约定，交易双方关于金融衍生产品交易的协议由《主协议》、《补充协议》以及交易有效约定三部分构成，《主协议》与《补充协议》约定不一致的，以《补充协议》为准。就一笔具体交易而言，在《主协议》《补充协议》和交易有效约定出现不一致时，效力优先顺序为：交易有效约定 >《补充协议》>《主协议》。

---

① 参见肖元、廖华汶：《我国发展信用衍生产品面临的环境与条件分析》，载《中国债券》2010 年第 8 期。

3.《衍生产品交易风险确认函》。该文件通常作为前述《主协议》《补充协议》或框架协议的附件。因黄金租赁业务属于新兴金融业务，向客户进行充分的说明是银行开展该业务以前必经环节，该文件用于向客户告知金融衍生产品交易过程中可能存在的风险，客户确认对此已完全知悉。

4. 其他具体的交易确认文件。包括银行与客户间签订的其他协议、资料等，但不限于贵金属即期和衍生交易之约定、黄金租赁业务交易确认书、贵金属衍生交易指令授权函等。

上述文件对贵金属即期和衍生交易的专用名词进行了阐明，对交易的方式做了更细致的规定，明确了单笔黄金租赁业务的交易类型、交割方式、交易品种、交易日、交割日、黄金重量、成交价、客户违约处理方式等具体内容。

三、黄金租赁业务的法律性质分析

（一）黄金租赁业务的标的物

黄金租赁合同中，需要注意的是作为租赁标的物的黄金具有不同于普通租赁标的物的四项特征：（1）黄金属于种类物，可以用品种、规格、度量衡加以计算并相互替代，而普通租赁的标的物属于不能为其他物所代替的特定物；（2）黄金属于消耗物，会在使用中因耗用而改变形态（如加工成首饰），而普通租赁的标的物属于非消耗物；（3）客户拥有标的物的处分权，而普通租赁中标的物仍然归出租方所有，租入方只有使用权，没有处分权；（4）客户到期返还的黄金不是银行向其交割的原标的物，而是同一种类、同一成色、相同重量的实物黄金，因此黄金租赁合同中存在两项不同的标的物，一项是出租的标的物，另一项是返还的标的物，而普通租赁中租入方返还的标的物与出租的标的物是同一项标的物。

（二）黄金租赁的性质

根据上文分析，可以发现黄金租赁与普通租赁相比，其标的物存在四项主要区别，因此黄金租赁是否属于租赁存有疑问。目前对黄金租赁的性质主要有三种观点，即租赁说、销售说和借贷说。

1. 租赁说。该观点的主要依据是合同形式和实务中的会计核算：银行和客户之间签订的合同是“租赁合同”，合同中约定客户定期向银行交付租赁费，实务中银行也多将作为租赁标的物的黄金核算为租出资产，因此黄金租赁属于租赁的一种。

租赁说的缺陷在于:（1）租赁合同是出租人将租赁物交付承租人使用、收益，承租人支付租赁费的合同，承租方没有权利处置租赁标的物。黄金租赁中的客户在取得作为租赁标的物的黄金后，无论是择机销售变现还是用于生产其他产品，都属于一次性耗用，之后标的物已经不存在，这与租赁合同的特征不相符。（2）租赁合同中只有一项标的物，承租人租期届满时负有返还原物的义务，但是黄金租赁中有两项标的物，客户到期返还的黄金与银行交付的黄金不是同一项物权，而是可以替代的种类物。

2. 销售说。该观点认为银行在将黄金交付给客户的过程中，通过上交所完成了实物交割。作为标的物，黄金的所有权已经发生了转移，因此黄金租赁不属于只转移使用权、不转移所有权的租赁合同，而属于有形动产销售合同。鉴于客户归还黄金时同样发生了黄金所有权转移，所以黄金租赁应当分解为两项销售合同：银行出租黄金时按销售处理，收回黄金时按购进处理，客户作相反的处理。

销售说从标的物所有权转移的特点出发否认了黄金租赁属于租赁合同，但是把黄金租赁中发生的两次黄金实物交割看作是两项孤立的销售行为不妥，因为按照黄金租赁的合同约定，归还黄金的义务在客户从银行取得黄金之时已经发生，第二次黄金实物交割是针对第一次交割的同种类替代物返还而非销售商品抵偿债务。销售说的另一个缺陷是无法解释黄金租赁中客户向银行支付租赁费的问题，因为租赁费属于融资过程中发生的费用，而销售不属于融资行为，通常不存在买方向卖方支付租金或利息的情况。

3. 借贷说。该观点认为，客户之所以愿意租赁黄金，是因为希望通过取得黄金使用权的同时避免支付黄金的货币价值，从而以“融物”的方式实现融资，银行将黄金交付给客户实质上相当于按照租出时标的物黄金的价格向客户让渡了资金的使用权，客户取得黄金后，无论是择机销售变现还是用于生产其他产品，实质上都是占用了银行的资金开展经营活动，银行与客户构成了实质上的借贷关系。在黄金租赁过程中，租赁费实质上是银行向客户让渡资金使用权而收取的利息，现实中银行也是以出租黄金的公允价值和租赁天数为基础计算租赁费的，与利息的计算方法类似。

如果将黄金租赁界定为借贷合同，合同的标的物应当是租出的黄金，但目前我国民法尚无关于对标的为实物的借贷合同的解释。根据现有的学理解释，笔者认为可以将黄金租赁视作一种消费借贷契约，即把一定数量的货币或实物交付借用人所有，借用人在约定期限内负责归还同等数量的货币或同种类、品质、数量的实物的合同。这种借贷的特点是借用人归还的物不是借入的原物，符合黄金租赁的特点。

与租赁说相比，借贷说更好地解释了黄金租赁不同于普通租赁的最重要特点，即客户有权处置租入的黄金；与销售说相比，借贷说合理解释了客户到期应当归还同等数量和质量黄金的问题和支付利息（租赁费）的问题。因此笔者认为借贷说体现了黄金租赁交易的实质，应予采纳。

四、黄金租赁业务中的客户权利与义务

在黄金租赁业务中，客户的主要权利为取得了黄金的处置权，客户可根据自身经营需要，通过直接变现或生产加工黄金制品并销售的方式获利。

客户的主要义务为:（1）足额预存保证金;（2）按照合同约定支付租赁费等应付款项;（3）按期归还实物黄金。

租赁费的标准通常由框架协议或其他具体融资文件确定，支付方式也存多种方式，如可以约定按月/季度付租赁费，或者可以约定客户在到期日一次性付租赁费，也可以约定在租赁起算日一次性交纳全部的租赁费。客户可申请提前归还黄金，通常客户需按实际租赁天数支付租赁费，银行有权依据合同要求客户承担违约金。

当租赁期满后，客户应归还符合双方约定标准的实物黄金。

五、黄金租赁业务的风险防范

通常情况下，客户违约主要包括以下几种情形:（1）客户自身经营情况出现问题，财务恶化、涉诉等不利事件;（2）不能按期归还黄金;（3）不能按期交纳租赁费及其他应付款项。

客户将承担如下违约责任:

1. 客户未按协议归还黄金的，应向银行赔偿租赁到期日在交易所购买相同种类、成色及规格黄金的价款，并以该价款为基数按合同约定的利率标准支付违约金。

由于客户未能在约定的到期日归还符合双方合同约定的黄金，将导致银行向黄金交易所归还相同类型、数量的黄金，通常表现为银行以租赁到期日当天

相同种类、成色及规格黄金的结算价格向黄金交易所支付对应的金额，该金额即为银行的垫资金额。客户应当赔偿银行的上述垫资金额，并以合同约定的标准支付违约金。

2. 客户未支付租赁费及其他应付款项的，应向银行支付租赁费及其他应付款项，并以该租赁费等其他应付未付款项为基数按合同约定的利率标准支付违约金。

如前文所述，客户按约定支付租赁费及其他应付款项的，类似于金融借款中的支付利息。在租赁期间内，按期支付租赁费是客户的最基本合同义务。客户未能按约支付租赁费的及其他应付款项的，应当以合同约定的计算方式向银行支付违约金。

银行有权从客户的保证金账户中扣划相应金额的款项用于支付黄金价款、租赁费、应付款项及违约金等，并有权要求客户补足保证金，且有权单方面终止合同。

近年来，我国黄金租赁业务迅速发展，已经成为商业银行中间业务的重要增长点，也成为国内商业银行黄金储备、交易量大幅增加的主要原因。商业银行作为黄金市场的重要主体之一，在中国黄金市场的发展中扮演越来越重要的角色，面对目前我国商业银行息差收窄、贷存比较低、客户融资成本较高等问题，银行在控制风险的前提下发展黄金租赁融资业务对增加银行收益、维护客户关系等方面起到了一定的积极作用。

《电子商务法》视角下的税收征管与完善

龚万松*

摘　要 ▶ 近几年，电子商务在我国呈现高速发展的态势，随着《电子商务法》的实施，电子商务的规范化管理正逐步落实。在税收征管领域，《电子商务法》明确了电商行业的课税主体和课税客体，加强了电商行业的税收征管，从税收公平的角度明确了线上线下经营主体的平等责任，促进了电子商务与实体经济的共同发展。但目前《电子商务法》中确立的税收征管制度仍比较抽象，亟须通过实施细则的制定或相关司法解释来进一步明确。

关键词 ▶ 电子商务法　税收征管　跨境电商　微商　代扣代缴

近几年，我国的电子商务呈现高速发展的态势，根据《中国电子商务报告（2018）》的数据显示：2018年全年实现电子商务交易额31.63万亿元，同比增长8.5%；电子商务从业人员达4700万人，同比增长10.6%。[①] 电子商务产业已经成为我国市场经济的重要组成部分。当然，在电子商务的发展中，也存在诸如支付不安全、不正当竞争、消费者维权困难、监管缺位、税收流失等问题，随着2018年《电子商务法》（以下简称《电商法》）的通过，并于2019年1月1日正式实施，上述问题上都开始出现改变。《电商法》强化了平台经营者的责任，保障了支付安全，加大了对刷单等不正当竞争行为的打击力度，明确了电商经营者的登记制度，明确了电商经营者的纳税义务等。

《电商法》是我国第一部电子商务领域的综合性法律，从全世界范围的电

---

*　作者单位：江苏开放大学。

①　数据来源于《中国电子商务报告（2018）》，载中华人民共和国商务部电子商务和信息化司官网，https://dzsws.mofcom.gov.cn/。

子商务立法来看，具有重大的引领作用。其立法过程一波三折，立法者破除了种种障碍，打破了传统部门立法的模式，制定了一部涉及电子商务主体、电子商务合同、争议解决、法律责任等多领域的综合性的法律，为我国继续保持电子商务行业的强劲发展势头，并始终保持国际领先水平奠定了良好的法治基础。在《电商法》的诸多规范中，税收征管制度的明确确立，为电子商务的良性发展、线上商务与线下实体的均衡发展与融合打下了基础，夯实了我国的税收法定原则。下面将从电子商务中的课税主体、课税客体、税收征管模式等几个方面来具体阐述。

一、电子商务中的课税主体

（一）电商行业的纳税义务

《电商法》公布之前，对电商行业是否需要纳税，是否需要享有更多的税收优惠来促进其发展，如何进行税收征管等问题一直存在争议。《电商法》第4条规定："国家平等对待线上线下商务活动，促进线上线下融合发展……"第11条第1款规定："电子商务经营者应当依法履行纳税义务，并依法享受税收优惠。"上述条文表明了国家对待电商行业发展的态度：将其作为一种新的经营模式与传统的实体经营模式一体对待，公平竞争，发挥各自的特点和优点。应该说在经过了十多年的发展后，我国的电子商务已经度过了幼生期，其能够以强有力的姿态与实体经济进行竞争，并享有相同的税收优惠政策，承担相同的纳税义务，体现了税收公平原则。

（二）电子商务中的纳税义务人

在《电商法》公布之前，哪些电商主体需要纳税一直没有明确的答案。电子商务的主体一直没有明确的说法，在《消费者权益保护法》中以"网络交易平台提供者"来指称电商平台方，其他电商经营者则仍以"销售者"或"服务者"指称，这并不能将其与实体经济的经营者作出明确区分。《电商法》第9条规定：本法所称电子商务经营者，是指通过互联网等信息网络从事销售商品或者提供服务的经营活动的自然人、法人和非法人组织，包括电子商务平台经营者、平台内经营者以及通过自建网站、其他网络服务销售商品或者提供服务的电子商务经营者。第一次根据经营主体的经营类型、营利方式对其作出了准确地划分。究其意义来说，应有以下几个方面：一是明确了电子商务经营者的类型，通过名称可以明显区分其经营方式和营利方式，为电子商务的规范化管理提供了基础；二是明确了微商的合法性。自微商诞生以来，其合法性一直是一个争议较多的问题，微商的税收征管也是一大难题。《电商法》的公布首先肯定了其合法性，并将其与其他电商经营者一体保护与监管；三是明确了电子商务平台经营者、平台内经营者以及通过自建网站、其他网络服务销售商品或者提供服务的电子商务经营者都属于纳税义务人，承担纳税义务。

（三）电子商务经营者的纳税登记

随着我国“放管服”改革的不断推进，在行政效率、行政便民等方面有了巨大的提升。具体到纳税登记方面，推行“五证合一、一照一码”的改革，将营业执照、组织机构代码证、税务登记证、社会保险登记证和统计登记证实行五合一，简化审批手续，降低创业门槛。这种改革不仅对实体经济有效，对电商行业同样生效。《电商法》第 10 条规定：“电子商务经营者应当依法办理市场主体登记。但是，个人销售自产农副产品、家庭手工业产品，个人利用自己的技能从事依法无须取得许可的便民劳务活动和零星小额交易活动，以及依照法律、行政法规不需要进行登记的除外。”通过对这一条文的解析，我们可以明确：（1）绝大多数的电子商务经营者都必须进行登记。登记除作为电商经营者取得合法经营资质的条件外，也是其依法履行纳税义务的法定手续，税务机关将根据登记对其经营活动进行税务管理。（2）将个人销售自产农副产品、家庭手工业产品，个人利用自己的技能从事依法无须取得许可的便民劳务活动和零星小额交易活动，以及依照法律、行政法规不需要进行登记的排除在外。这里的除外规定仅仅免除其经营资质上的登记责任，并未免除其纳税登记的义务。《电商法》第 11 条第 2 款规定：“依照前条规定不需要办理市场主体登记的电子商务经营者在首次纳税义务发生后，应当依照税收征收管理法律、行政法规的规定申请办理税务登记，并如实申报纳税。”该条明确了其仍具有依法纳税的义务。但何为“零星小额交易活动”，《电商法》未给予明确规定，需要在后续的实施细则中进一步明确说明。[①]（3）纳税登记将成为税务机关进行税收征管的主要依据，也将成为税务机关对电商行业中偷税漏税行为进行打击的主要依据。

---

① 参见吴志明、吕良：《税收征管角度下〈电子商务法〉的作用》，载《黑河学院学报》2019 年第 7 期。

二、电子商务中的课税客体

《电商法》第2条规定:“中华人民共和国境内的电子商务活动，适用本法。本法所称电子商务，是指通过互联网等信息网络销售商品或者提供服务的经营活动。法律、行政法规对销售商品或者提供服务有规定的，适用其规定。金融类产品和服务，利用信息网络提供新闻信息、音视频节目、出版以及文化产品等内容方面的服务，不适用本法。”这条规定明确了电子商务行业的课税对象为通过互联网等信息网络销售商品或者提供服务的经营活动，但其仍然存在一些需要澄清的内容，具体来说：

（一）跨境电商的税收征管问题

《电商法》将电子商务活动限定为我国境内，首先可以确定我国境内的电子商务经营活动属于课税对象，但跨境电商活动是否需要对其征税？根据《电商法》第26条规定:“电子商务经营者从事跨境电子商务，应当遵守进出口监督管理的法律、行政法规和国家有关规定。”由此可见，跨境电商并不是法外之地，其虽然不受《电商法》的挑战，但仍要受到《海关法》等相关法律法规的挑战，跨境电商行为仍需要纳税。

（二）特殊电商行为的税收征管问题

《电商法》将金融类产品和服务，利用信息网络提供新闻信息、音视频节目、出版以及文化产品等内容方面的服务，以及法律、行政法规对销售商品或者提供服务有规定的等经营活动排除在适用范围之外，也即意味着以上经营行为并不按照《电商法》的规定进行纳税登记和税收征管。电子商务活动具有其特殊性，其调整规则并不能够适用于全行业，金融类、新闻类、文化产品类等行业本就存在特殊的管理规定，不能适用电商行为调整的一般规则，而是适用与其行业相关联的法律法规来调整。但是在当前阶段，金融、新闻出版、音视频节目及文化产品等方面的法律大都尚未对其行业内的线下经营与线上经营相区别，税收征管方面更加无从谈起，这对于行业的公平发展势必将带来影响，迫切需要修订法律以适应现实。

三、电商中的税收征管模式

电商中税收征管模式一直是法律界争议的热点问题，电子商务活动本身具有跨时空、跨领域的特点，在《电商法》完全落实之前，纳税登记始终是管理的难题，而电商经营者的经营情况又具有隐蔽性的特点，很难为税务机关所查知。以上都造成了电商活动税收征管的困境。《电商法》为了破解这一难题作了以下规定，第 25 条规定：“有关主管部门依照法律、行政法规的规定要求电子商务经营者提供有关电子商务数据信息的，电子商务经营者应当提供……”第 28 条第 2 款规定：“电子商务平台经营者应当依照税收征收管理法律、行政法规的规定，向税务部门报送平台内经营者的身份信息和与纳税有关的信息，并应当提示依照本法第十条规定不需要办理市场主体登记的电子商务经营者依照本法第十一条第二款的规定办理税务登记。”从以上规定我们可以看出：

1. 电子商务经营者有如实告知义务。纳税申报是纳税人的基本义务，其按照税法规定的期限和内容向税务机关提交有关纳税事项的书面报告，这是纳税人履行纳税义务、承担法律责任的主要依据，是税务机关税收管理信息的主要来源和税务管理的一项重要制度。随着大数据的发展，电商商家本身可以较为清晰地了解自己的经营情况和经营信息，《电商法》规定了电商经营者有提供经营信息的义务，这对于税务机关确定经营者的纳税申报是否准确，税务机关的开展税务核查等都具有重要的现实价值。

2. 电子商务平台经营者有协查义务。《电商法》加大了平台经营者的义务范围，需要向税务机关报送平台内经营者的身份信息和与纳税有关的信息，需要向不需要办理市场主体登记的电子商务经营提示办理税务登记。今天的电商经营模式，大数据、云计算、第三方支付等制度已经被广泛地运用，平台经营者利用技术优势可以清晰地掌握平台内经营者的经营数据。因此，法律对其课加了如实协助的义务，以便于税务机关更详细、准确地了解平台经营者的经营信息。

3. 出具发票义务。《电商法》第 14 条规定：“电子商务经营者销售商品或者提供服务应当依法出具纸质发票或者电子发票等购货凭证或者服务单据。电子发票与纸质发票具有同等法律效力。”这一条文与《税收征收管理法》第 21 条，《发票管理办法》第 19 条的规定如出一辙，都贯彻了我国传统税收征管中的“以票控税”的管理模式，对电子商务中的不开发票或少开发票以达到逃避缴纳税款的行为起到了良好的震慑作用。

四、电商税收征管完善的思考

时至今日，我国的电商发展已经跃居全球领先水平，移动支付已经遥遥领先，《电商法》的出台为电商行业的发展提供了坚实的法治保障，创造了良好的法治环境。就税收征管来看，初步明确了电商税收征管的原则，建立了较为全面、实际的征管模式，为后续推进电商税收征管制度改革提供了法律依据。但从具体实施角度分析，仍有部分问题需进一步澄清。

（一）平台经营者的代扣代缴问题

在当前的电子商务中，基于电商平台发生的交易占有主导地位，因此，对于平台经营者的税收管理肯定是重中之重。除了对平台经营者的平台经营行为及其自营业务征税以外，《电商法》也为其确立了协助、配合的义务。如前所述，其必须积极配合相关主管机关，履行通知、协查等义务，提供平台内经营者的经营信息。但平台经营者是否需要承担代扣代缴义务仍有争议。从意义上看，实行平台经营者代扣代缴，可以从源泉上控制，是避免税收流失的重要方式；从技术上看，大量的平台都实行第三方支付制度，这为平台经营者了解平台内经营者的经营信息提供了客观依据，具有可操作性；从经验上看，截至 2015 年，亚马逊已经在美国 23 个州代征销售税，覆盖了美国一般以上的人口，为我们提供了很好的经验。[①] 当然，如何避免平台经营者利用优势地位侵犯经营者的经营权、商业秘密等也是必须要得到足够重视与妥善解决。

（二）微商的税收征管仍是难题

《电商法》将微商纳入征税范围，维护了税收的中性原则，是追求税收公平、践行税收法定原则的现实体现。但涉及具体的微商征税问题，仍有较多的难点。一是微商的认定问题。《电商法》将通过自建网站、其他网络服务销售商品或者提供服务的电子商务经营者都纳入电商范围，并要求其办理登记，主动申报纳税。但现实中存在大量从事微商业务的经营者，并不履行登记和申报，由于其经营行为已融入各种日常社交媒体中，使得法律上缺乏有力的监管手段。二是应税所得额难以确定。在平台内开展经营活动，因为有着第三方支付的约束，使得平台经营者能较为准确地了解经营者的经营信息，通过信息告

① 参见何谨:《电商缴税逐渐走向规范化》，载《科技智囊》2017 年第 8 期。

知和协查制度，确定相对准确的应税所得额。但微商的经营行为往往以点对点的方式开展，经营者与消费者直接通过微信好友等方式进行沟通、洽谈，给交易行为披上了一层“社交”的外衣，款项支付也多以“转账”“红包”等方式完成，无法直接作为经营数据使用，监管难度较大。

（三）“以票控税”到“信息控税”的转变

我国传统的税收征管模式多采用“以票控税”的方式，从发票上进行管控，收到了较好的效果。但电子商务具有数据性、虚拟性的特征，消费者大多没有索取发票的习惯，也没有索取发票的现实价值。相当数量的经营者以不开发票作为价格优惠的条件，以期达到与消费者“双赢”的效果，最终造成的是国家税收的流失，是对国家税收征管制度的破坏。《电商法》加强了信息管控，对电商经营者课加了如实提供电子商务数据的义务，对平台经营者课加了协查、提示等义务。但在这一过程中：一是如何实现多平台的数据共享与交换？如电商平台与税务机关、税务机关与商务部、海关、市场监管局、社保机关等的数据共享，都存在较大的困难；二是电子商务的会计处理存在特殊性，给“信息管控”带来了困难。消费者与经营者存在提交订单、在线付款、发货、物流、确认收货或退货、第三方清算货款等环节，有时还存在消费者无理由退货、换货等情形，使得经营信息复杂多变，给平台经营方和税务机关带来较大的困扰。总之，从传统的“以票控税”向“信息控税”转变，在电子商务领域是一个趋势，这里除了需要从技术上做好准备以外，更主要的是需要从管理观念上加以转变。

《电商法》的出台，构建了我国电子商务税收征管制度，在世界范围内都必将产生重大的影响，为税务机关的税收征管提供了法律依据，为我国线下线上商务的共同发展、相互促进、相互融合创造了良好的法治环境。但同时，我们也要认识到，《电商法》对税收征管的规定还比较模糊，需要逐步细化；随着技术的发展及其与商务行为的融合，在未来的发展中还会出现很多新问题，这都需要我们进一步完善。

论金融稳定中宏观审慎与宏观经济政策的关系

陶 峘*

摘 要 ▶ 2008年爆发的金融危机使得各国中央银行、国际组织和学术界充分认识到，盯住通胀的货币政策和关注单一金融机构经营状况的微观审慎监管未能构建起一张完整的经济金融运行的安全网，既有的危机防御机制在宏观调控层面上存在漏洞。在此背景下，致力于降低顺周期性和跨机构的系统性风险以弥补金融监管漏洞、维护金融稳定进而避免实体经济遭受重大损失的宏观审慎管理得到广泛讨论。宏观审慎管理不再仅仅局限于金融监管领域，而是被提升到关系整个宏观经济运行的高度，本文从金融稳定的角度着手，就宏观审慎管理如何与宏观经济政策协调作出分析，宏观审慎管理与其他经济政策应是相辅相成的关系，宏观经济政策与微观监管的负责机构应树立宏观审慎视角，宏观审慎监管当局也要不断评估宏观审慎监管政策对其他宏观经济目标的影响，通过有效的沟通协调，形成政策合力。

关键词 ▶ 宏观审慎　财政政策　货币政策

宏观审慎管理包括宏观审慎分析和宏观审慎监管。宏观审慎分析是指对系统风险进行分析、评估和检测，是实施宏观审慎管理政策工具的基础和前提，同时也可以为货币政策、财政政策和产业政策提供决策参考；宏观审慎监管是指监管当局为降低金融危机发生的可能性或减少经济波动给金融体系带来的损

---

* 作者单位：Philipps-Universität Marburg。

失，从金融体系整体而非单一金融机构角度实施的监管，以此防范系统风险，维护市场公正和效率。①

这里需要强调的是，宏观审慎管理并不意味着可以充分消除系统风险、完全规避金融危机，但至少可以减少系统风险的累积、最大程度缩短金融危机的爆发周期；宏观审慎管理也并不意味着替代或包含货币政策、财政政策、产业政策，而是与之一起实现宏观调控目标的创新管理方式。

危机前普遍认为已有的经济调控框架、金融监管和市场纪律已经提供了实现金融稳定的有效机制。然而，金融危机的爆发表明，危机前的金融稳定机制存在重大缺陷。因此，宏观审慎监管在促进经济与金融稳定方面是否有效，它与宏观经济政策之间是否会产生政策冲突，两种政策之间如何进行协调与配合，这些问题都需要我们进一步探索与求证。

一、金融宏观审慎监管政策与货币政策的关系

金融宏观审慎监管政策中的“宏观审慎”字眼使其很容易与货币政策相混淆，其实两者之间的区别还是非常清晰的。

首先，应进一步厘清两种政策相互区别、各不相同的政策目标。长久以来，无论业界还是理论界，对货币政策的目标认识存在重大分歧：有人认为货币政策应是单一政策目标，即价格稳定；也有人认为货币政策应是多重目标，除了价格稳定外，还应包括充分就业、经济增长、金融稳定等宏观经济目标。从历史上看，货币政策目标本身具有一定的周期性波动，在经济危机或萧条期，多重政策目标的主张占上风，而在经济繁荣出现明显通胀威胁时，货币政策又退回到单一目标。其实，在一个清晰完整的宏观经济政策框架中，如果能够严格区分货币政策和金融宏观审慎监管政策，完全可以避免这一分歧，即货币政策的唯一目标是价格稳定。金本位瓦解后的信用货币时代，只有央行坚定的反通胀声誉才能真正稳定价格预期。宏观经济稳定则是国家宏观调控政策（包括财政政策、产业政策等）的目标，防范系统性风险和维护金融稳定是金融宏观审慎监管政策的目标。中央银行是明确的货币政策的决策者和责任人，但根据各国不同的国情和授权的差异，央行职责可以同时包括参与甚至牵头其他宏观经济政策和金融宏观审慎监管政策的决策和执行。权责明确、责任清晰

---

① 参见刘广伟：《系统风险、宏观审慎与中央银行的相对独立性》，载《西南金融》2011 年第 5 期。

是宏观经济政策框架有效运转和相互配合的前提，金融宏观审慎监管政策和货币政策分司金融稳定和价格稳定目标是两者之间有效协调的基础。

其次，两种政策分别拥有各不相同的工具箱。货币政策通过再贴现和再贷款、公开市场操作、存款准备金三大传统工具影响利率中介目标或直接影响价格预期，来实现价格稳定的政策目标。金融危机爆发以来的量化宽松政策实际上是扩大了央行支持资产的范围，并通过公开市场操作使货币供应量维持在较高水平，为化解危机前积累的系统性风险赢得时间和创造条件。金融宏观审慎监管的工具除了系统重要性附加和逆周期资本附加两个专门工具外，更多借用微观审慎监管工具，强调早识别和早化解系统性风险。①

处理好金融宏观审慎监管政策和货币政策的关系，除了厘清两者的区别外，还要高度重视两者之间的联系和相互影响。金融宏观审慎监管政策工具在防范和化解系统性风险的同时，也会对价格稳定带来影响；而货币政策工具的应用在影响价格预期的同时，其政策效果也会对金融体系带来冲击。因此，金融宏观审慎监管政策与货币政策之间必须建立有效的沟通协调机制，在充分评估政策之间相互影响的基础上，平衡好金融稳定和价格稳定的关系。②

此外，货币政策和宏观审慎监管紧密联系。金融稳定直接影响到金融市场，而金融条件会影响货币政策的传导机制。成功而有效的货币政策和宏观审慎政策能够互相增强和彼此促进：一方面，为增强金融体系的弹性而采取的宏观审慎政策通过在急剧的金融动荡中保护经济，增强了货币政策的有效性；另一方面，宏观经济的稳定也降低了顺周期倾向所引致的金融体系的脆弱性。同时，为增强金融系统的弹性而采取的措施通过降低在信贷供给领域的金融摩擦效应，也有助于货币政策在更广阔的经济环境中更精确地影响信贷状况。

宏观审慎政策能够有效应对顺周期性和跨机构的系统性风险，一个全新的宏观调控体系应是包括货币政策、宏观审慎政策在内的体系框架。尽管目前应由货币当局还是金融监管机构抑或是成立一个全新的独立的管理机构来实施宏观审慎政策尚存争议，但同时肩负货币币值稳定职责与金融稳定职责的货币当

① 参见王兆星:《构建金融宏观审慎监管框架——国际金融监管改革系列谈之七》，载《中国金融》2013年第18期。

② 参见王晓等:《金融稳定目标下货币政策与宏观审慎监管之间的关系：一个文献综述》，载《国际金融研究》2013年第4期。

局，将宏观审慎管理纳入政策调控范围却是义不容辞的。特别是，在周期性经济运行中，实体经济与金融体系之间存在顺周期性问题，货币当局具有兼顾物价稳定和金融稳定的天然优势。[①]

二、宏观审慎监管与财政政策的协调

在现有的讨论中，对于宏观审慎监管与财政政策的协调涉及不多。但政府财政政策的稳健同样是金融稳健的必要条件，所以这两者之间的协调也非常重要。如果政府财政赤字过高，大量持有国债或其他政府债权的金融机构和个人就会面临政府违约的风险。这必然导致系统性风险的上升。因政府过度负债，导致恶性通货膨胀和金融体系崩溃的例子，在历史上并不少见。最近欧洲主权债务危机可以算是在通货膨胀并不明显的情况下出现金融体系不稳定的重要例子。另外，一旦发生金融危机，尽管中央银行会通过注入流动性等方式参与处理，但最后真正承担损失的还是政府财政，或者说广大纳税人。本次金融危机中，通过政府注资的方式挽救问题机构，或者说政府的杠杆化取代金融机构杠杆化的做法，就是这方面最好的证明。

从财政政策发挥作用的渠道看，宏观审慎监管也会对其产生一定的影响。在收入政策方面，宏观审慎监管的影响主要集中在对政府赤字和其他公共部门债务方面。例如，在扩张性财政政策下，政府一般会扩大赤字或者公共部门债务，但在银行资本充足水平高于监管最低要求的情况下，银行会优先考虑发放私人部门信贷，因为一般情况下政府和公共部门债权的账面收益要低于其他信贷。只有当银行资本充足率没有空间时，政府和公共部门的债权才会因资本占用低而受到银行的青睐。换言之，当银行体系资本充足水平接近监管最低要求时，政府通过举债的方式筹集资金会比较顺利，具体体现在成本较低和数量较大两个方面。在支出政策方面，宏观审慎政策的影响主要通过对私人部门信贷供给间接发生作用。例如，在扩张性财政政策下，政府扩大支出刺激经济。如果银行资本充足水平高于监管要求，私人部门同时仍然能够获得信贷支持，那么在其他条件不变的情况下，扩大财政支出对于私人部门的挤出效应就会比较小，在政府支出和私人部门支出的双重作用下，财政政策效果明显。如果资本

① 参见王兆旭等:《宏观审慎管理研究综述——基于中央银行宏观金融调控的视角》，载《山东社会科学》2011 年第 2 期。

充足率水平已经没有空间，私人部门不能获得信贷，扩大财政支出对于私人部门的挤出效应就会比较大，政府部门在推动经济方面的作用因为私人部门的信贷需求得不到满足而显得很突出，但由于缺乏私人部门的配合，财政政策效果却受到抑制。在流动性要求方面，银行持有的政府和其他公共部门债权一般都能够被认为是具有较好流动性的资产，因而总体上影响不大。[①]

在协调宏观审慎监管与财政政策上，需要注意以下几点：一是财政政策也应该引入宏观审慎的视角。特别是在政府债务和财政赤字管理方面，必须用更加长远的观点看待政府债务的积累，充分认识到过高负债率对金融稳定带来的影响，解决好政府任期有限与政府债务长期甚至无限的矛盾。二是在评估时，对于各种形式的隐性政府债务予以充分重视，合理全面掌握政府债务的总体情况和趋势。三是对于银行持有的不同层级政府和公共部门债权的资本和流动性监管要求方面，监管当局可以在巴塞尔协议的基础上进一步予以适当区分，更加准确反映风险水平，更加有针对性地实施审慎监管。例如，将中央、省及以下政府区分开来，将政府发行的可流动性债券和公共部门从银行获得的信贷区分开来等。四是继续按照上述适当干预的原则建立一种机制，即在经济上行和繁荣期，需要财政政策更加关注金融失衡和系统性风险的积累，更加主动地与宏观审慎政策配合，在经济下行和萧条期，需要宏观审慎监管更加关注实体经济增长，更加主动地与财政政策配合。五是在对问题机构的救助和处理方面，政府充分利用宏观审慎监管的成果，及时果断地进行救助和处置，防止问题蔓延。例如，对于已经制定恢复计划和处置计划的银行，可预先安排、设计相应的救助措施，对于问题机构的救助可以参照系统重要性水平进行等。[②]

制定宏观审慎监管规则时，需要吸纳和预判未来财政政策的变化。中央政府和各级地方政府财政支出的结构和税收体系的结构性变革同样会带来金融监管对象体系的变化。以中国为例，1994 年分税制改革后，目前的财政分权结构不尽合理，地方政府在目前总体财政收入中只占三成，而地方经济发展的七成支出需要地方政府承担，这意味着收支责任严重不对称。在中央和地方税收分配关系短期内无法进行大的变革时，地方政府就开始大搞地方融资平台，找银

① 王征：《突破我国当前宏观经济困境的政策选择——兼论我国地方债的宏观审慎监管》，载《中央财经大学学报》2013 年第 3 期。

② 刘泽云：《宏观审慎监管与宏观调控政策的协调》，载《中国财政》2011 年第 11 期。

行借贷，出卖地皮，结果导致房地产市场热度不减，系统性的风险急剧增加。中国目前金融系统累积了相当程度的系统风险，而可能发生危险的突破口可能有两个，一个是地方融资平台，另一个就是房地产市场价格迅速缩水，带来债务紧缩效应。这两个问题都是金融监管部门在采取宏观审慎监管时不可回避的难题。由于宏观审慎监管可以防范和控制系统性风险，维护金融稳定并因此减少或消除动用纳税人资金进行危机救助的可能，由此控制和降低政府财政赤字规模，维护财政在中长期的稳定性和可持续性。因此，财政当局作为宏观审慎监管的重要利益相关者，必须建立必要的正式交流渠道分享信息、讨论问题，给出解决方案。①

三、金融宏观审慎监管与微观审慎监管的关系

无论微观审慎监管还是宏观审慎监管都属于审慎监管的范畴，其目标都是监测和防范风险。两者的区别在于微观审慎监管监测和防范的是单体金融机构的风险，而宏观审慎监管对应的则是系统性风险。在监管覆盖范围上，微观审慎监管与宏观审慎监管也有较大的区别。虽然所有金融交易都有风险，但微观审慎监管并不覆盖所有的金融机构。一般而言，微观审慎监管对象只覆盖具有较强外部性特征的高杠杆金融机构，如银行、保险公司，而更多作为融资中介的投资银行和证券公司多作为行为监管的对象，往往不被微观审慎监管所覆盖。宏观审慎监管的覆盖范围要广得多，由于系统性风险的来源非常广泛，宏观审慎监管的监测范围不仅包括金融体系，还需要经常关注其他经济领域，如房地产市场、政府债务等。

从上面的讨论中，我们可以看到微观审慎监管和宏观审慎监管的区别和相对独立性。但需要说明的是，两者之间的联系和相互影响也是不容忽视的。首先，两者的监管对象存在很多重叠的领域，需要特别关注政策叠加的效果；其次，某一具体的监管工具可能对两类监管目标同时产生影响，如流动性监管标准既是微观审慎监管工具，同时也具有宏观审慎影响。

传统的微观审慎监管实质上是种局部均衡，因而没有充分考虑到金融机构之间以及金融部门和实体经济之间的相互作用。相同银行资产负债表对于系统性风险的启示可能会因为其他金融机构的资产负债表和整体经济状况的不同而

① 参见王刚等：《浅析宏观审慎监管与宏观经济政策的基本关系》，载《浙江金融》2011 年第 5 期。

差别巨大。因此，审慎监管必须在传统的基于机构的监管重点中增加一个系统和宏观维度。监管比率反映的机构风险不能是孤立的，而应结合金融部门内各机构的相互关联情况，并应反映经济状况。

这些考量意味着微观审慎和宏观审慎功能应赋予同一个监管部门。但是，基于政治经济的考虑可能会支持将这两个功能赋予不同的职能部门。一些监管意见（如银行业竞争程度、信贷政策等）从政治上看很难授权于某个独立机构。相反，宏观审慎功能更类似于货币政策：在信贷繁荣时进行反向操作这类不受欢迎的任务最好是由独立部门完成。如果情况确是如此，一种可供选择的设计是让宏观审慎当局负责对审慎措施进行周期性管理，将其他的留给微观审慎监管当局。英国采取的就是这种方法，英格兰银行的金融政策委员有权调整资本比率，由微观审慎监管者加以运用。①

四、金融宏观审慎监管政策与其他宏观经济政策的关系

在传统的宏观调控框架中，货币政策致力于价格稳定，宏观调控政策致力于熨平宏观经济周期性波动，虽然两者在客观上具有促进金融稳定、减缓对金融体系冲击的作用，但两者都没有防范系统性风险的职责。将识别、防范和化解系统性风险的职责明确赋予宏观审慎监管当局有助于实现金融稳定、降低金融危机发生的概率。

然而，由于系统性风险的来源非常广泛，宏观审慎监管与其他宏观经济政策和微观金融监管的协调配合非常关键。理想的状态是区分好宏观审慎视角与宏观审慎监管两个不同的范畴：明确宏观审慎监管当局是识别和防范系统性风险的决策者和责任人，而负责其他宏观经济政策与微观监管的负责机构应树立宏观审慎视角，注意观测自已所司的宏观经济政策和微观监管行为对系统性风险的影响，并与宏观审慎监管当局实现信息共享。反过来，宏观审慎监管当局也要不断评估宏观审慎监管政策对其他宏观经济目标的影响，通过有效的沟通协调，形成政策合力。

总体看来，宏观审慎、货币政策和财政政策虽分属于不同的政策框架，具有不同的政策目标和政策工具，但是紧密联系，而且互动性极强。关键是要力求准确把握不同政策范畴之下不同政策工具的传导机制与相互影响，在此基础

① 参见［法］奥利弗·布兰查德等：《对宏观经济政策的再反思》，载《新金融》2013 年第 6 期。

上根据本国当前经济、金融体系的实际状况在政策制定过程中相机抉择。

宏观审慎管理和货币政策、财政政策及产业政策的关系。既然宏观审慎管理在整个宏观调控体系中是与货币政策、财政政策及产业政策并列的“四驾马车”之一，那么宏观审慎管理与其他三者的关系和边界必须清晰。在考虑任何政策组合的效用时，必须考虑政策间的协调成本和不同政策的边界，不然很容易出现事与愿违的政策效果。在各国宏观调控的历史经验中，这样的案例不胜枚举。现代经济运行越来越复杂，微观经济个体的经济诉求也越来越多元化，迫使宏观调控的目标也越来越多，而为了实现这些目标，政策工具也相应增加。如此复杂的变化，要求政策间关系的明确和边界的清晰。否则，模糊的政策关系和边界会使政策出现频繁变动，加剧经济运行的异常波动，背离宏观调控的初衷。①

① 参见张涛:《宏观审慎管理应明确政策目标和边界》，载《中国农村金融》2016 年第 4 期。

中韩两国间直接证券投资活动初探

张月霞*

摘　要 ▶ 中韩两国金融市场开放程度不同，韩国金融市场全面开放，中国金融市场开放深度却仍然不足。尽管在两国现行金融市场开放状态和证券投资监管体系下，两国的投资者主要通过 QFII 或 QDII 基金等间接投资方式投资于对方的证券市场，但并不妨碍投资者直接于投资对方的证券市场和债券市场，如韩国投资者可以直接投资我国证券市场 B 股或在韩国上市的中国企业的股票，也可以投资中国企业在韩国发行的阿里郎债券和泡菜债券；中国投资者则可以直接投资韩国政府或企业在中国发行的熊猫债券。

关键词 ▶ 直接证券投资　间接证券投资　QFII 或 QDII 基金

依据 IMF 的定义，“证券投资（Portfolio Investment）是指没有被列入直接投资或储备资产的，有关债务或股本证券的跨境交易和头寸”。① 国际间的证券投资又可分为直接证券投资（以下简称“直接投资”）和间接证券投资（以下简称“间接投资”）。所谓“直接投资”，是指证券投资者以自己的名义在证券公司开设委托账户，并通过该账户直接买卖证券的行为。所谓“间接投资”，则是指投资人将资金交给集合投资业者（基金公司等），通过购买该公司发行的受益证券或对冲基金等，投资上市证券的投资方式。本文拟介绍中国和韩国间直接证券投资的现状和展望，为我国投资人投资韩国证券市场提供参考。

* 作者单位：淮阴师范学院法律政治与公共管理学院。

① 参见 IMF《国际收支手册》6.54，第 95 页。

一、中韩证券市场现状

（一）韩国证券市场现状

韩国证券市场自1997年起完全向外国投资者开放。在此之前，对外国人投资限制较多。1997年东南亚金融危机发生后，外国人投资比重出现较大幅度下降。当时的韩国政府为了促进外国人投资，于1997年12月11日，将外国人持有本国公司股权比重上调至50%。次年5月25日，韩国政府再次放宽外国人投资限制，除了少数投资种类，取消对外国人投资比重的限制规定。自此，韩国的证券市场实现了对外国投资人的完全开放。同时，外国企业也可以在韩国证券交易所上市，通过发行股票、阿里郎债券或泡菜债券，募集所需资金。

（二）中国证券市场现状

中国证券市场迄今为止，尚未完全开放。中国证券市场的开放一直以外国资本的输入为中心展开。最初的开放方式是允许中国企业去海外上市募集资金。1992年，为满足外国投资人等投资中国证券市场的需要，建立B股市场，允许外国的自然人、法人和其他组织，中国香港、澳门、台湾地区的自然人、法人和其他组织，定居在国外的中国公民等以外币认购和买卖在B股市场上市的人民币特种股票。2002年11月5日，中国出台《合格境外机构投资者境内证券投资管理暂行办法》，正式引入QFII制度。允许合格境外机构投资者投资A股市场。2011年，RQFII制度的建立，使得人民币境外合格机构投资者也可投资中国国内证券市场。

与外国资本进入中国证券市场的日益开放相比，中国投资人直接投资海外证券市场仍然受到较为严格的限制。目前，中国投资人想要投资海外证券市场的话，理论上只能通过合格境内机构投资者（QDII）间接进行，而不能直接投资海外证券市场。此外，中国投资人也可以通过购买外国机构在中国发行的熊猫债券，投资于该外国机构。尽管早在2011年11月19日，国家发展和改革委员会在《“十二五”时期上海国际金融中心建设规划》中明确将推进上海证券市场国际板建设，支持符合条件的境外企业发行人民币股票，即在上海证券交易所推出所谓“国际板”，但因各种困难，迄今为止尚未正式推出。[1] 尽管我国自贸区已经达到 18 个，自贸区内的金融开放创新也被认为是事关一国经济发展战略全局的核心制度改革，但从上海、广东、天津等地自贸区金融开发创新的举措来看，当前自贸区金融开放创新更多地关注银行、保险、人民币国际化等领域，对证券投资的开放创新关注较少，证券市场完全开放尚有待时日。

可见，韩国的证券市场已经完全开放，而中国的证券市场开放程度仍然有限。在此现状下，中韩间的证券投资活动无疑也将受到限制。

二、中韩间直接证券投资现状

（一）韩国对中国的直接证券投资[2]

韩国对中国的证券投资，可以分为韩国投资者对中国证券市场的投资和在韩中国投资者对中国证券市场的投资。尽管在国际税收中，国籍这一概念并不重要，更重要的概念是居民和非居民，本文考虑到在韩国居住的韩国投资者与在韩国居住的中国投资者所面临的国际税收问题存在差异，将两者按国籍加以区分。所谓“韩国投资者”，是指属于韩国居民的韩国人；所谓“在韩中国投资者”，则是指在韩国居住的、具有中国国籍的中国人。

1. 韩国投资者

（1）对中国上市的中国企业 B 股进行投资

根据中国企业发行股票的上市地点和所面对的投资者，可将中国上市公司的股票分为 A 股、B 股、H 股、N 股等。其中，A 股和 B 股都是在中国境内证券交易所，即上海证券交易所和深圳交易所上市。A 股是中国境内企业发行的人民币普通股票，投资者包括中国境内的机关、组织和个人、QFII 以及中国证监会规定的其他投资人。B 股则是中国境内企业发行的人民币特种股票，其股票面值由人民币标示，但只能以外币认购和买卖。B 股投资人限于外国的自然人、法人和其他组织；中国香港、澳门、台湾地区的自然人、法人和其他组

---

① 参见《央行：符合条件的优质外国公司将被允许在境内发行股票》，载 http://finance.ifeng.com/a/20160621/14510724_0.shtml，访问日期：2017 年 2 月 8 日。

② 本文出于叙述上的方便，依据投资资金流动的方向，将中韩两国将的证券投资分为“韩国对中国的证券投资”和“中国对韩国的证券投资”。所谓“韩国对中国的证券投资”，是指资金从韩国流向中国企业；所谓“中国对韩国的证券投资”，是指资金从中国流向韩国企业。

织；定居在国外的中国公民；中国证监会规定的其他投资人。

从A股和B股投资人的范围可知，韩国投资人可以投资B股，而获得QFII资格的韩国机构投资人，则不仅可以B股还可以投资A股。尽管取得QFII和QDII资格的机构投资人也有可能以自有资金投资于证券市场，但其更多的方式是采取设立投资基金的方式从投资人处募集资金后再进行投资，属于下文间接投资的内容，此处不再赘述。

（2）对韩国上市的中国企业股票进行投资

2007年8月起，韩国交易所开始允许外国企业在韩国证券市场上市交易。① 首家在韩国证券市场上市的外国企业是中国的三诺电子集团（3NOD Digital Group）。② 截至2016年底，共有25家外国企业在韩国KOSPI③ 和KOSDAQ市场④ 上市，KOSPI 6家，KOSDAQ19家。可见，在韩国证券市场上市的外国企业以中国企业为主。尽管因中国高纤等公司会计资料虚假等原因退市，导致其后几年基本没有中国企业在韩国上市。但韩国交易所并未放弃吸引优秀的外国企业，特别是中国企业去韩国上市，预计将来会有更多的中国企业去韩国上市。⑤

中国企业拟在包括韩国在内的其他国家的证券市场上市的话，理论上有两种方法：第一种方法是中国企业直接在海外证券市场上市；第二种方法是中国

① 分析称，外国企业选定韩国股市有以下几个原因：一是韩国股市市盈率（PER）较高，娱乐广播、制药、IT服务、生物行业的平均市盈率分别为30倍、56倍、73倍和170倍；二是韩国股市交易活跃；三是上市费用较少，韩国上市手续费仅占股票等资金总额的2.2%，而美国为10.2%，香港为9.3%；四是韩国交易所招商活跃，每年新增100家上市公司。参见国家税务总局：《中国居民赴韩国投资税收指南》（2015），第19页。

② 2007年8月，三诺电子集团在韩国上市，2013年5月，该公司申请终止在韩国上市。

③ 韩国KOSPI市场，即韩国有价证券市场，是韩国主板市场。自1956年开设以来，在该市场上市的不仅有三星电子、现代汽车、POSCO、LG电子等韩国起家的全球性跨国企业，更有世界各地的许多优秀大型企业也选择了KOSPI。

④ 韩国KOSDAQ市场（全称为韩国证券交易商自动报价系统），是1996年7月韩国依照美国纳斯达克市场模式，设立以高科技企业、中小型风险企业为主要对象的创业板市场。从总市值来看，KOSDAQ已成为全球35个二板市场中继美国纳斯达克、日本JASDAQ、英国AIM之后的第四大市场；从交易额来看，KOSDAQ仅次于美国纳斯达克市场居全球第二位；从周转率来看，KOSDAQ总市值周转率为600%，已成为全球最具活力的股市之一。

⑤ 韩国交易所每年都会针对其他国家企业召开韩国上市说明会。参见《中国企业韩国证券市场投融资及上市研讨会》，载http://news.heraldcorp.com/view.php?ud=20160418000656，访问日期：2017年2月10日。

企业先在开曼群岛、中国香港等国家或地区设立一家特殊目的公司，再让该特殊目的公司受让中国企业 100% 的股权，使该中国企业成为特殊目的公司的全资子公司，然后再推动该特殊目的公司在海外上市。上述两种方法中，第一种方法当然最简单便捷，但中国企业想要直接去海外上市，需要获得中国证监会的许可。① 尽管中国证监会允许中国企业在香港直接上市，但还未允许中国企业在包括韩国证券交易所的其他海外证券市场直接上市。② 因此，截至目前，在韩国交易所上市的中国企业均是通过第二种方法上市。具体流程见下图：

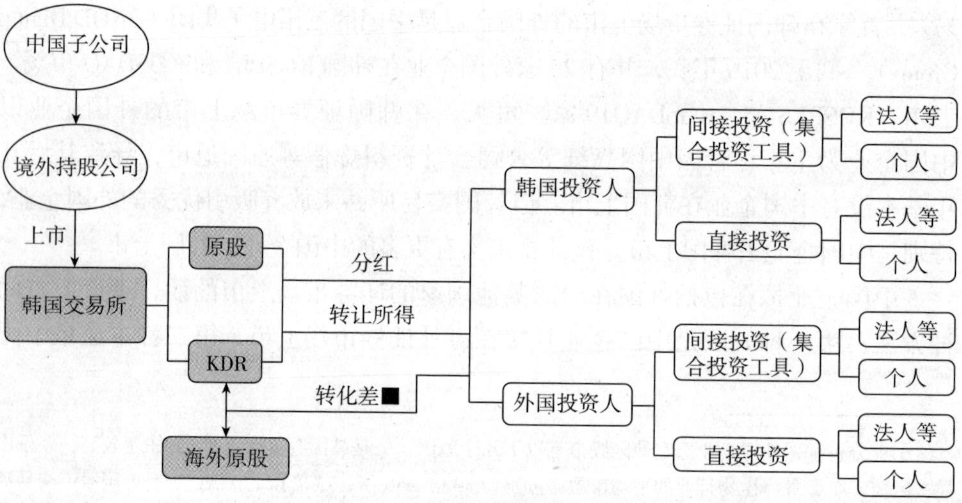

图 1　中国企业韩国上市流程

特别需要留意的是，上述第二种方法有一个明显局限，对于主营业务为国内限制或禁止外资进入行业（如电信增值业务等）的实体公司，离岸公司则无法全资收购境内的经营实体，而大量具有高科技含量的高成长性企业都在外资限制或禁止进入的领域。同时，2006 年商务部等六部委联合出台的《关于外国投资者并购境内企业的规定》（以下简称“10 号文”），对境外 SPV 返程并购境内经营实体设置了审批程序，且实际上至今无企业能够通过审批，使返程并

① 1999 年 7 月 4 日，证监会发布《关于企业申请境外上市有关问题的通知》。

② 최용원，"중국기업 한국상장과 제 10 호문건 해설"，『중국 자본시장연구』，금융투자협회 중국자본시장연구회，2011.2，100 면.

购基本上处于“事实禁止”状态。但很快市场主体便发现监管部门的“10号文”对“并购”的描述仅提及“股权并购”或“资产并购”两种方式，而如采取“协议控制”模式则并不涉及股权并购或资产并购，且单从字面上理解，监管部门并未明确禁止对境内经营实体的“协议控制”，同时，VIE规则也为如何合并报表符合海外上市监管要求提供了思路，正是在这种复杂背景之下，“协议控制+VIE”模式应运而生，从实际效果来看，监管部门对此的反对态度并不足够强烈，通过此模式事实上已经有效规避国内监管部门的并购审查，同时，最大程度满足海外市场的监管要求，确实在现有条件下为海外上市排除了法律障碍。① 因此，“10号文”发布之后，仍然有多家中国企业通过设立境外特殊目的公司的方式，在韩国IPO或发行韩国预托凭证（Korean Depositary Receipts，简称KDR）证券上市。截至2019年9月30日，共有25家中国企业在韩国上市，其中有10家因各种原因退市。②

表1　韩国证券市场上市的中国企业名录

上市企业		主要产品	上市日期	国籍	海外控股公司所在地
KOSPI（4个）	华丰集团	纺织	2007.11.26	中国	开曼
	联合科技	PU皮革	2008.12.4	中国	香港
	中国远洋资源	远洋渔业	2009.5.22	中国	香港
	中国高纤	聚酯纤维	2011.1.25	中国	新加坡
KOSDAQ（21个）	3NOD电子	多媒体音箱	2007.8.17	中国	开曼
	高伟光学电子有限公司	相机光学组件	2008.1.29	中国	开曼
	中国食品包装	饮料瓶	2009.3.27	中国	香港
	中国巨星国际	运动鞋服	2009.5.29	中国	开曼

① 参见张鸣:《浅析“协议控制+VIE”模式相关法律问题》，载http://article.chinalawinfo.com/ArticleHtml/Article_76442.shtml，访问日期:2017年2月23日。

② 已经退市的10家中国企业包括被韩国交易所强制退市的华丰集团、联合科技、盛隆光电、中国高纤、中国远洋资源、中国浩然再循环有限公司等6家企业以及自愿退市的3NOD电子、亚特电器、中国食品包装、高伟光学电子有限公司等4家公司。载https://www.hankyung.com/finance/article/201904215778Y，访问日期:2019年9月26日。

续表

上市企业		主要产品	上市日期	国籍	海外控股公司所在地
KOSDAQ（21个）	中国动力集团	汽车等配件	2009.12.4	中国	香港
	Global SM	IT机械、精密拉锁部件	2009.12.23	中国	开曼
	中国浩然再循环有限公司	涂布白板纸	2010.2.5	中国	香港
	福建金山大道生物科技有限公司	保健品	2010.3.31	中国	开曼
	东亚体育	运动鞋服	2010.4.23	中国	香港
	亚特电器	割草机、锯子类	2010.7.23	中国	香港
	盛隆光电	光伏产品	2010.9.15	中国	香港
	万利国际	陶板、陶瓷太阳能	2011.6.13	中国	香港
	中国晶体新材料控股有限公司	合成云母片、云母粉	2016.1.28	中国	开曼群岛
	江苏罗思韦尔电气有限公司	汽车电子和汽车电器产品	2016.6.30	中国	香港
	福建恒盛集团	娃娃、玩具及娱乐用品	2016.8.18	中国	香港
	扬州金世纪车轮制造有限公司	拖拉机轮胎	2016.10.9	中国	香港
	江阴通利光电科技有限公司（宏裕科技有限公司GRT）	精密涂布功能性新材料和高分子薄膜材料	2016.10.25	中国	香港
	福建海川药业科技发展有限公司	婴幼儿和孕妇洗护产品	2016.11.4	中国	香港
	凯色丽科技	化妆品珠光颜料	2017.8.10	中国	香港
	荣业腊味	食品	2018.11.30	中国	香港
	SNK	游戏	2019.5.9	中国	香港

（3）对阿里郎债券和泡菜债券的投资

阿里郎债券和泡菜债券是境外发行人在韩国发行的国际债券。其中阿里郎债券是外国机构在韩国发行的以韩元计价的债券，而泡菜债券则是外国机构在韩国发行的以韩元以外的其他国际货币（主要是美元、欧元）计价的债券。

1995年，亚洲开发银行首次在韩国发行阿里郎债券。1997年更多的超主权国际组织获得允许发行阿里郎债券。[①]1999年，随着《外汇市场自由化法案》颁布，一些外国公司获准发行阿里郎债券，发行量开始猛增。尽管如此，阿里郎债券发行呈现一个非线性的过程，2001年发行量达到8156亿韩元的高峰，2005年又一下子跌到了2350亿韩元。据路透社统计，截至2014年3月，境外发行人发行以韩元计价的债券存量约4870亿韩元（约合4.7亿美元）。[②]

2016年9月28日，中国东方航空在韩国发行了总计1750亿韩元的3年期阿里郎债券，其中2019年到期保证私募公司债1200亿韩元（年利率2.05%），2019年到期无保证私募公司债550亿韩元（年利率2.85%），成为首次在韩国发行的中国企业。[③]但截至2019年8月，尚无其他中国企业获准阿里郎债券。

泡菜债券是外国机构在韩国发行的另一种国际债券。外国机构获准发行泡菜债券的时间要远远迟于阿里郎债券，直到2006年6月，美国贝尔斯登公司（The Bear Stearns Companies）才首次发行了5亿美元的泡菜债券。[④]此后几年，泡菜债券发行规模增长较快，截至2010年，达到64亿美元的规模。但2011年起，因金融机构规制的强化，增速放缓。[⑤]

2014年10月14日，中国工商银行首次发行了1800万元人民币的2年期泡菜债券（年利率3.7%）。2015年，中国海南航空发行了2亿元人民币的3年期泡菜债权（年利率7%），这是中国非金融机构首次发行泡菜债券。其后，中

① 阿里郎意即“我的郎君”，是高丽时期就流传下来的爱情故事，也是朝鲜族的文化象征。

② 参见《中国熊猫债市场发展及信用评级的思考》，载和讯网，http：//copy.hexun.com/181730438.html，访问日期2017年7月20日。

③ 参见《中国企业首次发行阿里郎债券》，载 http：//stock.hankyung.com/news/app/newsview.php?aid=201609 2831381，访问日期2017年7月20日。

④ 参见《泡菜债券下月首次发行》，载 http：//www.hani.co.kr/arti/economy/stock/126171.html，访问日期2017年7月20日。

⑤ 参见《我国投资证券“国内企业泡菜债券发行增加”》，载 http：//www.etoday.co.kr/news/section/newsview.php?idxno=834750，访问日期2017年7月20日。

国国储能源化工集团股份公司（CERCG）、吉林市铁路投资开发有限公司也发行了泡菜债券。

（4）投资中国企业在其他海外证券市场发行的证券

中国企业在韩国以外的其他国家，也可以发行股票、债券等证券。此时，韩国投资人还可以投资这类证券。

2. 在韩中国人

（1）在韩中国人投资中国证券市场。随着通信技术的发展、互联网交易的实现，中国人即使身在韩国，也可以对中国证券市场进行投资。

（2）在韩中国人投资韩国证券市场。在韩中国人还可以以外汇投资在韩国证券市场上市的证券。

（二）中国对韩国的直接证券投资

中国对韩国的证券投资，也同上述韩国对中国的证券投资的情形类似，可以分为中国投资人和在中韩国投资人。所谓“中国投资人”，是指属于中国居民的中国人；所谓“在中韩国投资人”，是指在中国居住的、拥有韩国国籍的韩国人。

1. 中国投资人

（1）投资韩国上市的韩国企业的股票。目前，中国居民尚不能直接投资海外证券市场，但是可以通过 QDII 基金进行投资。如果中国居民在中国国内购买了 QDII 基金，而该基金投资了在韩国上市的韩国企业的股票，也就意味着该中国居民间接投资了韩国企业的股票。①

（2）投资在中国上市的韩国企业的股票。2007 年，上海证券交易所创新实验室提交的《市场质量报告（2007）》中，首次提出了要开设允许外国企业在中国证券市场上市发行股票的所谓“国际板”。不过，尽管各界一直在讨论，目前国际板的开设尚无明确的时间表。如果将来中国证券市场开设国际板，韩国企业当然也有可能来到中国上市，中国投资人届时可以直接投资该类股票。

（3）投资韩国企业发行的熊猫债券。外国机构或者企业，可以在中国香

① 根据金融数据分析公司 WIND 的资料，2012—2014 年 QDII 基金净买入了 1 兆 3000 亿元的韩国股票。《韩媒：中国基金涌入韩国消费股 专家称收益可观》，载 http://caijing.chinadaily.com.cn/2015-04/17/content_20455891.htm，访问日期：2017 年 10 月 25 日。

港或者中国大陆发行人民币债券。在香港发行的人民币债券，称为“点心债券”，在中国大陆发行的人民币债券，称为“熊猫债券”。2005年10月，世界银行集团成员国际金融公司（IFC）发行了首只熊猫债券。但2005年至2014年发展始终较为缓慢，仅有6笔熊猫债发行，发行规模共计60亿元。2016年，熊猫债的发展速度进一步加快，全年共计发行1290.4亿元，较2015年增长893%。[①] 2015年12月15日，韩国政府成功发行了30亿元人民币的熊猫债券，成为首支主权“熊猫债券”。不过目前韩国尚无企业成功发行熊猫债券。[②]

（4）投资韩国企业在海外其他国家上市的证券。如前文所述，因中国目前限制中国居民直接投资海外证券市场，中国投资人尚不能直接投资韩国企业在海外其他国家上市的证券，但可以通过QDII基金进行投资。

2. 在中韩国投资人

（1）在中韩国人投资中国B股。身在中国的韩国人，可以投资在中国证券交易所上市的B股。

（2）在中韩国人投资韩国证券市场。与在韩中国人的情况相同，随着通信技术，特别是互联网技术的发展，在中国的韩国人也可以轻松投资韩国证券市场。

三、展望

目前，我国金融市场开放存在深度不足的问题，就证券投资而言，股票市场和债券市场的开放程度仍然较低。如股票市场的开放仍以“管道式”开放为主，境外投资者智能通过QFII和RQFII的渠道投资中国市场，而境内投资者智能通过QDII和RQDII投资境外市场。债券市场上发行熊猫债券的外国机构和企业数量和金额仍较为有限。不过，这一问题随着自贸区的进一步开放，将有所改进。2019年8月26日，国务院印发《关于6个新设自由贸易试验区总体方案的通知》，在山东、江苏、广西、河北、云南、黑龙江6省区设立自由

① 《熊猫债市场前景广阔》，载http://bond.hexun.com/2017-09-29/191068025.html，访问日期：2017年10月25日。

② 2011年，韩国衣恋集团和现代威亚公司曾向中国银行间市场交易商协会提交发行熊猫债券的申请，但最终未能发行。

贸易试验区。从2013年上海自贸试验区挂牌至今，我国自由贸易试验区已增至18个。尽管18个自贸区建设各有侧重，但自贸区内金融业要进一步开放创新，是未来的趋势。对于中国和韩国间的直接证券投资活动而言，也将随着中国金融市场进一步开放而更加活跃。

新时代背景下 P2P 网络借贷风险防控研究*

黄德清　程俊杰**

摘　要 ▶ 新时代背景下企业融资渠道显著拓宽，除传统的金融贷款、民间借贷外，互联网金融也成为融资的重要方式。作为互联网金融的“晴雨表”，P2P 网络借贷在种类繁多的互联网金融业态中最具典型性，而 2015 年以来“E 租宝”“泛亚”“钱宝”等著名网络借贷平台频频爆雷，更是将 P2P 网络借贷推到风口浪尖，成为理论界与实务界关注的热点之一。本课题以南京法院近三年来受理的网络借贷纠纷为研究样本，从网络借贷纠纷的问题与现状出发，通过分析网络借贷纠纷的特征，厘清网络借贷纠纷的风险，进一步对网络借贷的监管和行业自律、司法实践中的疑难问题等进行探索，以期对司法实践中的应对措施有所裨益，并为监管层制定监管政策提供助益。

关键词 ▶ 互联网金融　P2P 网络借贷　网络借贷平台　风险防控

防范化解金融风险，事关国家安全、发展全局、人民财产安全，是实现高质量发展必须跨越的重大关口。优化营商环境，服务民营经济也是当前工作的重要内容。2018 年以来南京多家知名企业因资金链风险引发多起诉讼，省委办公厅《信息专报》第 219 期刊登了相关信息，省委书记娄勤俭作出重要批示，要求妥善处理。金融贷款、民间借贷以外的网络借贷对金融稳定和民营企业的重要影响逐渐浮出水面。在新时代背景下，针对网络借贷的特殊性，分析风险、研判不足，完善司法应对理念，对优化营商环境、服务民营企业、防范和

* 本论文系 2018 年度南京市人民法院重点调研课题《新时代背景下金融创新司法规制问题研究——以网络借贷平台纠纷的司法应对为视角》的阶段性调研成果。

** 作者单位：江苏省南京市中级人民法院。

化解金融风险，具有重要现实意义。

一、问题的提出：网络借贷纠纷快速增长的现状与特征分析

根据《网络借贷信息中介机构业务活动管理暂行办法》（以下简称《暂行办法》）第 2 条规定，网络借贷是指个体和个体之间通过互联网平台实现的直接借贷，个体包含自然人、法人及其他组织。该定义明确了网络借贷平台的中介属性，维护了点对点即 P2P 这一核心理念。2016 年以来，南京法院受理网络借贷纠纷逐年增长，尤其是 2018 年受理该类案件 1153 件，同比增长了 350%。网络借贷纠纷呈现出明确区别传统民间借贷纠纷的特征：

（一）债权人的主导地位逐渐弱化，网络借贷平台的中介地位凸显

与传统民间借贷相比较，在网络借贷中，债权人的地位逐渐弱化。传统民间借贷中，债权人与债务人可以实现面对面的交流，相互之间的信息沟通更加直接，即便有中介，其作用也不显著。在网络借贷模式下，资金供求双方通过网络平台完成信息甄别、匹配、定价和交易，资金供求双方更加依赖于网络借贷平台的审核、撮合，因此网络借贷平台的中介作为凸显。司法实践中，甚至出现投资者预先将债务催收、代为提起诉讼、代收执行款等权利预先授权网络借贷平台行使。[①] 同时，由于网络借贷平台相互之间的竞争，债务人可以选择提供更为优惠条件的网络借贷平台，使得传统民间借贷中作为资金拥有者占据的主导地位不断削弱。

（二）群体性纠纷和系列案件较多，风险积累和冲突升级快

网络借贷纠纷的涉众性比较突出，有以下显著特点：其一，投资人重复率高，多为网络借贷平台的老客户。[②] 其二，部分网络借贷平台借咨询费等名义规避借贷利率上限的规定，以该借贷平台股东或员工为名义债权人进行诉讼。如夏某某系列案件，其为信和系公司实际控制人，信和系网络借贷平台以夏某某名义对外借款，形成诉讼 349 件。

网络借贷中融资的对象由传统的亲属圈和熟人圈转为陌生人群体，投资者的信息来源和信任基础在于：电视广告、集资者自我宣传的表象或假象。一旦

① 参见（2018）苏 01 民终 8527 号。

② 参见（2018）苏 01 民终 3813 号、4956 号、5866 号、8028 号、8029 号、8030 号。

债务人资金链断裂传导为网络借贷平台上的违约，大量出资者可能血本无归，使出资者难以接受，相同的处境、相同的利益诉求和相同的偏激情绪成为某种整合机制，容易积蓄、释放形成非理性集体行为。所以，网络借贷纠纷中冲突升级演变的基本路径是：民事纠纷——刑事案件——群体事件——政治事性。

（三）金融产品多样化，金融消费者广泛化

网络借贷中的金融消费者广泛化主要表现为金融消费者的小微化、普惠化。与金融消费者广泛化相匹配，网络借贷平台推出的金融产品创新快、多样化，有目标性强的特点，即网络借贷平台以特定目标阶层客户为目标，分类推出多种金融产品，如网络借贷平台为小额投资者提供的期限为一个月甚至一周借贷产品，吸引风险承受能力较弱、投资额较小的理财产品。

从南京法院受理的网络借贷纠纷来看，金融消费者广泛化有以下显著特征：其一，60% 以上投资者是 50 岁以上人群，该类人群较少接触银行理财等传统金融产品，也较少接触互联网广告，多数是受周围熟人的推荐进行投资，盲从性较强，与专业投资者有明显区分。其二，75% 以上投资者收入较为固定，其投资的款项多数为自身乃至家庭积蓄，目的是获得比银行存款更高的利息收入，其风险承受能力较弱。其三，半数以上的资金需求者无法从传统金融服务或传统民间借贷中获得资金，可以说网络借贷是其获取资金的主要途径。其四，80% 以上资金需求者无法提供房产、有价证券等有价值的财产提供担保，多数为信用担保。①

（四）民刑交叉较多，区分难度较高

网络借贷纠纷的涉众性特点突出，容易涉嫌非法吸收公众存款罪等涉众型刑事犯罪，民刑交叉较多。单一民间案件中很难分辨是否涉及刑事犯罪，往往仅能从民间案件角度进行处理，进而与公安机关之后的立案侦查存在冲突。民事案件的执行与刑事案件的退赔缺乏有效衔接。网络借贷案件往往涉及非法吸收公众存款罪等涉众型刑事犯罪，民事案件的执行如何与刑事案件的退赔统一协调进行，是法院执行的难点。

---

① 数据来源于南京两级法院 2016 年至 2018 年 12 月受理案件。

二、本质的厘清：网络借贷平台的风险及原因

网络借贷纠纷是以互联网平台为基础，以提供各式各样的中介服务或附加服务为主要形式来实现资金融通。网络借贷平台机构依托现代化信息技术，在降低资金成本的同时，不仅成为借贷关系的中介，还充当其他角色。[①]

（一）网络借贷平台的风险

网络借贷平台经营的风险主要有以下几个方面：

1. 信息安全风险。其一，非法获取用户个人信息的风险。网络借贷平台行业竞争激烈，除正常宣传、推荐吸引用户外，部分网络借贷平台为增加用户不择手段，采取购买、窃取等非法手段获取用户个人信息，引发平台风险。[②] 其二，网络借贷平台保管不善导致用户个人信息泄露的风险。网络借贷平台拥有用户的大量个人信息，其中绝大部分属于较为核心的个人资信信息，包括身份证、毕业证、银行卡等私密信息，一旦保管不善，用户的个人信息很有可能遭泄露。

2. 中间账户监管缺失风险。资金银行存管是法律对网络借贷平台的要求。这样的监管源自于中间账户监管缺失带来网络借贷平台设立资金池导致的巨大风险。网络借贷平台能随意支配资金池，很容易引发平台跑路、将资金挪作他用等风险。

3. 涉嫌非法集资风险。非法吸收公众存款和集资诈骗统称为非法集资。网络借贷平台的理财 - 资金池模式、不合格借款人导致的非法集资风险行为模式、庞氏骗局模式等可能涉嫌刑事犯罪。

4. 用户信用缺失风险。作为普惠性金融产品，网络借贷平台在审查用户信息，尤其是对借款人相关信息的审查上，较传统金融机构明显不足，对借款人的资信情况的审查仅能停留在形式上。另外网络借贷平台之间的竞争激烈，甚至有网络借贷平台将“材料少，易申请”作为竞争优势，更是加剧了资信审查的困难。由于市场风险及其他因素影响，借款人可能会出现逾期还款，而根据网络借贷平台的不同交易模式，网络借贷平台可能承担资金垫付责任。即便网络借贷平台不承担资金垫付责任，其也有可能因大面积违约而引发投资者的信

---

① 参见（2018）苏 01 民终 736 号。

② 参见（2018）苏 01 刑终 650 号。

任危机，导致网络借贷平台经营困难。

（二）网络借贷平台风险的发生原因

1. 无序发展、标准缺乏导致规制缺失。互联网的开放性一定程度上降低了金融业的准入门槛，网络借贷平台属于新兴行业，机构数量和业务规模发展较快，却并未被有效纳入传统金融管理框架之内，处于“无管理”状态，同时也缺乏权威、统一的行业自律组织及行业标准。

2. 社会信用体系不健全及立法滞后。由于网络借贷鱼龙混杂，考虑到保护个人和企业信用信息安全的需要，网络借贷平台等互联网金融企业尚无法接入人民银行征信系统，由于缺少风险管控能力，使得金融风险大大提高。该类业务虽发展迅速，社会参与度明显提升，但相关法律法规大多过于简单，可操作性差，且缺乏健全的法律监管体系。

3. 法官知识储备不足。由于金融创新的缘故，网络借贷平台上大量新型业务和产品随之产生。这类新型案件的背后，更深层次反映的是行业的最新动态、发展趋势、市场走向和监管政策的变化。涉及专业知识的专业领域产业链条呈现日益延伸、细化及相对独立的特征，专业性凸显，不仅体现在对行业专业知识的理解和特殊法律规范适用的理解上，更体现在用专业的视角去看待行业的发展上。它要求法官懂得社会经济政策和行业规则，才能作出既符合法律又合乎社会实际的正确判决。然而因时间、精力乃至专业背景的原因，导致法官很难在掌握法律知识的基础上，对金融、互联网等方面的专业知识也有精深的掌握。

三、规制之路径：网络借贷的监管对策与司法应对

（一）网络借贷的立体化监管

1. 建立网络借贷平台的立体化监管与行业自律规范

《暂行办法》的颁布，在我国初步建立了立体化的网络监管体制：由银监会、地方金融监管部门、工业和信息化部、公安部及国家互联网信息管理办公室在各自职责范围能对网络借贷平台业务进行监管，其中银监会及其派出机构负责网贷业务活动实施行为监管，制定网贷活动监管制度；地方金融监管部门负责本辖区网贷的机构监管。2018 年网络借贷平台行业的大趋势是行业备案基本完成，合规化落地，下一步行业自律组织的建设将提上日程。推动网络借

贷平台之间不断探讨行业发展情况，形成行业准则，避免不正当竞争、恶意竞争。[①] 加强网络借贷平台的相互监督，提升自律性。随着网络借贷平台行业自律组织的逐步建立和完善，形成配套的行业规范和行业准则，引入相互监督机制，提升行业自律性。

2. 建立信用惩戒机制

由监管机构牵头，建立网络借贷平台行业的信用惩戒机制。其一，由监管机构进行行政性的约束和惩戒机制，建立市场淘汰机制和失信被执行人黑名单制度。其二，由行业协会牵头成立行业惩戒机制，根据行业信用评价体系和方法对网络借贷平台的失信行为、违规行为进行记录和披露，规范和约束平台的活动。其三，建立平台用户失信名单制度，对平台用户的失信行为、资信情况进行规范，既避免失信用户获得资金，又规范网络借贷平台业务。

3. 金融监管、行业自律与司法裁判的衔接

金融监管、行业自律与司法裁判的衔接，主要体现在网络借贷平台监管规则、行业自律规范能否作为司法裁判依据，目前在理论界存在争议。[②]

从合同的效力而言，本文认为，金融监管部门根据授权制定的监管规则，当然可以纳入司法裁判依据范畴。一方面，区别金融监管规则是效力性规范还是管理性规范，尽量让合同有效。另一方面，行政管制附加的义务与现行法律法规不抵触，对于金融消费者有利的，应当吸收作为民事义务的重要来源。同样，司法裁判中应当尊重商事判断规则，如行业自律规范不违反法律、行政法规的强制性规定，该规范为网络借贷平台设立的义务同样可以作为司法裁判的依据。

---

① 参见（2018）苏8602民初1504号。

② 否定观点认为，互联网金融监管存在滞后性、应急性和非公开性，监管规则的合法性、合理性基础存疑，无法在司法裁判中援引参照。监管者意图与法院意图有所不同：如果司法选择尊重监管的意志，会忽略合同自治，不利于市场诚信建设；如果司法选择尊重合同自治，则会导致监管套利。参见吴弘：《全球视野下的金融法现代化》，载吴洪主编：《金融法律评论》（第八卷），中国法制出版社2017年版，第3~12页。肯定观点认为，司法裁判应当与监管规则保持一致，监管规则可以作为司法审判的依据。政府基于法律的授权履行行政监管职责，只要不违背上位法的规定，不应撤销其合法决定。参见最高人民法院课题组：《我国互联网金融发展情况、立法规制与司法应对》，载《金融服务法评论》2015年第1期。

（二）网络借贷的司法应对及疑难问题

1. 非借贷合同当事人的网络借贷平台以自己名义起诉

司法实践中，部分网络借贷平台在其格式居间借款合同中，约定一旦债务人逾期还款，出资人授权该网络借贷平台对债务人进行催收、代为诉讼、代收还款本息、代收执行款等。因此，出现非借款合同当事人的网络借贷平台以自己名义提起诉讼，要求债务人还款。①

对此，笔者认为，该网络借贷平台不是适格原告，应裁定驳回起诉。理由如下：

其一，《民事诉讼法》第 119 条规定，起诉必须符合下列条件：（1）原告是与本案有直接利害关系的公民、法人和其他组织；（2）有明确的被告；（3）有具体的诉讼请求和事实、理由；（4）属于人民法院受理民事诉讼的范围和受诉人民法院管辖。该条规定的是起诉条件，是指当事人提起诉讼所需要具备的条件，只有具备了起诉条件人民法院才会受理案件。其中明确原告应是与本案有直接利害的公民、法人和其他组织。“原告与本案有直接的利害关系”包括两种情形：第一种情形是请求法院保护的民事权益属于原告；第二种情形是请求法院保护的民事权益受原告管理或保护。前者如侵权损害赔偿诉讼中主张自己的人身或财产受到侵害的当事人，后者如代位权诉讼中的代位权人。② 虽然格式居间借款合同中，投资人将催收、提起诉讼、接收执行款等权利授权网络借贷平台行使，但该权利仍应属于投资人，即网络借贷平台仍应以投资人的名义提起诉讼，而非以自己名义进行诉讼。

其二，根据《暂行办法》第 10 条规定，网络借贷信息中介机构不得从事或者接受委托从事直接或间接接收、归集出借人的资金的行为。前述投资人委托网络借贷平台接收借款本息、接收执行款的委托内容，有违背前述规定的嫌疑。

其三，司法实践中发现，虽然名义上的债权人是投资人，其委托网络借贷平台代为催收、提起诉讼、代为接收款项，实际上部分投资人就是该网络借贷平台员工，甚至有部分网络借贷平台伪造投资人信息，以网络借贷平台筹集的资金进行出借，有违规操作嫌疑。

① 参见（2017）苏 01 民终 6878 号、（2017）苏 01 民终 6886 号。

② 参见江必新：《新民事诉讼法理解适用与实务指南》，法律出版社 2015 年版，第 478 页。

2. 网络借贷平台的信息审核、披露、保管责任

（1）网络借贷平台的信息审核责任。根据《暂行办法》第10条规定，网络借贷平台对出借人与借款人的资格条件、信息的真实性、融资项目的真实性、合法性进行必要核查。网络借贷平台最基础的职能就是撮合交易，根据《合同法》第425条的规定，网络借贷平台对借款人提供借贷信息的审查应如实告知出借人。

网络借贷平台未按照行政监管机构的规定及要求，对借款人的基本信息及资信状况做必要的审查，也未对借款人及借款合同的相关信息事实及时、全面、充分地向出借人披露，造成出借人损失，出借人请求网络借贷平台承担相应赔偿责任的，应予支持。①

（2）网络借贷平台的信息披露责任。我国现阶段网贷投资人以小额、专业知识缺乏的散户为主，其在信息、财力、专业知识等方面处于弱势，而且投资的目的在于保值增收，最终致力于提高衣食住行等基本物质生活水平。②由于投资者自身知识结构和风险偏好的不同，加上网络借贷平台选择性的信息披露，导致投资者难以获得投资对象的相关信息，而网络借贷平台与投资者之间的信息不对称，进而导致网络借贷平台侵害投资者的利益。如风险准备金担保模式下，网络借贷中介平台设立风险准备金，承诺当借款人出现短期或长期丧失还款能力等情况，启用风险准备机制，第一时间垫付借款人当期借款未归还的金额，确保投资人的本金及收益安全。该类风向准备金一般会限制两个赔付条件：其一，以计提的风险准备金为限；其二，以债务人当期未还金额为限。

对此，笔者认为，从风险准备金的设立目的及规则来看，是网络借贷平台对其平台上所有投资人作出的承诺，依据该承诺，网络借贷平台应对平台上借款人未能按期归还的投资人的借款本息承担垫付责任。网络借贷中介平台设定风险准备金，仅承担实现约定比例的责任，是建立在平台设立风险准备金不存在过错的前提下，即网络借贷平台应举证证明其设立的风险准备金与该公司自有资金相互区分且其已在出借人参与交易之前，真实、完整、清晰地说明了风险准备金的提取规则、担保范围、偿还比例、信用风险承担等保障规则。未能

① 参见（2018）苏01民终5846号。

② 参见吴晓光、李明凯:《从信息不对称理论看我国的金融信息服务》，载《金融发展研究》2011年第30期；黄勇、徐会志:《论P2P网络借贷金融消费者权益保护》，载《河北法学》2016年第9期。

提交证据证明前述事实的，网络借贷平台应对平台上借款人未能按期归还的投资人的借款本息承担连带责任。[①]

（3）网络借贷平台的信息保管责任。网络借贷平台通过信息审核，掌握了用户的姓名、地址、电话号码、身份证号码、IP 地址等所对应的身份数据及银行卡信息、房产信息、车辆信息等资信数据，其对用户信息的掌握与了解，远超普通商业主体，而司法实践中，已经出现用户信息被泄露而引发纠纷的情况。[②]

基于互联网大数据时代的特点，要求网络借贷平台保护用户的全部信息显然也不现实，而应当结合隐私权的相关理念予以理解与适用。用户的姓名、地址、电话号码、身份证号码、IP 地址等可以对应个人身份的信息，应当属于隐私权的保护范畴，对该类信息的保护，应当采取“知情同意”的强保护模式；而不能直接对应个人身份的信息，如匿名化处理的购物情况、网页浏览记录、工资信息、社交网络的喜好等原则上不属于隐私权的保护范畴，不需要采取“知情同意”的强保护模式。但该类信息并非不受法律保护，只是对网络借贷平台在用户信息保护强度上作出一定的区分。

3. 网络借贷平台的合理推荐责任

在传统的投资领域适用“买者自负原则”，买者自负是金融市场的基本理念，[③]而买者自负的前提是网络借贷平台充分的信息披露，投资人的知情权已经得到充分的保障，但实际上投资人的选择权相当程度上依赖于网络借贷平台的推荐。一般情况下，交易双方缔约能力处于不对等地位。因此，必须依法确定卖方机构“适当性”义务，确保金融消费者在充分了解投资标的及其风险的基础上作出自主决定，实现契约正义。[④]适用“适当性”规则需要注意以下问题：

（1）网络借贷平台“适当性”义务来源。一方面，合同法等法律、行政法规作出明确规定的，应当按照法律、行政法规的规定处理。另一方面，相关监管部门在部门规范性文件中的行政管制附加义务与现行法律法规不抵触，对于金融消费者有利的，应当吸收作为民事义务的重要来源。相关监管部门的规范

---

① 参见（2016）苏 01 民终 8708 号。

② 参见（2013）鼓民初字第 3031 号。

③ 参见杨东:《金融消费者保护统合法论》，北京大学出版社 2014 年版，第 88 页。

④ 参见（2016）苏 01 民终 1563 号。

性文件与法律、行政法规等法律规范相抵触的，不能适用部门规范性文件。

（2）举证责任的分配。网络借贷平台应当对其是否履行了了解客户、适合性原则、告知说明和文件交付等“适当性”义务，承担举证责任。

（3）网络借贷平台告知说明义务与投资者的分类。网络借贷平台的告知和说明义务是“适当性”规则的核心要件，通常而言，应当综合一般人能够理解的客观标准和投资者能够理解的主观标准来确定告知说明义务。但是，适当性规则与投资者的分类密切相关。成熟投资者[①]其专业能力较强，其投资主要依靠自己的专业知识能力，与网络借贷平台告知说明及推荐关联较低，在此情况下，网络借贷平台的告知说明义务相对较轻。而非成熟投资者主要依赖于网络借贷平台告知说明及推荐，网络借贷平台的告知说明义务相对较重。

4. 网络借贷平台收取咨询费的合理依据

笔者认为，网络借贷平台向借款人收取的信贷服务费等居间费用不属于借款利息。借款人以网络借贷平台收取的居间费用已在借款本金中预先扣除，主张应当以扣除后的金额作为借款本金计息的，不予支持，但有证据证明网络借贷平台与出借人以居间费用形式规避借贷利率上限的规定，对于超出利率上限的高利部分不予保护。[②]

居间合同、咨询合同、服务合同系借款人与第三方所签，系另一法律关系，不受民间借贷利率上限的限制，但对于具体案件中存在以下情况的，应严格审查、综合判断，对于能够证明签订该居间、咨询、服务合同为出借人规避最高利率标准的行为，则依法不予保护：其一，出借人与第三方有无实际控制或其他特殊关系；其二，第三方有无实际履行相应的咨询、服务、审核等义务，该费用是否必要且合理；其三，约定的咨询费、服务费、审核费等其他费用的支付方式，是由借款人向第三方支付还是由出借人直接从本金中代扣，是一次性费用还是与利息同步按时间递延计算；其四，借款人对上述其他费用的抗辩情况。

---

① 所谓成熟投资者与非成熟投资者的划分，主要从投资金额角度进行划分，成熟投资者可界定为投资于单个融资计划的最低金额不低于 100 万元人民币（甚至更高标准）的自然人、企业法人和其他组织。非成熟投资者界定为所投资项目为 2 个以下的投资人，其投资总额，不应超过其净资产（不含房产、养老金）的特定限额。参见杨东：《互联网金融风险规制路径》，载《中国法学》2015 年第 3 期。

② 参见（2016）苏 01 民终 7004 号。

5. 网络借贷平台关联公司提供担保的性质

在网络借贷行业内部，自身担保被理解为，平台所属的公司为借款人提供担保。第三方担保则被理解为，平台以外的第三方为借款人提供的担保。那么，与平台有关联的担保公司为借款人所做的担保，是平台自身担保还是第三方担保？

对此，笔者认为，需要结合责任财产和法人独立人格两个要素来分析。首先，担保制度是通过扩大责任财产的范围或者使责任财产的范围特定化来保障债权实现的。[①] 只要不是债务人自身提供担保，则很明显一个担保行为会产生责任财产增加的法律效果。其次，我们在理解所谓的“第三方”的时候，实际上应该与理解民法意义上的“第三人”是一样的，都是指具有独立法律人格的法律主体，包括自然人、法人和其他组织。因此，网络借贷平台关联公司提供的担保应为第三方担保。

6. 保险公司担保的法律问题

2015 年 7 月“十部委”出台的《关于促进互联网金融健康发展的指导意见》明确提出，鼓励保险公司与互联网企业合作，提升互联网金融企业风险抵御能力。目前，只有少量平台与保险公司真正建立合作关系，涉及的主要险种有：P2P 交易资金、账户安全险；借款人意外险；抵押物灭失险；履行保证险。业界最为关心的还是履约保证保险，但保险公司的介入审慎。[②]

虽然理论上仍有争议，但《保险法》第 95 条第 1 款第（二）项已将保证保险列入财产险。实践中，网络借贷借款人与保险公司签订保险合同，债权人为被保险人，由保险公司对债权人提供担保，按照保险法的规定，保险公司向投保人收取保费。

在司法裁判中，应当从以下几点区分保证保险与担保法中的保证：其一，保证保险是财产责任保险，投保人向保险公司交纳保费，保险合同成立。保险公司不得要求投保人再行提供反担保，否则应为担保法上的保证。其二，保险合同成立，一旦发生保险事故，保险公司应承担保险责任，保险公司没有担保法上保证人的先诉抗辩权或者物保优于人保的抗辩权。其三，根据中国保险监督管理委员会《关于实施〈财产保险公司保险条款和保险费率管理办法〉有关

① 参见高圣平：《担保法论》，法律出版社 2009 年版，第 2 页。

② 参见吴景丽：《P2P 网贷中的担保、保理、配资和对赌问题》，载《人民司法》2016 年第 7 期。

问题的通知》第 1 条第（三）项规定，保险期间超过 1 年期的保证保险和信用保险，应当报中国保监会审批。保险公司经营保证保险业务应遵从行政监管，保证则无此要求。其四，保证保险合同被认定有效的，保险人承担的是保险责任。保证保险合同因违反法律规定被认定无效的，保险公司和投保人应按过错程度承担相应的缔约过失责任。一般而言，保险公司因更具备专业的知识，可能被苛以更重的举证责任。① 保证合同有效，保证人承担担保责任。保证合同无效，应根据担保法司法解释的规定，保证人根据过错程度承担相应责任。

另需要注意的是，保单与投保单不一致的处理。依据《关于适用〈中华人民共和国担保法〉若干问题的解释（二）》，原则以投保单为准，但不一致的情形系经保险人说明并经投保人同意的，以投保人签收的保险单或其他保险凭证载明的内容为准。这是基于传统的保险业务，充分保护投保人。但在网络借贷保险中，投保人与被保险人是借款人与债权人的关系，没有共同的利益，被保险人（债权人）往往见不到投保单，只能见到保单，基于对保单的信任而出借款项。因此，如果因循上述规定，可能会损害被保险人的利益，要具体个案分析，以保护债权人利益。②

7. 网贷债权代理担保的效力

网络借贷平台上的借贷以“一对多”借款居多，即借款一方为单个主体，出借方为多人。多个网贷出借人与同一借款人存在借款合同关系，出借人共同委托同一代理人，以代理人的名义签订担保合同、设定担保权利的，担保合同效力应当如何认定？尤其是在办理抵押（质押）登记时，受制于抵押（质押）登记部门关于抵押（质押）权人数不能超过一定限额的内部规定，平台通常采取的做法是将抵押（质押）权登记在平台工作人员名下，造成抵押（质押）权与债权分离，形成法律风险。实践中就会出现线上线下两份不同的借款合同，线上合同的借款主体是真正借款人，线下合同的借款主体是第三人，由真正借款人委托名义借款人，名义借款人与抵（质）押人签订相关合同，实际的法律后果归于真正借款人，各方对此明知。③

仔细分析上面的抵（质）押权代理，目前法律对此没有规定，催生了很多

① 参见吴景丽：《P2P 网贷中的担保、保理、配资和对赌问题》，载《人民司法》2016 年第 7 期。

② 参见吴景丽：《P2P 网贷中的担保、保理、配资和对赌问题》，载《人民司法》2016 年第 7 期。

③ 参见（2016）苏 01 民终 8708 号。

新的法律问题，真正的权利人没有真实的抵押权、质押权，其要求行使优先受偿权应如何处理？

2016 年 1 月 15 日，国务院在《推进普惠金融发展规划（2016—2020 年）》中提出，开展动产质押贷款业务，建立以互联网为基础的集中统一的自助式动产、权利质押登记平台。可在此宏观指导下，探索网络借贷抵（质）押的登记制度，以解决目前出借人与抵押权人形式上不一致的问题。①

在现行法律框架下，笔者认为，作为权利人享有物权证明的权属证书及登记簿，是以国家信誉为基础的公示。权属证书及登记簿记载某人享有某项物权时，即应推定该人享有该项权利，其权利内容以权属证书及登记簿的记载为准。登记公示目的在于提示他人防范权利风险，谨慎选择与标的物的所有人发生法律关系。因此，担保的权利人应以登记机关登记簿或他项权证的记载内容为准。即未经登记不得取得物权。

但需要注意的是，抵（质）押权合同不因抵（质）押权未设立而无效，应根据合同法的相关规定认定合同的效力。若没有非法集资的问题，也非由于意思表示方面出现欺诈，侵犯第三方利益或社会、集体利益等情况，或未违反法律法规的效力性强制规定时，应从契约自由、契约正义、债权保护的角度综合分析，不宜简单认定抵（质）押权合同无效。因此，虽然未设立抵（质）押权，但担保人应根据过错，向债权人承担违约责任。

8. 网络借贷纠纷的刑民交叉分析

虽然网络借贷平台纠纷的涉众型较强，但最初大多是以普通民事诉讼的方式呈现，往往是少数单个投资者以个体名义起诉，而在民事案件审理中无法对是否涉嫌刑事犯罪问题进行深入有效审查。网络借贷平台纠纷经常涉及刑事诉讼，涉及刑民交叉的时候，针对不同情况应作出不同处理。

如果民事案件法律事实与刑事案件法律事实不同，那么原则上民事案件应当与刑事案件分别审理。法院在民事审判中发现犯罪线索的，应将掌握的犯罪线索材料移送给公安、检察等机关。此时的移送是犯罪线索材料的移送，而不是全案移送。

如果民事案件与刑事案件所涉事实完全相同，而且案件在根本上也属于刑事案件，那么在立案阶段就应不予受理民事案件。受理后在民事审判中发现

① 参见吴景丽：《P2P 网贷中的担保、保理、配资和对赌问题》，载《人民司法》2016 年第 7 期。

的，应当裁定驳回起诉。2014 年最高人民法院、最高人民检察院、公安部颁布的《关于办理非法集资刑事案件适用法律若干问题的意见》对此有明确规定。另外，如果民事案件与刑事案件所涉事实完全相同，并且同时存在民事责任和刑事责任的，民事审判应当尊重已经启动的刑事附带民事诉讼程序。未启动附带民事诉讼程序的，民事案件可以与刑事案件分别审理。

民事案件与刑事案件涉及的法律事实部分相关时，判断民事案件是否继续审理的标准应当是《民事诉讼法》第 150 条第 1 款第（五）项“本案必须以另一案的审理结果为依据”的规定。实践中要切实防止以涉及刑事案件为由对民事案件一律中止或拖延审理的做法。

审慎适用刑事法律，明确金融犯罪界限。在民事案件中，如不能排除涉嫌非法吸收公众存款或者变相吸收公众存款等刑事犯罪，则需进一步主动审查借贷资金去向等实体问题。同时，在审判实务审查过程中，应当加大审查力度、深度，并加强与公安、检察机关的沟通，审慎把握审查尺度。

民营企业税收法治保障

王宏伟[*]

摘　要 ▶ 现代税收法治不会因为投资主体的不同、资本来源的不同而对纳税人采取差别待遇。我国的民营企业在税收服务和税收执法上得到了充分的法治保障，民营企业应当自觉遵从税法，防范税收风险，提升纳税信用。

关键词 ▶ 民营企业　税收　法治保障

我国宪法规定，在法律规定范围内的个体经济、私营经济等非公有制经济，是社会主义市场经济的重要组成部分。国家保护个体经济、私营经济等非公有制经济的合法权利和利益。国家鼓励、支持和引导非公有制经济的发展，并对非公有制经济依法实行监督和管理。2018 年 11 月 1 日，习近平总书记在民营企业座谈会上的讲话中指出："非公有制经济在我国经济社会发展中的地位和作用没有变！我们毫不动摇鼓励、支持、引导非公有制经济发展的方针政策没有变！我们致力于为非公有制经济发展营造良好环境和提供更多机会的方针政策没有变！"① 习总书记的讲话为民营企业的发展指明了方向。

一、从税收视角看民营企业的内涵和外延

《中华人民共和国税收征收管理法》第 4 条规定："法律、行政法规规定负有纳税义务的单位和个人为纳税人。法律、行政法规规定负有代扣代缴、代收代缴税款义务的单位和个人为扣缴义务人。纳税人、扣缴义务人必须依照法

---

*　作者单位：江苏省税务局。

①　参见 2018 年 11 月 1 日习近平总书记在民营企业座谈会上的讲话。

律、行政法规的规定缴纳税款、代扣代缴、代收代缴税款。”税收法律关系中的征纳双方是税务机关和纳税人以及扣缴义务人，纳税人和扣缴义务人是由单位和个人组成的。民法总则列明的市场主体主要包括：自然人、法人和非法人组织。税收征收管理法所称单位，对应到民法总则就是法人和非法人组织。本次研讨的“民营企业”的外延，从税收视角看，个人认为是非公有制经济中的法人和非法人组织，具体地说，除了国有独资企业外，其他非个人的市场主体都属于民营企业的范畴，包括集体所有制企业、私营企业、股份制企业（有限责任公司、股份有限公司）、有限合伙企业、联营企业、外商投资企业、个人独资企业、股份合作企业，以及港、澳、台投资者以合资、合作或独资形式在大陆举办的企业等。除此而外，还有一种理解，即民营企业仅指私营企业和以私营企业为主体的联营企业。

这样的范围界定至关重要，但从税收视角看，并没有特殊区别。我国税收管理对纳税人和扣缴义务人不按照经济类型而进行差别对待。国家税务总局2016年制定了《纳税人分类分级管理办法》[①]，其核心要义之一就是为差异化管理纳税人提供基础，在这个办法中明确：对企业纳税人的分类是以规模和行业为主，兼顾特定业务类型。企业纳税人按规模分为大企业、重点税源企业和一般税源企业。换言之，税务机关对企业纳税人实施差异化管理的依据是规模和行业，兼顾特定业务类型。以资本的不同来源为依据，实施差异化的税收管理不符合现代税收管理理念，也不是我国当代税收管理的实践做法。

二、民营企业在税收上得到充分的法治保障

（一）依法被征收税款，不履行法定之外的税收义务

1. 按照法定税种缴纳税款。税收具有强制性、无偿性和固定性的基本特征。民营企业依照法律、法规设定的税种缴纳税款。

2. 按照法定税目、税率、申报期限、缴税地点缴纳税款。根据相关法律规定，不同税种，对于税率、申报时间、缴税时间、缴税地点的要求并不完全相同。按照税收实体法的规定执行。

3. 按照法定程序被征收税款。一是税收征收管理整体大流程：纳税人自

① 国家税务总局关于印发《纳税人分类分级管理办法》的通知（税总发〔2016〕99号）。

主申报、税额确认、税款缴纳、欠税追征、税收调查、涉税争议处理。在大流程中，每一个环节还有具体的工作流程。如税收征纳上还包括了税额确认和税款征收两个程序。纳税人自主申报以后，税务机关必须先进行税收确定，然后才能实施征收。德国、日本、美国均在立法上区分了税收确定期间和税收征收期间。我国税收征税管理法未明确作此区分，但是实质上已经包含了税额确定和征收两部分程序。国家税务总局对欠税追缴期限的问题专门进行了规范①，超过追征期限的不再追征，但是纳税人已申报或税务机关已查处的欠缴税款，应当依法无限期追缴税款。由此可见，税务主管部门认为追征期是税收确定期间，而税收征收期间是无限期的。

（二）民营企业自主办税的法律主体地位得到保障

1. 民营企业有自主申报纳税的权利。民营企业纳税人自主申报纳税指的是在纳税申报中，由纳税人依据税法自行计算后，填写申报表进行申报。只要其申报符合税法要求，且并无逾期申报、申报数据存在疑点等情形出现，税务机关就要按照“无风险不检查、无审批不进户、无违法不停票”的规定，不能介入干涉企业的正常申报活动。纳税人自主申报的数据则会作为征纳双方日后履行各自权力和义务的依据。这样有利于对纳税人自觉诚信纳税观念的培养。

2. 民营企业有税收法律政策以及税收管理程序的知情权。知情权是税收征收管理法赋予民营企业纳税人的一项重要权利。为了保障纳税人的税收法律政策以及税收管理程序的知情权，税务机关通过各种途径广泛宣传税收法律、行政法规、税收政策、办税程序以及其他应公开的信息。另外，纳税人还可以主动通过前往办税服务厅询问、拨打“12366”纳税服务热线、登录税务机关官方网站、参加税收专题辅导会和社会媒体等多种途径来行使自己的知情权。

为方便纳税人行使对税收的知情权，澳大利亚税务局正在推行“ASK ALEX”项目。这个项目是在税务局官网上进行的一个即问即答对话框。纳税人可以直接在对话框内向人工智能系统提出关于税收的问题，系统会准确答复并给出相关联的信息。这不仅方便纳税人行使对税收的知情权，同时提高了行使知情权的效率。2015 年，中共中央办公厅、国务院办公厅印发《深化国税、

① 参见《国家税务总局关于欠税追缴期限有关问题的批复》（国税函〔2005〕813 号）。

地税征管体制改革方案》[1]，提出要完善全国“12366”纳税服务平台，提供“能听能问能查能看能约能办”的“六能”型办税服务。

3. 民营企业有延期办理纳税申报的权利。如民营企业纳税人因一些不可抗力而不能按期办理纳税申报，纳税人可以延期申报。

4. 纳税申报方式选择的权利。目前民营企业纳税人可以自行选择纳税申报的方式。目前主要的申报方式有三种：第一，纳税人可以直接到办税服务厅办理纳税申报。第二，纳税人可以通过网上电子税务局自行申报。第三，纳税人也可以按照规定采取邮寄的方式进行申报。税务机关鼓励纳税人通过电子税务局办理申报，“只跑网路，不跑马路”。这样的做法与许多国家的做法相似。如澳大利亚税务局更鼓励纳税人使用网上报税。纳税人可以直接登录澳大利亚税务局网站上的 Mytax（澳大利亚税务局给纳税人免费使用的电子报税系统）进行网上报税。通过使用该系统，纳税人据实填写数据后，便可直接得出需要缴纳的税额或可退还的税金，并通过该系统进行后续操作。巴西联邦税务局更是作出规定，纳税人均通过网上系统办税，实体办税厅只接待自然人，企业纳税人如果需要到实体办税厅办税需要提前预约得到回应后才能前往。

5. 委托税收代理的权利。民营企业纳税人拥有委托让人代为办理税收相关事项的权利。按照规定，纳税人可根据自身情况，将以下事项委托给税务代理人代为办理：设立、变更或者注销税务登记、除增值税专用发票外的发票领用手续、纳税申报或扣缴税款报告、税款缴纳和申请退税、制作涉税文书、审查纳税情况、建账建制、办理财务、税务咨询、申请税务行政复议、提起税务行政诉讼以及国家税务总局规定的其他业务。

（三）民营企业依法缴纳税款得到保障

中国人民银行、国家税务总局建立的 TIPS 系统，搭建了沟通税务机关、纳税人和商业银行之间的信息化平台，实现了税款的电子化、无纸化入库。为民营企业提供了安全便捷的缴税方式。

1. 申请延期缴纳税款的权利。与延期申报相似，如果民营企业遇到特殊困难，如正常生产经营活动受到较大影响的，或在支付职工工资和其他相关费用后不足以缴纳税款的，有权在缴纳税款期限届满前向主管税务机关提出申请延

① 参见 2015 年 12 月中共中央办公厅、国务院办公厅《深化国税、地税征管体制改革方案》。

期缴纳。经省税务局批准后可以延期缴纳税款。

2. 有权申请退还多缴税款。对于民营企业超过法律规定应缴税款的部分，企业可以营业执照、身份证明等相关资料前往税务机关提出申请退还该部分税款。税务机关在收到退税申请30日内确定相关情况并办理退还手续。如果税务机关自查发现企业多缴税款，应主动联系纳税人行使退税权，并在10日内办理退还手续。

3. 享受减税降费等税收相关政策的权利。税收优惠，是指国家运用税收政策对特定行业、特定区域、特定类型的纳税人或者特定课税对象给予减轻或免除税收负担的一种优待。我国目前的税收优惠政策主要是减税免税政策，包括普惠性和结构性的两类。包括民营企业在内的所有纳税人符合条件的就可以享受。这也是中央政府的宏观经济政策，即用政府收入的减法，换取纳税人利益的加法、市场活力激发倍增的乘法。

（四）民营企业在税收检查中的权利保障

1. 被确定为检查对象的不受偏见和歧视。税务机关通过风险识别、双随机系统确定为检查对象的民营企业纳税人，并不是因为他们的民营企业身份，而是税务机关遵循一定的规则公平确定的。这是税务机关创新监管方式和规范执法行为的具体体现。其有效避免频繁检查，任性检查、真正做到了“无风险不检查、无审批不进户、无违法不停票”，改善了税收营商环境，避免了执法的随意性，提升了纳税人的获得感。

2. 对未出示税务检查证和检查通知书的可以拒绝接受检查的权利。按照《税收征收管理法》第59条[①]和《税收征管法实施细则》第89条[②]的规定，税务工作人员前往民营企业检查时，应当向企业出示税务检查证和税务检查通知书。对于税务人员未出示检查证和通知书的，企业有权利拒绝检查。

---

① 《税收征收管理法》第59条规定：“税务机关派出的人员进行税务检查时，应当出示税务检查证和税务检查通知书，并有责任为被检查人保守秘密；未出示税务检查证和税务检查通知书的，被检查人有权拒绝检查。”

② 《税收征收管理法实施细则》第89条规定：“税务机关和税务人员应当依照税收征管法及本细则的规定行使税务检查职权。税务人员进行税务检查时，应当出示税务检查证和税务检查通知书；无税务检查证和税务检查通知书的，纳税人、扣缴义务人及其他当事人有权拒绝检查。税务机关对集贸市场及集中经营业户进行检查时，可以使用统一的税务检查通知书。”

3. 对在检查中获知的商业秘密有权要求税务机关保密的权利。纳税人行使保密要求保密的信息，是指在税收征收管理工作中依法制作或者采集的，以一定形式记录、保存的涉及企业的商业秘密的信息。法律赋予税务机关在税收征收管理中获得企业生产经营信息的权力和手段，但这些信息只能被税务机关用于税收目的。但需要指出的是，企业的税收违法行为信息不属于保密范围。

4. 在检查中有陈诉和申辩并举证的权利。在进行税务检查的过程中，民营企业纳税人有权对自己的税收行为进行陈述和申辩。税务机关和税务人员不得剥夺其陈述和申辩的权利。在听取纳税人陈述后，要对内容进行审核。如果所陈述的内容为事实，那么税务机关应予采纳。

（五）对涉税争议得到公正处理的法治保障

1. 有权申请举行听证。当民营企业纳税人被处以一定金额以上（个人为 2000 元，企业为 10000 元）罚款的行政处罚前，税务机关会向纳税人送达《税务行政处罚事项告知书》，告知纳税人已查明的违法事实、证据、行政处罚的法律依据、拟将给予的行政处罚和依法享有的听证权。此时，纳税人如果要求举行听证，那么税务机关应该按照纳税人的要求在规定时间内组织听证。听证期间，纳税人如果发现有直接利益相关人员参加听证，可以行使回避权，要求相关人员回避。对应该进行听证，但税务机关没有组织听证而作出的行政处罚不具备法律效力。

2. 有权申请行政复议。在税务机关作出决定后，如果纳税人对于税务决定存在疑惑或者有异议时，纳税人可以依法向有管辖权的税务机关申请行政复议。

3. 有权申请行政诉讼。民营企业纳税人对税务机关的决定不服，可以依法向法院提请行政诉讼。这里的决定分为征收决定和非征收决定。纳税人对征收决定不服的，必须先申请行政复议，对于行政复议结果不服的才可以在收到复议决定书之日起 15 日内向法院提请行政诉讼。

4. 有权请求国家赔偿。当税务机关或者税务人员的职务违法行为给民营企业纳税人的合法权益造成损害时，纳税人可以要求税务行政赔偿。损害纳税人合法权益的情况主要包括：纳税人在限期内已缴纳税款，税务机关未立刻接触税收保全措施，使纳税人的合法权益遭受损失的；税务机关滥用职权违法采取税收保全措施、强制执行措施，或者采取税收保全措施、强制执行措施不当，使纳税人的合法权益遭受损失的。

（六）民主参与国家税收治理的权利

1. 参与税收立法及税收政策制定。为了提高税收立法的科学性、民主性，国家在税收立法中广泛听取包括民营企业家在内的社会各界的意见和建议。最典型的案例，就是2015年1月5日，原国务院法制办公开向全社会征求对《税收征管法（修订稿）》[①]的意见。民营企业纳税人参与税收立法的形式主要有直接参与和间接参与两种。直接参与方式为当选人大代表，代表民营企业发声；间接参与方式为参加听证会、论坛、座谈会、公开征求意见等形式直接表达意见，参与立法活动。

2. 行使税收执法监督权。税务机关一向把依法治税作为税收工作的生命线。虽然取得了很多成绩，执法水平较以往也有很大提高，但是依然存在许多问题。除税务系统自身的纠错机制外，税收执法监督是重要的推动力量。民营企业广泛参与执法监督，有的民营企业家本身就是税务机关的执法监督员。

3. 税收协同共治的重要参与者。民营企业参与税收协同共治，主要体现为：涉税信息的提供者、税收情报的交互者、税收秩序的维护者、行业规则的自律者、税收执法的协助者。

二、民营企业在税收法治保障方面的特殊性

（一）做好对象细分基础上的纳税服务

为了优化税收资源配置，提高纳税服务质量，企业纳税人被分为大企业和中、小微企业，税务机关会根据纳税人的不同类型，为其提供不同的纳税服务，这也是国际通行做法。如澳大利亚税务局为方便大型企业的纳税人处理各类税务事宜，澳大利亚税务局提供免费上门咨询服务。纳税人只要通过电话或者网站申请，税务官便会上门服务。同时，澳大利亚税务局对外资企业还会提供免费的翻译服务。

我国为了支持大型企业的可持续发展，民营大企业除了常规的纳税服务外，还可以在税务局享受一些专属服务。建立税企高层沟通机制、签订税收遵

① 参见国务院法制办公室《关于〈中华人民共和国税收征收管理法修订草案（征求意见稿）〉公开征求意见的通知》。

从协议，重大业务活动的税收安排、日常预约办税、享受绿色通道、专家政策咨询、上门办税辅导，通过互联网和大数据技术，对大型企业的相关数据进行分析，及时掌握大企业的税收波动情况，提醒纳税人提高税法遵从度，注意规避税收风险。

（二）引导民营企业提高纳税信用等级

1. 信用管税是税收治理的治本之策。孔子说："人而无信，不知其可也。"中华传统文化把诚信作为社会有序运行的根本和基础。税务机关着力信用管税，不是税收管理的权宜之计，而是税收治理强基固本、久久为功的百年大计。

2. 税务机关对不同信用等级的纳税人采取不同的税收服务和监管措施。对纳税信用好的纳税人，开通办税绿色通道，在资料报送、发票领用、出口退税等方面提供更多便利，减少税务检查频次。对进入税收违法"黑名单"的当事人，严格税收管理，与相关部门依法联合实施禁止高消费、限制融资授信、禁止参加政府采购、限制取得政府供应土地和政府性资金支持、阻止出境等惩戒。

3. 民营企业要获得更加便利的税收营商环境，应当着力提升自身的纳税信用等级。对于信用高、风险低的纳税人，税务机关在少打扰甚至不打扰的基础上提供更便捷的服务。对于信用积分高的纳税人、缴费人，税务机关提供更多更优的增值服务，例如，国家税务总局推行的银税互动项目。该项目的目标便是纳税信用积分高、融资困难的民营企业。该类型企业可以轻松通过"税银互动"业务授权税务局将涉税信息提供给银行作为申请贷款的依据，省去了申请贷款的诸多手续，大大降低了融资成本。

4. 税务机关的信用管税是动态的，为失信的民营企业提供信用修复机制。纳税信用级别是税务机关根据纳税人在一定周期内履行纳税义务的情况而作出的评价级别。动态信用管税不仅可以让民营企业时刻保持对税法敬畏，还给了企业"改过自新"的机会。动态信用管税，可以让信用高的企业感受到税法的公平，让信用低的企业不断提高自身的税法遵从度。

（三）提示民营企业注重防范税收风险

1. 税收风险管理是税收管理的一种有效方式。通过税收大数据的分析，对纳税人开展风险识别，进而进行风险等级排序、开展风险应对以及后续的绩效评价。这是经合组织（OECD）推崇的税收管理方式，也被很多国家接受和采纳，被视为本国税收管理与国际接轨的通行做法。

2. 税务机关以促进税法遵从为目标，对不同风险的纳税人采取不同的应对措施。对低风险纳税人提示提醒，包容审慎监管。对中高风险的纳税人，采取纳税评估、税务稽查、特别纳税调整等多种、递进式的应对措施。涉嫌犯罪的，移送司法机关处理。

3. 民营企业必须着力防范涉税风险，避免税收违法，进而影响纳税信用。税务机关应用税收大数据，为纳税人开展风险预测、监控、防范和应对，风险应对结果计入信用积分。对信用积分高的纳税人提供更好更多服务，对信用积分低的适度加大检查频次。

（四）构建税法遵从为导向的税收文化

1. 从行为模式上，让民营企业遵从税法成为习惯。税务机关通过引导遵从、帮助遵从、强制遵从等方式，着力使民营企业养成遵从税法的行为习惯，使民营企业税收违法不能犯、不敢犯。

2. 从思想认识上，让民营企业遵从税法成为自觉。税务机关通过信用引导、典型引路、风险防范、案例警示等方式，着力使民营企业在思想上形成认同税法遵从的强大共识，使民营企业税收违法不想犯、不愿犯。

3. 从价值理念上，让民营企业遵从税法成为自由。遵从税法成为自由，不遵从税法、税收违法就没有自由。自由不是为所欲为，不是放纵任性，自由是在遵循规则的前提下寻求自在。在一些认为“唯有死亡和税收是不可避免的”[①]国家，人们对税收的认识是理所当然、天经地义，是对国家应尽的义务，是获得社会公共服务的对价。从来没有质疑，也想不到回避。如果一个人刻意地逃税漏税，就会受到普遍的谴责和蔑视，在社会上没有立足之地。

因此，构建以现代税收法治理念为核心的税收文化、将税法遵从根植于民众内心、外化为全体纳税人的自觉行为，是民营企业税收法治保障最重要的根基。

---

① 本杰明·富兰克林（Benjamin Franklin），美国科学家、政治家、文学家和航海家，曾经说过一句名言：“在这个世界上，只有死亡和税是逃不掉的。”另一种翻译是：“世界上只有两件事是不可避免的，那就是税收和死亡。”

完善个人所得税制度之浅见

郭治国　许惠玲 *

摘　要 ▶ 我国的个人所得税从1980年开征以来收入飞速增长，虽历经几次修改，但还是不能适应新经济形势下的需要。本文在进行横向纵向对比的基础上分析了目前个人所得税法存在的问题，并提出了自己的一点浅显之见。

关键词 ▶ 税制　税率　扣除

一、个人所得税的起源及发展

个人所得税的开征是因战争而起。英国是世界上最早开征个人所得税的国家，该国从开始征收个人所得税至今已有两百余年的历史。早在1799年英法战争时期，英国国家财政消耗巨大，而当时以消费税和关税作为主要的财政收入来源的英国已经难以支撑战争所需要的巨额费用。[①] 鉴于此，英国议会决定向本国居民征收个人所得税用以筹措高昂的战争经费。美国个人所得税的开征也是由于1862年爆发的南北战争所需要的巨额经费，但在南北战争结束后立即废止，直到1909年方重新开征。后来，许多资本主义国家发现征收个人所得税不仅可以增加财政收入，还可以调节社会各阶层之间的收入水平并缩小国民间个人收入的差距，于是个人所得税逐渐被世界各国所普遍采用，成为许多国家的主要税种，在调控经济、筹集财政、调节分配等方面发挥着极其重要的作用。

1980年9月10日第五届全国人民代表大会第三次会议通过了我国首部

* 作者单位：郭治国，江苏通税律师事务所；许惠玲，湖北警官学院。

① 参见徐晔等:《中国个人所得税制度》，复旦大学出版社2010年版，第2页。

《个人所得税法》，同时由全国人民代表大会常务委员会委员长令第十一号公布施行。该部个人所得税法工资薪金的费用扣除标准为800元，而根据1980年的《统计公报》可知，当时我国城镇职工的年收入为762元，即当时城市居民的人均月收入仅为63元左右。[①]由此可见，当时我国绝大多数依靠工资薪金作为主要收入的居民无需缴纳个人所得税。事实上，当时我国个人所得税的纳税人主要是收入较高的外籍人员（含港、澳、台同胞）。1986年1月7日国务院颁布《中华人民共和国个人工商户个人所得税暂行条例》，从1986年起对经工商行政管理部门批准开业的城乡个体工商户征收个人所得税。1986年9月25日国务院颁布《中华人民共和国个人收入调节税暂行条例》，从1987年起对在中国境内有住所、取得个人收入的中国公民征收个人所得税。到1987年，我国个人所得税征收制度形成了以个人所得税、城乡个体工商业户所得税和个人收入调节税为基础的分类征制度。

1993年10月31日第八届全国人民代表大会常务委员会第四次会议对《中华人民共和国个人所得税法》进行了重大修改并重新颁布，将原本的三部个人所得税法规合并，建立了分类征收的个人所得税制，将个人所得分为11类所得项目分别计算征收，于1994年1月1日正式施行。此后，又经过1999年、2005年、2007年（2次）、2011年的5次修正，主要是调整扣除标准和税率，在2018年修正后建立了现行的综合与分类相结合的个人所得税制。

二、个人所得税的现状

目前各国的个人所得税主要有三种征收体制：一是分类所得税制，对于不同所得项目的收入采用不同的计算方法，分别计算缴纳；二是综合与分类相结合的所得税制，对部分所得项目汇总计算缴纳，部分所得项目分别计算缴纳；三是综合所得税制，对所有的所得项目全部汇总计算缴纳。在不同的征税体制下，又分为以家庭为单位征税和以个人为单位征税的征税模式。我国目前实行的是以个人为单位、综合与分类相结合的个人所得税制。

为了适应经济社会的发展，许多西方国家在个人所得税开征后都进行了改革，虽然改革方式不尽相同，但整体的趋势都是通过拓宽税基、降低税率、简化税率结构使得个人所得税在调节收入分配方面发挥更加重要的作用。如芬

① 参见徐晔等：《中国个人所得税制度》，复旦大学出版社2010年版，第18页。

兰、澳大利亚、新西兰等加强了对劳动者非现金收入的征税，采用市场价格对非现金收入作估价，纳入个人所得税征收范围。芬兰、爱尔兰、日本、新西兰和美国等国家大幅度降低了最高边际税率。

表 1　部分 OECD 国家 1981 年、2012 年、2016 年的最高边际税率和税率档数①

国家	最高边际税率（单位：%）			税率档次	
	1981 年	2012 年	2016 年	1981 年	2016 年
法国	60.00	45.00	45.00	12	4
日本	75.00	40.00	45.00	1	7
德国	56.00	45.00	45.00	2	4
新西兰	60.00	33.00	33.00	6	4
美国	70.60	35.00	39.60	17	7

在许多发达国家，个人所得税都属于主体税种，以部分 OECD 国家为例，新西兰、美国、瑞典、比利时和英国在 2000 年个人所得税占税收总收入的比重分别为 43.07%、42.13%、33.24%、31.42% 和 29.34%，到 2016 年，这一比重分别下降到 37.60%、40.20%、29.97%、27.82% 和 27.28%，但依然属于主体税种。②

我国个人所得税自 1980 年开征至今，收入连年大幅增长，特别是 1994 年实施了统一的个人所得税法以后，个人所得税的收入以年均超过 20% 的增幅快速增长，远远高于 GDP 的增幅。根据财政部的数据显示，我国 1994 年个人所得税收入为 73 亿元，2017 年已经增长到 11966 亿元。1994 年至 2017 年间，个人所得税收入占税收总收入比重由 1.4% 上升到 8.3%，占 GDP 的比重由 0.15% 上升到 1.45%，成为增值税、企业所得税之后的第三大税种，在税收体系中扮演着越来越重要的角色。近几年，工资、薪金所得占个人所得税的比例一直在 65% 以上。因此，笔者建议完善扩大专项附加扣除项目。

① 数据来源于 http://www.oecd.org；http://www.chinatax.gov.cn/n810219/n810744/n1671176/n1671206/index.html。

② 数据来源于 http://www.oecd.org。

三、对目前我国个人所得税法的几点思考

我国自2019年1月1日起施行的个人所得税法废除了之前沿用了25年之久的分类所得税制，采用综合与分类相结合的个人所得税制，这是个人所得税发展史上的一个里程碑，其意义之重大、影响之深远不言而喻。但是任何事物都很难尽善尽美，笔者愚见，在新税法之中也存在一些不足，主要有以下几个方面：

（一）针对不同性质收入所得，制定更加合理税率税制

亚当·斯密在其《国富论》中提出“平等”“确定”“便利”和“最少费用”的税收四原则，其中平等原则的表述为：“一国国民，都须在可能范围内，按照各自能力的比例，即各自在国家保护下享有收入的比例，缴纳国赋，维持政府。”其含义就是按照经济能力划分税收负担。由于税收平等原则是现代法治的基本原则之一——平等原则在征税思想上的体现，所以是各国税收立法普遍采取的原则之一。

新的个人所得税法将工资、薪金所得，劳务报酬所得，稿酬所得，特许权使用费所得合并为综合所得，按纳税年度合并计算个人所得税；经营所得，利息、股息、红利所得，财产租赁所得，财产转让所得，偶然所得分别计算个人所得税。综合所得基本上都属于劳动所得，适用3%、10%、20%、25%、30%、35%、45%七级超额累进税率；经营所得也属于劳动所得，适用5%、10%、20%、30%、35%五级超额累进税率；利息、股息、红利所得，财产租赁所得，财产转让所得，偶然所得适用20%比例税率。

如果是取得工资薪金，年收入240万元，假设专项扣除、专项附加扣除、费用扣除共计18万元，边际税率为45%，需要缴纳个人所得税817080元；如果是取得劳务报酬，年收入240万元，假设专项扣除、专项附加扣除、费用扣除共计18万元，边际税率是45%×80%=36%，需要缴纳个人所得税601080元；如果是买彩票中奖240万元，属于偶然所得，边际税率是20%，需要缴纳个人所得税48万元；如果是炒房获利240万元，属于财产转让所得，边际税率是20%，需要缴纳个人所得税48万元。对于低收入人群，劳动所得的税率低于非劳动所得，但是对于高收入人群，劳动所得的适用税率显然要高于非劳动所得，在税收立法上会产生对人们工作积极性抑制的负面效应，引发人们对

税法公平性的质疑。只有在纳税人认为税收政策公平合理时才可能自觉缴税，否则就会“努力”逃税，造成税务机关征税成本的上升。

（二）建议降低边际税率

我国综合所得的最高边际税率为45%，同G20国家相比，只比少数发达国家（如德国47.475%）低，不仅高于许多发展中国家（如印度34.608%、俄罗斯35%），甚至高于许多发达国家（如美国37%），更是远远高于中国香港特区（17%），这在一定程度上可能会抑制个人工作的积极性，削弱海内外优秀人才在我国发展的吸引力，不利于我国的国际人才竞争。鉴于此，在时机成熟综合考虑税收制度、经济发展等因素的基础上，适当降低边际税率。

（三）完善专项附加扣除项目

新的个人所得税法规定了子女教育、继续教育、大病医疗、住房贷款利息、住房租金和赡养老人等6项专项附加扣除，并且规定了扣除的金额和范围。对于子女教育，规定从年满3岁起开始扣除，只能在受教育期间扣除，在子女未满3岁之前不能扣除，实际上对于父母而言，子女在3岁前发生的支出、付出的精力也很多，甚至要比满3岁后更辛苦，但是不能享受扣除，而且父母双方的比例要么各自50%，要么一方100%也不够科学。对于继续教育发生的支出允许扣除，虽然从鼓励自学的角度而言是非常合理的，但是相比继续教育而言，统招教育的学生整体所付出的努力要更多，同样的统招本科比在职本科无论是竞争力还是精力都要付出更多，然而却不能享受扣除。大病医疗在自费超过15000元的部分才可以扣除，而且不能结转以后年度扣除，15000元的“免扣额”对于工薪阶层而言略高，而且不能结转以后年度扣除的规定也不够人性化。赡养老人支出2000元在兄弟姐妹之间分摊，但是每人的分摊额度不得超过1000元，在现实生活中如果有兄弟姐妹多人的，收入高的支出也高，所以每人分摊额度不得超过1000元的额度稍显不足。住房贷款利息扣除只能享受一次，对于改善性刚需而言似乎不够“大度”。住房租金扣除是存在问题最大的，按照财税〔2008〕24号文件规定，出租住房需要缴纳4%的房产税、10%的个人所得税，但是在现实生活中，只要不是承租方需要发票，很少有人去主动缴纳出租住房的税款，而且在许多人的潜意识里都认为不开发票不需要缴税，如果承租人为了税前扣除而要求出租人提供发票，出租人去税务机关代开发票的时候就需要按照出租房屋的市场价计算纳税，但是实际扣除额最高只有1200元，假如纳税人在省会城市租房支出为2000元，代开发票时需要缴纳房产税80元、个人所得税112元，共计196元，该纳税人适用的边际税率在20%以上才会去开具发票；如果纳税人扣除的时候出租方未提供发票也未依法纳税，那么出租方就是违法行为，税务机关去征缴这部分税款的话，出租方会涨房租，最后转嫁到租房者身上，如果税务机关明知有漏缴税款而不去征缴，又会产生执法风险，同时还会降低税法的公信力，因此陷入困局之中。

（四）运用好费用减除标准"双刃剑"，合理调节中高低收入分配

按照新的个人所得税法，综合所得的费用扣除标准为60000元/年。财政部副部长程丽华表示，根据国家统计局抽样调查数据测算，2017年我国城镇就业者人均负担的消费支出约为每月3900元，按照近三年城镇居民消费支出年均增长率推算，2018年人均负担的消费支出约为每月4200元。[①] 笔者按照程部长的推算方式得知2019年我国人均负担的消费支出约为4520元，由于我国地区发展的不平衡，一线城市人均负担的月消费支出极有可能超过5000元，这就导致对一线城市中低收入人群的生活必要费用课税，导致税收的横向不公平。从全国意义上看，个人所得税的立法初衷是对高收入者征税，调节收入分配，月收入仅仅比人均负担的消费支出高480元的人群，很显然远远达不到高收入的标准，不应当成为被调节收入的对象。而且从埋论上说，个人所得税的应纳税所得额应当是所得收入扣除因获得该项所得的必要支出之后的余额。对于高收入人群而言，其通过劳动获得收入的必要支出也相对较高，采用"一刀切"的费用扣除标准，对高收入人群有所不公，容易造成"反向歧视"，有失公平分配。税收立法既要考虑到中低收入者的利益，也要照顾到高收入者的利益。

（五）改革有待深化

新税法只将劳动所得综合计算征税，将非劳动所得分类计算征税，对于中低收入者而言，取得收入的方式有限，主要是靠劳动收入，而高收入者取得收入的方式更加多元化，有更大的可能获得非劳动所得（如财产转让所得），而非劳动所得的边际税率低于劳动所得，不仅违反税收中性原则，而且会出现依

① 参见《财政部程丽华：5000元起征点标准不是固定不变　未来将动态调整》，载人民日报客户端，2018年8月31日。

靠非劳动所得为主要来源的高收入者纳税反而低于依靠劳动所得为主要来源的中等收入者的逆调节现象，与个人所得税的立法本意相违背。

四、立法建议

（一）进一步优化税制

实行以家庭为单位、综合与分类相结合的个人所得税制。由于我国婚姻法规定，在无约定的情况下，夫妻关系存续期间所得的财产归夫妻共同所有，所发生的支出也是夫妻共同承担，但是在计算个人所得税的时候是按照个人来计算的，未能考虑到纳税人的家庭负担不同，如果A夫妻2人年收入各6万元，那么无需缴纳个人所得税，而B夫妻只有一人工作，年收入12万元，则需要缴纳个人所得税，这就造成税负不公。建立以家庭为单位的个人所得税制不仅与婚姻法的立法原则保持一致，也符合我国的家庭伦理观念，更解决了家庭就业人口不同所导致的个人税负不公，可有效调节收入差距，兼顾不同纳税人不同的家庭负担，减轻家庭就业人员较少而成员又较多的纳税人的税收负担，进一步促进税负公平。

（二）调整边际税率

随着当前经济全球化的日益完善，市场在配置资源上起着越来越重要的作用，人才、技术、资本等生产要素在各国间的流动和竞争也更加充分。通过降低税负的方式吸引人才和资本的流入已经是许多发达国家所采取的重要手段，从而各个国家的所得税制度改革趋势基本上都是减税。我国个人所得税45%的边际税率已经高于许多发达国家，为了吸引国际人才、技术、资本等生产要素，增强我国的竞争实力，我国也应考虑降低劳动所得的边际税率，与其他国家的税改保持相同趋势，如考虑将综合所得的税率级次减少到五级，取消35%和45%的高税率，同时提高3%和10%税率的级距。很多国家为了鼓励投资，都对投资所得和财产的税率进行了下调，降低资本利得的税负。对于投资者而言，在投资企业缴纳25%的企业所得税后，股息还要缴纳20%的个人所得税，税负率达到40%，较大程度影响了纳税人投资的积极性，所以我国也可以参考其他国家的模式，降低资本利得的税负以吸引更多的投资。

（三）完善专项附加扣除

对于新个人所得税法规定的 6 项专项附加扣除，笔者总有一种“好事没能做到底”的感觉。对于子女教育，能否考虑从怀孕开始扣除，因为从怀孕开始父母所付出的精力、经济等成本就已经很高，从此时开始扣除更加人性化，同时调整扣除比例，夫妻双方的 100% 比例间自由约定，最大程度上为纳税人减负；对于继续教育，能否考虑将统招的大（中）专以上教育也纳入扣除范围；大病医疗的“免扣额”能否从 15000 元降低到 5000 元；赡养老人支出 2000 元能否考虑兄弟姐妹之间每人的分摊额度不设置上限；住房贷款利息扣除能否考虑将首套改善性住房的贷款利息也纳入扣除范围；住房租金扣除方面，能否考虑出台政策，规定纳税人按照市场价出租房屋用于居住的，免征各项税收，这样对于出租方而言，不管是否提供发票，都消除了潜在的税收违法风险，对于承租方而言，扣除也更加方便易行。

（四）实行差异化费用扣除标准

现行全国统一的费用扣除标准在实质上没有考虑到不同纳税人之间的差异，无法体现按实际收入纳税的原则，造成实质上的不公平。我国虽然目前 GDP 已经高居世界第二，但整体发展不均衡，行业之间、地区之间的收入水平、消费水平差距都非常大。一线城市的消费水平、生活成本远远高于二三线城市，所以笔者建议在制定费用扣除标准时要充分考虑到地区差异，可以考虑与所在城市的人均支出挂钩，按照所在城市的人均支出乘以适当系数（如 1.5），同时按照支出水平进行动态调整，以适应物价变动对纳税人税负的影响，满足纳税人的基本生活需求，做到公平与效率兼顾，发挥个人所得税调节收入和筹集财政收入的两个重要功能。

税收换取的公共自由

——以水资源税改革为视角

唐安然*

摘　要 ▶ 税收的本质是将公民的部分私人财产转变为公共财产，并且财产性质的转变和转变后公共财产的使用均应符合法律规定。其正当性不仅在于以法律规范的形式予以规定，还在于规范的内容实现了公民部分私人自由向公共自由的合理必要的转变。近期试点的水资源税改革，设置了新的税种，利用公民的用水自由换取水资源保护的公共自由。在水资源分布现状和试点效果上体现了水资源税开征的价值，但其正当性并不止步于此，还应当在“取之于民、用之于民”的税收价值和税收“控权”理念的基础之上，进一步完善税收立法、央地权限划分、税收举措的公众参与以及税收争议的司法审查等立法、行政和司法层面的制度以实现水资源税开征的正当性。

关键词 ▶ 水资源税　税收正当性　自由　公共财产

税收作为一项制度，无论将其视为经济制度、社会制度还是法律制度，均需明了其是什么样的制度、为何要采取该制度、应当如何采取该制度这三个问题。我国宪法规定公民有纳税的义务，自然对应的是国家机关有征税的权力。为证明国家机关征税权力的正当性，要求税收法定。公民基于人民的意志履行宪法规定的纳税义务。税收说到底，是将公民的财产征收为国家所有。因此，税收制度就是将公民的私人财产变为国家财产的制度。此前，公民所缴纳的税款成为公共财产，由国家对其进行管理，此为宏观调控法性质的财税法理论；

*　作者单位：南京财经大学法学院。

如今，财税法理念发生变化，成为公共财产法，强调私人财产转化成公共财产的正当性以及该公共财产管理和支配的正当性。[①] 财税法成为控权法。税收既要实现私人财产转化为公共财产后，国家对经济社会进行管理的宏观目标，也要实现对私人财产转化为公共财产的必要性以及转化成公共财产后的利用、支配的必要性和正当性。财税法理念发生这样的变化，使得税收制度的内容、目的和方式随之改变；国家机关的职责也发生变化，从主导者转变为被控权者，不得肆意征税。"取之于民、用之于民"成为税收征管的核心理念。之所以取之于民，是因为必须取之，方能实现国家管理；用之于民，是因为国家管理的目标最终还是为人民谋福利。因此，税收实质上就是公民用一部分的私人财产换取国家对公共秩序的维护。在具体的领域中，如资源税，即体现为国家对资源优化配置秩序的维护。在这个交换的过程中，国家承担调节器的功能，将前一部分自由转化为公共利益，再将公共利益转化为后一部分的自由。除此之外，国家不应从中谋取其他任何利益。目前，我国税收制度改革持续不断，前有个人房产税改革，后有环境资源税改革、个人所得税改革等，税种、税率等税收内容的变化既有对社会现实需求的应对，也有对既有税收体系的完善。本文即从水资源税改革的视角，具体分析国家在征收水资源税的制度上是否践行了税收征管的理念，如何通过税收换取水资源优化配置的公共自由，以及通过税收换取该自由的制度保障。

一、水资源税的产生和沿革

不同税种的征收目的侧重点有所不同，尽管可以认为税收的征管均是为了增加财政收入，但与财产税、流转税相比，资源税显得更加具有公益性质，而非主要为了增加财政收入。起初，使用水资源所需要缴纳的为"水资源费"，而非"水资源税"。根据《中华人民共和国水法》相关规定，"国家享有水资源的所有权，对水资源依法实行取水许可制度和有偿使用制度。直接从江河、湖泊或者地下取用水资源的单位和个人，应当按照国家取水许可制度和水资源有偿使用制度的规定、申领取水许可证，并缴纳水资源费，取得取水权。"自2016年5月，财政部、国家税务总局《关于全面推进资源税改革的通知》规

① 参见谢宇：《公共财产法：现代财税法的理念革新与制度建构》，载刘剑文编：《财税法论丛》（第17卷），法律出版社2018年版，第22页。

定开始征收资源税。与此同时，《水资源税改革试点暂行办法》的颁布，规定“利用取水工程或者设施直接从江河、湖泊（含水库）和地下取用地表水、地下水的单位和个人，为水资源税纳税人”，即开始在河北省试点征收水资源税。2017 年 11 月，财政部、国家税务总局和水利部联合印发《扩大水资源税改革试点实施办法》，将水资源税改革试点区域从河北省扩大至北京、天津、山西、内蒙古、山东、河南、四川、陕西、宁夏等 9 个省（自治区），覆盖了中国缺水较为严重的华北地区，以及东部、中部和西部的部分省份。水资源税就是这样通过政策文件从“费”转变为“税”，目前仅在试点的 10 个省份征收水资源税，其他省份仍然征收水资源费。试点工作的持续推进，对立法也产生了新的需求，基于税收法定的要求，资源税立法工作也紧跟其后。日前《中华人民共和国资源税法》出台，规定依据本法的原则，试点征收水资源税，征收水资源税的，不再征收水资源费，实现了水资源税政策的法律化。①

（一）环境需求

保护水资源、促进其有效利用毋庸置疑，水资源费向水资源税的改革能够反映“费”和“税”带来的不同的资源保护效应。“费”只向特定的获益者征收，并依据其个人接受服务的数量，而“税”是对整个社会征收的，不考虑谁获得了资助公益事业的利益。② 水资源的使用主体享有取水权，该权利是通过缴纳水资源费获得的，那么该项取水权成为一项私人权益，其与作为水资源所有权主体的国家之间的关系更加类似于私法上的契约关系，不对第三者产生效力。换言之，缴纳水资源费的主体不对整个环境状态承担责任，不对全体公民承担责任，仅在其缴纳的费用范围内承担义务。而事实上，水资源之所以属于国家所有，而不为私人所有，是因为国家是人民意志的代表，代人民规划、安排、分配、利用水资源以实现水资源的高效利用和水资源环境的侵害预防和资源维护。不同于纯粹私人所有物之间的使用权转移，水资源的使用必须考虑环境状况、公共利益。我国水资源地区分布不均，水土资源不相匹配。长江流域及其以南地区国土面积只占全国的 36.5%，其水资源量占全国的 81%；淮河流

① 参见《中华人民共和国资源税法》第 14 条，该法于 2019 年 8 月 26 日通过，2020 年 9 月 1 日起施行。

② 参见［美］史蒂芬·霍尔姆斯、凯斯·R. 桑斯坦：《权利的成本：为什么自由依赖于税》，毕竟悦译，北京大学出版社 2011 年版，第 7 页。

域及其以北地区的国土面积占全国的63.5%，其水资源量仅占全国水资源总量的19%。[①] 以河北省为例，“其水资源严重不足，人均水资源量仅为全国平均水平的1/7；其经济发展长期依靠开采地下水维持，超采相当严重，已经成为全国最大的地下水漏斗区，可能由此引发一系列社会冲突和自然灾害。”[②] 在水资源充沛的区域，由水资源使用主体缴纳水资源费获得取水权，在各类主体之间相对公平，因为供给的充分，能够促进正当竞争。而在水资源短缺的区域，倘若任由使用主体缴纳水资源费来获取水资源的使用权，一方面，可能导致缴纳水资源费高的主体能够获得水资源的使用权，缴纳水资源费低的主体无法获得水资源的使用权，基于供给的短缺，大型用水企业可能垄断水资源使用市场；另一方面，恰是由于水资源短缺，更加需要水资源的使用主体承担环境保护责任，实现水资源的合理、高效、可持续地使用。河北省成为第一个试点水资源税的地区正是因为其水资源短缺。后续扩大的水资源税试点地区分布于华北、华东、华中、西南和西北，大多数省份如北京、天津、陕西和内蒙古等都是缺水较为严重的地区，只有西南地区的四川水资源较为充沛。[③] 这些均是考虑到各地水资源分配状况对水资源税缴纳的不同需求。

（二）政策安排

以适用于河北省的《水资源税改革试点暂行办法》（以下简称《暂行办法》）为例。其明确规定开征水资源税后，将不再收取水资源费。并且规定了纳税主体、纳税额、税额标准、征收依据和主体、征收时间和征收周期等事项。《暂行办法》的制定目的是促进水资源节约、保护和合理利用。因此，其核心的政策安排即为对利用取水工程或直接从江河、湖泊（含水库）和地下取用地表水和地下水的单位和个人征收水资源税，并根据水资源类别和水资源用途分类确定税额标准，最终希望通过不同的税额标准引导水资源的使用状况以实现各类水资源利用的最优化。水资源区分地表水和地下水，水资源用途区分

① 参见《我国水资源分布现状》，载 http：//amuseum.cdstm.cn/AMuseum/diqiuziyuan/wr0_4.html，最后访问日期：2019年8月26日。

② 倪娟、王帆、唐国平：《水资源税试点地区经验及全面推广对策研究》，载《税务研究》2019年第7期。

③ 试点的10个省份中只有四川2018年水资源总量达2467.1亿立方米，其他9个省份均不足500亿立方米，像北京、天津分别只有29.8和13.0亿立方米，参见《中国统计年鉴（2018）》。

农业、工商业、特种行业等不同行业。原则上对取用地下水，特种行业取用水从高制定税额标准；超计划或超定额取用水，从高制定税额标准，并就超出部分加征 1~3 倍的税额；对超过规定限额的农业生产取用水，以及主要供农村人口生活用水的集中式饮水工程取用水、企业回收利用的采矿排水（疏干排水）和地温空调回用水，从低制定税额标准。尽管《暂行办法》授权河北省结合本地区水资源状况、产业结构和调整方向对水资源用途进行细化分类，但河北省根据《暂行办法》制定的《河北省水资源税改革试点实施办法》并未对从高、从低制定税额标准作细化规定，仅仅列举了取用水的几大行业、农业生产取用水和特种行业取用水主要情形。即规定，“取用水行业可分为：农业、工商业、城镇公共供水、特种行业、其他。农业生产取用水包括种植业、畜牧业、水产养殖业、林业取用水。特种行业取用水包括洗车、洗浴、高尔夫球场、滑雪场取用水”。相较于《暂行办法》,《河北省水资源税改革试点实施办法》列举了几类不征收水资源税的情形，主要包括农村集体经济组织的水塘、水库，家庭生活、散养家畜等少量用水，地下工程建设、消除公共危害、抗旱、维护生态环境的临时应急取水以及技术性回灌的水和原油分离净化后回注的水。考虑到现实中，个人为了生活所需直接取用地表水和地下水的情形非常少见，用水基本通过自来水企业，因此，水资源税主要的征税情形其实是相关主体，包括私人企业、公共机关、从事生产经营的个人，为了生产经营、公共建设长期、非临时性地取用水资源。在这些情形中，私人企业或者个人的私人利益与水资源合理使用、生态环境保护的公共利益产生了冲突；或者公共机关促进公共建设、经济发展的公共利益与另一部分环境保护、生态安全的公共利益相冲突。水资源税在其中扮演着一个调和衡平的角色，促使资源较为短缺、用水主要目的偏向商业用途的水资源被更加审慎地使用，否则就要缴纳高额的水资源税。无论是中央的政策安排，还是地方的政策回应都可以看出水资源税的征收遵循着这样的逻辑价值路径：分类制定水资源税额标准，使得越短缺、越珍贵的水资源的使用成本越高；成本越高，水资源的使用越节约、使用配置越合理；节约用水、保护环境的公共利益越能实现。至于如何把握不同种类水资源税征收税额标准的度，就需要依靠实证数据来分析和佐证，何种程度的水资源税能够实现水资源利用的最优化，不至于损害纳税人的权益，又能够实现环境保护的公共利益。这恰恰是在水资源分布不均的各省份试点的意义。

（三）立法进程推进

水资源税构成了一个新的税种，尽管尚未在法律层面上予以确立，但是政策安排也为未来税收法律体系的完善提供助力。目前《中华人民共和国资源税法》已经通过审议，予以颁布，其中主要是关于矿产资源税的征收，仅一条涉及水资源税，即赋予水资源税试点工作的合法性。其之所以未能全面涉及水资源税，可能是因为水资源税应当如何征收、税额标准确定为多少等尚未有确定的答案。此时适宜通过试点，探索水资源税应当何去何从；只有等待水资源税征管实践日趋成熟，方能在法律层面予以详细规定。《中华人民共和国资源税法》中明确规定各地可试点征收水资源税并授权国务院制定水资源税试点实施办法，使得水资源税的征收在形式上满足“税收法定”的原则，为水资源税征收试点的进程提供了立法保障。

二、水资源税征收的正当性

（一）水资源税重塑用水秩序

水资源税作为一项制度，其最直接的效用是调整水资源使用者的用水结构。按照财税法是公共财产法的理论，水资源税是将纳税人的私人财产转变为公共财产，公共财产的形成、支配和使用的整个过程都需要建立在“控权”的基础之上，即控制国家机关的权力，以保障纳税人的私人权益不受不必要的侵害。[①]因此，在水资源税的征收问题上，是否征收水资源税、水资源税的税率为多少、征收的水资源税应当如何支配都是水资源税制度的核心议题，也是其能否实现其预设的节约水资源、促进环境保护的目标的关键。从理论上讲，开征水资源税意味着税种的扩展，增加了纳税人的负担。尽管在此之前，用水人也要缴纳水资源使用费。但如前所述，水资源使用费的私法属性更加强烈，其未要求缴费主体考虑环境保护利益，也未要求国家机关将收取的水资源使用费用作水资源的保障预算。因此，开征水资源税使得用水人不再作为国家水资源所有权的相对人，而是成了社会公共利益的义务人；其缴纳水资源税不仅仅为自己生产经营、创造私人利益负担义务，而且为国家水资源保护、环保事业负

---

① 参见谢宇：《公共财产法：现代财税法的理念革新与制度建构》，载刘剑文编：《财税法论丛》（第 17 卷），法律出版社 2018 年版，第 27~29 页。

担义务。这种义务的增加在经济手段上体现为水资源税较高，尤其是地下水等短缺水资源种类和用水量大的工商业或特种行业。河北省在2015年开始征收水资源税后，每月水资源税税收为1.43亿元，比近三年水资源费月均收入增加0.65亿元，增幅为83%。[①] 水资源税率标准应当如何设置，该问题同样会对用水行业产生影响，甚至引导或逼迫行业调整用水。整体而言，水资源税相较于原先的水资源费价格更高。如唐山的三友集团生产用水主要通过超采地下水，水资源税改革之前，其只需要缴纳每立方米2元钱的水资源费，改革之后，其得按照地下水严重超采区的标准税额缴纳每立方米6元钱的水资源税，成本上增加了2倍。基于此，唐山三友集团不得不改变取水方式，改接公共管网，将地下水取用量从60%降低到8.7%。[②]

由此可见，水资源税的开征增加了纳税人的义务，转变了用水主体与国家机关之间的法律关系，整体上增加了水资源税收入，并产生用水主体调整用水结构的后果。

（二）水资源税应对公民权益有所让步

税收的目的是增加公共财政以实现公共利益，但与此同时不得不必要地损害纳税人的权益。即使征收水资源税是为了节约水资源、保护环境，进而维护全体公民的环境利益，但公权力不得肆意、滥用，对公共利益的维护不能成为任意践踏公民权益的借口。因此，尽管水资源税的开征有现实需求，但同时有边界，以保障公民权益。水资源税对公民权益的让步应体现在以下四个方面：

第一，税收法定。根据《中华人民共和国立法法》第8条的规定，税种的设立、税率的确定和税收征收管理等税收基本制度只能制定法律；而且立法法中将法律、行政法规、地方性法规和规章分章予以规定，可见第8条中的“法律”仅指全国人大及其常委会制定的法律。因此，税收法定中的“法”仅指全国人大及其常委会制定的法律。但是税收法定的内涵却不止于此。税种是否设立、税率如何确定、税收征收管理等基本制度均有概括性、原则性的规定和具体细化的规定，概括性、原则性的规定必须由法律制定，但行政法规、地方性法规和规章有权在法律制定的基础之上予以细化，如此依然是符合“税收法

① 参见孙韶华：《水资源税试点年内将扩围》，载《经济参考报》2017年5月9日。

② 参见范宝学、倪建萍：《我国水资源水改革试点效应评价及改进对策》，载《理论月刊》2019年第8期。

定”的原则。之所以要求税收的基本制度应当由全国人大及其常委会制定法律，是因为税收是将公民的私人财产变为公共财产的行为，与公民的财产权这一基本权利密切相关。在没有公民合意的基础之上，地方立法机关、行政机关决定是否限制公民的财产权都会构成滥用。但全国人大及其常委会有代议基础，具有代表性，能够反映人民的意志，因此有充足的民主基础决定税收基本制度。通过代议制，实现了税收征收的公民“同意”，[①] 体现了对公民权益的保障。就水资源税来说，目前仅有法律授权国务院开展水资源税改革试点的规定，税收的各项具体内容尚未明确规定，正是其正当性需要补足之处。

第二，征收水资源税应当符合法律实体规定和程序要求。在具体征收水资源税的税收执行行为中，税务机关等行政机关应当依法征税。此处的“法律”包括全国人大及其常委会制定的法律、行政法规、地方性法规和规章。不仅应当符合法律对税率标准、税收周期、税收主体等的实体性规定，还应当符合程序性规定，诸如信息公开、通知等。这些实体性内容的设置一方面是税收执行行为的合法性要求，另一方面也是税收执行行为的合理性要求。正是合法性和合理性的遵循，才能保障税务机关等行政机关执行了法律的规定，实现了法律的目标，不存在执行懈怠和滥权的情形，保障了法律条款中纳税人的权益。至于程序性规定，同样是对纳税人权益的保障，纳税人享有告知、知悉纳税义务等相关信息的权利，对于地方性法规、规章甚至规范行文件的制定过程中，由于涉及纳税人的权益，而举行听证等公众参与程序的情形，均是通过保障纳税人的程序权益以实现对其实体权益的保障。只不过，在税务执行过程中，行政机关享有一定的裁量权，诸如河北省试点水资源税改革，即有权根据本地区情况自行制定税率标准等相关事项。

第三，明确不予征收、减免征收水资源税的情形。这些情形是价值权衡后的结果。河北省水资源试点实施办法中规定不予征收水资源税的情形就包括因家庭生活少量取用水的情形，以及基于公共建设、救灾过程中应急临时用水等。前者是对公民家庭生活的支持，水资源节约的价值很高，但家庭生活的价值同样很高，而且水资源的滥用很大程度上不是由于家庭用水，而是工商业用水，因此从家庭生活取用水自由的保障、水资源滥用的缘由等各方面考量，对家庭生活少量取用水不予征收水资源税是合理妥当的；而后者是两类公共利益

---

① 参见侯卓:《税收法定的学理阐释及其进阶路径》，载《学习与实践》2019 年第 7 期。

之间相互权衡的结果。公共建设和救灾均是为了公共利益，正常状态下取用水应当缴纳水资源税，但在应急状态下公共建设和救灾的公益性质显得更为突出，此时不宜要求其缴纳水资源税。况且，应急状态不是常态，不予征收水资源税不会对水资源保护产生负面影响，同时还体现了对公共建设和救灾等救急性的公共利益的维护。由此可见，水资源税更加看重公民的生活利益以及社会的应急利益。

第四，水资源税收入应当“专款专用”，用于水资源配置和环境保护。[①] 征收水资源税的目的不是为了增加财政收入，而是为了维护环境，但客观上还是增加了财政收入。该部分的财政收入应当用于水资源配置和环境保护，不应挪作他用。没有理由认为通过其他与取用水无关的公共建设的投入比直接用于“南水北调”等水利工程更有利于水资源配置。因此，水资源税征收的目的想要通过税收收入的支配得以实现，只能“专款专用”。

（三）水资源税换取的公共自由

基于水资源分配不均，在中国不同地区人均水资源量差别非常大，不仅经济发展需要用水，公民个人生活也需要用水。从道德意义上而言，水资源是全体公民共享的资源，每一个公民均享有使用水资源的权利，因为该权利与其生存发展利益紧密相关，是其基本人权的应然要求。倘若出现不同地区的公民享有的水资源不同、用水权不一致的情形，是否构成不公平呢？中国公民是否享有无差别地使用水资源的权利，或者称之为“自由”呢？事实上，我们很清楚不同地域公民的用水情况差距很大，公民并未享有实质上公平的用水权，法人和其他组织也是如此。根据国家发改委《关于水资源费征收标准有关问题的通知》的附件“十二五”末各地区水资源费最低征收标准，北京和天津地表水资源费每立方米 1.6 元，山西和内蒙古每立方米 0.5 元，四川等地每立方米仅有 0.1 元。[②] 由此可见，越缺水的地区，其水资源费的最低征收标准越高。按照道德上的自由来说，这可能就是一种不公平、不自由。如今部分地区试点开征水资源税，提高了用水的成本，其纳税人的范围尽管只包含直接取用或取水工

---

① 荷兰、俄罗斯等国家均将水资源税款专门用于水资源治理等方面。参见李晶、叶楠：《水资源征税：依据、经验与影响》，载《税务研究》2016 年第 5 期。

② 参见国家发改委官网，载 http：//www.ndrc.gov.cn/fzgggz/jggl/zcfg/201301/t20130114_522940.html，最后访问日期：2019 年 8 月 28 日。

程取用地下水和地表水的个人和单位，但实质上任何需要用水的公民、法人和组织都直接或间接地承担了税负。总体而言，水源充沛地区的纳税人的税负较低，水源短缺地区的纳税人的税负较高。在耗费大量水资源的特种行业中体现得尤为突出，如水资源短缺的北京市特种行业水资源税额每立方米153元，而水资源较为充沛的山东省特种行业水资源税额仅为每立方米5元。[①] 占着资源优势的地域的单位和个人只需承担较低的税负，相比之下享有更大的水资源使用的自由。但无论如何，水资源税的开征剥夺了水资源使用者的用水自由权，因为缴纳税负而受限的财产权，而水资源的使用和财产权益与其基本的生存、发展人权是密不可分的。道德意义上的自由只是理想化的，权利和自由也都不会是绝对的。在中国大地上各区域资源储备、经济发展确实不尽相同，各地的公民、法人和其他组织享有的权利和自由也不无差别。

水资源税之所以还能够推行，是因为实证意义上的自由换取了其他的自由，并且决策者认为换来的自由是值得的。鉴于水资源短缺的现状、环境保护的驱动、国家和地区长久可持续发展的需求，向纳税人开征水资源税，在一定程度上提高税率的确牺牲了纳税人的财产权、用水自由，但是却换来了环境生态上的自由。只有在生态安全、水资源合理配置长久使用的基础之上，公民、法人和其他组织的生存、生活、生产经营、发展目标才能得以实现，狭义和广义的基本人权才能得到实现。因此，水资源税剥夺了纳税人的部分私人权益，换取了生态环境利益，促进了公民社会生存发展的公共利益。诸如“南水北调”等水利工程只得由公权力机关组织建设运营，单纯谋取经济利益的私人主体难以承接这类公共项目，公民个人更是无法实现水资源大范围的统筹配置。在此种意义上，水资源税不仅仅是调整用水结构、节约水资源，也为水利公共项目提供财政支撑。

因此，水资源税用一部分私人自由换取财政上、水资源保护上的自由恰恰是其除“税收法定”形式上正当性之外的实质上的正当性。但其实质上的正当性并不止步于此，还需要确保私人权益被牺牲的程度以适当为限；以及当私人权益被不当牺牲时，有法律上的力提供救济。并且为切实实现换取的自由，水资源税征收制度应当能够有效运行下去，还需进一步完善相应的制度。目前试

① 参见《北京市水资源税改革试点实施办法》附件和《山东省水资源税改革试点实施办法》附件。

点的政策文件中只是泛泛地予以规制，央地税收权限划分、地方行政裁量的合理性等方面尚未明确。因此，未来的改革方向在立法、行政和司法方面均还有制度完善的空间。除前述税收立法、司法救济制度的完善，还应有诸如清晰的征税职权划分和组织机构，公众参与地方税收规范的制定等制度保障。

三、水资源税维护公共自由的制度保障

（一）税收法定的立法保障

水资源税改革试点工作由财政部和国家税务总局推进，尽管只是试点工作，但是根据立法法中“税收法定”的规定，税种设置属于税收基本制度，只能由全国人大及其常委会通过立法予以规定。水资源税目前作为政策试点在推进，正当性并不充分。改革于法有据的要求未能满足，较为迫切的制度要求就是水资源税的立法保障。庆幸的是《中华人民共和国资源税法》已经出台，其规定了水资源税试点工作的合法性，在法律层面确立水资源税这一税种。为回应水资源税改革试点工作的立法保障需求，法律授予国务院开展水资源税试点工作的规定固然是一大进步，但还是较为笼统，诸如地方立法机关和行政机关决定水资源税征收的具体事项的立法权和行政裁量权，税收立法的具体问题等还未涉及。另外，税收条款如何安排、体例如何设置、专门立法还是统一立法、概括性立法还是具体性立法等问题还需要在试点工作经验的基础上进一步研究。[①]

（二）税收权限的央地划分

任何一个税种，都会有央地关系之争，包括税收征管事权和税款分享比例两个方面。分税制改革之后，整体上中央的税权更加集中。[②] 税种由全国人大及其常委会制定的法律规定自不待言，就法律已然规定的税种的具体征管事项还需要法规和规章予以细化。在此过程中，中央层面和地方层面的行政机关均有一定的行政执行权限，并伴随相应的行政裁量权。此时中央和地方的行政权限如何划分也成为一个问题。一般而言，诸如增值税、个人所得税等税种地方属性很弱，属于全国性税种，由中央统一确立税率标准。但如资源税、个人

---

① 关于税收不确定性的立法应对，有学者已经从立法程序、条款等方面提出应对策略。参见杨洪:《税收的不确定性及其法律应对》，载《法商研究》2019年第2期。

② 参见熊伟:《分税制模式下地方财政自主权研究》，载《政法论丛》2019年第1期。

房产税等税种与地方资源、经济、人口等自然社会因素密切相关，地方属性更加明显。水资源税即是如此，各地水资源分布情况不同，行业分类不同，确立的税率标准就有所不同。《北京市水资源税适用税额表》与《山东省水资源税（试点）税额标准表》中对不同水资源的分类和税额标准的规定均不相同。[①] 例如北京市将地表水区分为四大类：农业生产者（超规定限额）、农村人口生活集中式饮水工程单位、特种行业和其他行业，在四大类项下又区分为几小类，其中其他行业税额为每立方米 2 元；而山东省将地表水区分为五类：城镇公共供水企业、农业生产者（超规定限额）、农村人口生活集中式饮水工程单位、特种行业和其他行业，其他行业税额为每立方米 0.4 元。正因为如此，财政部和国家税务总局制定的试点水资源税办法中均授权各地因地制宜，自行划分行业及其税率标准。可见，水资源税这样的地方性税种在事权的划分上偏向于由地方自主决定税收征管的具体事项，中央层面仅仅划定一个最低税率标准等原则性、概括性的界限。在水资源税改革持续推进过程中，地方的事权应当得到保障。至于税款分享比例，目前试点的 10 个省份在改革试点期间的水资源税款收入全部归属于地方，而在水资源税试点改革之前的水资源费由中央和地方按照 1∶9 的比例分享。由于水资源保护并不仅仅是地方事业，还会涉及全国性的统筹安排，因此水资源税款收入不宜全部归地方所有，而应像水资源费收入一样按比例由中央和地方共享。至于应当以何种比例共享，还需要依赖水资源税改革的实践经验进一步论证。

（三）税收举措的公众参与

在税收立法的基础之上，中央和地方的税务机关实行具体的税收举措或者为具体的税收举措制定规范性文件时，其科学性和合理性在很大程度上依赖于税收举措和规范性文件的制定过程的科学性和合理性，如税收举措应当经过专家论证、风险评估、公众参与等程序以保障行政机关采取的税收举措、制定的规范性文件不仅具有合法性，而且具有合理性。其中公众参与是一项重要的程序要求。根据 2019 年颁布的《重大行政决策程序暂行条例》的规定，行政机关在制定重大行政决策时，应当通过座谈会、听证会等形式向社会公众征求意见，该意见有充足合理性的，应予采纳。税收涉及公民的基本权利——财产

① 参见《北京市水资源税改革试点实施办法》附件和《山东省水资源税改革试点实施办法》附件。

权，关于税收的征管所采取的举措或制定的规范性文件如若对公民的权利义务产生实际影响，也属于重大行政决策，理应在决定是否采纳相应举措、采纳何种举措的过程中向社会公众征求意见，实现公众参与。通过公众参与，吸纳公众的意见，强化税收举措的合理性；也能为税收举措提供更多的民意基础，有利于信任和接纳税收举措的执行。当然，公众参与的关键在于参与者的代表性和公众意见的采纳程度。就水资源税的税收举措而言，公众参与的参与者代表至少应包括根据水资源种类和各种行业划分的各类水资源使用者的代表，其意见是否合理，行政机关的立场和水资源使用者天然对立，各类水资源使用者对税率标准等的看法也会发生利益冲突，因此在采纳意见方面行政机关如何衡量自身的立场与水资源使用者的立场确实是一个问题，但这个问题有待其他制度解决，除了行政自制，在行政系统内部无法得到解决。事实上在这两方面，行政机关享有较大的裁量空间是值得尊重的，为了税收征管行为能够高效运行下去。公众参与有其程序价值和实体价值，尽管其价值的发挥未必淋漓尽致，但不管怎样，税收举措的制定过程中应当设置公众参与，要求行政机关向社会公众征求意见并对采纳合理的意见。因为公众参与的程序存在本身就是对公民权益的一种保障。

（四）税收争议的司法审查

我国实行税收争议复议前置的制度。根据税收征收管理法的规定，纳税人、扣缴义务人、纳税担保人同税务机关在纳税上发生争议，必须先按照税务机关的决定执行，然后才可申请复议，对复议决定不服的，可提起行政诉讼。先行纳税和复议前置使得税收争议难以进入司法审查。实证数据也显示，在各类行政案件数量不断增加的情势下，全国税务行政诉讼案件的数量却呈相反趋势。[①] 然而，税收争议的司法审查是必要的。前述论及行政机关在税务举措中享有行政裁量权，对公众参与程序的具体施行也享有程序上的裁量权，对于行政机关的裁量权的规制司法审查无疑比行政自制更显公平，也更能保障纳税主体的权利。在水资源税征收上亦是如此。纳税人就税收缴纳的实体和程序事项与税务机关产生争议，其不能直接提起行政诉讼，需要复议前置。一方面增加了纳税人的诉讼成本；另一方面纳税人担心诉讼会导致税务机关的报复性执

① 参见崔威：《中国税务行政诉讼实证研究》，载《清华法学》2015 年第 3 期。

法，主动退出司法程序。这显然不是依法税收喜闻乐见的局面。复议前置的理由主要在于税务机关比法院更为专业，其更清楚如何处置税收问题。但是水资源税与增值税、所得税、行为税等有所不同，其主要的争议点在于纳税主体的私人权益与环境保护的公共利益之间应当如何平衡，在这一点上，即使税务机关比法院具有更强的专业性，但价值衡量还是由法院作为中立者作出判断更具有说服力，更能保障纳税主体的权益。甚至于法院在司法审查的过程中，还是偏向于尊重税务机关的专业性和裁量权，但是开通税收争议无需复议前置的司法审查渠道本身就像公众参与程序一般具有价值。因此，为持续推进和完善水资源税改革，关于水资源税争议的司法审查渠道应当更加便捷地予以开通，无需复议前置，由纳税主体自由选择行政复议或者行政诉讼。如此为纳税主体牺牲私人权益换取水资源保护利益的正当性提供法律上的救济力，为开征水资源税换取环境利益的自由增加了事后司法监督层面的正当性。

自由不是绝对的，离不开让步和妥协，因为自由的实现彼此冲突，并且有成本。税收制度剥夺了部分私人的自由，换取公共利益，并将公共利益反射至私人利益。水资源税的改革体现了私人水资源使用权、财产权保障与环境利益保护之间的权衡。税收权力在其中扮演着调节器的作用，其具有专业性，但与此同时又不是中立的。因此，税收权力的妥当行使最终需要落实到法规范上。财税法通过规范税收权力践行了“控权”的核心内涵。目前水资源税改革试点工作还处于积累实践经验的阶段，其剥夺私人自由换取环境自由的价值还在试点和论证过程中。但毋庸置疑，无论是剥夺私人自由的正当性还是换取环境自由的正当性均应当在法律的框架内进行，并且佐以配套机制，以保证决定是否征收水资源税、征收何种内容的水资源税以及如何征收水资源税的整个过程的正当性，并且通过事后的司法审查实现对具体税收征管行为正当性的监督。可以说，立法、行政、司法层面均应对税收权力予以限制，实体规范和程序要求一并为税收权力框定边界，最终保障纳税主体以私人自由换取水资源保护的公共自由是物有所值的。

法治视野下减税降费政策研究

李　宁*

摘　要 ▶ 良好的财税政策可以提高居民的可支配收入，盘活实体经济的发展，增加地方的财政收入，促进国家治理体制的优化。法治背景下，财政手段愈发成为治国兴邦的重要手段。近年来经济发展压力较大，国际经济环境日益复杂。为了盘活实体经济的发展，财税政策较财税法律而言层出不穷。一方面，目前的减税降费政策取得了一定的成就；另一方面，频繁变动的税收政策也使财税的法定性、确定性等受到了一定的质疑。

关键词 ▶ 财税政策　税收法定　长效机制

一、问题的提出

从理论上来看，供给学派认为增加和刺激经济的主要手段是减税降费，在供给学派看来减税不仅不会导致政府税收收入减少，相反还会使政府税收收入增加。他们积极地主张降低税率，认为税率过高会抑制生产要素的供给，导致通货膨胀。对公众而言，过高的税率会使公众怠于工作，经济产出将会减少，那么物价将会上升。对政府而言，高税率将会使政府税收收入增加，政府部门将会扩张，甚至会抬高物价。① 凯恩斯主义则认为，在市场经济体制调节无法恢复均衡之时，政府需要通过扩大公共支出来干预经济，政府的减税降费能够调节社会收入分配，可以刺激需求与保障就业。一方面减税降费可以降低商品价格和消费成本；另一方面减税降费还可以用于投资政策安排降低投资成本，

---

*　作者单位：南京财经大学法学院。

①　参见刘蓉、祖进元、王雯：《供给学派理论对当前我国减税政策的启迪》，载《税务研究》2016年第8期。

从而增加社会投资。①

从实际情形来看，对内中国中小企业生产成本高、融资难、生产技术无法提高，与大企业相比没有竞争优势。科技创新产业动能不足，科创产业本身需要加大资金投入，资金问题成为较大的阻碍。从国际环境来看，世界范围内正面临减税浪潮。特朗普政府为了解决美国就业问题，主张以基础设施作为突破口引导资金流向美国的实体经济，积极地增加实体经济的红利。英国前任首相特蕾莎·梅将企业所得税由20%下调至19%，并承诺在2020年要将企业所得税降至17%。印度针对公司所得税实施13个行业成本加成的安全港规则，拟将大公司税率降至25%。②除此之外，欧盟、法国、德国甚至连一直以来税负都较高的丹麦都相继加入了减税的浪潮。对企业来说减税所带来的直接红利就是企业的成本降低，利润增加。对国家来说，减税不仅可以发展本国的实体经济还可以引入外国资本，增加本国的就业岗位。在这样全球减税的浪潮下，中国不得不调整自己的税收政策，减税让利，促进本国经济的发展。

二、减税降费政策实施现状分析

（一）减税降费政策梳理

1. 部分政策

自2016年全面营改增以来国家税收政策不断调整变化，不仅国务院发布了大量的税收文件，各地方政府也出台了大量的税收条例等来盘活地方经济发展。上海财经大学范子英教授曾经指出，从中国目前的情形来看，企业所得税占据中国总税种的90%。因此他认为减税的主要方面应该为增值税和企业所得税。总体来说，各类税收政策改革的方向主要为增值税、个人所得税以及企业所得税。目前，减税降费政策也主要偏向增值税、个人所得税以及小微企业和科技产业。部分内容如下：

① 参见贾康、刘尚希、史晓娟、史兴旺：《怎样看待税收的增长和减税的主张——从另一个角度的理论分析与思考》，载《管理世界》2002年第7期。

② 参见袁红英：《新一轮世界减税潮：特征、影响与应对》，载《东岳论丛》2018年第4期。

时间点	主要措施
2016 年	营业税改增值税覆盖全国范围内所有行业
2017 年	企业所得税减半征收范围由年应纳税所得额 30 万元提高到 50 万元以下小微企业，将现行对小微企业免征的 18 项行政事业性收费的免征范围扩大到所有企业和个人，科技型中小企业开发新技术、新产品、新工艺实际发生的研发费用在企业所得税税前加计扣除的比例由 50% 上升至 75%。将增值税率降为 17%、11%、6% 三档。[①]
2018 年	将制造业等行业增值税税率从 17% 降至 16%，将工业企业和商业企业小规模纳税人的年销售额标准由 50 万元和 80 万元上调至 500 万元，高新技术企业和科技型中小企业亏损转年限由 5 年延长至 10 年，一般企业的职工教育经费税前扣除限额与高新技术企业限额统一，从工资薪金总额的 2.5% 提高至 8%。[②]
2019 年	对小微企业实施普惠性税收减免。继续深化增值税改革，推动实质性减税。实施修改后的个人所得税法及实施条例。

2. 政策频出的原因分析

从实施营改增以来，中国的税收政策在不断变化调整，造成了税收环境的不稳定。原因来自于多方面，既有国内经济因素的影响，又有国外经济压力的影响。从国内早期的政策来看，营改增的实施，效果并不是很明显。

（单位：亿元）

年份	各项税收	国内增值税	国内营业税	增值税和营业税比例
2011	89738.39	24266.63	13679.00	42.28%
2012	100614.28	26415.61	15747.64	41.80%
2013	110530.7	28810.13	17233.02	41.66%
2014	119175.31	30855.36	17781.73	40.81%
2015	124922.2	31109.47	19312.84	40.36%
2016	130360.73	40717.08	11501.88	40.06%

从统计年鉴公布的数据来看[③]，自 2011 年试点营改增以来到 2016 年过渡

① 参见国家发改委等部门发布的《关于做好 2017 年降低成本重点工作的通知》。

② 参见国新办举办的落实中央经济工作会议精神新闻发布会。

③ 参见中国统计年鉴。

期间，增值税和营业税的比例一直都在 40% 以上。根据部分学者的推算，增值税和营业税的比重甚至还要更高。更有部分企业反映，营改增之后企业税额不减反增，从一定程度上可以看出，营改增效果并不是很理想，国家税务总局也曾表示对于税负上升企业的情况，财政部门会高度关注。①

（二）减税降费政策取得成果

1. 积极效果

从数字上来看，根据国家税务总局官方资料显示，2019 年上半年，全国累计新增减税降费 11709 亿元，其中减税 10387 亿元，减税降费已经取得了十分明显的效果。2019 年全国税务部门组织的税收收入（扣除出口退税）为 82754 亿元，同比去年增幅回落 13.9%。个人所得税是降幅最大的税种，同比去年下降了 30.6%。大约 1.15 亿人不用再缴纳工薪所得个人所得税。从实际情况来看，减税政策的实施使传统小微企业有了良好的外部运营环境，可以减少外部支出。企业运营成本减少，将会有资金去加强自身生产技术设施，才能够增强自身的竞争能力。对居民个人而言减税政策带来的利好包括两个方面：其一，减税降费降低了商品的相关税负，减少了消费者的支出。其二，个人所得税制度的改革，居民的可支配收入增加。广大群众在减税降费的过程中获得感、幸福感将会得到较大满足。虽然减税降费政策使纳税主体获得了较大的税收利益，但并不意味着国家税收收入因此减少。

（单位：亿元）

年份	增值税收入	企业所得税收入	个人所得税收入	国家税收收入
2016	40712.08	28851.36	10088.98	130360.73
2017	56378.18	32117.29	11966.37	144369.87
2018	61529.33	35322.82	13871.87	156400.52

从国家统计局公布的数据来看，增值税、企业所得税以及个人所得税的税收收入均处于上升状态，国家税收收入也不减反增。

① 参见邓骞：《2017 年财政工作：减税降费将加大力度》，载《科技智囊》2017 年第 2 期。

2. 政策盲点

虽然说自 2016 年全面营改增以来，国家发布了大量的税收优惠政策，税负得到了减免，但在减税降费的过程之中一些行业的税负不减反增。例如交通运输业、建筑业、金融业。就拿建筑行业来说，多数的个体工商户以及私营企业购买的一般沙石料、土石料等，这部分东西很难取得可以抵扣的增值税专用发票。对金融业而言，金融机构新增的固定资产相对较少，而人工成本则相对较高，但这部分支出并不能够进行相应的抵扣。对于科技创新企业来说，减税降费的主要目的就是促进科技创新，按照目前列举式的加计扣除方式，列举之内的企业可以享受加计扣除，而列举之外的同样从事科技创新的企业则不能享受加计扣除。从加计扣除的内容来看，对于科创企业允许加计扣除的主要是研发支出，办公费、专家咨询费以及培训费等则不能够加计扣除。制度的设计仍然存在较多的盲点。

（三）减税降费政策不足之处

1. 税收优惠政策庞杂

税收政策是国家管理社会的一种工具，税收优惠政策的制定可以激发纳税主体的积极性，从而实现特定的政策目的。目前，在国内外经济压力之下，我国必须要通过税收政策这一手段来达到特定的政策目的。就目前发布的税收优惠政策而言，我国的税收优惠政策涉及了诸多行业，这些税收优惠政策既有针对本国居民的也有针对外国企业的。各类税收优惠政策庞杂。不仅不同行业享有不同的税收待遇，甚至同一行业不同人群也享有不同的待遇。针对经济特区、保税区、高新技术产业区以及沿海沿江的城市，各类税收优惠政策更是让人眼花缭乱。各地方政府为了吸引投资、发展地方经济更会在此之上制定多种税收优惠政策，以此促进经济发展。这样的后果必然会左右企业的选择，企业不再单一以市场为导向而是更加关注税收的力度，也因此造成了税收套利现象的出现。一旦出现税收套利现象，执法机关便不得不加强税收执法，这样执法成本将会加大，不符合成本效益原则。除此之外，这种以税收力度为导向的选择机制更是拉大了地区之间经济上的差距。如经济特区、经济技术开发区等地区，因为税收优惠政策较多，因此率先富足了。

2. 没有完整的体系

我国税收优惠政策种类繁多、数量庞大，但是却没有形成一个完整独立的体系。目前我国税收优惠多以政策的形式发布，以立法形式确立起来的却少之又少。如此一来法律位阶较低则容易造成各类税收优惠政策的频繁变动。对纳税主体来说在这种不稳定的税收环境之下，会为了获得税收优惠而时时刻刻关注不同地区的税收政策，以此来减小企业的运营成本。在这样的环境之下没有法定固定的标准则自然而然地会产生不信任的心理。目前税收优惠多采取授权立法的模式确定，这样一来会造成权力主体多元化局面。这种执法主体多元化的局面会造成决策程序和执行程序体系的无序、统一性被破坏。在税收基本原则遭到挑战的情形下，立法技术滞后，原本可以通过立法途径解决的问题现如今都需要通过税务机关的解释来解决。

三、减税降费政策继续运行之障碍——长效机制难以形成

减税降费以来虽然在一些问题上存在瑕疵，但是根据现实来看已经取得了非常巨大的成就。减税降费本身具有合理性与利民性，因此应当推动进行。但是在现行结构性改革之下，要想长效运行下去存在制度上的障碍。

（一）地方政府缺乏竞争力

杨灿明认为，现行分税体制阻碍了减税降费长效机制的形成。[①]我国自实行分税制以来将税种划分为中央税、地方税以及中央和地方税三项。对地方政府来说税收收入是其主要的财政收入，自全面营改增以来，地方政府逐渐失去了税收增长空间。一方面，在税种方面主要税种被中央占据，地方政府无法占据先机。另一方面，在营改增和减税降费背景下，各地区都在积极的推进减税降费以此来吸引投资，促进本地区经济发展。纳税主体无时无刻不在寻找税收政策最优惠的地区，由此导致了地方政府之间的不良竞争。因此地方政府与中央政府相比欠缺竞争能力，欠发达地区与发达地区相比欠缺竞争能力。陈苏珍也认为，税制结构的不合理阻碍减税降费改革的进行。[②]在这种分税体制之下地方政府的积极性受到严重打击，而减税降费最终要落实到地方企业之上，地方政府动能不足，自然会使减税降费长效机制难以形成。

① 参见杨灿明:《减税降费：成效、问题与路径选择》，载《财贸经济》2017 年第 9 期。

② 参见陈苏珍:《减税降费改革研究》，载《纳税》2018 年第 5 期。

（二）税收法定原则没有落实，出现人为治税

税收法定原则是税收政策制定的基本原则，中共中央在《关于全面深化改革若干重大问题的决定》中也明确提出要严格遵守税收法定原则。如上文所述，我国税收立法多为授权性立法，在税收立法的过程中法律位阶较低，造成了决策程序、执行程序的随意性，人为治税现象出现。

四、减税降费政策优化建议

（一）税收政策的制定要以原则为指导

在频繁变动的政策环境之下，不仅立法主体、执法主体成本增加，对纳税人来说，频繁的变动更是带来了不确定性，公众的获得感无法增强，财税法的体系遭到了严重的破坏。因此在制定税收优惠政策的时候应当注重以以下原则为指导，促进立法程序、决策程序、执行程序的有序可循。

1. 税收法定原则

税收法定作为财税法最重要的原则，在财税法体系内具有最高的位阶效力。税收法定原则下主体包括两个方面：（1）政府征税必须有法可依；（2）纳税主体仅依据法律来纳税。故税收法定主义下任何主体都不能超越边界。中共中央《关于全面深化改革若干重大问题的决定》指出要严格遵守税收法定原则，对于政府来说征收税款、减免征收、停止征收等都必须要有严格的法律依据。《税收征收管理法》第 2 条规定："凡依法由税务机关征收的各种税收的征收管理，均适用税收征管法及本细则；税收征管法及本细则没有规定的，依照其他有关税收法律、行政法规的规定执行。"由此可以看出法律也明确了税收法定主义。目前所制定的税收优惠政策除了法律、行政法规之外若不是国务院直接行文，一般情况下都是由国务院财税主管部门制定。但目前地方政府为了吸引投资，发展地方经济，其所制定的税收优惠政策也是层出不穷。对于地方政府所制定的税收优惠政策效力位阶较低、因此变动性强。而且这类税收优惠政策透明度较低，在某些情况下地方政府为了吸引企业，往往会与企业之间达成内部税收优惠协议，造成税收法定主义的破坏，不仅如此还有各种变相的规避，例如财政奖励、先征后返等。这些情况严重破坏了税收法定原则，使税法体系遭到破坏。因此在制定税收政策时要加强监管，要严格地遵守税收法定主义，及时清理不规范的税收优惠政策，防止政府权力的滥用。

2. 税收比例原则

为了防止政府侵犯合法权益，必须要通过比例原则来规范政府行为。比例原则包括适当性原则、必要性原则以及均衡性原则等三个原则。对于适当性原则，就要求政府所采取的行为要适当，不能超越边界，要有助于税收目的的实现。公权力主体的手段要适当、行为要适当、目的要适当。除此之外，公权力主体的行为必须要使纳税主体最便利。必要性原则是指政府所采取的行为要符合公理性，必须确有需要。在必要性原理之下，公权力主体只能在法律允许的范围之内采取最小的损害方式，对于纳税主体来说，公权力主体的行为要使纳税主体获得法律范围内的最大利益。均衡性原则不仅要考虑政府所采取的行为是否符合必要性和适当性，还要对社会利益进行总体衡量。任何一项税收政策的制定在横向上都会对另一群体造成伤害，均衡性原则要求对社会整体利益进行均衡考量，以此促进税收优惠的正当性。

（二）改善中央与地方之间的关系

自营改增以来，在一定程度上地方税制被弱化因而导致地方财政收入减少。在此基础之上地方政府为了增加自身的竞争力不得不发布更多的税收优惠政策，以此来吸引更多的投资者，发展地方经济。也正因为如此，诸多负面效应随之而来，使税收法定性遭到破坏，减税降费长效运行机制未能形成。因此，建议从以下几个方面来改善中央与地方之间的关系：

1. 完善地方税收体系

继续推行减税降费政策推行，促进长效运行机制形成必须要构建合理的税收体系，以此确保地方政府有稳定的财政收入。全面营改增之后作为地方主要税种的营业税被取消，2016 年全面营改增之后增值税中央与地方各占 50%，企业所得税与个人所得税中央与地方占比为 6∶4，地方政府主体税种缺失、地方政府在共享税方面仍然不占优势，导致地方政府财政收入减少，因而出现了地方政府以非税收入弥补财政缺口的现象。为此，地方税种的确立显得尤为重要。在此基础之上可以调整中央与地方共享税之间的比例，以此扩大地方政府的财政收入，进一步完善地方税收体系。

2. 改革以 GDP 增长核为心的考核机制

向苑绮认为，虽然目前要求综合考核地方绩效，并且相关的文件也早已经出台，但是从目前的实际情况来看，我国地方政府绩效的考核仍然以 GDP 的增长为核心，这就导致了部分地方政府为了增长绩效而盲目拉动投资，使得减税降费政策的实施与财政收支之间形成矛盾。[①] 从另一方面来说，政府界限的模糊容易造成社会生产资源的挤压，影响到企业的生存发展，最终冲减减税降费政策的红利。为此，应当改革以 GDP 增长为核心的考核机制。在考核机制中一方面应当强化公共产品供给、民生改善、企业满足感、营商环境优化等指标；另一方面对新指标下考核优秀的地区进行嘉奖，以此激励各地方政府进行改革。

我国自全面实行营改增以来大力推行减税降费政策，以缓解国内外经济压力。在减税的浪潮中，企业运营成本降低，利润增加，获得感增强。对居民个人来说，缴纳税款降低，可支配收入增加。对地方政府来说，投资者增多，地方经济得到了发展。对国家来说，国家税收收入并没有因为减税降费政策的实施而减少。可以看出，减税降费政策所带来的利好是多方面的。当然，在减税浪潮中也有较多矛盾的地方，税收的基本原则也遭受了一定的挑战。但是从总体上来说减税降费政策合理性较强，具有可行性。因此在推进减税降费政策长效运行的过程中，应当注重改良不合理的地方，推进制度设计得更加完善。

---

① 参见向苑绮：《河北省实施减税降费政策研究》，河北经贸大学 2019 年硕士学位论文。

我国依法治税转型发展的对策研究

张艺晨 *

摘　要 ▶ 税收是庶务执政之母，是古今中外治国理政都无法忽略的重要问题，税收问题关涉到国家的经济健康运行、法治环境建设和提升人民生活水平等问题，是平衡人民的合法财产和国家、政府的财政收入的重大问题。现如今，各国基本都能通过税收立法和税收执法实践依法治税，但是现实中因为税收立法不全面、执法过程缺乏科学机制的约束，加之以法律作为税收的工具的法律工具主义往往忽略相对人即纳税人的权利保护问题，税收流向也难以大幅付诸于公共基础工程建设。本文通过分析比较依法治税的观念理论，结合现实中存在的各项税收问题，提出关于依法治税理论转型的建议以及相配套的各项措施对策。

关键词 ▶ 依法治税　税收法定主义　纳税权　征税权

一、我国依法治税的思想渊源及其概念剖析

（一）依法治国的思想渊源

"依法治税"一词并不是一个舶来品，其在中国古代历史上是有迹可循的，将税收和法律进行有机结合，在中国历史上也有许多鲜活的事例，如我国古代依法治税的第一人赵奢，在他管理全国税收期间，秉公执法，刚正不阿地贯彻依法治税的主张，使得举国上下很快出现了"国富泰平，民富国盛"的太平盛景。再如明太祖朱元璋在依法治税方面崇尚"重罚"，严格执法，对于民间的

*　作者单位：南京财经大学法学院。

偷逃税案件，对于违法者一律严惩不贷。[①]由此可见，在古代依法治税的话语体系下，依法、严格执法，重罚思想以及为国为公治税是最为基础的观念。古代的治税思想固然因其时代特征有其一定的缺陷和局限性，但是其“有法可依，依法执法，严格执法，违法必究”的思想理念，与当下的依法治税观念也有相当大的重合之处，值得我们选择性地吸收和借鉴。

（二）依法治税的概念剖析

当前，对依法治税并没有达成一个统一共识的定义，但根据其涉及的权利义务关系大致可以作如下定义：依法治税即征税主体依据国家制定的税收法律制度，依法执行征税行为，纳税义务人依法实行纳税行为。因此，依法治税主要平衡的是征税权和纳税权两者之间的关系，并且这两者权力与权利的行使都必须在税收法律制度的框架下。具体而言，征税权和纳税权的定义和关系如下：

1. 征税权的含义

征税权是国家宪法和法律依法赋予专门机关行使征收税赋等的各项权力，又称为课税权。这些专门机关主要是四级税务机关，分别为国家税务总局、省级（自治区或直辖市级）的税务局、市级（州级）税务局以及区级（县级）的税务局。从其种类上来说，征税权是一系列有关于征税和税收管理权力的总称，主要包含税款征收权、税务管理权、税务稽查权、强制执行权、违法处罚权等权力，涵盖了从税款入库到登记、检查、核查，对偷逃税收的义务人进行强制征收和违法处罚等各个过程。

除此之外，征税权具有法定性、强制性和主动性的特征。征税权法定意味着征税权的来源法定，超越法律赋予的职权不得行使征税权，纳税义务人有权以此拒绝履行纳税义务。反之，当专门机关的征税权通过权威制定的法律明确规定，征税权即具有强制性，可以对拒绝纳税的义务人强制主动征收。税收法定是依法治税的前提和基础，在税收的整个体系中都必须围绕法定性展开，这不仅是对于纳税义务人财产利益的保护，也是保持国库充足和收支平衡的基石。

① 参见谭志哲：《论“依法治税”的传统法治思想渊源——基于法律话语的分析》，载《甘肃政法学院学报》2012年第4期。

2. 纳税权的含义

纳税权是对于纳税人而言的，纳税权其实是与纳税义务相对等的一系列因纳税而享有的权利。这些权利既包括在征税纳税过程中为依法保护纳税人合法财产不受侵害的程序性防御性权利，也包括纳税人积极主张的税款优惠、减免以及对征税行为进行监督、听证的权利。实务中因纳税人常常处在弱势地位，征税权以其行政性和强权外观常损害纳税人的合法权利，加之纳税人因权利保护意识淡薄，对于违法纳税的行为无法寻求正确的救济途径，只能采取消极抗税的方式，导致纳税权无法得到合理的保障。而且，因为纳税人的群体性特征，若纳税权问题无法得到合理解决，容易爆发群体性冲突，不利于纠纷的妥善解决。故依法治税存在的意义就是要解决征税权与纳税权事实上的不平等性，保护纳税人依法行使纳税权，规制征税权，化解矛盾和冲突。

3. 征税权与纳税权的关系问题

用哲学的分析方法来看，征税权与纳税权是一对矛盾，具有对立统一规律的特点，两者之间既相互依存，又相互排斥。具体来说，征税权与纳税权是征税机关和纳税义务人围绕应纳税款发生的各自权利，而税款作为两种权利的边界，在这两种权利之间完成了私财产向公财产的转化。在转化的过程中，纳税人为了保证自己的私财产不受非法侵害，会依法行使抵御性权利，而征税机关为了依法高效行使职权往往会利用征税权强制性的特征，强行征税，抵御性纳税权与强制性征税权就是双方最明显的价值冲突。[①] 但是，这两对权利最终会止步于税收管理的有关规定，在法律法规明确规定的范围内，互相让步和配合，从而达到协调统一的局面。依法治税不仅要规制对立的阶段，依法化解矛盾，也要尽力在税收管理的规定中作出更多的统一性规定，使法律制定的更加周延，从而避免矛盾激烈冲突。

二、我国依法治税的实务体现和主流理论学说

（一）我国依法治税的发展历程

1978 年改革开放以来，改革了原有计划经济体制下的国有企业征税体制，从 1980 年开始新一轮的税收立法，1980 年至 1982 年期间共通过了三部重要

① 参见金男镐:《协调征税权与纳税人权利的法律思考》，延边大学 2015 年硕士学位论文。

的税收法律，分别为《中外合资经营企业所得税法》《个人所得税法》和《外国企业所得税法》。随着 1988 年全国税务工作会议上第一次提出“依法治税”，随即就开始了实务界和理论界对依法治税理论和实务观点的学习高峰。1993 年“依法治国”方略的确立也更加推动在税收方面体现“依法治国”，依法治税成为“依法治国”的内涵之一。2015 年 3 月 15 日，第十二届全国人民代表大会第三次会议表决通过了《关于修改〈中华人民共和国立法法〉的决定》，将“税收法定”原则写入其中，这也是“依法治税”的原则第一次明确体现在法律条文中。

（二）依法治税在我国目前实务政策中的体现

1. 减税降费

减税降费是国家实施“依法治税”战略以来一直着力落实的一项重大决策部署，税款的降低、优惠减免直接影响纳税人的权益，也关系着政府的良好形象。围绕减税降费的实施工作，党中央大致确定了五项配套的措施，分别为：其一，通过盘活财政存量资金和政府存量资金增加地方国有企业的利润，做大财力“蛋糕”；其二，统筹规划好中央与地方的关系，完善转移支付，推进社会保障的力度，对个别地方民族的困难统筹安排救济；其三，对企业实施大规模降税减负，激活市场动力，增强发展优势，提高潜在经济增长率，也有助于帮助处在经济下行压力中的中国市场重振信心应对外部挑战；其四，在政策执行过程中，宽严相济，压减一般性的支出，严控“三公”经费，将更多的财政支付用于民生保障和社会发展，确保社会民生平稳运行；其五，继续坚持全面深化改革，增强发展的内生动力，将减税降费与供给侧结构改革相结合，推动新旧动能转换，推动高质量发展。①

2. 税收执法责任制和税收执法督察制

执法责任制和执法督察制是依法治税在执法过程中的重要体现。完善执法责任制，即要依法规范征税人的执法行为，建立执法中的过错问责追究机制和平时依法行政的考核考绩标准。同时，建立健全税收执法风险的防范机制，要求征税权力机关认真查找执法风险点②，避免纳税人陷入纳税风险，从而更好

① 参见申长友：《把减税降费重大部署落实到位》，载《学习时报》2019 年第 4 期。

② 参见王志敏：《当前税收执法风险及其形成的原因分析》，载《纳税》2018 年第 26 期。

地保障纳税人的权利，共同营造良好的税收法治环境。税收执法督察制则是重点对税收执法过程中的某些程序进行监督、检查，如税收执法领域中的税务登记、发票管理、定额评定、申报征收、逾期申报等环节，从而将税收征收和税收管理、检查相融合，保证税收征管严格公正透明。

3. 优化纳税服务

在纳税服务中保障纳税权利人的合法权益，要为纳税人的纳税行为谋便利，针对办税过程复杂，数据需要反复填报等现实问题，党的十九大报告中指出税务部门要优化纳税服务，切实解决纳税人办税难的问题。当前，在纳税服务中已经逐步实现利用创新的科学信息技术方式，便利纳税人进行纳税申报。例如 2018 年上海市税务局就已经通过建立先进的税务系统实现了日常涉税业务的全程网上办理，建立了企业网上办税综合服务厅，推出 7 类 237 个事项在线办理，覆盖涉税业务达 90% 以上，同时，开票时间也从 20 分钟缩减至 1 分钟，日均减少人工办理的人流量 3.34 万人。[①] 这样的举措不仅节约了纳税人的时间成本，也大大化解了办税窗口的压力，使得税务机关有更多的精力用于提升服务质量和开展其他重要工作。

（三）我国依法治税的相关理论学说

1. 依法治税与治税的关系

我国学者在研究治税问题时，发现我国古代至现代治税的发展历程是从人治向法治的演变过程，包括目前除了法治治税之外还进一步提倡引入德治治税。[②] 因此，依法治税是治税的一种方式、原则和制度。依法治税主要体现在五个法定，即法律至上、职权法定、义务法定、程序法定和行为法定。

2. 依法治税与税收法治的关系

依法治税作为当前治税的主要方式和原则，其自身也有其核心的指导思想，即“税收法治”。依法治税和税收法治本质上是手段和目的、过程和目标的关系，税收法治是依法治税要实现的最高目标，因此税收法治有着比依法治税更高的价值目标和要求。因为税收法治不仅要求在形式上即程序和行为上做到依法合法，关键是其有独立于法律制度之外的价值判断和理念。税收法治不

① 参见《创新服务，优化上海税收营商环境》，载《中国税务报》2018 年 6 月 13 日。

② 参见王乔、熊冬洋：《以德治税——对依法治税的进一步支持和补充》，载《当代财经》2004 年第 7 期。

仅对立法作出了要求，即税收管理法律制度要符合“良法”标准，能够反作用于依法治税的过程，也对执法、违法问责程序作出了更高要求，要求执法必须是为了保障公民的合法财产权利，不能损害社会公共需求。

3. 依法治税和税收法定主义的关系

2015 年 3 月，立法法修正案草案中第一次体现了“税收法定”原则，是我国首次在法律中体现依法治税的原则、制度。从二者的关系来说，依法治税是实现税收法定主义的前提和保障，而税收法定主义是对征税权进行限制的具体要求，能够体现依法治税和税收法治的精神。税收法定主义的基本含义是“未经立法不得课税”，即纳税主体必须依据法律规定纳税，包括按照法律规定的税种、税法要素[①]和程序进行纳税活动，三者缺一不可。

税收法定主义是税收法治主义的重要组成部分，也是法治主义规范和限制国家权力以保障公民财产权利的基本要求和重要体现，对法治主义的确定能够起到先导和核心作用。税收法定主义体现的纳税人人人平等和人权思想，也是现代法治的基本要求。

三、新时代下我国依法治税存在的主要问题及原因分析

（一）税收法律制度尚不健全完备

1. 授权立法广泛，效力层级不高

我国在税法领域由最高立法权力机关全国人民代表大会及其常务委员会立法的法律规范并不多，往往是通过授权国务院制定税收等相关法规，这种法律规范一般为暂行规定或暂行条例，在将来条件成熟时应当废止或者转化为法律，这种授权立法的法律位阶高于一般性的行政法规，低于法律，授权立法广泛应用于税法领域。从整个税法体系来看，全国人大立法的税收相关法律仅有四部，其余都是由全国人大授权国务院以暂行条例或暂行办法等法规制定的，效力层级明显低于法律。税收立法的效力层级低，影响力税收执法的强制力和权威性，也不利于税收法律制度的稳定发展，容易滋生政策多变、人情执法等问题。除此之外，这些授权立法迟迟不转化为法律，导致税收立法体系中呈现

① 税收要素，是指所有税种之税收关系得以全面展开所需共同的基本构成要素的统称，包括税种、征税主体、纳税主体、征税对象、税率、纳税环节、期限和地点、减免税、税务争议和税收法律责任等。

以授权立法为主，税收法律为辅的不平衡局面，影响了税收法律体系的合理健全发展。

2. 税收制度不统一，缺乏系统性和严密性

我国现行的税收法律制度缺乏一个完整和系统的体系，在现实操作中变动大，操作不易。而且因为税收立法的多元性，缺乏对各个主体如征税主体和纳税主体之间权利义务保障性内容的规定，导致纳税权和征税权之间的矛盾不能合理解决，更甚的是税收法规的内容前后矛盾、互相冲突，难以自圆其说，导致征税纳税双方的矛盾丛生。而且，税收法律制度缺乏在具体程序操作上的指引，治税最关键的是控制征税权、保障纳税权，因此在征税纳税过程中的行为应当予以明确的指引，规定合法征税行为应当满足的要件，规定违法征税行为的问责追究制度以及违法征税主体要承担的相应法律责任。相对应的，当前对于纳税人偷逃税、避税、抗税导致税收流失等问题，税收法律制度缺乏应有的强制力和惩罚措施，如对于不申报的避税行为，在税收法律责任上就无法进行追究。①

（二）"税收法定"原则缺乏宪法依据

税收法定原则是当今世界各国通用的税收基本原则，关系到依法治税实施的直接效果，"无法律依据，任何主体不得征税"。但是，我国目前在税收法定原则上存在很明显的缺失，这主要是因为税收法定原则缺乏宪法的依据。我国仅在《宪法》第 56 条②对公民的纳税义务进行了规定，但却没有将税收法定主义的内容纳入其中，也没有涵盖征税权和纳税权等方面的内容。直至 2015 年《立法法》的发布，在第 8 条第（六）项中具体规定了税种设立、税率确定和税收征收管理等税收基本制度，标志着税收法定原则首次明确体现在法律之中。税收法定原则是落实依法治税的重要原则，是民主法治人权观念在税收领域的体现，当前出现的税收执法不严、授权立法现象广泛、税收流失严重等问题的症结，也在于税收法定原则没有落实到位，税收法定原则没有写入宪法上升到宪法原则的高度。③

---

① 参见刘克安:《税收流失与依法治税》，载《社会主义研究》2004 年第 6 期。

② 《宪法》第 56 条:"中华人民共和国公民有依照法律纳税的义务。"

③ 参见刘杰、张添文:《我国依法治税的探讨》，载《市场研究》2016 年第 9 期。

（三）执法不严，违法惩治力度小

在资本逐利性的特点下，违法者在违法前往往会比较守法成本和违法成本的大小以进行决策，因此违法处罚的力度要大于守法的成本，这样才能起到威慑和惩戒的作用。在税收领域，对税收违法的处罚是双向的，不仅包括税务机关对纳税人违反税法行为的处罚，也包括征税机关违法征税行为的处罚。其中最关键的问题就是规范纳税机关的征税执法行为，因为征税执法行为直接影响到了依法行政和依法治税的质量。

在现实中，存在的税收流失问题很大部分原因是因为税务机关的执法过程不严格，擅自扩大免税、减税等应由国家统一规定的税收优惠范围，甚至与纳税企业存在相互串通、权钱交易等现象。税收执法部门执法不严的内在原因主要有两个：一是有利可图，税务执法机关可以通过个别优惠等从中攫取回扣，通过执法牟取私人或部门的利益；二是形式化执法，税务执法人员的执法心态是消极完成执法任务，在完成任务后就没有积极主动查处的动力。如在2004年国家审计署的随机抽调中，抽查的约800户企业，有过半数的企业存在不征或少征税款的问题。当然，对于税收执法规范以及税收执法人员的违法问责追究制度也有待加强。

（四）税收领域纠纷救济机制不合理、不完善

1. 税收行政复议规定不合理

税收行政复议制度本来是作为纳税人的一项权利救济程序而存在的，纳税人在纳税过程中，如果合法权益遭受到征税机关不合理的侵害时，可以向其上一级机关申请复议，请求上一级机关对该机关的行为依法进行审查。而且税收行政复议是复议前置的，纳税人在提起行政诉讼之前必须要经过向上一级提行政复议的程序，这样的程序往往会让纳税人感到无所适从，纳税人若想寻求司法救济必须要经过先纳税或担保再寻求复议的过程。这两道门槛严重影响到纳税人提起司法救济的积极性。

2. 司法保障体系不完善

税收行政诉讼是纳税人在经过行政复议程序之后仍然不能解决纠纷，再向法院寻求司法救济的制度。税收行政诉讼要遵守税收征收管理法、行政诉讼法等法律。在税收行政复议中已经提及对于税收争议都是复议前置的，纳税人不

能自主选择直接通过诉讼来保障自身的权益。[①] 这样的程序设置会加重纳税人的维权负担，行政复议机关是原机关的上级机关，对于不是金额计算错误等明显错误导致的权利损害问题，一般会作出维持原机关行为的复议决定，而且纳税人作为弱势一方在强权一方面前容易造成新的损害，也会让纳税人对维权失去信心，望而却步。这时还要求先复议再诉讼，只会拖长纠纷解决的时间，造成纳税人用私力进行救济，极易爆发群体性矛盾冲突。

此外，我国目前的行政诉讼程序也有待完善，对于执法过程中发生的民事争议和民事侵权行为与行政诉讼合并审理的问题，也应当规定更加便捷纳税人的救济方式。

（五）纳税人权利保护意识薄弱

纳税人的权利保护意识有待加强，这主要是因为在税收政策上的宣传力度还不够充分，公民不了解自己的纳税权利范围，在权利遭受侵害时也不知道应当以何种方式进行救济。如在纳税争议问题上的程序性规定，即复议前置，当事人必须先向复议机关申请复议，复议机关作出不合法决定的，当事人才能将争议诉诸司法方式救济。这样的程序设置本身比较特殊化，而且也会降低纳税人维权的积极性，民众在面临要向上一级机关申请复议时往往会因为对上一级机关的天然不信任和多一事不如少一事的心理直接放弃维权。

除此之外，妥善处理纳税权和征税权两者之间的关系，要从根本上明确纳税人依法纳税的义务和因纳税而依法享有的纳税权，要纠正纳税人的消极维权思想，鼓励纳税人将自己的地位置于社会监督的地位，有权监督征税机关的征税行为。同时，对征税机关而言，要进一步巩固对纳税人权利平等保护的思想，要推进征税标准透明公开，征税过程全程录像并公开等的程序正义工作的展开。上述举措的基础和前提都需要国家进一步加强税收政策的教育和宣传工作，一方面对于纳税人要教育宣传依法纳税是公民应尽的社会义务；另一方面监督要求征税机关完善征税服务，依法合理征税。

---

① 参见倪浩嫣：《关于新形势下依法治税的思考》，载《税务纵横》2003 年第 6 期。

四、推进我国依法治税实现转型发展的相应对策建议

（一）完善健全税收法律制度，巩固税收法定原则

1. 及时修改、转化授权立法的税法法规

在税收立法领域，存在大量授权立法的税法行政法规，这类行政法规的法律效力层级高于一般地方法规和规章，低于法律。虽然在实务中能够面面俱到解决税收领域出现的各种突发问题，但是因为数量多而广泛，且变动相对频繁，法规之间时常相互矛盾和存在漏洞。行政法中对于全国人大授权国务院立法的暂时性行政法规，明确申明了在条件成熟时必须废除或转化为法律，但时过境迁，该转化为法律的行政法规却还没有完成应有的转化。目前我国只有三部分散的税收立法，如果要将之前的税收行政法规转化或废除，重新制定法律，不免又会存在冗杂立法，立法体系不统一的问题。因此，当前应当适时考虑制定统一的税法法律，即制定《税法通则》。

德国在1976年就颁布了《德国税收通则》，在其中规定了总则、纳税人与征税人的权利义务关系、税收实施程序、权利保障及惩罚程序等①。1962年颁布的《日本国税通则》规定了总则、税收征收程序、适用范围、纳税人的纳税义务、课税和一般债权、税收司法及附则等。因此，我国的《税法通则》也应当包含几项基本内容，主要包括总则、征税权和纳税权的具体内容和适用范围、税收法定原则、税收的征收程序、税收的司法救济程序、征税人的问责制度等。

2. 推进税收法定原则入宪

针对税收法定原则缺乏法律和宪法依据，应当提倡将税收法定原则写入宪法中，同时在《税法通则》中明确税收法定原则的具体内涵，明确税收法定与税收法律责任之间的关系，违反税收法定原则的征税人和纳税人都要承担相应的税收法律责任。

（二）提升税收执法机关的执法水平和责任意识

1. 依法治税，改革税收领域中任务执法观念

当前税收领域中，国家和地方政府每年都会给地方税务机关下达一定的税

① 参见董延林:《完善依法治税新探》，载《学术交流》2004年第11期。

收计划，这些税收计划甚至替代了税收法律，而且税收计划年年加码，在执行过程中，导致税收执法人员太看重业绩而忽略税收法定的基本原则，违法征税问题频发，涉税执法爆发的矛盾冲突多，导致税收执法秩序易发混乱。因此，应当改革看重税收计划的任务执法观念，将依法治税放在首位。

2. 完善监督，建立执法人员违法问责机制

改善税收执法不严的问题，关键是要完善监督机制，有效制约税务机关的权力，建立执法人员违法问责机制，追究违法者的法律责任。首先，要从税收执法程序着手，应当设置专门的监督和稽查部门，严格监督征税和报税过程，排查税务机关私自减免税收、施加税收优惠的违法行为，建立专门针对税收执法的信访举报部门，及时处理纳税人举报的违法征税行为，严格处罚违法者。同时，在实际征税的过程中要透明公开，全程录音录像，对于征收的税款要在规定的时间内及时入账，并且特殊不能及时入账要报告主管部门备案。

对于行政机关内部出现的行政权干预税收执法问题，要严加惩处，对于领导指示下级越权减免税收、擅自变通税率征税的情形，建立内部人员举报机制，对领导人员及有关涉及违法的人员严重的予以降级、开除等处罚。

3. 提升服务，利用先进创新技术实现科学执法

税收服务质量影响着征税双方的和谐关系和征税的效率，因此国家应该在税收领域推出更加便利当事人的纳税服务。以原广州市地税局为例，该局为了方便纳税人、规范征税人，在2015年就开始建立了网络化的办税模式，创建了网络税收宣传平台，健全了纳税人的维权机制，税务机关定期走访企业实地考察企业现状，大大提升了广州市的纳税效率和征税服务水平。① 在税收服务质量的提升问题上，我们也应当最大限度地发挥现代科学技术的优势，如将人工智能与纳税服务相结合，在提高纳税宣传的基础上，利用人工智能为公民提供更加方便快捷的纳税服务，甚至为公民设置合理的税收支出规划。

（三）改革税收行政复议制度，完善司法救济途径

1. 改革税收复议前置程序

行政诉讼法和税收征收管理法中将税收复议程序作为税收争议维权的前置程序，出现纳税纠纷时，当事人必须先向作出具体征税行为的税务机关的上一

---

① 参见曹钦白：《从“以法治税”到“依法治税”》，载《中国财经报》2018年12月4日第6版。

级机关提起复议，对复议决定不服的才可以向法院提起诉讼。这种复议前置的模式有其一定的合理性，即缓解了法院的案件压力，便于纠纷在具体的征税环节中予以解决，但是这样的程序设置也会使得当事人丧失维权的积极性。

除此之外，纳税人之所以不愿意向上一级机关请求复议，原因在于对上一级机关心存怀疑，觉得上一级行政机关不会作出中立的判断。因此，复议机关要保持自身的中立性，在平时的工作中避免对下一级机关的过多行政干预，保持自身的专业性和科学性判断。

2. 完善司法救济程序

权利受损害的纳税人应当可以采用向法院提起行政诉讼的方式，请求征税机关撤销违法征税行为，并对造成的损害予以赔偿。目前，我国行政诉讼案件的数量呈现上升的趋势，但是仍有不少公民因为思想因循守旧，认为“民告官”的风险很大，从而放弃维权。因此，应当完善税收的司法救济程序，并建立系列维权机制，如建立公职律师维权机制和检察院支持起诉制度等。

（四）增强纳税人的权利保护意识，培植维权组织

纳税人的权利意识受诸多因素的限制，如社会历史因素、文化传统因素和法治环境、政治政策等，想要提升纳税人的权利意识，就要根植于现阶段的社会背景。从社会环境的角度来说，应当加强对纳税人权利保护的宣传教育，利用网络新媒体等媒介，发挥税务网站和报刊等的宣传作用，在社区和学校加强税收宣传，将税收知识写入中小学教材等，鼓励税法研究学者积极开展关于税收法治的学术论坛和研究会等，培育全社会一起普及税法知识的法治环境。从纳税人个人来说，要加强责任意识，自觉学习税法知识，了解税收权利、掌握税收知识、诚信履行纳税义务、监督征税权力、合法维权。

分散的纳税人在权利受损害时由于自身信息不对称的问题无法获取全面的维权信息，且与行政机关之间存在力量不均等的问题。为了满足纳税人的维权需求，可以成立专业的纳税人维权组织，集中统一收集维权信息，代表纳税人维权，提起行政公益诉讼。目前，国内已经成立了几家纳税人维权协会，如镇江市地方税收纳税人权益维护协会、连云港市纳税人维权协会等，其主要的职责是就税收执法和管理等提出意见、参与协调税收争议等。但是这些协会比较分散且分布不均匀，也没有全国性的组织进行统一指导和管理，无法实现专业高效的维权。因此，应当参照其他协会组织如消费者权益保护组织的管理模式

管理纳税人维权组织，充分利用新媒体平台开展更多富有实效的工作。

全面实现依法治税，是以保护纳税人权利和限制征税人权力为基本前提的。为进一步落实依法治税，关键是要解决纳税权、征税权和税收法定之间的关系，围绕着这三者关系，需要解决一系列的现实问题，如目前在税法法律体系上授权立法泛滥，税收立法缺乏权威性和稳定性；税收权利的救济程序不充分不完备等问题。这些问题有些是由于过去的行政积弊和守旧思想引起的，有的是由于现在发展不平衡的经济环境和时代变迁引起的，应当结合具体现状弥补不足，提出创新的建议和举措。

论我国纳税人权利保护体系的构建和完善

黄　悦*

摘　要 ▶ 随着世界范围内纳税人权益保护运动的发起，对于纳税人权利的保护已然成为世界各个国家税制改革的核心，衡量人权保障水平的标准之一就是纳税人的保护程度。本文一开始主要从宪法、税法以及财政学的视角来对纳税人权利存在的正当性进行阐述，并对纳税人权利保护的价值及构建纳税人权利保护体系的意义进行简要论述；接下来从对纳税人税收监督权的案例着手，分析了纳税人享有的具体权利的范围，对于我国纳税人权利保护存在的不足之处；最后从立法、行政执法及司法等入手，寻求完善解决的途径，以期对构建我国纳税人的权利保护制度提供理论参考的价值。

关键词 ▶ 纳税人权利　保护　税收遵从度　思考

我国的税收取之于民、用之于民，与国家利益、集体利益以及个人利益在根本上是一致的，国家职能的实现也是以缴纳的税收作为物质保障。因此，公民在享受由国家提供的各种服务时，也应承担必要的义务，应做到依法自觉诚信纳税。

纳税人作为税收的主要承担者同时应被给予相应的权利保护，但我国在过去相当长的时期内，对于纳税人权利保护并没有足够重视，而是强调义务本位，以便于国家的宏观调控和微观管理，行政化色彩比较强烈。这导致了我国税收征收效率不高、避税现象频繁发生，这和纳税人权利保护体系的不健全是相关的。近年来，人们对纳税人权利保护的问题也是更加关注，基于这样的一个背景，我们也就更加需要了解关于纳税人权利的理论问题，这对建立服务性

*　作者单位：南京财经大学法学院。

税收征管模式具有促进作用，本文就将针对这些问题进行进一步的探讨。

一、纳税人权利保护的理论分析

对于纳税人权利的研究，我们可以从不同视角进行分析，笔者主要从以下三方面进行论述：

（一）纳税人权利的研究视角

1. 基于宪法的视角

宪法财产权是公民创造的全部财产，不受任何侵犯的自然法权，是纳税人权利的一种体现。[①] 纳税人在宪法维度上应该是权利主体而非纯粹的义务主体。[②] 从权利义务对等性、公法规范和私法规范的行使规则、宪法契约、权利和义务来源等角度分析可知，纳税人权利主要应该是纳税人的宪法权利和民主权利。[③]

2. 基于税法的视角

税法的立法意义在于对纳税人权利、税权的保护。因此需完善纳税人权利保护的立法、执法与司法，社会需要增强维权力量。[④] 税法的立法、执法与司法应树立纳税人权利保护理念[⑤]，从而能够确立税法学以权利保障为核心的理论内涵。

3. 基于财政学的视角

“公共财政论”框架下的纳税人权利问题并不等同于传统“国家分配论”的观点，它是指公共商品的提供与政府税收之间实质上是一种市场式的等价交换关系。[⑥] 纳税人享有税收减免等法定权利是服务于税收本质的外部手段，解决的是“要我缴税”的问题；而纳税人享有监督税款合理使用等推定权利体现

① 参见陶庆：《宪法财产权与纳税人权利保障的宪政维度》，载《求是学刊》2007 年第 5 期。

② 参见张天羽啸、滕骥：《论对纳税人权利的保护》，载《新疆师范大学学报（哲学社会科学版）》2013 年第 3 期。

③ 参见黄泽勇：《纳税人宪法权利研究》，载《理论与改革》2005 年第 1 期。

④ 参见张富强、卢沛华：《纳税人权利的概念及现状》，载《学术研究》2009 年第 3 期。

⑤ 参见谭金可、陈春生：《纳税人权利保护视角下的〈税收征管法〉修改考虑》，载《东南学术》2012 年第 2 期。

⑥ 参见庞凤喜：《论“公共财政”与纳税人权利》，载《财贸经济》1999 年第 10 期。

了公共财政下税收的内在要求，解决的是“我要缴税”的问题。①纳税人权利体系中的知情权、决策参与权、依法纳税权、平等权等权利是财政透明度的应有之义。②

（二）核心价值

税法的核心价值有多种学说。一是“税收权力本位说”：国家权力在税收中的作用较为符合中国现阶段国情；二是“税收权利本位说”：税收法治体现了限权力和构建纳税人的权利本位；三是“税收权力与权利本位折中说”：着重强调了权利和义务并重的价值体系，并建议修改《宪法》第56条；另外，“公平效率说”认为：新一轮的税制改革应更注重税法的公平价值，实现法治、公平与效率。

（三）构建和完善纳税人权利保护体系的意义

1. 是依法治税、完善税收法治的根本要求

依法治税是依法治国的重要组成，通过对税收法治建设使公民依法征税而达到税收法治的良序。依法治税是治税之本，也是税收工作的基础。依法治税要求维护税法的权威性，实现税法面前人人平等，纳税人在依法履行纳税义务的同时，也拥有法律所赋予的各项权利。

2. 是构建和谐社会的内在需要

由于税收的基本职能主要包括组织财政收入、调整人与社会及国家之间的收入分配关系以及调控经济运行。因此，和谐的税收征纳关系成为构建和谐社会的一项重要内容。作为征税主体的国家，只有切实保护纳税人的合法权益才能让纳税人享受到税收带来的益处，从而自觉提高依法纳税意识，形成良好和谐的税收征纳关系。

3. 对提高税款征收效率及改善税收遵从度起到积极作用

现今，税收遵从度的高低不仅是一个国家税收制度及其管理活动是否有效的评判标准，而且也是税收分配关系是否和谐的参考。我国税收遵从程度不高，从而导致征税成本高、税款征收效率低，出现这种现象的原因有很多方

---

① 参见黄溶冰、李玉辉：《公共财政视角下的纳税人权利保护与审计监督》，载《税务研究》2009年第6期。

② 参见李文：《从财政透明度视角看纳税人权利保护》，载《税务研究》2009年第6期。

面，但纳税人权利的缺失是其中的一个重要因素。构建纳税人权利保护体系不仅事关纳税人权益，而且会对政府的征税行为产生重大影响，完备的纳税人权利保护体系将在很大程度上改善税收遵从度，从而真正提高税款征收的效率。

二、纳税人权利范围

（一）对纳税人税收监督权的案例探讨

案情回顾：2006 年 4 月 3 日，一位普通农民蒋某某将湖南省常宁市的财政局告上法庭。事情缘由是：因其涉嫌违法购车。4 月 10 日，常宁市人民法院向蒋某某送达行政裁定书：蒋某某所诉事项不属于法院受理行政案件的范围，法院依法不予受理。蒋某某的起诉引起社会公众的热议。

当年，常宁市财政局局长在接受采访时表示：蒋的起诉是没有道理的，蒋某某的身份是农民，而国家已经取消农业税，认为他不具有纳税人的资格。可见，财政局长是站在自己的立场去质疑蒋某某纳税人的权利。法院的裁定也让我们看到当纳税人以一己之力去行使监督权时是很无力的。对政府滥用税款的行为提起诉讼，却因不具有诉讼主体资格或是司法制度中无法可依而被裁定驳回，这反映出了我国财政体系中各方主体权利与义务的失衡。纳税人对于税款的使用是否享有监督权的答案是显而易见的。《宪法》第 41 条规定："中华人民共和国公民对于任何国家机关和国家工作人员，有提出批评和建议的权利；对于任何国家机关和国家工作人员的违法失职行为，有向有关国家机关提出申诉、控告或者检举的权利，公民行使监督权的两项重要权利分别是控告权和检举权。"除了宪法规定，《税收征收管理法》第 8 条[①]以及第 13 条[②]均对纳税人与扣缴义务人的控告、检举权进行了较为详细的规定。由此可见，当时财政局长的质疑是站不住脚的。

---

① 《税收征收管理法》第 8 条规定："纳税人、扣缴义务人有权向税务机关了解国家税收法律、行政法规的规定以及与纳税程序有关的情况。纳税人、扣缴义务人有权要求税务机关为纳税人、扣缴义务人的情况保密。税务机关应当依法为纳税人、扣缴义务人的情况保密。纳税人依法享有申请减税、免税、退税的权利。纳税人、扣缴义务人对税务机关所作出的决定，享有陈述权、申辩权；依法享有申请行政复议、提起行政诉讼、请求国家赔偿等权利。纳税人、扣缴义务人有权控告和检举税务机关、税务人员的违法违纪行为。"

② 《税收征收管理法》第 13 条规定："任何单位和个人都有权检举违反税收法律、行政法规的行为。收到检举的机关和负责查处的机关应当为检举人保密。税务机关应当按照规定对检举人给予奖励。"

税收征纳直接关系到国家、社会的公共利益及关乎纳税人的权益。税务机关及其工作人员滥用职权、公款私用、违法违纪的行为直接损害的是国家利益，侵犯的是纳税人的合法权益。因此，赋予纳税人监督权是很有必要的。蒋某某当年提起的行政诉讼已然表明纳税人权利意识的觉醒，它开启了公民依法监督公权力机关的先河，作为纳税人维权的代表性事件，同时也唤醒了税务机关为纳税人服务的意识。同时，也让我们认识到纳税人依法维权是确保自己权利得到充分尊重的前提。公众希望以私权制衡公权的方式来解决我国现行权力监督机制中存在的问题且力图将纳税人公益诉讼当作我国民主建设与民权保障的突破口。纳税人的程序性权利，需要通过法定的程序才能得以实现，脱离了法律程序就无程序性权利可言。[①] 在十八届四中全会公报中，我们看到在全面推进依法治国的顶层设计中，检察院作为公民权利的守护者，有权以提起公益诉讼的方式来代替公民行使监督权，但目前的试点中尚未将纳税人行使监督权，以维护国家利益和纳税人权益方式纳入试点范围。期待公益诉讼的范围可以扩展至此，让纳税人权益保护落在实处。

（二）对纳税人其他权利的概述

纳税人的权利范围广泛，包括知情权、诚实推定权、接受服务权、赔偿救济权等。理论界根据分类标准的不同分为实体性权利和程序性权利。实体性权利以实际的税收经济利益为内容，常见的是在法定税额内纳税权以及减免纳税权、延期缴纳税款权等。程序性权利是指纳税人、扣缴义务人为保护自己享有的实体性权利所采取的技术性手段，来维护自身的主体地位，如知情权、陈述申辩权、救济权等。

依据我国税收征收管理法的规定，纳税人还享有以下各种权利：纳税便利权、延期申报权、延期缴纳税款权、获取凭证权、拒绝非法检查权、委托税收代理权、请求回避权、受尊重权以及基本生活保障权等。分别见于《税收征收管理法》的第26条、第27条、第31条、第34条、第59条、第89条、第12条、第9条和第42条。其从不同方面对纳税人权利保护作出了明确规定。但在实践中，纳税人权利保护的实际情况却不容乐观，一部分原因是长期以来的税收制度存在的弊端，有的是因为在征纳关系中征纳双方对各自的权利义务的

① 参见郭曰君:《论程序权利》，载《郑州大学学报（哲学社会科学版）》2000年第6期。

行使与履行存在观念上的错误认识及实际执行上的怠慢与权利漠视。笔者将在下文揭示我国关于纳税人的权利保护存在的问题并进行具体探讨。

三、我国纳税人权利保护的不足之处

（一）宪法之作用尚未充分发挥

作为我国根本法的宪法，其对具体的部门法具有纲领性的指导作用。那么宪法在对税收的规定上应当包含三层含义：一是规定了税收法定的原则；二是规定了公民具有纳税的义务；三是规定其用途应当受到监督。但是我国宪法的涉税条款只有第 56 条规定："中华人民共和国公民有依照法律纳税的义务。"虽然宪法中对税收的阐述表明我国税收义务本位的特征，但使税收立法缺乏宪法依据。

（二）对地方利益的保护不利于纳税人权利的实现

我国目前除了《税收征收管理法》《企业所得税法》《个人所得税法》是经过人大表决颁布外，其他的税收及征管几乎没有得到授权，而是由行政部门以税收法规、规章等形式进行制定。税收立法行政化导致法律效力层次低、权威性不高、内容交叉且散乱以及缺乏原则性的指导。更主要的是，只是以行政部门法规、规章的形式规定税收，那么存在的地方利益保护主义也就不利于纳税人权益的保护。

（三）税务机关自由裁量权过大，执法不规范

对于税务机关而言，自由裁量权是指在税收执法中较为合理合法地进行自由选择的权力，对其合理应用可以使问题得以准确、灵活地处理。但实际上的自由裁量权又具有两面性：既有应对变化情形之需，又具有被滥用而导致公民权利受损的风险。

在平时的税收工作中，对处罚额度、判定情形是否严重、核定的税额、享受税收优惠等环节都面临着选择，同时也存在税务处理不规范和不公正的现象。因此，自由裁量权越大、执法越不规范，纳税人正常的生产、生活就会更易受到干涉。

（四）权利遭到侵害后的救济手段仍需进一步完善

我国行政复议、行政诉讼、行政赔偿、听证等制度还不健全，在法律手段

上存在不利于保护纳税人的权利的问题。如《税务行政复议规则》第 34 条第 2 款规定："申请人对税务机关作出逾期不缴纳罚款和加处罚款的决定不服的，应当先缴纳罚款和加处罚款，再申请行政复议。"此规则将罚款的先行缴纳作为行政复议的前置条件，这样对纳税人的行政救济权造成了侵害。且《规则》第 33 条规定，纳税担保的审查机构是作出具体行政行为的税务机关，而非复议机关，但行政复议的申请人与被申请人在程序启动前就已发生了矛盾，由被申请人审查纳税担保显然是有失公正的。

（五）权利保护组织发展缓慢

对于纳税人权利保护的力量来源于三大主体：纳税人自身、税务局和社会力量。

关于纳税人自身的力量：我国纳税人总体上的法治意识和维权意识比较淡薄，曾有 89.26% 的纳税人在被调查——"如果税务机关对你进行行政处罚且处罚过重，你会怎么办？"时选择"找人说情"，只有 2.32% 的人会用法律来维护自己的权益。

税务部门：基层税务部门大多是将纳税人权利保护工作停留在为纳税人提供更加便捷、周到的服务之上，而对纳税人权利的保护并未充分体现。

社会力量：从社会中介服务组织角度来看，我国税务代理制度建设落后，代理机构曾经因与税务部门的依附关系问题在维权上缺乏足够的公信力，无法在维护纳税权益方面有大的作为。近几年，纳税人权益维护协会等社会组织得到较好的发展机会，但因发展处于初级阶段，至于维权的功能以及手段等方面还是有更大的提升空间。

四、纳税人权利保护完善需思考的几个方面

国家法治程度的评判标准最好就是看公民的权利有没有切实得到保障——即在个人权利受到侵犯时，是否获得救济。完善纳税人权利保护不仅是国家与公民之间关系的本质的要求，而且有助于改革和完善税务行政模式，督促税务机关依法行政、依法征收。同时，还有助于纳税人的合法权利得到保护，加深对纳税人的认同感，避免税收的流失。那么对于加强纳税人权利的保护思考如下：

（一）树立纳税人本位的权利义务观

传统的税法理论将纳税视为纳税人必须接受的强制性义务，即税收表现出无偿性、强制性及单向性等特征。随着税法理论的不断发展，公共产品理论和社会契约等理论为税收法律关系提出了新的解释——税收是公民为换取公共产品而向政府所支付的对价，税收作为政府的杠杆，发挥的作用是调节社会财富的分配和促进社会经济的发展。可以理解的是，政府机构的运作是靠纳税人缴纳的税款来维系的，政府的工作人员大都也是靠纳税人缴纳的税款来维持生计的。之前在我国税收立法和税款征收工作中出现的行政本位色彩，强化行政权力，因此弱化纳税人权利，不仅不利于提高税款征收的效率，而且还会导致纳税人对纳税义务的逃避。

因此，权力、权利、义务之间必须均衡匹配，[①] 只有这样，才能形成和谐的税收征纳关系。在税收征纳关系中，这样的和谐主要体现为对纳税人权利予以充分尊重和保护纳税人本位的理念。

（二）通过借鉴其他国家和地区的立法经验完善我国税收立法

税收立法在税收法治建设中具有核心地位。对于纳税人权利的保护应当体现到税收立法中，通过国家强制力保证实施，税收立法所确立的行为规范是一种具有法律效力的行为规范。对纳税人权利专门立法保护，也是许多国家和地区的共同做法，具有可借鉴的域外经验。如美国、澳大利亚、加拿大等国的立法保护，都将纳税人的权利写进法律，有的是在《纳税人权利宪章》或《纳税人权利法案》中加以规定。各国对纳税人权利的宪法保护都十分地重视，纳税人权利逐步得到各国权威的法律保障。

根据其他国家和地区的经验，我国应主要从以下几个方面来完善纳税人权利保护的法律制度：首先是要逐步健全宪法关于纳税人权利的原则性的规定，将纳税人的根本性权利写入宪法；其次是要推进《税收基本法》的制定，把对纳税人权利的保护条款在《税收基本法》中加以规定，从而对具体的立法进行指导；再者是把握税收征收管理法的修订契机，逐步健全纳税人的权利体系、确定权利实现的具体程序、着重加强侵权法律责任等，并逐步将纳税人的权利范围从程序性权利实现向实体性权利扩展。

---

① 参见杨琴:《纳税人本位与依法治税》，载《税务研究》2004 年第 8 期。

（三）推进依法行政，规范具体执法行为

依法行政、规范具体执法是对纳税人权利保护的本质要求。从近年来对投诉问题的分析来看，税务系统办税服务的效率和具体规范执法的落实是投诉的主要原因。根据有关调查显示，90.7% 的税务干部认为当前纳税人权益保护的首要任务是规范执法。

若要做到规范执法，一是制定的制度要具体规范。如在税收优惠政策出台的同时也还应完善减免税的检查等相应配套制度，以明确优惠政策真正落到实处；又如要健全税收执法中的告知、回避、调查取证、听证等具体制度，完善征收、保全、强制等环节，从而保障办税过程中的各项法定权利。二是落实要规范。使用风险管理平台、执法考核系统等现代化技术加以规范执法行为。三是操作要规范。对会计税收知识和技能培训进行强化学习，逐步提升税务人员的执法水平和业务能力。

（四）完善税收司法保障体系，提高纳税人权利保护的效率

“没有救济就没有权利”。对于征税权的监督和纳税人权利的保护需要公正和有效的税收司法加以保障，税法司法是检验一国税收法治的标尺。[①] 如果权力没有受到制约，必然会导致腐败现象的产生，这样的权力腐败必然导致权利受到冲击。因此，对权力进行制约是必须的，缩小权力恣意行使的空间，这也是纳税人权利得到保障的重要途径。完善税收司法保障体系，是提高对纳税人权利保护的有效手段。笔者认为，我国税务司法应从以下几个方面予以完善：

1. 税务案件的专业性决定设立税收法庭的必要性

税法的专业性和技术性决定了税务案件的专业性和技术性，如果税务人员没有经过专门的学习和训练是很难胜任审理税务案件工作的。设立专门的税收法庭相对可以解决审理案件的质量以及审理公正的问题。税务法庭的设立既可以保障国家的税收利益，也可以保护纳税人的合法权益。以法律的手段保护我国公民的诉讼权利，也有利于保障税收征管的严肃性，同时对协调我国纳税人与税收征管人员的关系也有很大帮助。

2. 适当扩大国家赔偿的范围，赔偿标准有待提高

目前限制我国国家税收赔偿制度的因素较多，不能反映补偿纳税人因权利

① 参见施正文:《论程序法治与税收正义》，载《法学家》2004 年第 1 期。

受到侵害所受的具体损失，也就无法使其权利恢复到未受侵犯时的状态。

3. 发挥专门税务律师在诉讼中的作用

税务案件的专业性和技术性以及税务案件中国家与个人的现实衡平都要求专门的税务律师介入。在实践中，我国部分地区的基层法院已在法院内部设立了税务法庭，高校也着力为社会培养出专门的税务法律人才，这也加速了我国设立税务法庭的发展。

（五）其他途径

1. 加强对纳税人权利的宣传

加强对纳税人权利的宣传可以增强纳税人的纳税意识，理解税收的意义和作用所在，树立正确的纳税观，从而解决单单依靠强制征收这一情形。从长远角度也有利于推进我国民主法制的建设。若要树立普遍征税和平等征税的税法意识，必须要建立一系列监督机制和信息披露机制。[①] 让纳税人意识到自己享受的公共产品和公共服务，从而意识到自己的税收权利，进而自觉依法纳税。

2. 成立保护纳税人权益的自治组织

与国家征税机关比较而言，纳税人处于相对劣势的地位。因此，在很多情形下单纯依靠纳税人自身的力量是很难有效维护自身的合法权益的。可以借鉴美国的方式，成立保护纳税人权益的自治组织——纳税人协会。纳税人协会可以为纳税人提供税务层面的咨询，可以及时了解纳税人对现行税法、税收征管的相关建议，并把相关建议汇总反馈给有关工作机构。这对健全完善现行税法、改革现行征管制度具有积极、重要的意义。

总而言之，我国纳税人的权利保护还处于起步发展的阶段，综观国内外或是其他地区可知，对于纳税人的权利保护是发展的趋势所在，也是实现国家长治久安、社会进步的要求。如果说法律的不断完善、制度的修订优化是上层的职责，那么政策的具体落实就需要基层部门的贯彻执行。如果能从纳税人权利保护的理念出发，转变税收行政的观念，提高纳税人的税法遵从度，终将能促进税收法治化的实现。

---

① 参见张守文:《财富分割利器——税法的困境与调整》，广州出版社 2000 年版。

金融法理论与实务篇

新型农村金融机构的制度缺陷与法律规则完善

蒋大平 *

摘　要 ▶ 内在加剧的盈利性与支农性矛盾冲突和外在缺位的政策激励已经成为以村镇银行与小贷公司为代表的新型农村金融机构的发展掣肘。既有金融结构抑制与金融创新的激励不足又使得新型农村金融机构缺乏发展动力。新型农村金融机构的建设承载了金融公平、金融普惠、金融安全与金融效率等多元发展理念，缺乏有效的制度协调使得深层次的理念冲突浮出水面，进而造成金融机构的发展欠缺可持续性。以“权利－义务－责任”为框架的法律制度为新型农村金融机构的发展提供了改进向标。由内而外，完善企业法人、区域竞争、金融监管和安全保障等制度是新型农村金融机构可持续发展的理想向度。

关键词 ▶ 新型农村金融机构　可持续发展　村镇银行　小额贷款公司

2019 年中共中央、国务院《关于坚持农业农村优先发展做好“三农”工作的若干意见》(即“中央一号文件”)明确指出：打通金融服务“三农”各个环节，建立县域银行业金融机构服务“三农”的激励约束机制，实现普惠性涉农贷款增速总体高于各项贷款平均增速。推动农村商业银行、农村合作银行、农村信用社逐步回归本源，为本地“三农”服务。研究制定商业银行“三农”事业部绩效考核和激励的具体办法。用好差别化准备金率和差异化监管等政策，

* 作者单位：淮阴师范学院法政学院。

切实降低“三农”信贷担保服务门槛，鼓励新型农村金融机构加大对乡村振兴和脱贫攻坚中长期信贷支持力度。新型农村金融机构“是相对于传统农村金融机构而言的，包括原银监会 2006 年后批准试点成立的村镇银行、贷款公司、农村资金互助社等三类机构，以及在人民银行的主导下、试点后由银监会认可的小额贷款公司”。[①] 截至 2018 年 6 月，村镇银行机构组建数量已达 1605 家，其中中西部地区机构占比 65%；已覆盖全国 31 个省份的 1247 个县（市、旗），县域覆盖率达 68%；全国 758 个国定贫困县和连片特困地区所辖县市中，有 416 个（占比 55%）县市已设立或已备案规划拟设村镇银行。其中包括 1071 家村镇银行、14 家贷款公司以及 49 家农村资金互助社。[②] 作为农村金融增量改革的关键环节，新型农村金融机构的设立缓解了农村金融供需矛盾，扩大了农村金融的服务范围，有效改善了农村金融的生态环境。但是，经过十多年的发展，被监管层寄予厚望的新型农村金融机构不仅数量不够、分布不均，并且出现网点上移、运行绩效较低、服务方向偏移和高风险等现实问题，新型农村金融机构的持续发展面临严峻挑战。

新型农村金融机构发展不可持续的重要原因在于制度抑制的长期积累。[③] 破除制度障碍、完善制度建设是推动新型农村金融机构可持续发展的关键。本文通过对现行新型农村金融机构相关政策制度的深度自省，发掘新型农村机构在政策目标设定、制度条文规范、制度具体执行与制度实施效果之间的问题和矛盾，找到影响新型农村金融机构可持续发展的制度障碍，并在此基础上为其可持续发展提供完善的法治蓝图。

一、新型农村金融机构的制度障碍

新型农村金融机构可持续发展面临的障碍集中表现为制度建设对金融可持续发展需求的不适应。无论是法律关系设计还是创新激励，金融监管主导下的法律制度环境难以为新型农村金融机构的发展提供有机的土壤。除此之外，金融抑制仍然是农村地区“通向富有的屏障”。

① 杜金向:《新型农村金融机构可持续发展研究》，经济日报出版社 2014 年版。

② 参见前瞻产业研究院:《2019—2024 年中国村镇银行市场前瞻与投资战略规划分析报告》。

③ 参见王煜宇:《新型农村金融服务主体与发展定位：解析村镇银行》，载《改革》2012 年第 4 期。

（一）宏观制度设计：权利与义务的不相适应

在央行和银监会的主导下，2006年以来一系列相关法律文件的出台勾勒出新型农村金融机构发展的基本方向，明晰了新型农村金融机构所享有的权利和义务。在审慎监管模式下，新型农村金融的义务高期待与权利低配置在发展中形成了明显的落差与不适应。

1. 商业可持续的权利赋予

新型农村金融机构从本质上讲是金融机构的类型化探索，无论其形式为何，其本质仍然是金融机构。《村镇银行管理暂行规定》与《关于小额贷款公司试点的指导意见》（以下简称《小贷公司指导意见》）均从新型农村金融机构的"公司结构属性"出发，对机构的性质、设立、股东资格与内部治理等组织机构常规运转环节进行了规定。新型农村金融机构与其他作为独立主体的金融机构一样，享有提供金融产品与服务的自主经营权利。尽管相关监管政策与法规对于新型农村金融机构的经营范围与经营方式作出了不同程度的限制，但是这些限制不影响新型农村金融机构作为一个独立的法律主体发展其自身的权利，而这种权利集中体现在商业可持续。银监会《关于调整放宽农村地区银行业金融机构准入政策更好支持社会主义新农村建设的若干意见》（以下简称《农村金融机构建设意见》）开宗明义，"中国银行业监督管理委员会按照商业可持续原则适度调整和放宽农村地区银行业金融机构准入政策……"。商业可持续既是新型农村金融机构的逻辑起点，又是进行农村地区金融政策倾斜探索的前提。如果不尊重金融机构的商业本质，单纯追求政策义务的实现，不利于弱势领域金融机构的可持续发展。因此，确保新型农村机构的商业可持续，赋予并保障其自主经营、自主发展的权利尤为重要。

2. 支农性义务的制度期待

银监会发布的《农村金融机构建设意见》明确了建设新型农村金融机构的意旨在于"解决农村地区银行业金融机构网点覆盖率低、金融供给不足、竞争不充分等问题"。支农是政府发展新型农村金融机构的政策支点，同时也是新型农村金融机构享有低准入以及其他财政优惠政策权利相对应的、必须履行的义务。从某种意义上讲，支农既是新型农村金融机构的企业社会责任，又是其务必承担的法律义务。新型农村金融机构的建设在于提升农村金融市场的服务水平，发展专门针对、扶持"三农"事业的小微型金融机构。支农的法律义务是历次农村金融市场调控所必须面对的现实难题。既往调控寄希望于中国农业银行、农村发展银行、农村信用社以及邮政储蓄银行等银行业金融机构的业务下沉，实现农村金融事业的领域覆盖，但是在根本上仍然未使农村金融市场的活力得以发挥。不可否认，支农性义务的履行是极其困难的。

3. 权利与义务的不适应表现

无论是自然人主体，还是机构拟制主体，权利与义务的匹配是法律制度可以公平、有效实施，确保立法目标实现的根本保证。支农性义务实现的前提是自身的商业可持续，丧失持续性发展动力的金融机构，会使得支农义务的履行成为空谈。权利与义务不相适应的盈利性与支农性矛盾始终是我国发展农村金融机构需要克服的首要难题。这种不适应具体体现在：

一方面，资本流通限制使新型农村金融机构面临着极大的盈利性危机。从准入方面来看，在“低门槛、严监管”的指导思想下，村镇银行与小贷公司都享受到低于其他商业银行或金融机构的准入条件。例如，注册资本的降低、营运资金限制的免除、投资人持股比例的免除、业务开展的较低限制、高管准入资格的放松以及审批机构与权限的灵活分配等。除去常规的资本充足率、存贷款比例、关系人信贷的限制外，村镇银行与小贷公司都面临着不同程度的地域与经营范围的限制。《村镇银行管理暂行规定》第5条规定，“村镇银行不得向关系人发放信用贷款……村镇银行不得发放异地贷款”；《小贷公司指导意见》也明确了小贷公司的“不吸储”和“本地市场”特征。本应基于地缘思路吸收民间资本加入的村镇银行与小贷公司，在其发展中不得不受制于行政区划的限制，资金来源的渠道不充分与贷款对象的区域限制从根本上影响了新型农村金融机构的流动性。

另一方面，市场准入制度的调整引发机构数量非理性攀升、布局失衡，“脱农”现象大量存在。巨大的民间融资需求辅之低门槛的金融准入条件推动了村镇银行与小贷公司数量的迅速增长。然而，数量的非理性增长使得“新型农村金融机构的行为发生奇怪的扭曲，‘脱农’倾向较为严重，但只有遵从监管政策才能获得‘政策红利’，为此设置有形或无形的信贷障碍成为不约而同的理性选择”。[①] 农村金融机构准入制度的“合理化”虽然在短期缔造了“数量

① 程惠霞：《农村金融“市场失灵”治理前提再判断：供给不足还是金融排斥》，载《经济理论与经济管理》2014年第11期。

红利”，但是从长期来看并未衍生出可期待的支农效果。银监会在村镇银行政策执行 5 年之际出台《关于调整村镇银行组建核准有关事项的通知》，鉴于村镇银行发展中可能面临的风险，对于组建核查的标准进行了调整，收归了对于村镇银行较为粗放的审批权限，对其设立与准入本着“集约化发展、地域适当集中”的思路实行指标管理。此举表达出既有村镇银行数量增长与服务质量、支农效果提升的不匹配。实践中，大批下设村镇的村镇银行因农村地区吸储能力的先天缺陷，将机构上移至更为发达的县、市级行政区。小贷公司也大量存在“真放贷、假支农”的现象，资金大量流向高利润回报的地产等行业，以寻求残酷竞争中自身盈利的保障。农村金融领域的金融排斥并未因农村金融机构的“制度红利”而有所减弱。

（二）监管制度困境：发展定位与创新激励的错位

金融机构的发展离不开有效的外部政策激励。新型农村金融机构从产生到发展严格遵循了从“政策到政策”的衍生逻辑，是一种自上而下的强制性制度变迁。在现实的推进中，宏观决策的发展定位与执行机构的监管措施产生了错位，致使新型农村金融机构缺乏有效的外部激励。

1. 中央一号文件中的政策导向

除 2011 年针对水利事业调控外，其余十年间，中央一号文件都从建设“三农”事业、破解“三农”难题出发，全面地、有次序地调控农村、农民与农业的可持续发展问题。农村金融作为破解“三农问题”的关键环节，一直是发展“三农”事业的重点突破领域。从宏观决策的角度看，新型农村金融机构的建设具有极强的历史性与现实意义：一方面，新型农村金融机构是农村金融发展的突破口。农村金融改革与农村金融服务水平的提升成为中共中央不变的决策重心。对于农村金融机构而言，自 2004 年开始就强调探索“兴办直接为‘三农’服务的多种所有制的金融组织”，直至 2008 年明确“调整放宽农村地区银行业金融机构准入政策试点工作”以及“培育小额信贷组织”。整体政策的推演较为清晰地界定了新型农村金融机构的功能地位、优惠政策以及风险监管，为其发展提供了较为宏观的现实框架。另一方面，新型农村金融机构也是合理促进民间资本进入正规金融领域，推动金融市场化改革的一扇窗口。在历年的中央一号文件决策中，不乏对于民间资本在以农村金融、小微金融为代表的现代金融弱势领域发挥效用的激励探索。因此，新型农村金融机构的发展定位既在于对于农村金融发展的拓展探索，又在于对传统金融机构的改革试水。

2. 金融监管制度下的激励不足

银监会《农村金融机构建设意见》明确提出了“低门槛、严监管”的新型农村金融机构整体监管思路，对新设银行发热的资本状况、资金投向与服务质量均设置了严格的监控体系。除此之外，《关于扩大调整放宽农村地区银行业金融机构准入政策试点工作的通知》（以下简称《扩大准入通知》）更是将既有的审慎监管进一步强化，从日常监管、分类监管、监管资源分配和监管问责等方面进行了更为充分地完善，意欲从源头上杜绝农村金融机构创新引发的风险。较之宏观政策的发展定位，新型农村金融机构的监管措施体现出极强的风险规避与去民间性。高昂的监管成本与监管经验的缺乏使监管者更多将传统金融风险控制的监管手段应用于新型农村金融机构，忽视了对于新型农村金融机构创新空间的供给。一方面，根据政策导向新型农村金融机构多设立于偏远的农村地区，自身运作的规模、业务开展的程度以及所面临的风险各有不同，从既有确立的属地监管制度来看，银监会《扩大准入通知》明确了“银监分局作为属地监管机构，是新型农村金融机构监管的第一责任人”，而现实中无论是银监会还是金融办，都面临着较大的监管难度与监管成本。另一方面，作为一种创新探索的新型农村金融机构，监管部门同样缺乏充分的监管经验。既有的监管制度并没有致力于规制双方信息不对称的缓解，而更多通过传统金融规制方法的套用，秉承了我国金融监管制度一贯的稳定导向。

除此之外，虽然中央一号文件多次指出重视民间资本在农村金融发展中的引导工作，但是现实的监管更多的是将民间资本参与的新型农村金融机构纳入正规的、处于系统监管之下的金融机构系统之中。2009年6月，银监会发布《小额贷款公司改制设立村镇银行暂行规定》，明确了小贷公司改制村镇银行的实体要件与程序要求。根据笔者调研显示，村镇银行在涉农贷款比重与农户贷款比重两个向度的数据均大幅超出小额贷款。小贷公司面临严峻的经营风险，在难以保障盈利性前提下，很难保障支农性的实现。现有的利率限制与地域限制不利于小贷公司在信贷市场施展拳脚，产品设计创新不能脱离当下政策与金融体制对于小贷公司经营范围的限制。从农村金融机构市场主要调控者——银监会的政策导向来看，因为惧怕形式上较为“自由”的小贷公司假借支农之名，谋求资本套利，所以调控者一方面对小贷公司进行了较为严格的监管；另一方面，加大力度促进小贷公司改制村镇银行，以便纳入固有的银行业监管体系。在金融市场秩序稳定的同时，或许也丧失了进行金融创新的勇气。

3. 对于发展定位的背离

从历年中央一号文件的政策导向与新型农村金融机构的规制目标来看，发展新型农村金融机构的宏观政策导向是明确的：从基础层面来看，新型农村金融机构的建设的直接目的在于农村金融市场体系的完善；而从更深层次层面来看，应当把农村金融体系的建设与改革，作为当下金融体制改革的一个突破口。央行、银监会、财政部与国家税务总局在基础层面的目标实现达成了一定的共识，确保了新型农村金融机构建设的数量与规模。但是，新型农村金融机构的发展欠缺实质有效的外在激励，致使其发展偏离了既定的目标规划。“低准入、严监管”的监管原则并没有为新型农村金融的发展留有足够的空间。新型农村金融机构的发展从本质上讲就是一种金融创新，以小贷公司为代表的小微金融机构已经在世界范围内取得了弥足珍贵的发展经验，这些发展的经验中无不内嵌因地制宜、创新激励的衍生规律。监管成本费用高昂与经验缺失不能成为停止创新扶持的理由。当下，新型农村金融机构呈现明显“脱农”现象：营业网点从农村回归县城、资金大量流向非农行业等。这些现象的发生有悖新型农村金融机构的建设初衷，但是缺乏足够的支农激励也使得新型农村金融机构不得不为生存而改变经营策略，进而缺乏创新探索的动力。缺乏有效的创新激励只会使新型农村金融机构的建设走上传统农村金融建设的老路数，在未来迎接它的，很可能是一轮又一轮无止境的缺乏创新精神与创新激励的“新型”建设。

（三）传统制度缺陷：金融抑制

金融创新与金融市场之间存在互动机制，这种互动既可以是良性的，也可能是恶性的。基于前者，金融市场与金融环境是金融创新的依托，金融创新也会为金融市场的发展提供新的增长点。基于后者，金融创新会对传统金融机构与金融体系造成冲击，传统金融也会为金融创新带来抑制。“从交易成本来看，政府管制导致融资成本偏高，而信息不对称导致运营成本偏高”，[①] 现有的监管措施不仅没有为新型农村金融机构的发展提供足够的创新空间，并且传统金

① 屈静晓：《我国小额贷款公司发展的现实困境及其出路》，载《西北农林科技大学学报（社会科学版）》2015 年第 5 期。

融对于新型农村金融机构的发展造成了抑制，具体体现在配套机制的缺失。首先，利率市场化改革的进程缓慢，使新型农村金融机构的营运不具有利率上的比较优势。以小贷公司为例，《小贷公司指导意见》明确“贷款利率上限放开，但不得超过司法部门规定的上限，下限为人民银行公布的贷款基准利率的0.9倍”，实际上介于官方利率和民间利率之间，从表现效果上看趋近于农村信用社等传统农村金融机构，因此在城市小额信贷市场具备一定的比较优势，但是在农村金融市场有欠缺足够的比较优势。出于营利性考量，如果小贷公司将发展重心转移到相对具有利率比较优势的城市地区又会偏离支农目标。其次，农村金融市场信用体系的不完善增加了农村金融市场信贷的道德风险。农村金融市场原本就是“不完全竞争市场”，借贷双方的信息不对称无形中增加了农村金融市场的交易成本。学者研究显示，“低收入农民因欠缺资本积累与资本获取能力，使其所受到的金融抑制程度越大而越难以摆脱其收入增长困境；而高收入农民则会因其收入增长不断走向良性轨道”。[①]虽然信用风险预防的重要性在相关文件中得到体现，但是相比于城市信用体系的建设推进，农村金融市场信用体系一直没有形成，这就使得新型农村金融机构的运行面临着更大的信用风险。比较优势的缺乏与外在信用保障的缺失成为新型农村金融机构可持续发展的制约。

毋庸置疑，新型农村金融机构都存在不同程度的风险传导。新型农村金融机构面临的首要风险在于因地域限制而产生的农村地区吸储不足，进而引发的因经营能力的丧失，无法履行支农性义务。村镇银行数量的攀升与自身发展质量的不相匹配更容易对于银行业金融市场的稳定造成实质冲击。相对而言，“只贷不存”的小贷公司虽然没有吸储的先天困难，但是无形中增加了其资金运转的难度。此外，贷款过程中本就存在的借贷风险更容易在低门槛准入的小贷公司中无限放大。这些问题归根结底，在于固有僵化的金融市场运作体系对于新型农村金融机构发展的抑制，以及对于金融排斥应对的无力。欠缺市场化的利率定价以及从行政区划出发的地域经营限制是新型农村金融机构在丧失比较优势的同时，面对着极大的经营限制。新型农村金融机构的发展原生于现有大格局金融结构之中，承载了社会对于弱势金融领域变革的希冀。在传统的以商业银行、保险公司为基础的小额信贷市场中，严苛的信贷审查与担保要件使

① 王小华等:《县域农村金融抑制与农民收入内部不平等》，载《经济科学》2014年第2期。

无数小微金融需求者望而却步。在金融垄断的局面下，夹缝中的农村金融机构正在面临可持续发展的历史性难题。正如某些学者感叹的那样，“基于金融‘机构观’的改革道路已走到尽头，农村金融制度的创新，需要拥有一种新思路和选择一条新路径。”①

二、新型农村金融机构的理念协调

新型农村金融机构的建设本身承载金融公平、金融安全与金融效率的多元价值，这些价值先天的难以调和为日后的矛盾冲突埋下了伏笔。在明确新型农村金融机构的完善路径之前，我们有必要对新型农村金融机构承载的市场理念进行法律制度建构层面的思考。

（一）新型农村金融机构发展中蕴含的市场理念

新型农村金融机构建设承载了多元金融理念，不同的金融理念导引出各异的行为模式。

1. 金融公平是新型农村金融机构建设的元理念

农村地区融资需求与金融供给之间的巨大落差，致使农村金融成为我国金融体系的弱势领域。金融发展中的公平缺失既不利于金融体系的良性运转，又容易引发深层次的社会问题。金融公平已经成为城乡二元体制下，农村地区既身份公平与就业公平之后，对于社会公平的又一诉求。单纯依赖传统金融机构不能较好地改变农村金融的发展现状，而国外小微金融的探索为我们改变建设路线提供了重要依据。可以说，以村镇银行与小贷公司为代表的新型农村金融机构的发展，既是对世界范围内以乡村银行小额信贷为代表的小微金融发展模式的回应，更是对小微金融背后，蕴含金融公平思想的普惠金融理念的追逐。普惠金融是指“一国金融体系能够可持续地为该国弱势人群、弱势产业和弱势地区提供方便快捷、价格合理的基础金融服务”。② 世界各国都在探索通过设立服务农村金融的专门性金融机构，以实现每个人都能享有并实际获得金融服务的权利的普惠理念。然而，机构的设立仅仅是运转的开始，农村金融机构的可持续发展需要多方面的制度保障。一方面，普惠金融的实现需要金融体系的

① 罗来武等:《从“机构观”到“功能观”：中国农村金融制度创新的路径选择》，载《中国农村经济》2004 年第 8 期。

② 吴国华:《进一步完善中国农村普惠金融体系》，载《经济社会体制比较》2013 年第 4 期。

整体制度创新，不仅仅是机构上，更多的是金融制度与金融工具的创新。传统的金融机构不能较好地完成普惠金融的历史使命，传统的运转方式也被证明对于农村地区金融发展的极大不适应，唯有创新才能发现农村金融可持续发展的突破口。另一方面，普惠金融的实现需要政策激励与权利赋予的倾斜配置。政策与法律应当为弱势金融的发展留有足够的空间，新型农村金融机构的建设既需要超常规的政策支持，又需要较为宽松的创新空间。从准入、设立到退出，新型农村金融机构发展的每一个阶段都应体现出政府出于弱势扶持的“良苦用心”。

2. 金融安全是新型农村金融机构建设的基本原则

在资金融通领域，风险与安全的问题总是相伴而来的。从理论上讲，金融风险具有潜在的高传导性，增加了金融活动的不确定性。但是，金融风险并不意味着金融不安全，因为以金融创新为代表的金融发展往往与风险并存。维护金融稳定，提升金融体系安全等级是政府发展金融事业的重要前提之一。新世纪以来，金融创新在促进经济社会高速发展之时，也为监管者提出了多重基于安全考量的监管难题。在历次的金融危机中，金融机构都是社会舆论口诛笔伐的众矢之的。因此，在探索金融机构可持续发展的过程中，监管机构尤其要注意新型机构探索对于既有金融体系尤其是金融安全结构的冲击。新型农村金融机构的建设虽是对于农村金融弱势金融领域的补足，但是其建设的前提仍然是整体金融体系的稳定。在维稳的语境下，“低门槛、严监管”成为监管当局的必然选择。

3. 金融效率是新型农村金融机构建设的最终目标

效率是评价市场发展的一种综合性指标，同样提高金融效率是金融市场发展，尤其是金融体系改革的重要向度。目前，我国金融发展正值体制改革、市场化建设的关键阶段。农村金融作为弱势金融领域的典型代表，有可能成为金融市场化与金融垄断结构破除的突破口。这一历史使命的实现与农村金融的可持续发展息息相关，并与新型农村金融机构的功能定位与经营设计有直接联系。金融效率理念一方面要求新型农村金融机构在金融工具、金融制度的密集“投入”实现农村金融领域金融产品与金融服务水平的集中“产出”；另一方面要求金融监管机构建立客观、翔实的评价指标，适时把握新型农村金融机构的发展脉搏。

（二）市场理念的法律制度协调

新型农村金融机构可持续发展承载的市场理念先天具有冲突。从西方法哲学到古典经济学，有关效率与公平的争论历久弥新。我国的经济发展经历了由效率与公平对立到效率优先、兼顾公平的发展观转变，观念的转变促进了我国经济的跨越式发展。然而，“效率优先，兼顾公平”的语序顺序仿佛决定了现实发展中的推进节奏：在“效率优先”下一小批个人、企业与机构成为既得利益者，而更大程度的个体与群体成为需要兼顾的弱势群体。如何“兼顾公平”、消除社会中的贫富差距，成为转型国家所面临的重要难题。当效率的价值得到实现，公平的价值被期待，安全又成为一种高于效率与公平的议题而出现。安全既可以是追逐公平的最好理由，又可以成为妨碍效率的始作俑者。基于前者，系统安全的理念决定了弱势领域对于整体空间具有传导威胁的可能，例如，弱势群体消费者的利益的保护不当极易引发群体性的消费者运动，并有可能形成社会运动。基于后者，静态安全的理念又阻碍了效率追逐中的创新与突破，以致无法实现动态的发展与更高层次的安全。例如，对于垄断市场的结构规制，妨碍了具有创新精神的垄断企业对于社会发展的推动。

在金融市场领域中，金融安全语境下效率与公平都受到了不同程度的抑制。金融效率衍生的资本套利与金融公平亟需的制度创新，都在金融安全理念下的监管体系之中。在监管拥有绝对发展话语权的前提下，套利与创新随时面临着监管引发的不确定性。新型农村金融机构可持续发展所遭遇的现实障碍正是这些理念冲突的表现。金融效率的理念使得传统金融机构，抑或传统金融势力对于弱势、低效的农村金融市场缺少足够的关注度，出于金融公平考量的新型农村金融机构的兴建又因金融安全的顾虑而面临着极大的发展束缚：支农性与盈利性的不适应表现在缺乏效率保障下的公平追逐动力不足；发展定位与外在激励的不足以及传统的金融抑制更体现出基于安全理念的机关对于公平兼顾的乏力与抵触。重重掣肘的解除需要协调内嵌理念，升级发展制度。

既往以来行政命令的监管模式虽然维持了现有金融体系的金融安全，但是不利于金融体系的效率提升以及农村弱势金融领域的后起发展，金融法治化成为社会转型期谋求安全、公平与效率理念兼顾的一种制度诉求。可持续发展是一个多元化的命题，法律为其提供了较为明确的制度框架以协调理念之间的冲突：通过权利的赋予确定主体发展自身的空间；通过义务的明确促进主体可持续发展使命的实现；通过责任的强化维护金融体系的动态安全。

三、新型农村金融机构的完善路径

新型农村金融机构的现实障碍表明现有制度对于农村金融创新探索的支撑不足。监管者通过行政法规与规范性文件粗略搭建起对于新型农村金融机构规制的法律框架，这一法律框架虽然明确了参与新型农村金融机构运作相关主体的权利、义务与责任，但是制度内部没有形成对应、均衡的“权利－义务－责任”制度框架。“农村小贷公司可持续发展的根本目的是为了能持续服务于‘三农’，而不只是提供暂时帮助。”[①] 缺乏创新的金融监管使新型农村金融机构难以在现有的体系框架下寻求突破，对于可持续发展风险的忌惮是监管者将监管目标设定为金融大局稳定维持，因而缺乏行之有效的制度激励。在市场经济的发展中，法律为多元理念的融合提供了制度框架，新型农村金融机构权利与义务的协调，应当落实权利，明晰责任，协调发展。

（一）企业法人制度的回归

新型农村金融机构首先是具有法人性质的金融机构，其次是负有支农性义务的政策性机构。从公司法人制度来看，《农村金融建设意见》《村镇银行管理暂行规定》和《小贷公司指导意见》都明确了新型农村金融机构的企业法人属性，应当享有充分自主、自由的经营权利。但是，新型农村金融机构的自主经营权利在资本来源、资金流向、交易利率和交易对象等方面均不同程度地让步于稳定导向的金融监管。对于新型农村金融机构的权利赋予就是要正视其公司属性。银监会为了预防潜在资金杠杆风险与营运风险的发生，对于村镇银行和小贷公司的股权结构进行了严格的限制，但是这一限制的前提在于不能干涉公司自主经营的权利。公司属性彰显出新型农村金融机构的独立性、自主性，是其盈利性的根本保障。新型农村金融机构既需要按照公司法的规定完善相关组织环节，又需要依照商业银行法等金融法规定完善内部金融运行机制。笔者认为，新型农村金融机构企业法人制度的完善应当从两个方面着手：

1\. 调整投资人资格，更大程度地吸引民间资本参与新型农村金融机构的发展。村镇银行与小贷公司都是依照《中华人民共和国公司法》设立的独立性

---

① 茆晓颖：《农村小额贷款公司可持续发展研究》，载《农业经济问题》2012年第9期。

法人，建立具有公司属性的内部治理机制。二者的不同之处在于发起股东的设置：小贷公司是由境内商业银行或者农村合作银行全额出资的有限责任公司。而村镇银行必须由银行业金融机构持股，且持股比例不得低于20%。除此之外，《村镇银行管理暂行规定》第25条仍对自然人持股和非银行金融机构持股进行了限制。“投资人身份歧视、收益权、经营权与再融资能力的受限”，[①]使得民间资本并没有较好地参与到农村金融机构发展之中。前述的村镇银行民间资本转股潮中，造成这一现象的根本原因在于民间资本持有者无法对村镇银行的具体决策产生实质性影响。应该同等地赋予银行业金融机构和民间资本参与新型农村金融机构发展的权利，可适当突破关于民间资本入股的数额限制，运用更符合市场化、更符合公司的思路“筹建”新型农村金融机构。

2. 健全新型农村金融机构内部治理机制。如果说扩大民间资本持股份额完善了新型农村金融机构的“供血机制”，那么公司内部治理制度则更多的是把握“血液”流向的支农性。内部治理机制的完善是新型农村金融机构实现支农义务的先决条件，支农性义务保障首先必须从公司内部决策机制着手，确保公司决策来源的支农属性。新型农村金融机构需要健全一系列相关的产品运行、内部治理以及风险防范的制度。公司治理机制的完善体现在决策民主和透明：一方面，应当发挥民间资本与既有资本的牵制作用，促进决策的科学化。民间资本的资金流动可以从某种程度上补充新型农村金融机构资金供应，也可以对金融机构的资金流向进行更为实质、更为彻底的监督。另一方面，逐步完善新型农村金融机构信息披露制度，实现资金流向与公司决策的透明化，接受社会监督。

（二）区域竞争制度的健全

如前所述，新型农村金融机构经营范围的行政区划限制不利于农村金融地缘特性的实现，并且固定区域内机构数量的非理性攀升导致了资源配置的低效。笔者认为，应当着眼新型农村金融机构区域竞争制度的健全，确保机构平等的参与市场竞争权利的实质意义。一方面，应当放宽业务范围地域限制，合理设置营业区域。新型农村金融机构严苛的行政区划设定忽视了农村金融开展

① 陈蓉：《投资者权益保护视域下村镇银行法律制度之缺陷与修复》，载《西北农林科技大学学报（社会科学版）》2015年第5期。

的地缘属性，应当通过合理的市场调研，适当将新型农村金融机构的“权利区域”突破单纯的行政区划限制，灵活设置经营范围，以便新型农村金融机构在更为广泛、更趋理性的区域内实现资金流动性的保障。另一方面，应当重视新型农村金融机构相关市场的竞争性维护。相关市场是反垄断法在认定企业构成垄断地位，实施垄断行为的关键环节。相关市场的竞争因素的考量可以帮助我们更好审视新型农村金融机构发展面临的可持续性问题。对于村镇银行来讲，其竞争的相关市场在于农村地区银行业金融市场。农村信用社、邮政储蓄银行与村镇银行构成了农村银行业金融市场的“三驾马车”。在村镇银行广散网点，进村进县的同时，既有的邮储银行与农村信用社更是推出了相关的针对农民群体与农村事务的小额贷款项目。农村地区银行业金融市场的竞争态势愈演愈烈。小贷公司的相关市场在于一定地域内的小额信贷市场。一方面，小额信贷业务的开展包括了银行、保险、信托等传统金融机构；另一方面，在强烈的小微融资需求下，小贷公司的建设数量呈现井喷式增长。由此，小贷公司的可持续发展既面临着激烈的外部竞争，又面临着难以避免的内部消耗。因此，新型农村金融机构的发展虽然秉承“低准入”原则，但是作为法定审核机构的地方银监局应当根据农村金融领域的潜在需求，合理分配机构资源，首先避免新型农村金融机构的内耗。此外，还应解决银行业市场发展的整体调控职能，引导银行业金融机构与新型农村金融机构的合理化布局，整合现有农村金融市场的机构供给，确保新型农村金融机构在农村金融市场进行资金融通活动的比较优势。

（三）金融监管制度的调试

支农性是新型农村金融机构建设的出发点，同时也是其现实运转过程中的巨大压力。在为新型农村金融机构的发展加重负担之时，仍需考虑建议一种将“压力转化为动力”的激励机制，而这些激励机制归根结底是金融监管制度的调试。在既有“低准入、严监管”的思路之外，我们仍应树立一种“强激励”的原则确保新型农村金融机构发展拥有足够的空间，从政策倾斜和创新支持两方面进行制度支持。

从政策倾斜来看。降低准入是基于新型农村金融机构政策属性考量的首要激励，“低准入”实现了村镇银行与小贷公司在短时间内数量的增长，也应验了农村地区存在巨大金融投融资需求的论断，但是伴随而来的“严监管”却使得新型农村金融机构的可持续发展举步维艰。“当前以商业银行为主导的农村金融增量改革，体现了政府隐性存款担保下国家对于民营资本金融风险的过度防范。”[①] 实际上，出于金融风险与金融危机防范的高强度监管本身是无可厚非的，但是“严监管”并不意味着不可以开展有针对性的政策激励与扶持。尽管国家多个部门出台了包括涉农贷款增量奖励试点、定向费用补贴、存款准备金、利率在内的多项政策，但很多基础体系仍需完善。农村地区信贷业务的开展是有赖于实质有效的监管的，但是监管的导向并不是从小贷公司到村镇银行的“转板”游戏，更多地需要从发展农村信贷业务本身出发，提供更为安全、更富有效率的平台。如从农村金融市场出发，尝试建构征信平台，强化信息披露制度；有规划、有步骤地放开农村地区信贷业务的利率管制与地域管制，赋予新型农村金融机构比较优势则不失为对于新型农村金融机构一种实质上的激励。

从创新支持来看，相关文件均提出要以“市场化”思维发展新型农村金融机构，而“市场化”最为根本之处在于市场发展趋势的适应与金融创新的拓展。金融创新也为村镇银行和小贷公司等新型农村金融机构提供了可持续发展的机遇。当下，以互联网技术推广为先导的网络金融创新，正在侵蚀着金融市场发展的各个关键环节。我国互联网金融的发展从诞生之日受到有关诱发金融风险的非议。互联网金融出现的重要前提在于社会基层存在的巨大的融投资需求，从本质上讲属于普惠金融范畴下一种金融组织形式与金融工具的创新。在普惠金融理念下，思考如何运用互联网金融支持以农村金融和小微金融为代表的弱势金融发展成为相关金融机构寻求可持续发展的重要途径。目前，村镇银行和小贷公司都在寻求通过互联网金融开拓业务渠道，降低交易成本，寻求供需匹配：P2P 网络借贷平台成为小贷公司重要的客户源头，村镇银行也在尝试着通过 P2P 网络借贷平台的宽阔途径寻求更大程度的合作，缓解资金融通压力。金融监管机构在宏观审慎框架之内，可以对农村金融市场与互联网金融市场的融合“放行”，以便寻求金融创新对农村金融发展的支持。[②]

① 洪正：《新型农村金融机构可行吗？——基于监督效率视角的分析》，载《经济研究》2011 年第 2 期。

② 参见王修华等：《村镇银行发展的制度约束及优化设计》，载《农业经济问题》2010 年第 8 期。

（四）安全保障制度的健全

金融安全是在新型农村金融机构发展中不可忽视的一个环节，从另一个侧面来看，金融安全是确保农村金融机构可持续发展的前提要件。与此同理，法律责任的存在是在推进新型农村金融机构建设之时，确保农村金融市场，乃至整体金融市场稳定的关键。相关的行政法规与规范性文件都规定了关于村镇银行与小贷公司的从准入、经营到退出的法律责任。但是，仍然有两个方面是需要我们给予强烈关注的。

1. 农村金融消费者权益的维护

金融消费者保护是金融危机发生后，各国对于金融体制可持续发展命题思考的共同诉求。对于新型农村金融机构而言，无论是村镇银行抑或小贷公司，尚未发生较为典型的侵犯金融消费者权益的群体性事件。但是，考量到上述可能存在的新型农村金融机构的“转股潮”与“退市潮”，乃至媒体大肆渲染的小贷公司“跑路潮”，未雨绸缪地建构金融消费者保护机制成为农村金融机构可持续发展的应有之义。新型农村金融机构的可持续发展需要从消费者的视角寻求产品设计与运营管理的创新，这种创新不仅包含了对于农村弱势领域金融消费者的尊重，更重要的是在其交易过程中重视对于消费者权益的保护。相对而言，农村地区的金融消费者在参与金融活动时比之城镇金融消费者具有更大程度的信息不对称，由此，对于消费者金融消费观的正确引导、对于金融消费者产品知情权的保障应当成为新型农村金融机构不可推卸的责任。

2. 存款保险与退出机制的完善

存款保险制度与市场退出机制是从准入和退出两个金融机构发展的关键节点着手，事先通过制度预防金融机构经营不善所带来的负面影响。2015年《存款保险条例》的颁布实施为银行业金融机构的可持续发展提供了更为有力的制度保障。存款保险制度作为“金融安全网中重要一环，能够有效保护存款人利益，防范银行风险，避免行业恐慌”，[①] 从本质上讲它有利于银行业金融机构的可持续发展，为民间资本参与农村金融机构发展提供了一定的安全制度保障。在提倡放开村镇银行投资人比例限制之时，更应通过存款保险制度的推广，实现对金融风险的必要防范。与存款保险制度相对应，市场退出机制是保障农村

① 余力、王韵荃:《我国商业银行存款保险制度的构建》，载《西北农林科技大学学报（社会科学版）》2014年第5期。

金融市场安全运行的另一大利器。在新型金融机构的建设过程中，个别区域或个别机构有可能因自身经营或外在环境的影响，面临着巨大的持续经营的成本与风险，这时合理的退出机制成为一种必要。目前，我国并未效仿发达国家建立起普遍的存款保险制度，金融机构的破产清算也无法完整地适用破产法的规定，因此完善金融市场机构的退出机制成为预防因金融机构经营失败而引发的违约风险与信用风险尤为必要。规范金融机构运行中的评价体系，严格执行信息披露制度，建立向投资者倾斜保护的破产退出机制可以成为保障金融机构平稳推出市场的有效制度保障。

新型农村金融机构的建设本身就是对农村金融与金融机构可持续发展的一项探索与实践，数量与规模的非理性增长不能解决我国农村金融面临的深层次问题。由于因循政府主导的强制性供给路径，忽视新型农村金融机构法律制度的现实需求与内在逻辑，忽视新型农村金融机构改革与农村金融法律制度改革的整体推进，忽视农村金融法律制度改革与城市金融法律制度改革的协调推进，新型农村金融机构及其组织体系不仅难以实现决策层的预期目标，而且严重影响了农村金融机构本身的运营和发展。新型农村金融机构可持续问题的根源在于制度供给的严重抑制，而最终解决问题的关键在于通过法律制度建设，逐步将其真正纳入法治轨道。新型农村金融机构的可持续发展应当立足于破除现有发展中的制度瓶颈，通过权利的保障、义务的促进以及责任的强化实现法律制度对于新型农村金融机构可持续发展的保驾护航。

农村信贷担保的财政支持政策研究

钱清华*

摘　要 ▶ 资金问题是三农问题的主要成因，在绝大多数的农村中小企业和农民经济实力较为薄弱的情况下，发展需要资金的持续供给，但因经营性质和目前的担保体制的限制，达不到普通金融机构的放贷标准，致使农村经济无法跟上现代化发展的程度，而要解决这一现状导致的三农环境由于资金问题导致的困难，需要健全我国农村金融环境，通过政策支持丰富我国的农村信用担保体系。本文从农村信贷担保的理论缺陷入手，论证政府财政介入对我国农村信贷担保环境的必要性和重要性，从目前农村信贷担保环境的缺陷提出解决方案。

关键词 ▶ 农村信贷担保　财政支持　体系构建

一、农村信贷担保的现实发展和理论基础

（一）农村信用担保机构的产生与发展

农村信贷担保广泛指在我国农村贫困地区由政府专门机构负责提供的并且具有一定制度化的信用保证。农村信贷担保是为农村经济提供资金支持的重要手段，信用贷款担保的基本概念主要包括两个基本要点：一个规范性，与非一般专业性的担保业务相比，它在建立风险隐患防范与业务监督控制等担保业务管理协作体系方面仍然具有较为科学的优势；二是企业信用贷款担保业务具有政策性，由于具有信用担保对于农村经济起到重要的杠杆作用，许多发达国家政府和一些地方政府普遍期望通过这种专业信用担保方式实现一定的经济政策支持目标，这就直接使得了信用专业担保与落实政府支持政策密切相关，成为

* 作者单位：中国人民银行盐城市中心支行。

贯彻落实政府支持政策的重要工具。因此，信用贷款担保业务是一种制度化信用担保，是在行业政策化、制度化和框架管理体系中可以实现的规范化的担保业务。[①]

从1999年第一家农村信用担保机构产生开始直至2004年，农村信用担保公司机构主要形式是由当地政府直接出资入股成立，政府直接财政投入占中国农村信用贷款担保公司机构整体注册资本的80%，第一家中国农村信用担保公司机构于1999年9月在中国福建省龙海市注册成立，[②]该担保公司以全资有限责任公司的经营形式大力扶持当地农村三农、乡镇企业健康发展，资金来源由当地政府直接财政和乡镇企业出资入股等多种主要资金来源综合组成。从2004年开始直至现在我国农村信用贷款担保金融机构农业民间金融资本主体占比逐年快速增加，整体看来呈现出以农业民间金融资本主体为主、政府直接出资资本为辅的发展结构，但是农村信贷信用担保金融机构目前总体投资规模较小，无法有效应对高速增长发展的我国农村重点产业金融资金市场需求，并且由于农村信贷担保机构的实际盈利能力水平长期以来处于较低的管理状态，从而反向形成遏制，阻碍了我国农村信用担保金融机构的高速发展。

（二）农村信贷担保中的市场失灵问题

市场经济可以有效管理市场的经济运营，但这是在较为苛刻的条件下才能完全实现的，市场经济失灵原理是与商业市场经济效率相对应的，市场经济效率以完全具备自由竞争条件为基本前提，而现实的商业市场并不完全具备这种充分竞争条件。所以，市场的固有资源配置机制功能不是万能的，市场机制本身也可能存在固有的功能缺陷，这就导致新的市场机制失灵的情况出现。与其他城市集体经济发展迅速相比，农业生产经营领域本身仍然存在很大的外部市场经济性，市场机制失灵严重，为有效缓和乡村农业生产经营领域当中的这些一系列矛盾，农村农业信贷已经成为当前解决这一矛盾问题的重要政策手段。在推进我国现代农村集体经济快速发展的历史进程中，农村农业信贷政策支持了我国农村经济发展，促进了乡村农业繁荣，增加了许多农民的经济收入。[③]

---

① 参见宋欣：《我国农村多元化信用担保体系发展研究》，江苏大学2010年硕士学位论文。

② 参见潘小军：《我国农村信贷和农业保险互动模式研究》，载《农村实用技术》2019年第2期。

③ 参见刘赛红、王志飞：《农村信贷投入、农业振兴与城乡居民收入差距研究》，载《云南财经大学学报》2019年第3期。

多年来，中央与各级地方人民政府也相继联合出台了大量关于扶持新型农村商业信贷的优惠政策，但当前农村经济发展融资难，农民和新型农村中小企业融资贷款难等突出问题并未真正得到根本有效解决，部分新型农村仍依然存在农业金融服务的发展盲点，从而又一次提出了基于改变当前农村商业信贷资金配给不足现象的新型农村商业信贷小额担保制度问题。从我国公共财政政策视角度来看，农村担保信贷问题发展长期滞后，然而为有效解决我国农村担保信贷中存在的发展长期滞后的问题，从而不断推出各类农村担保金融产品，来减轻内部市场失灵的双重制约和外部政府失灵的双重影响，因此我们应以如何克服资本市场和地方政府管理缺陷等作为主要突破口，予以探寻公共财政政策强化干预的具体着力点。作为推动农村实体经济社会发展的一个引擎，通过农村财政政策及其他金融政策的相互配合作用来彻底解决当前农村实体信贷抵押担保的供给市场化和失灵性的问题，只有当前的农村信贷担保供给能够有效增加供给，才能在一定程度上减少大量农村实体信贷担保配给，增加大量农村实体信贷担保供给，以此为促进农村经济生产经营提供大量的财政资金财力支持，而如果农村实体经济的不断向好，势必会直接带来农村财政收入的不断增加，从而最终形成一个良性循环。受农村信息直接传输的速度限制，农村信用风险担保管理机构与其他农村金融企业很难完全拥有一致的信息资源，各自的经济决策基本都以自身经济利益最大的优化为决策出发点。正是农村信息不对称管理问题的普遍存在，导致信用担保人在供求关系中的逆向风险选择阻碍农村信用风险担保的有效落实。①

二、农村信贷担保中的政府财政行为分析

（一）政府财政介入的必要性

国家政策干预和其他公共财政干预是政府解决社会市场经济缺陷的重要政策手段，当然在不同的发展中国家和不同的地区、经济社会发展历史阶段中对政府政策干预的适用范围也是不同的。政府直接干预自然也可能包括对发展农

① 参见张劲阳：《非对称信息对农村信贷的影响研究》，载《淮海工学院学报（人文社会科学版）》2019年第5期。

村抵押信贷及其他相关抵押担保业务行业的相关政策进行倾斜或者支持。[1]在推动我国国民经济社会发展的大跨度中，农业和新型农村集体经济一直都被认为是我国政府高度关注的两个重点，它一直关乎着我们国民经济的健康可持续发展和经济社会稳定，但这对于推动宏观经济增长总量和宏观产业结构不断优化来说尤为重要。农村融资信贷信用担保产品具有明显的公共经济特性和特殊本质经济特性，因为金融市场主体现在追求的仅仅是直接经济收益，而农村融资信用担保并不能为其带来直接经济收益。加之投资风险高、收益低，私人投资部门多，企业不愿直接介入。从这一新兴行业持续发展来看，自身的各项条件仍然存在较多不足，只有充分依靠地方政府的政策干预和间接介入方式，才能有效推动和支持发展这项新兴业务，而且必须是地方财政的直接介入才能最大程度带动农村经济发展。财政资金介入工作可以为农村借款者融资提供较宽松的市场环境，解决农村信贷难和担保难的突出问题，有利于充分激活乡村农业集体生产经营主体的融资积极性，促进我国农村集体经济的健康发展。通过运用财政金融手段不断完善我国农村企业信贷融资担保服务体系，能够为我国农村集体经济社会组织的对外融资发展提供资本保障，也为其他金融机构直接进入我国农村企业提升了市场信心，为我国农村中小企业的持续发展带来前所未有的发展新机遇。

（二）加强地方政府财政投入是推动乡村融资补助的主要保障力量

作为一项具有外生性的金融制度建设安排，中国的乡村农地集体产权企业抵押贷款融资服务制度实际上就是借鉴了西方的农地产权金融服务制度，并且向规范的中国农地产权金融服务制度建设方向不断发展。农地融资金融贷款制度往往会与目前中国特有的金融制度管理环境之间直接产生成本冲突，而这两种成本冲突往往会直接引发两种主要成本：一种是转变思想的各种成本，即农村土地所有使用权本身是否完全可以通过转让、抵押、变现等各种思想受到禁锢所致而产生的各种成本。另一种成本是经济利益冲突所可能引发的各种成本，即各级地方财政、农村金融管理机构、土地生产经营者、地方民营企业等由于农村土地使用产权的可抵押土地融资贷款制度的主体参与方，由于自己取

① 参见潘新美、赵许明：《政府在中小企业信用担保中的角色比较与启示》，载《理论探讨》2008年第3期。

得的经济利益与对方付出的劳动成本之间无法得到平衡所致而产生的各种成本。在上述主要参与方中，地方中央财政、农村金融监管机构、地方民营企业、土地产权经营者都可能是乡村农地产权金融这一系列地方性质比较强的公共服务产品的潜在出资者。但是在这些潜在项目出资者中除了我国地方中央财政外，其他各方都没有为之提供出资的经济能力，制度性的创新所产生需要的财政资金流动成本已经大大超出了地方农村金融服务机构、地方民营企业和农村土地开发经营者的经济能力承担范围。因此，大多数潜在投资参与方都只能选择静观其变，最终能为完善农地经营金融管理制度积极出资的只有中国地方各级财政。从社会经济效益角度进行出发，农村土地等在抵押金融制度下所产生的经济收益，能更多地直接转化或成为整个地方公共财政收入，带动整个地方整体经济社会持续发展。从社会政治经济角度进行出发，地方人民政府及其决策者也更加多地倾向于要建立健全农地抵押金融管理制度。因此，作为独立的平等利益经济个体，地方人民政府仍然有很大的经济动力可以去支持实现此项行政制度的改革创新。

三、我国农村抵押担保市场发展面临的主要问题

（一）项目资金使用规模较小

我国许多农村信用贷款担保服务机构正长期处于快速发展初期，成立经营年限尚短，因而目前总体经营规模偏小，业务的后续拓展也因此需高度谨慎。针对农村担保机构资金的小幅度规模扩张，政府政策性扶持农村信用贷款担保资金机构发展引发了不少的社会问题。

首先，信用规模扩张资金有限，许多社会客观因素直接导致农村担保机构资金的规模扩张信用功能根本无法正常充分发挥。其次，担保资金贷款主体规模较小。由于设立农村信用联合担保贷款机构需要着重行业风险的综合防控，因此大多数担保机构自身都有着严格的行业准入条件和贷款额度的要求限制，故由于贷款主体规模较小，导致担保资金流动规模小，无法有效满足广大农村中小企业与贫困农户的联合经营、灵活生产的服务需求。再次，担保机构业务产品种类单一。正是由于农村担保贷款资金市场规模偏小，担保业务覆盖面较窄，很多农村担保贷款机构仅限于对短期的流动资金直接提供抵押担保进行贷款融资业务，导致很多农村信用企业担保贷款机构的融资

业务相对单一，创新较少。最后，融资管理成本比较高。由于农村担保企业资金流动规模小，担保融资机构不断提高对这些担保融资对象的职业资格条件要求，来弥补其有限的经济代偿承担能力，而这些担保融资对象通常经过当地农村信用社或担保融资机构贷款进行抵押贷款，除了获得必须的支付利息费用以外，还要获得额外的再加上其他担保融资费用或者抵押保证金以及其他费用，从而最终导致这些融资费用成本偏高，有的甚至远远超过了自己的经济承受能力。

（二）缺乏有效的风险分散机制

为了不断提高针对农村中小企业以及贫困农户的财政资金信用贷款服务有效性和贷款便捷性，农村信用综合担保贷款机构应运而生。担保金融行业的次级担保服务对象通常是那些企业信用等级较差的大型农村中小企业或者集体个人，一般不易及时获得大型担保金融机构的信贷资金，故转而通过其他信用等级担保金融机构为其提供次级抵押贷款，信用发展环境欠佳，虽然这可能不会给一些农村中小企业及一些农村其他个体小工商户发展带来极大的方便和经济益处，但在另一个信用层面上无疑也使其承担了更大的金融风险。主要原因体现在以下几个主要方面：第一，担保服务对象的企业信用风险意识淡薄，信用等级水平较差，有些无法及时达到中国银行等商业金融机构的企业贷款抵押信用等级，当企业资金结构调整困难时，不少人愿意及时偿还抵押贷款，为农村信用抵押担保服务机构发展增添了潜在的财务风险。第二，目前由于我国许多农村中小企业对抵押资金的长期需求量不断急剧增大，为了更方便地长期获得抵押贷款资金支持，便通过隐瞒企业实情，通过非法伪造企业会计报表等多种方式进行骗取抵押担保，信用抵押担保服务机构在为其贷款进行抵押担保时由于这种信息不对称，就可能会出现逆向选择等问题。第三，农村中小企业主要作为没有农村信用抵押担保服务机构的特殊抵押信贷服务群体，具有企业规模小、技术相对落后、可以作用于长期获得抵押担保的贷款抵押物相对欠缺、市场主体竞争力相对不强的基本特征。在我国现代市场竞争机制下，农村中小企业面临倒闭或者破产的发生概率不断增大，一旦情况发生就难以有效规避经济损失，甚至可能会被迫清算企业破产。

（三）农村信用担保体系建设具有滞后性

首先，在一些社会经济不发达的农村区域，部分农村中小企业和贫困农户由于信用安全观念淡薄，往往在重大损失事故发生后才开始有所谓的觉悟，由于农村信用安全观念发展滞后所致而引发的严重的农村社会经济信用安全危机，给该区农村信用中介担保服务机构的正常经营发展带来了诸多安全隐患，制约了该区域农村信用中介担保服务机构的正常健康发展。其次，农村信用抵押担保中介机构信息设施基础建设进度滞后，农村信息网络设施与农村信息基础工程不配套，科技上的投入与日益扩大的信用担保业务需求不相适应，作为第三方的农村信用抵押担保中介机构，虽然已经可以为农村贷款融资企业和受保农户提供信用担保，但从目前实际情况上来看，农村信用抵押担保中介机构往往缺乏一定资金可以进行自身基础建设与设施改造，甚至不能正常经营运转，严重影响信用担保的服务质量和工作效率。

（四）政府监管职责不明确，行业有待规范

我国目前国际监管金融机构缺位担保现象严重，尚未建立较为完善的国际担保金融监管自律法规以及政策监管体系，同时监管机构过多，许多国际信用好的担保金融机构由于代偿担保能力低，很难真正获得担保债权人普遍认可，加大了整个担保行业的金融风险综合控制实施阻力。[①] 农村信用贷款担保业务市场的有序、健康、持续蓬勃发展必然受到一种严重威胁，很多与农村金融机构缺乏合作无法开展农村贷款抵押担保中介业务的大型农村信用贷款担保业务机构自身也无法从事农村资金担保业务，一定程度上影响了农村信用贷款担保业务行业社会信誉，影响正常的农村金融市场秩序，甚至可能会直接引发其他金融风险。此外，农村信用社的担保中介机构的正常运作明显受到地方政府的直接影响，一方面，农村信用社的担保中介机构大多数都是由地方政府部门出资或者支持组建，政府部门扮演着市场审批人、出资人或者市场监管者的重要角色。另一方面，政府部门通过审批等多种方式干预农村担保中介机构的成立，以及影响担保机构业务的正常运行，相当于把农村信用社的担保机构资金直接转变成为支持农村中小企业的财政救济金，担保机构资金的安全效益受到

① 参见李卫荣：《关于在创新变革中增加农村信贷供给的思考》，载《现代营销（经营版）》2019年第10期。

威胁。在住房担保贷款业务中，作为政府宏观调控管理主体的地方政府部门，一方面必须要切实肩负承担起政府宏观调控的管理重任，另一方面又不能直接依赖干预或者过分依赖干预，如何准确把握这一管理尺度已经成为目前我们需要研究解决的首要管理问题。

四、支持我国农村信贷担保的财政支持对策思考

（一）建立农村公共服务信用数据共享平台

参照目前中国人民银行国家征信数据中心的平台运行管理模式，数据中心平台对国家征信信息服务重点采目采取分期收费信息服务，以实行保本保息为主的原则，并及时报省级金融发展与深化改革指导委员会批准备案。平台架设建立之初，需要数据搜集和协调整合各政府部门相关信息技术资源，而征信服务体系基础建设涉及众多中小企业和多个地方政府部门，是一个系统工程，资金建设需求量巨大，因此目前应考虑由省、市、县三级政府部门共同建立数据搜集平台，专门投资用于征信平台相关数据的搜集整合。① 涉农企业金融机构一般要按照信用数据报送接口完整、准确、规范的基本原则及时地组织报送有关农村集体经济经营主体的基本信用服务信息；省级农业、林业等省直辖市有关农业部门要根据所属部门农用信息服务系统基础建设的实际开展情况，督促这些数据集中的企业下属单位，报送有关农村集体经济经营主体的基本使用信息，如荣誉、警示、产权、评价等使用信息。乡、镇人民财政应当配合应对农村征信服务体系的完善建设采取措施。乡镇财政投入资金有限，但仍然具有高于基层人民政府的统筹组织、协调能力优势。财政部门应积极联合乡村农信社、农村信用贷款担保社等机构共同组织培养一批农村信用征信服务相关专业人员，使其队伍能够充分适应我国农村征信服务体系的发展需要，更好地参与开展征信工作。乡镇财政还提出应积极配合上级政府部门搞好乡镇征信体系建设项目宣传教育工作，运用少量社会资金进行印制和宣传单和张贴宣传征信标语，促进乡镇征信服务体系的逐步建立与不断完善。

---

① 参见张劲阳:《非对称信息对农村信贷的影响研究》，载《淮海工学院学报（人文社会科学版）》2019 年第 5 期。

（二）构建农村信用担保的财政监督机制

财政产业扶持资金工作必须始终坚持决策法制化、透明化，遵循社会公开、公平、公正基本原则。一是建立完善担保相关自律法规规章制度，规范各类担保服务机构市场准入与企业退出；二是地方政府对各类担保机构业务的直接参与管理行为等也要及时得到严格化的监督管理约束。在中央政府实行全额直接出资或地方政府实行控股制的情况下，政府也可以只需自行制定重大担保经营管理政策、经营管理方针，进行外部的财务监督指导管理，不宜直接干预具体的担保经营代理业务，从而可以保证商业担保代理机构本身具有完全足够的经营独立性，实行自主经营，实现整体商业化规范运作。三是对融资担保中介机构的融资业务及经营财务监督监管要落实到位，不仅是要建立企业行为风险约束引导机制，而且还要加快确立有效的行业利益驱动引导机制，实行行业全方位财务监管。行业内部协会组织作为一个行业内部自律性强的组织，是重要的行业内部监督指导力量。保险公司也被许可通过申请成立保险担保服务机构保险行业协会方式进行自律监督服务管理，各类协会相关的保险担保服务机构必须积极加入本市和地区的担保行业自律协会，加强担保行业内部组织协作与协会自律，并逐步培育、发挥各级担保机构协会的自律服务管理功能，形成适合担保机构行业的协会自律管理机制和自我保护服务平台。

（三）构建合理的信用奖惩考核机制

在企业信用体系建设发展过程中，合理的信用奖惩考核机制建设是有效规范市场经济秩序的重要基本保障。在一些发达国家的企业征信金融服务中，通常需要结合法律立法与市场监管，尽快形成有效的征信惩罚警示机制，适当性地惩罚不守信的企业个人和征信企业，即使这些个人和征信企业濒临破产或被迫停业，这些新的惩罚、警示也不会暂时消失，一定程度上大大减少了征信经济犯罪，使征信市场竞争环境能够得到有效净化。我国的新型农村征信管理体系优化建设也必然需要我们建立一套科学合理的征信奖惩激励制度。一方面，重点鼓励支持守信的乡村农户、企业，在信贷同等条件下分别给予企业贷款条件优先、优惠，简化贷款手续以及办理相关程序，激励支持更多的乡村农户企业加入守信企业队伍，提高使用农村金融信贷资产的服务质量和信用安全性，实现农村金融机构的健康可持续发展。另一方面，惩戒规范失信违约行为，对债务违约企业个人和失信企业应当进行定期信息通报、公开信息曝光，加强违约惩罚处理力度，制定更为严厉的债务赔偿和违约惩罚处理规则，提高违约失信者的债务违约赔偿成本。同时还要成立企业信用惩罚奖惩奖励基金，规定信用惩罚金的具体收纳及信用奖励金的花费，保障信用奖惩制度的切实落实。政府职能主管部门在财税政策上一定要与之始终保持一致，保护国有银行业的债权，严格依法禁止涉嫌逃废税的金融机构债务违法行为，做出守信用的表率。

农村承包土地经营权抵押贷款制度研究

顾　烨[*]

摘　要 ▶ 党的十九大报告提出完善承包地“三权”分置制度和国务院《推进普惠金融发展规划（2016—2020年）》为深化农村承包土地经营权抵押贷款制度改革提供了思想指引和内在动力。借着改革东风，土地经营权抵押制度可以大大激发农业生产要素活力，调动各类市场主体经营农业的积极性。本文从土地经营权的制度架构、运作模式、抵押效力和风险控制等方面，为破解“农民贷款难”问题拓展了途径。

关键词 ▶ 土地经营权　抵押　制度架构　运作模式　风险控制

中国共产党第十九次全国代表大会上的报告提出“巩固和完善农村基本经营制度，深化农村土地制度改革，完善承包地‘三权’分置制度。保持土地承包关系稳定并长久不变，第二轮土地承包到期后再延长三十年”。国务院《推进普惠金融发展规划（2016—2020年）》提出“对土地经营权等财产权益，积极开展确权、登记、颁证、流转等方面的规章制度建设”。这一习近平新时代中国特色社会主义思想为深化农村产权制度改革提供了思想指引和内在动力。农村承包土地经营权抵押贷款试点是党的十八届三中全会确定的重点改革任务。自2015年8月24日国务院发布《关于开展农村承包土地的经营权和农民住房财产权抵押贷款试点的指导意见》，正式启动试点工作以来，试点工作取得积极成效，经全国人大常委会授权批准并延长期限，原计划于2017年底前完成的试点延期1年至2018年12月31日。与此同时，截至2017年11月，全国农村承包地确权面积达11.1亿亩，占二轮家庭承包耕地账面面积的82%，

*　作者单位：江苏省南京市雨花台区人民检察院。

农村土地确权登记颁证工作2018年底全面完成。[①]借着改革的东风，土地经营权抵押制度试点一旦获得成功得以推广，将覆盖59%的国土面积（2016年末，全国耕地、林地、牧草地面积为562355千公顷）[②]，惠及全国23%的人口（2016年末，全国农业生产经营人员31422万人[③]，全国总人口138271万人[④]）。这一落实乡村振兴战略、满足乡村振兴多样化金融需求的重要举措将大大激发农业生产要素活力，调动各类市场主体经营农业的积极性，广大农民将得以及时获取价格合理、便捷安全的金融服务。

一、土地经营权抵押的制度架构

（一）政策法规分析

自党的十八届三中全会以来，全国人大常委会、国务院以及中国人民银行、农业部、财政部等部门出台了与农村承包土地的经营权抵押制度相关的一系列规范性文件。从制度供给的角度来看，鉴于农村土地承包经营制度事关农业发展、农村稳定和农民利益，其发展演进遵循政策先于法律运行的一般规律，因此有必要对现行政策进行相关梳理，从而理解土地经营权抵押制度逐步推进的政策法规基础。

1.《中共中央关于全面深化改革若干重大问题的决定》赋予承包经营权抵押、担保权能。2013年11月，中共十八届三中全会通过《中共中央关于全面深化改革若干重大问题的决定》，明确规定“稳定农村土地承包关系并保持长久不变，在坚持和完善最严格的耕地保护制度前提下，赋予农民对承包地占

---

① 参见《全国8成以上农村承包地完成确权颁证工作》，载新华网，http://www.xinhuanet.com/politics/2017-11/29/c_1122031504.htm，2017年11月29日。

② 根据《物权法》第124条规定，农民集体所有和国家所有由农民集体使用的耕地、林地、草地以及其他用于农业的土地，依法实行土地承包经营制度。《第三次全国农业普查主要数据公报》显示，2016年末全国耕地面积134921千公顷，实际经营的林地面积（不含未纳入生态公益林补偿面积的生态林防护林）203046千公顷，实际经营的牧草地（草场）面积224388千公顷。全国耕地、林地、牧草地面积为562355千公顷，占960万平方公里国土面积的59%。

③ 参见《第三次全国农业普查主要数据公报（第一号）》，载国家统计局网站，http://www.stats.gov.cn/tjsj/tjgb/nypcgb/qgnypcgb/201712/t20171214_1562740.html，2017年12月14日。

④ 参见《中华人民共和国2016年国民经济和社会发展统计公报》，载国家统计局网站，http://www.stats.gov.cn/tjsj/zxfb/201702/t20170228_1467424.html，2017年2月28日。

有、使用、收益、流转及承包经营权抵押、担保权能，允许农民以承包经营权入股发展农业产业化经营。鼓励承包经营权在公开市场上向专业大户、家庭农场、农民合作社、农业企业流转，发展多种形式规模经营”。

2.《关于全面深化农村改革加快推进农业现代化的若干意见》提出“土地经营权”的概念。2014 年 1 月，中共中央、国务院印发《关于全面深化农村改革加快推进农业现代化的若干意见》，明确规定“在落实农村土地集体所有权的基础上，稳定农户承包权、放活土地经营权，允许承包土地的经营权向金融机构抵押融资”。

3.《国家新型城镇化规划（2014—2020 年）》将“全面完成农村土地确权登记颁证工作”纳入其中。2014 年 3 月，中共中央、国务院发布《国家新型城镇化规划（2014—2020 年）》，明确规定“推进农村土地管理制度改革。全面完成农村土地确权登记颁证工作，依法维护农民土地承包经营权。在坚持和完善最严格的耕地保护制度前提下，赋予农民对承包地占有、使用、收益、流转及承包经营权抵押、担保权能”。

4.《关于引导农村土地经营权有序流转发展农业适度规模经营的意见》提出“土地经营权抵押”的概念。2014 年 11 月，中共中央办公厅、国务院办公厅印发《关于引导农村土地经营权有序流转发展农业适度规模经营的意见》，明确规定“土地承包经营权确权登记原则上确权到户到地，在尊重农民意愿的前提下，也可以确权确股不确地。鼓励创新土地流转形式。鼓励承包农户依法采取转包、出租、互换、转让及入股等方式流转承包地。鼓励有条件的地方制定扶持政策，引导农户长期流转承包地并促进其转移就业。鼓励农民在自愿前提下采取互换并地方式解决承包地细碎化问题。在同等条件下，本集体经济组织成员享有土地流转优先权。以转让方式流转承包地的，原则上应在本集体经济组织成员之间进行，且需经发包方同意。以其他形式流转的，应当依法报发包方备案。抓紧研究探索集体所有权、农户承包权、土地经营权在土地流转中的相互权利关系和具体实现形式。按照全国统一安排，稳步推进土地经营权抵押、担保试点，研究制定统一规范的实施办法，探索建立抵押资产处置机制”。

5.《关于引导农村产权流转交易市场健康发展的意见》提出“应以县域为主”建设农村产权流转交易市场。2015 年 1 月，国务院办公厅印发《关于引导农村产权流转交易市场健康发展的意见》，明确规定“县、乡农村土地承包经营权和林权等流转服务平台，是现阶段农村产权流转交易市场的主要形式和重要组成部分。现阶段市场建设应以县域为主。确有需要的地方，可以设立覆盖地（市）乃至省（区、市）地域范围的市场，承担更大范围的信息整合发布和大额流转交易”。该文件提出，法律没有限制的品种均可以入市流转交易。现阶段的交易品种主要包括农户承包土地经营权（以家庭承包方式承包的耕地、草地、养殖水面等经营权，可以采取出租、入股等方式流转交易）、林权、“四荒”使用权、农村集体经营性资产、农业生产设施设备、小型水利设施使用权、农业类知识产权等八个门类。流转交易主体主要有农户、农民合作社、农村集体经济组织、涉农企业和其他投资者。除宅基地使用权、农民住房财产权、农户持有的集体资产股权外，流转交易的受让方原则上没有资格限制（外资企业和境外投资者按照有关法律和法规执行）。

6.《关于开展农村承包土地的经营权和农民住房财产权抵押贷款试点的指导意见》正式启动试点工作并规定抵押权效力。2015 年 8 月，国务院印发《关于开展农村承包土地的经营权和农民住房财产权抵押贷款试点的指导意见》，正式启动试点工作。明确规定“流转土地的经营权抵押需经承包农户同意，抵押仅限于流转期内的收益”，并规定“全部试点工作于 2017 年底前完成”。

7.《关于授权国务院在北京市大兴区等 232 个试点县（市、区）、天津市蓟县等 59 个试点县（市、区）行政区域分别暂时调整实施有关法律规定的决定》对试点地区进行了法律授权。2015 年 12 月，第十二届全国人民代表大会常务委员会第十八次会议通过《关于授权国务院在北京市大兴区等 232 个试点县（市、区）、天津市蓟县等 59 个试点县（市、区）行政区域分别暂时调整实施有关法律规定的决定》，对试点地区进行了法律授权。该决定自 2015 年 12 月 28 日起施行，在 2017 年 12 月 31 日前试行。

8.《农村承包土地的经营权抵押贷款试点暂行办法》规定申请土地经营权抵押贷款的条件。2016 年 3 月，中国人民银行、中国银行业监督管理委员会、中国保险监督管理委员会、财政部、农业部印发《农村承包土地的经营权抵押贷款试点暂行办法》，明确规定，在试点地区，“符合本办法第六条、第七条规定条件、通过家庭承包方式依法取得土地承包经营权和通过合法流转方式获得承包土地的经营权的农户及农业经营主体，均可按程序向银行业金融机构申请农村承包土地的经营权抵押贷款”。

9.《农村土地经营权流转交易市场运行规范（试行）》明确土地经营权抵押登记主体。2016 年 7 月，农业部印发《农村土地经营权流转交易市场运行规范（试行）》，明确规定“农村土地经营权流转交易市场的交易品种包括：（一）家庭承包方式取得的土地经营权；（二）其他承包方式取得的土地经营权；（三）集体经济组织未发包的土地经营权；（四）其他依法可流转交易的土地经营权。农村集体经济组织、承包农户、家庭农场、专业大户、农民专业合作社、农业企业等各类农业经营主体，以及具备农业生产经营能力的其他组织或个人均可以依法在农村土地经营权流转交易市场进行交易。经有权机关授权，农村土地经营权流转交易市场可以开展土地经营权抵押登记”。

10.《关于延长授权国务院在北京市大兴区等二百三十二个试点县（市、区）、天津市蓟州区等五十九个试点县（市、区）行政区域分别暂时调整实施有关法律规定期限的决定》规定延长试点期限。2017 年 12 月，第十二届全国人民代表大会常务委员会第三十一次会议通过《关于延长授权国务院在北京市大兴区等二百三十二个试点县（市、区）、天津市蓟州区等五十九个试点县（市、区）行政区域分别暂时调整实施有关法律规定期限的决定》，明确农村承包土地的经营权和农民住房财产权抵押贷款试点期限延长 1 年至 2018 年 12 月 31 日。

（二）土地经营权的内涵

深化农村土地制度改革，将土地承包经营权分为承包权和经营权，实行所有权、承包权、经营权分置并行，着力推进农业现代化，是继家庭联产承包责任制后农村改革又一重大制度创新。“三权分置”是农村基本经营制度的自我完善，符合生产关系适应生产力发展的客观规律，展现了农村基本经营制度的持久活力，有利于明晰土地产权关系，更好地维护农民集体、承包农户、经营主体的权益；有利于促进土地资源合理利用，构建新型农业经营体系，发展多种形式适度规模经营，提高土地产出率、劳动生产率和资源利用率，推动现代农业发展。

把握土地经营权的内涵，首要前提是明确界定土地所有权、承包权、经营权的权利边界，以利于各项权能独立行权。

农村土地集体所有权是承包权和经营权的基础和本位。农村土地农民集体所有，是农村基本经营制度的根本，必须得到充分体现和保障，不能虚置。土地集体所有权人对集体土地依法享有占有、使用、收益和处分的权利。农民集体是土地集体所有权的权利主体，在完善“三权分置”办法过程中，要充分维护农民集体对承包地发包、调整、监督、收回等各项权能，发挥土地集体所有的优势和作用。农民集体有权依法发包集体土地，任何组织和个人不得非法干预；有权因自然灾害严重毁损等特殊情形依法调整承包地；有权对承包农户和经营主体使用承包地进行监督，并采取措施防止和纠正长期抛荒、毁损土地、非法改变土地用途等行为。承包农户转让土地承包权的，应在本集体经济组织内进行，并经农民集体同意；流转土地经营权的，须向农民集体书面备案。集体土地被征收的，农民集体有权就征地补偿安置方案等提出意见并依法获得补偿。通过建立健全集体经济组织民主议事机制，切实保障集体成员的知情权、决策权、监督权，确保农民集体有效行使集体土地所有权，防止少数人私相授受、谋取私利。

农户承包权的核心是财产权。农户享有土地承包权是农村基本经营制度的基础，要稳定现有土地承包关系并保持长久不变。土地承包权人对承包土地依法享有占有、使用和收益的权利。农村集体土地由作为本集体经济组织成员的农民家庭承包，不论经营权如何流转，集体土地承包权都属于农民家庭。任何组织和个人都不能取代农民家庭的土地承包地位，都不能非法剥夺和限制农户的土地承包权。在完善“三权分置”办法过程中，要充分维护承包农户使用、流转、抵押、退出承包地等各项权能。承包农户有权占有、使用承包地，依法依规建设必要的农业生产、附属、配套设施，自主组织生产经营和处置产品并获得收益；有权通过转让、互换、出租（转包）、入股或其他方式流转承包地并获得收益，任何组织和个人不得强迫或限制其流转土地；有权依法依规就承包土地经营权设定抵押、自愿有偿退出承包地，具备条件的可以因保护承包地获得相关补贴。承包土地被征收的，承包农户有权依法获得相应补偿，符合条件的有权获得社会保障费用等。不得违法调整农户承包地，不得以退出土地承包权作为农民进城落户的条件。

土地经营权是土地作为农业生产要素功能的直接体现。赋予经营主体更有保障的土地经营权，是完善农村基本经营制度的关键。土地经营权人对流转土地依法享有在一定期限内占有、耕作并取得相应收益的权利。在依法保护集体所有权和农户承包权的前提下，平等保护经营主体依流转合同取得的土地经营权，保障其有稳定的经营预期。在完善“三权分置”办法过程中，要依法维护经营主体从事农业生产所需的各项权利，使土地资源得到更有效合理的利用。经营主体有权使用流转土地自主从事农业生产经营并获得相应收益，经承包农户同意，可依法依规改良土壤、提升地力，建设农业生产、附属、配套设施，并依照流转合同约定获得合理补偿；有权在流转合同到期后按照同等条件优先续租承包土地。经营主体再流转土地经营权或依法依规设定抵押，须经承包农户或其委托代理人书面同意，并向农民集体书面备案。流转土地被征收的，地上附着物及青苗补偿费应按照流转合同约定确定其归属。承包农户流转出土地经营权的，不应妨碍经营主体行使合法权利。加强对土地经营权的保护，引导土地经营权流向种田能手和新型经营主体。支持新型经营主体提升地力、改善农业生产条件、依法依规开展土地经营权抵押融资。鼓励采用土地股份合作、土地托管、代耕代种等多种经营方式，探索更多放活土地经营权的有效途径。

二、土地经营权抵押的运作模式

第三次全国农业普查主要数据公报[①]显示，2016年末全国共有20743万农业经营户，其中规模农业经营户398万户。全国农业经营单位204万个，其中农业普查登记的以农业生产经营或服务为主的农民合作社91万个。在实践中，不同的农业经营主体会采用不同的模式进行土地经营权抵押。

（一）“农户－银行”模式

该模式直接以土地经营权为标的设立抵押。在操作上较为简单，中间环节较少，融资成本较低。根据《农村承包土地的经营权抵押贷款试点暂行办法》，通过家庭承包方式取得土地承包经营权的农户以其获得的土地经营权作抵押申请贷款的，应同时符合以下条件：（1）具有完全民事行为能力，无不良信用记录；（2）用于抵押的承包土地没有权属争议；（3）依法拥有县级以上人民政府或政府相关主管部门颁发的土地承包经营权证；（4）承包方已明确告知发包方承包土地的抵押事宜。

（二）“农户－农业经营主体－银行”模式

该模式基于“鼓励承包农户依法采取出租方式流转承包地”“鼓励承包经营权在公开市场上向专业大户、家庭农场、农民合作社、农业企业流转，发展多种形式规模经营”的政策。根据《农村承包土地的经营权抵押贷款试点暂行

① 参见《第三次全国农业普查主要数据公报（第一号）》，载国家统计局网站，http://www.stats.gov.cn/tjsj/tjgb/nypcgb/qgnypcgb/201712/t20171214_1562740.html，2017年12月14日。

办法》，通过合法流转方式获得承包土地的经营权的农业经营主体申请贷款的，应同时符合以下条件：(1)具备农业生产经营管理能力，无不良信用记录；(2)用于抵押的承包土地没有权属争议；(3)已经与承包方或者经承包方书面委托的组织或个人签订了合法有效的经营权流转合同，或依流转合同取得了土地经营权权属确认证明，并已按合同约定方式支付了土地租金；(4)承包方同意承包土地的经营权可用于抵押及合法再流转；(5)承包方已明确告知发包方承包土地的抵押事宜。

(三)"农户－担保机构－银行"模式

该模式基于"鼓励承包农户依法采取转让方式流转承包地"的政策，将土地经营权转让给担保机构，由担保机构为农民贷款提供连带责任保证担保。该模式主要特点是规避了物权法、担保法对于农村土地承包经营权抵押的法律限制。由担保机构为农民提供担保，农民以土地经营权向担保机构提供反担保。土地经营权不是作为担保物，而是作为反担保物。

在实践中，担保机构主要有三种：一是由政府出资组建担保机构；二是商业性担保公司；三是农村互助性合作经济组织或者农村集体经济组织。以农村互助性合作经济组织为例，由农户以土地经营权加入农村互助性合作经济组织，由农村互助性合作经济组织筹资成立偿债基金，若农户贷款到期无法偿还，土地经营权便转给代其还款的其他村民或者农村互助性合作经济组织，再以出租或转包的形式流转贷款农户的土地承包经营权，所得收益用于弥补其所偿还款项。如果贷款农户事后还清贷款，仍可重新获得土地经营权。这种方式以农村互助性合作经济组织为运作中介，以农村熟人社会为运作基础，以信任互助和民主监督为运作纽带。

(四)"农民－土地银行－银行"模式

该模式下，农民将土地经营权"存"入"土地银行"，由"土地银行"向存地农民支付"土地流转费"(利息)，"土地银行"再把土地经营权"贷"给农业大户或农业企业，并收取"土地流转费"(利息)。农业大户或农业企业如果暂时不能支付部分"土地流转费"，则由土地银行向银行贷款以垫付应向存地农民支付的"土地流转费"。

（五）“农民入股 – 农业公司或农民专业合作社 – 银行”模式

该模式下，农民将土地经营权作价入股，折成股份，组成农业公司或农民专业合作社。农业公司或农民专业合作社成为土地经营权的继受主体，在向银行贷款时，以股权或土地经营权作为担保。实践中，为了规避风险，贷款银行会要求农业公司和入股股东或者农民专业合作社和入社农民共同作为贷款人，使农业公司和入股股东或者农民专业合作社和入社农民之间互为连带关系。

土地经营权入股载体有多种形式，包括土地经营权入股的企业、合作社。可以是农民以土地经营权直接入股企业，或者先入股到合作社、合作社再入股企业，也可以是农民以土地经营权、企业和个人以其他要素入股到合作社。

在实践中，土地经营权融资主要有以下几种形式：一是以土地经营权入股成立农民专业合作社，农民专业合作社用汇集起来的土地经营权作为抵押；二是农户以土地经营权作为股份成立公司，公司以其股权作为抵押；三是农民专业合作社成员或者公司股东以自身土地经营权形成的股权作为抵押。

三、土地经营权抵押在司法实践中的效力分析

（一）对“农户 – 银行”模式的认可

1. 符合国家政策，抵押有效

哈尔滨市阿城区人民法院在（2017）黑 0112 民初 1190 号、（2017）黑 0112 民初 1195 号裁判文书中认为，农户与哈尔滨市阿城区农村信用合作联社 2015 年“签订的承包土地经营权抵押合同，符合国家关于农村土地承包经营权的相关政策规定，应受保护”，判决哈尔滨市阿城区农村信用合作联社对农户已抵押的承包土地经营权流转或者流转收益享有优先权。[①] 宜城市人民法院在（2017）鄂 0684 民初 1588 号裁判文书中认为，农户与中国农业银行股份有限公司宜城市支行 2013 年签订《农户贷款借款合同》并办理《农村土地承包经营权他项权利证书》，“内容不违反法律规定，属有效合同”，判决中国农业银行股份有限公司宜城市支行对农户提供抵押的农村土地承包经营权享

① 哈尔滨市阿城区不是《关于授权国务院在北京市大兴区等 232 个试点县（市、区）、天津市蓟县等 59 个试点县（市、区）行政区域分别暂时调整实施有关法律规定的决定》确定的试点地区，涉案合同签约时间在试点之前。

有优先受偿权。①

2. 已经登记，抵押有效

襄阳市襄城区人民法院在（2017）鄂0602民初字1934号裁判文书中认为，农户与中国农业银行股份有限公司襄阳襄城支行2014年“签订的《农户贷款借款合同》就担保方式进行了约定，且农户提供担保的农村土地承包经营权在相关部门办理了抵押登记，抵押权自登记时即依法设立”，判决中国农业银行股份有限公司襄阳襄城支行有权对农户的农村土地承包经营权折价或拍卖、变卖价款分别在债权范围内优先受偿。②

（二）对“农户 – 担保机构 – 银行”模式的认可

梨树县人民法院在（2017）吉0322民初828号裁判文书中认为，2012年农户与金融机构签订借款合同，并与梨树县物权融资农业发展有限责任公司签订土地承包经营权转让合同，并作了变更登记，故梨树县物权融资农业发展有限责任公司向金融机构作出担保承诺，在农户应履行清偿义务而未履行时，梨树县物权融资农业发展有限责任公司在承担担保责任后，有权要求农户交付土地。③

目前尚未收集到与其他模式有关的司法判例。

四、土地经营权抵押的风险控制

（一）完善农业保险体系

根据2015年8月国务院印发《关于开展农村承包土地的经营权和农民住房财产权抵押贷款试点的指导意见》，“抵押仅限于流转期内的收益”。由于自

① 宜城市不是《关于授权国务院在北京市大兴区等232个试点县（市、区）、天津市蓟县等59个试点县（市、区）行政区域分别暂时调整实施有关法律规定的决定》确定的试点地区，涉案合同签约时间、抵押登记时间在试点之前。

② 襄阳市襄城区不是《关于授权国务院在北京市大兴区等232个试点县（市、区）、天津市蓟县等59个试点县（市、区）行政区域分别暂时调整实施有关法律规定的决定》确定的试点地区，涉案合同签约时间、抵押登记时间在试点之前。

③ 梨树县是《关于授权国务院在北京市大兴区等232个试点县（市、区）、天津市蓟县等59个试点县（市、区）行政区域分别暂时调整实施有关法律规定的决定》确定的试点地区，涉案合同签约时间、土地承包经营权变更登记时间在试点之前。

然灾害对农业生产影响很大，一旦受灾，流转期内的收益有限，农户可能无力偿还贷款，鉴于"抵押仅限于流转期内的收益"，对于金融机构而言，受灾农作物不容易变现，很难处置，甚至是一种负担。根据《农业保险条例》，国家建立财政支持的农业保险大灾风险分散机制，实行政府引导、市场运作、自主自愿、协同推进的原则。每年由中央、省、地方和农户按照一定比例来分摊保费，农户交很少的保费就可以获得基本保障。当前水稻、玉米、油菜等种植业以及养殖业都有政策性保险覆盖。但是目前政策性品种的保障金额尚无法满足农业需求，仍然需要商业保险进行补充，从而提高农民的风险承受能力。通过建立健全农业保险体系，可以促进农业生产发展和农民生活安定，真正发挥支农惠农作用。近年来，现代农业生产中大规模使用大型生产资料或高科技装备，需要大量外部贷款资金的投入。财产保险、信用保险可以有效地发挥风险分担功能。例如，政府、金融机构、保险机构可以通过三方合作，为有真实生产资金需求、良好信用记录及发展前景的借款人提供保险进行信用增级，当贷款逾期未还时，由政府、金融机构、保险机构三方分担责任。

（二）设立风险补偿基金

由地方政府财政出资设立土地经营权抵押贷款风险补偿专项资金，对金融机构开展此类贷款而产生的损失按比例予以补偿。例如在常州市武进区，为了让银行放心放贷，区财政设立风险基金，如果发生到期不还的贷款，到期1个月后发出预警，由风险基金先行向银行垫付占贷款额60%的资金，银行收回贷款后则归还垫付的资金。江苏省泗洪县政府印发《农村承包土地的经营权抵押贷款风险补偿基金管理办法（试行）》，对金融机构因发放农村承包土地的经营权和农民住房财产权抵押贷款而形成的净损失给予40%的风险补偿。江苏汇隆投资担保集团有限公司向泗洪县财政局申请的农村承包土地的经营权抵押贷款损失补偿金60万元获批，成为该县第一笔农村承包土地的经营权抵押贷款出现净损失后发放的风险补偿资金。

（三）给予财政资金奖励

山东省寿光市人民政府印发《加快农村金融改革发展的政策措施》，建立政府奖励机制。金融机构开展承包土地经营权抵押借款业务，市财政按年均新增承包土地经营权抵押借款额的1.5%给予风险补偿奖励。

（四）设立政策性担保公司

江苏省农业信贷担保公司于 2017 年 3 月起进入实质性运营，该公司建立政银担风险分担机制，按照“政府推荐、农担增信、银行放贷、风险共担”模式经营，遵循政银担 2∶2∶6 风险分担原则；由地方政府设立风险补偿资金，并委托该公司统一管理专项用于风险代偿，江苏农担公司根据风险补偿专项资金按 1∶20 规模放大给予授信；贷款实行基准优惠利率，利率上浮比例目前为最高不超过 10%，担保费率不超过 1%；免缴保证金，且不向借款主体收取任何费用；贷款逾期不收取罚息和滞纳金。

我国绿色债券发行的法律问题研究

方朝阳　王成英*

摘　要 ▶ 经济的发展带来了社会的快速发展，也带来了严重的环境问题。为了实现经济、社会、环境的协同发展，绿色债券应运而生并迅速发展。但是我国绿色债券还存在较多的问题，在发行方面主要表现为监管依据不足、监管模式不力、监管内容不明等问题。鉴于此，笔者认为应该完善绿色债券发行监管法律体系、建立有效监管模式、明确绿色债券监管内容。

关键词 ▶ 债券　绿色债券　发行

一、我国绿色债券概述

（一）基本概念

经济的快速发展极大地满足了人民日益增长的物质需求，同时也带来了严重的环境问题，突出表现为日益严重的空气污染、水污染、噪音污染等问题。近年来京津冀地区严重的雾霾、各地频发的环境污染和环境破坏事件为人们敲响了警钟，环境保护势在必行。长期以来，我国的产业结构、能源结构还有交通结构都呈现出高污染的特征。习近平总书记强调，要像爱护我们的眼睛一样呵护脆弱的生态；要像对待自己的生命一样，保护珍贵的环境。要想解决好环境与经济的问题，必须大力推进供给侧结构性改革，必须大力扶持绿色项目，淘汰落后产能，促进结构调整。在此大背景下，我国的绿色经济蓬勃发展，绿色债券作为其中的重要组成部分，极大地推动了经济和环境的协同发展。

---

* 作者单位：江苏省无锡市高新技术产业开发区人民法院。

绿色债券是绿色金融的一种新兴衍生产品，是指募集资金投向符合规定条件的绿色产业项目的一种债券产品。作为绿色金融的重要组成部分，绿色债券的特点尤为明显：绿色环保、期限长、融资成本低，因此受到了国内外市场的一致追捧。资金是绿色金融发展的最大瓶颈，政府投资是其最重要也是最主要的来源，其他资金来源明显不足。为了拓宽绿色金融的投资渠道，吸纳更多的社会资金，绿色债券应运而生。我国绿色债券的含义主要见于《绿色债券发行指引》和《绿色债券支持目录》中。《绿色债券发行指引》对绿色债券的定义为：为筹集资金主要用于扶持节能减排技术改造、绿色城镇化、能源清洁高效运用、新能源开发利用、循环经济发展、水资源节约和非常规水资源开发利用、污染防治、生态农林业、节能环保企业等绿色循环低碳发展项目的债券。《绿色债券支持目录》较为详细地列举了属于绿色债券扶持的六大项目。

（二）基本现状

绿色债券在我国起步较晚。早在2007年，欧洲就发行了世界上第一只绿色债券，并在全球迅速发展成为重要的融资工具。我国绿色债券起步较晚，直到2014年中广核风电发行我国的第一只碳债券，由此我国才开始进入绿色债券市场。近年来，绿色债券发展势头强劲，政策上的绿灯引导绿色债券快速发展。据统计，2017年，我国绿色债券发行总量达到了2486亿人民币，占全球发行量的22%。在绿色债券迅猛发展的同时，我们需要看到绿色债券作为债券市场的新兴金融衍生品，长期以来并没有专门性的法律对其进行有针对性的规范，而是参考对绿色证券的监管，在一定程度上直接移植对绿色债券的监管。

目前我国针对绿色债券进行监管的法律和政策性文件主要有以下四部：一是《中华人民共和国证券法》。绿色债券的本质是债券，证券法作为整个债券体系的基本法律，理所当然的对绿色债券起着绝对的规范作用，债券发行的基本原则、发行的条件以及监管等都需要遵循证券法。尤其是2014年证券法第三次修改后，具体规定了债券发行的具体规定，为绿色债券发行监管奠定了基础，同时确定全面监管的基调，细化法律责任。二是《公司债券发行与交易管理办法》。该管理办法细化了债券的发行监管，明确需要从发行主体、债券种类及评级、发行方式等方面进行监管，为绿色债券发行提供了明确的法律依据。三是《绿色债券发行指引》，该指引细化了绿色债券的发行要求，明确限定了绿色债券的发行领域，同时提出需要引入第三方认证机构出具“第二意见书”来认定绿色债券属性。四是《关于构建绿色金融体系的指导意见》，作为G20 峰会的产物，该意见从监管标准、监管业务指导以及环境信息披露等方面提出了更为明确切实的要求，以法律的形式规定了绿色债券的发行监管。

目前，对绿色债券的监管采取多头 - 分业监管的模式，细分为政府监管、交易所监管和协会自律监管三个层次。由中国人民银行、证监会、银监会组成的政府监管进行集中监管，由中国金融期货交易所、深圳证券交易所、上海证券交易所等进行一线监管，由银行间交易商协会、期货业协会等行业组织进行自律监管。

二、绿色债券发行监督法律制度存在的问题

在构建中国特色社会主义市场经济的新征程中，绿色债券必不可少，甚至关乎十三五规划、一带一路倡议等的实施与部署。因此对于绿色债券的发行监督应该坚持审慎的态度，对其实施全方位无死角的监管，但是目前针对这一新兴事物的监管明显捉襟见肘。

（一）监管依据不足

近年来针对绿色债券发行监管的立法已经提上日程且日益加快，目前已经有几部相关的法律法规规范出台。但是从总体而言，尚未建成统一的具有中国特色的绿色债券发行监管的法律体系。从具体条款而言，很多方面还或多或少存在一定的问题。

一是绿色债券的实体规范和程序规范的双缺失。从上文可知，目前针对绿色债券的发行监督主要是证券法以及其他几部规范。证券法作为一部较为抽象的基本法，只能给予一些原则性、宏观的规定。但是作为新兴事物的绿色债券，必然带有一些特殊性，宏观的指导面对微观的操作往往会捉襟见肘。此外，缺乏专门的绿色债券的监管法律规范，其他几部规范的位阶过低，执行力明显不足，远远不能满足实际监督的需要。同时这些规范也呈现出多政策性、指导性的特征，无论是对于业务实践还是学术研究，都只能给予一定的指导，缺少实际操作性和执行力。

二是程序法上的不足。要想对绿色债券进行全方位的监管，必须从发行阶段就开始着手，但是目前并没有针对发行程序进行专门规定，因此参考适用证券法的相关规定。为了提高行政效率，便民利民减少行政负累，证券法规定债

券的发行适用较为简单的规定，国务院根据发行人的申请进行审核并发布招募文件。但是绿色债券并不能当然地沿用一般债券的发行方式而忽视其本身的特殊性。绿色债券以其“绿色”为根本属性，其募集到的资金必须也只能用于保护和改善环境的相关项目，要想确保绿色债券的“绿色”属性，必须强化对债券发行的监管，尤其需要重视在发行前对债券的用途进行全面严格的监督，保证债券的透明化，符合债券发行的初衷。但是适用证券法的规定，只有上市公司才需要对资金用途进行监管，其他债券的发行只需监管部门进行审核。这就可能导致绿色债券的“绿色”目的不达，无法保证募集的资金真正使用于绿色项目。

（二）监管模式不力

从上文可知，目前我国针对绿色债券的监督适用的是多头－分业监管的模式，绿色债券市场主要分为发行市场和流通市场，两个市场的监督部门都是采用分业监督的方式。发行市场由中国人民银行、证监会、发改委等针对自己负责的方面进行监管，流通市场则由中国人民银行进行场外监管、证监会进行场内监管。从发行市场来看，多元主体监督、各自分工的同时也带来了诸多的问题：重复监督造成监督资源浪费、监管主体之间细化权责不明而互相推诿、监管空白等。同时由于各个主体之间的监管标准不一，因此多个监督主体往往各自为政，难以协调。

自律监督缺失。绿色债券的自律监督旨在于较好地弥补政府监督的不足，但是目前我国绿色债券的自律监督情况却不容乐观。自律监管机构受到行政因素的严重影响，不能应然地独立行使监管的权利。根据现在的规定，证券交易所任命一位中层以上的管理人员，必须经过证监会的审批，证交所应有的行业自律职能被极大地抑制和削弱。

（三）监督内容不明

对绿色债券进行监督需要对绿色债券的外延内涵进行详细说明和规定。从目前的规范来看，虽然都强调了要进行详明的范围界定，但是都尚处于探索的阶段，或者只是进行了相对原则性的规定，没有对绿色债券的定义做一个详细明确的界定。缺乏明确的界定必然导致后续的监督缺乏标准。绿色债券作为一个新兴产品，如果没有详明的定义规定，现实监督中就难以把绿色债券与“具有绿色属性"的债券分开，甚至很容易使之成为法外之地，出现"漂绿""洗绿"等不法现象，以此骗取国家对于绿色金融的政策优惠。

为了强化对绿色债券发行主体的监督，绿色债券的发行也必须严格遵守证券法规定的"公开、公正、公平"的原则，进行法定的强制的信息披露，将自身的财务状况、经营状况等向社会公众投资者进行公告。绿色债权发行的信息披露主要参考传统债券发行披露的相关规定，就体系而言相对完善，但是还存在一些法律问题：其一，信息披露不全面，不能满足法律的"完备性"要求，有意隐瞒关联交易、财务状况、环境因素等重要信息。其二，披露内容虚假不真实，出现财务会计等数据造假以及其他方面的造假情况。其三，信息披露拖延不及时，误导投资者引发不公平。

三、完善我国绿色债券发行监管的法律建议

改革开放后，高能耗、高污染的粗放式生产方式带来了我国经济的腾飞，同时也带来了环境的恶化。"十三五"规划以后，绿色债券经历了从无到有再到兴盛的过程。只有切实推进我国绿色债券发行监管体系的逐步完善，才能促进经济、环境、资源的协调发展。

（一）完善绿色债券发行监管法律体系

完善绿色债券发行监管法律体系，必须从实体法和程序法两个方面着手：实体法方面，应该始终坚持证券法作为基本法的规范，但是应该对证券法进行一定的修改。证券法的规范范围不能局限在经济产品，作为以政府治理环境身份示人的绿色债券也应在其规范范围之内，因此不仅应该在证券法的基本原则中加入治理环境的相关规定，同时在基本法律中也应加入或修改相关内容。另一方面应该尽快制定并出台《绿色债券监管条例》，提升执行力，弥补绿色债券监管法律体系的不足。在制定这一条例的过程中，要在坚持"公平、公开、公正"的基础上，重点把握"绿色原则"，确保绿色成为"绿色债券"的底色，确保每一份绿色债券都能用于绿色项目中。

完善绿色债券发行程序。为了防止"漂绿""洗绿"等问题的发生，不仅要在实体法上下功夫，更应进一步完善相关程序法。程序法上"发行前"和"发行后"两手抓，发行前重点程序性审核绿色债券项目和绿色资产，确保债券的绿色属性和足够的资金保障，促进绿色债权的健康发展。发行后重点建立

追踪系统，时时监管项目动态，要求债券定期汇报。

（二）建立有效监管模式

进一步统一债券发行的监管主体，改变多头监管的陈旧模式。从上文可知，目前的多头监管的模式并不能很好地起到监管的作用，制约能力不足、制约之后等问题不一而足，监管主体在一定程度上也呈现出混乱的状态。笔者认为，目前的监管体系和市场环境难以在短时间内改变，应该尽快建立协调机制。成立协调主管机构，致力于在各方之间求同存异，保证监管的统一顺利进行，尤其要保证各主体间标准的统一。同时建立相关的机制，如信息共享机制。

完善绿色债券发行的自律监管。行业协会的完善可以从以下方面进行：其一，自我完善。行业协会的自我完善是自律监管的基础。行业协会除应该具备通常的部门之外，针对绿色债券的特殊性还应该增设合规、审计、纠纷调解等职能部门。其二，进一步明确行业协会的法律独立地位，减少行政权力的不当干预。其三，其他法律保障，在《绿色债券监管条例》中单独一章规定绿色债券行业协会的监管内容、原则、保障、惩处等规定。

（三）明确绿色债券监管内容

明确监管的内容首先就要明确绿色债券的法律概念。如果绿色债权不能有一个科学明确的定义，那么对绿色债券的监管将无从谈起，在此情况下，笔者建议在制定《绿色债券监管条例》的时候，明确绿色债券的外延内涵，明确限定绿色债券的范围，将绿色债券和具有绿色属性的债券进行鲜明的区分，概念划分清晰。同时要细化范围，在目前绿色债券项目的划分上进一步进行细化明确。

进一步强化信息披露的监管，保证信息披露的公平、公正、充分、及时、透明。要严格贯彻证券法关于信息披露的原则与相关要求，严格按照法律要求的披露时间、披露内容、披露方式进行合规的信息披露工作。更要进一步完善绿色债券信息披露的制度要求。为了确保绿色债券的绿色属性，有必要将相关的环境信息也纳入披露的信息范围。同时，对“第三方认证机构”进行强制性规定，规定必须由有专业认证资质的第三方对项目的绿色属性进行认证，出具一份具有权威性的认证证明。这一份证明也应该纳入信息披露的范围。

作为致力于协调经济、社会、环境的新型金融产品，绿色债券的发行不仅能够满足投资者投资的需求，而且能够促进绿色行业的深入发展。为了进一步为绿色项目保驾护航，防止“漂绿”“洗绿”现象的发生，必须建立起一套完善的监管体系，在发行方面主要为完善绿色债券发行监管法律体系、建立有效监管模式、明确绿色债券监管内容。

我国私募股权投资基金监管法律问题研究

马　靖*

摘　要 ▶ 自私募基金登记备案制度开始实施起，我国私募股权投资基金步入了快速发展的轨道，同时也出现了监管依据的主要法律制度层级较低且不完善；私募基金备案仅为形式审查，缺乏有效的后续监管；信息披露机制不完善；私募股权投资基金相关专业人才稀缺；私募股权投资基金的项目投资退出监管薄弱；假借"私募股权投资基金"名义进行非法集资的监管难度大等法律问题。在统筹分析上述法律问题的基础上，笔者认为，应从提高立法层级，完善我国私募股权投资基金监管法律制度；建立私募基金管理人信用体系及相关制约机制；加强私募基金备案阶段的实质审查；完善信息披露机制；注重培养私募股权投资基金相关专业人才等角度完善我国私募股权投资基金监管法律制度。

关键词 ▶ 私募股权投资基金　监管体系　法律制度

自私募基金登记备案制度开始实施起，我国私募股权投资基金步入了快速发展的轨道，同时很多问题也逐步显现。本文笔者将从私募股权投资基金备案、募集资金、项目投资、投后管理、退出等环节统筹分析我国私募股权投资基金监管过程中存在的法律问题，并在此基础上对完善我国私募股权投资基金监管法律制度提出一些可行的建议。

---

* 作者单位：国浩律师（南京）事务所。

一、我国私募股权投资基金概述

（一）私募股权投资基金的概念

我国目前还没有正式出台关于私募股权投资基金的专门性法律法规，尚未有关于私募股权投资基金的明确定义。综合《私募投资基金管理暂行条例（征求意见稿）》[①] 等相关法律法规，笔者认为，私募股权投资基金系在中国境内依法设立的，基金管理人以非公开方式募集资金，并投资非上市公司股权或上市公司非公开交易股权的基金形式。

（二）私募股权投资基金的发展概况

根据中国证券投资基金业协会（以下简称“基金业协会”）公示的信息，截至2019年8月底，存续在基金业协会登记的私募股权、创业投资基金管理人14765家；存续在基金业协会备案的私募股权投资基金27877只，基金规模8.30万亿元；私募基金管理人员工总人数23.79万人。[②]

（三）完善私募股权投资基金监管的意义

私募股权投资基金监管目前已经成为我国中小型企业融资和高净值自然人投资的重要渠道，完善私募股权投资基金监管有利于保护投资者的合法权益，制约不法分子钻监管空子，促进私募股权投资基金相关业务健康有序发展，提升其市场竞争力，从而推进我国市场经济的进一步稳定和繁荣。

二、我国私募股权投资基金目前的主要监管法律制度

我国私募股权投资基金快速发展始于2014年《私募投资基金监督管理暂行办法》颁布后，起步较晚，相比于对应的私募证券基金，私募股权投资基金的相关监管法律制度体系还很不完善，我国尚未正式出台关于私募股权投资基金的专门性法律或行政法规，主要监管依据的法律法规概括讲可以分为四个方面：全国人民代表大会制定的法律；中国证券监督管理委员会（以下简称“证监会”）制定的相关规范性文件；基金业协会制定的管理办法、规范指引或发

① 国务院法制办公室于2017年8月30日公开征求意见，目前征求意见已经结束。

② 数据来源于中国证券投资基金业协会（以下简称“基金业协会”）于2019年9月23日发布的《私募基金管理人登记及私募基金产品备案月报》(2019年第8期)。

布的通知公告；其他有关部门制定的相关规范性文件。

（一）全国人民代表大会制定的法律

我国目前正式出台的与私募股权投资基金监管关联度较高的法律有一部：《中华人民共和国证券投资基金法》（2015年修正），其适用范围有较大的局限性，仅适用于证券投资基金，对于私募股权投资基金监管有一定的参考意义，但没有设置实质意义上的明确相关约束条款。

另外，《中华人民共和国证券法》《中华人民共和国公司法》《中华人民共和国信托法》《中华人民共和国合伙企业法》《中华人民共和国合同法》等法律法规也为私募股权投资基金的监管提供了一定的法律依据，但是这些法律法规关于私募股权投资基金的规定非常零散，缺乏系统性。

（二）证监会制定的相关规范性文件

证监会制定的与私募股权投资基金监管相关的规范性文件主要有三部：《私募投资基金监督管理暂行办法》《证券期货投资者适当性管理办法》和《证券期货经营机构私募资产管理业务运作管理暂行规定》。

《私募投资基金监督管理暂行办法》确立了私募基金的备案登记制度、合格投资者制度、资金募集及投资运作制度；《证券期货投资者适当性管理办法》进一步明确了合格投资者的范畴；《证券期货经营机构私募资产管理业务运作管理暂行规定》进一步对开展私募资产管理业务的相关机构设置了相关规制。

（三）基金业协会制定的管理办法、规范指引或发布的通知公告

1. 基金业协会制定的管理办法

基金业协会目前是我国对私募股权投资基金进行监管的日常具体负责单位，其制定的与私募股权投资基金监管相关的管理办法主要有三部：《私募投资基金管理人登记和基金备案办法》《私募投资基金募集行为管理办法》和《私募投资基金信息披露管理办法》。

《私募投资基金管理人登记和基金备案办法》明确了私募基金管理人登记和私募基金备案的具体要求和程序；《私募投资基金募集行为管理办法》在私募基金募集金额、程序及推介等方面作出了相关禁止性规定；《私募投资基金信息披露管理办法》在《私募投资基金监督管理暂行办法》的基础上进一步明确了私募基金信息披露的具体内容。

2. 基金业协会制定的规范指引

基金业协会制定的与私募股权投资基金监管相关的规范指引主要有四部：《私募投资基金管理人内部控制指引》《私募投资基金合同指引》《私募基金管理人登记法律意见书指引》及《基金募集机构投资者适当性管理实施指引（试行）》。

《私募投资基金管理人内部控制指引》的出台有利于引导私募基金管理人加强内部控制，促进其合法合规、诚信经营，提高风险防范能力；《私募投资基金合同指引》分为三部分，分别为《契约型私募投资基金合同内容与格式指引》《合伙协议必备条款指引》及《公司章程必备条款指引》；《私募基金管理人登记法律意见书指引》为律师事务所出具私募基金管理人登记相关法律意见书提供了明确的指引；《基金募集机构投资者适当性管理实施指引（试行）》进一步规定了基金募集机构在实施投资者适当性的过程中应当遵循的相关规范。

3. 基金业协会发布的通知公告

基金业协会时常会通过通知、答记者问等形式发布其对私募基金行业的相关自律规则及最新监管动向，最有代表性的是私募基金登记备案相关问题解答（一）至（十五）。

（四）其他有关部门制定的相关规范性文件

中国人民银行、中华人民共和国国家发展和改革委员会、中国银行保险监督管理委员会、上海证券交易所、中国证券登记结算有限公司、全国中小企业股份转让系统都有关于私募股权投资基金的相关规定，这些规定往往都带有其各自的监管思想，在实务中很难形成统一的整体保护投资者的利益。

三、我国私募股权投资基金监管过程中的主要问题

2014 年起，私募基金登记备案开始实施后，我国私募股权投资基金步入了快速发展轨道，各相关部门出台了相应的规范性文件或相关指引等，但是由于我国私募股权投资基金起步较晚，现行的监管体系不能满足我国私募股权投资基金的快速发展需求，很多问题逐步显现。

（一）监管依据的主要法律制度层级较低且不完善

我国尚未正式出台关于私募股权投资基金的专门性法律或行政法规。国务

院法制办公室于2017年8月30日公开了《私募投资基金管理暂行条例（征求意见稿）》，目前已经征求意见结束。国务院办公厅于2019年5月11日发布了《国务院办公厅关于印发国务院2019年立法工作计划的通知》，明确将《私募投资基金管理暂行条例》列入国务院2019年立法工作计划，由证监会负责起草。《私募投资基金管理暂行条例》在正式立法后的监管效果还有待实践考证。

我国目前对私募股权投资基金进行监管的主要依据是证监会制定的相关规范性文件；基金业协会制定的管理办法、规范指引或发布的通知公告；其他有关部门制定的相关规范性文件，立法层级较低，且缺乏系统整合。

实际运营中，私募股权投资基金的监管主体涉及证监会、基金业协会、证券业协会、央行、发改委等多个部门，我国现有的法律制度并未明确上述主体在监管中的法律地位，容易出现各监管部门相互推诿的情况，各部门之间缺乏沟通和良好的联动机制，监管效率大打折扣，实践中也容易形成监管的真空地带，给不法分子可乘之机。

（二）私募基金备案仅为形式审查，缺乏有效的后续监管

目前在我国申请私募基金管理人资格需要律师事务所出具法律意见书并经过比较严格的审查程序，但是在我国申请设立私募基金产品只需要在基金业协会的资产管理业务综合报送平台上按要求填报并上传相关资料，并未要求律师事务所出具相应的法律意见书，虽然审查也比较严格，但是基金业协会很难通过上传的书面文件所提供的信息判断私募基金产品是否存在未披露的其他风险，私募基金备案信息的真实性无法有效保障。

私募股权投资基金是由基金管理人具体管理运作的，目前在资金募集阶段、募集资金使用阶段，我国对私募股权投资基金的监管都存在很多需要改进之处。

1. 资金募集阶段

私募股权投资基金募集资金只能采用非公开方式，募集对象只能是符合投资条件的合格投资者。实际运作中，基金业协会等相关监管部门很难逐一核实私募基金管理人是否按照现行的相关法律规定募集资金，很多私募基金管理人趁机钻制度空子，利用广告、电话或者互联网等手段公开宣传私募基金产品，变相向拟投资者承诺保本保收益，对投资者的适格性也未进行严格的审查。

2. 募集资金使用阶段

目前我国的监管侧重于私募基金管理人登记及其私募基金产品备案，缺

乏关于私募基金管理人后续运营私募股权投资基金的有效监管，这也使得部分私募基金管理人在后续的项目投资过程中有恃无恐，利用自身管理者的便利条件，私自改变募集资金用途，对关联企业或个人进行利益输送或者私自占用私募基金。

在实际运作中，部分缺少管理经验的私募基金管理人为了实现自身风险最小化，不从加强尽职调查，把控风险入手，而是依赖打法律的“擦边球”，采取明股实债的方式与被投资企业合作，在合作协议中约定一系列对赌条款，实务判决中，对赌协议存在约定不合规，并被法院认定为无效的可能，即便认定相关对赌条款有效，也存在被投资企业或相关个人无力偿还的风险。

对于被投资企业而言，初衷是通过引入募集资金盘活企业，在与私募基金管理人打交道过程中，往往处于被动地位，部分私募基金管理人利用被投资企业急需融资的处境，在相关投资协议中设置股权回购等较高的融资门槛，一旦被投资企业经营不利，将面临回购股权或其他担保义务，导致企业运行雪上加霜。

（三）信息披露机制不完善

目前我国有关部门对私募股权投资基金运营状态披露监管的主要依据是《私募投资基金信息披露管理办法》，其只笼统规定了信息披露义务人应当每月（单只私募基金募集资金金额 5000 万元以上的）、每季度或每年度披露私募基金的净值、主要财务指标及投资组合情况等信息，并没有规定具体的披露标准和细节，这给了信息披露义务人很大空间的“自由裁量权”。

私募基金管理人既是私募股权投资基金运营的管理者，又是信息披露的负责人，所以在进行信息披露的过程中很难避免主观上的趋利避害，选择性披露相关私募股权投资基金的运营信息。

通过私募基金管理人披露的有选择性的私募股权投资基金运营相关信息，投资者很难了解具体的投资基金使用情况和项目运营情况，不能及时作出追加投资或止损等相关投资决策，其地位和处境是非常被动的。

（四）私募股权投资基金相关专业人才稀缺

截至 2019 年 8 月底，私募基金管理人员工总人数 23.79 万人，看似队伍庞大，但是从业人员整体水平参差不齐。实际运营中，私募基金管理人选聘人才并没有统一的行业标准，很多私募基金管理人在申请管理人资格时，都是按照申请要求临时凑人，甚至很多投资经理只是空有头衔，不具备足够的相关股权投资经验。

私募股权投资基金的投资领域涉及各行各业，不同领域需要有不同业务背景的专业人才对接才能发挥出最大的效益，我国私募股权投资基金行业起步较晚，同时拥有较强管理经验及某一领域专业背景的人才有限。一些管理规模较大的私募基金管理人可能拥有一支出色的核心管理团队，但是除了核心管理团队之外，有股权投资经验的员工较少。因为核心管理团队成员精力和涉及的专业领域有限，其没有足够的精力具体负责每一项投资项目，导致很多投资项目的后续负责人实则为投资经验不足的员工，无法有效保证投后管理的水平。

（五）私募股权投资基金的项目投资退出监管薄弱

目前我国私募股权投资基金退出投资项目的途径还比较少，主要退出途径有股份回购、资本市场（主板、创业板、科创板、新三板等）上市或挂牌及清算，实际运作中，目前新三板的流动性比较差；主板、创业板、科创板的准入门槛高，审核流程长且存在较高的上市申请失败风险；股份回购中私募基金管理人偏向于与被投资企业约定由被投资企业回购股权的相关对赌条款，对赌条款存在被认定为无效的风险。

在私募股权投资基金的清算阶段，监管部门要求其在系统中上传清算报告等相关文件，但是并没有精力对其清算的各项细节进行监管，部分私募基金管理人因为专业能力有限，在清算阶段出现违反税法、分配纠纷等新的法律问题。

（六）假借“私募股权投资基金”名义进行非法集资的监管难度大

我国目前还没有正式出台关于私募投资基金的专门性法律法规，尚未有关于私募股权投资基金的明确定义。因为私募股权投资基金的特征跟非法集资在表面上看有相似之处，普通大众很难准确区分，有些不法分子抓住这一可乘之机，名义上喊着“私募股权投资基金”的口号，实则进行非法集资。自 2017 年 P2P 爆雷潮后，近两年私募股权投资基金爆雷并跑路的事件也频繁发生，给投资者造成了重大的损失，也严重扰乱了正常的经济运行秩序。

不法分子假借“私募股权投资基金”名义进行非法集资往往通过电话、

互联网等手段，基金业协会自身的权限很难进行有效预防和控制，监管难度较大。

四、我国私募股权投资基金监管的建议与完善

（一）提高立法层级，完善我国私募股权投资基金监管法律制度

我国目前对私募股权投资基金监管的监管依据。笔者认为，除了被国务院纳入 2019 年立法议程的《私募投资基金监督管理暂行办法》这一行政法规外，我国还应该制定关于私募基金监管的法律，确立其在我国市场经济中的法律地位，在法律中应明确私募股权投资基金在募集资金、投资环节、投后管理环节、项目退出环节的各项监管原则，并明确证监会、基金业协会、证券业协会、央行、发改委等相关监管部门各自应承担的责任，形成完善的联动机制。

针对不法分子假借“私募股权投资基金”名义进行非法集资的行为，笔者认为，证监会、基金业协会应该与公安部门建立起顺畅的联动机制，严厉打击此类违法犯罪行为。

目前我国法律对申请企业破产的主体限制为债权人、债务人及清算责任人，笔者建议，私募股权投资基金作为被投资企业的重要投资方之一，其对风险的敏锐度一般高于普通投资者或债权人，应当赋予其申请企业破产的主体资格权利，有利于及时启动破产程序，减少被投资企业进一步损失。

私募股权投资基金项目退出方面，私募基金管理人普遍偏向约定在某些条件成立时由被投资企业回购股权，笔者认为，在目前私募股权基金投资退出渠道较单一的背景下，只要不影响正常的经济秩序，可以从法律层面适当放宽相关私募股权投资基金通过被投资企业回购的形式退出。

（二）建立私募基金管理人信用体系及相关制约机制

由于我国目前对于私募基金管理人运营私募股权投资基金的过程中存在较多的监管空白并缺少系统的处罚机制，私募基金管理人的违法成本太低。笔者认为，我国应逐步建立私募基金管理人信用体系，并由基金业协会或相关部门定期公示相应的“黑名单”或“信用警示名单”，并根据其信用违约等级设置相应的管理或投资限制。

建立私募股权投资基金领域的“监事”制度，在制度中明确要求私募股权投资基金设立监督委员会，由有限合伙人委派代表组成，并赋予监督委员会

具有实质意义的监督职权，比如其发现有限合伙人的决策或行为未尽到勤勉义务，有权针对此项决策或行为进行投票表决，过半数的监督委员会成员反对，则可以否决此项决策或行为。

我国应建立严格的私募基金托管人准入和监管制度，通过私募基金托管人，有效制约私募基金管理人对于募集资金的滥用行为。

（三）加强私募基金备案阶段的实质审查

目前在我国申请设立私募基金产品只需要在基金业协会进行系统备案，基金业协会并没有足够的精力一一核实上传信息的真实性。笔者认为，与私募基金管理人申请管理人资格一致，应该在私募基金备案阶段，加强私募基金备案阶段的实质审查，要求专业的律师事务所出具相应的法律意见书，论证基金业协会关注的各项监管问题。

（四）完善信息披露机制

在目前我国私募股权投资监管法律制度体系的约束下，私募股权投资基金在日常信息披露方面有太大的“自由裁量权”，投资者通过信息披露机制获取的有效信息有限，笔者建议，我国相关监管部门应当出台更加严格的相关信息披露规范性文件，要求私募股权投资基金定期向投资者披露募集资金的具体使用情况、拟投项目基本情况、近期的重大投资决策及相关审批程序、所投项目即时收益情况等与投资者利益切实相关的信息。

（五）注重培养私募股权投资基金相关专业人才

私募股权投资基金目前已经成为我国市场经济不可或缺的新生力量，笔者认为，我国应当加大对私募股权投资基金专业管理人才培养的投资力度，用于私募股权投资基金的宣传及相关培训的开展。

我国应注重培养专注于私募股权投资基金业务的相关法律、会计专业人才，对接私募基金管理人的日常管理工作和投资项目的尽职调查工作。笔者认为，基金业协会应该引导各私募基金管理人充分利用律师事务所、会计师事务所等专业机构的服务资源，更好地把控管理私募股权投资基金各环节中的相关风险。

金融安全视野下涉众型金融犯罪之治理对策研究

——兼谈民间金融的法律规制

赵 峰*

摘 要 ▶ 民间金融是正规金融的有益补充，涉众型金融犯罪是民间金融发展中产生的犯罪现象。规范民间金融发展、治理涉众型金融犯罪是国家金融安全的需要。当前使用刑罚处罚手段治理涉众型金融犯罪困难重重，必须从金融犯罪治理理念、金融犯罪监管盲区、民间融资合法边界、投资主体保护限度、金融体制改革创新等方面深刻分析，综合施策，对涉众型金融犯罪进行系统性、综合性、源头性治理。

关键词 ▶ 金融安全 涉众型金融犯罪 非法集资 治理对策

金融是国家重要的核心竞争力，金融安全是国家安全的重要组成部分。①当前，国际国内经济形势复杂严峻，我国经济发展也正处于供给侧结构性改革的关键攻坚时期，金融体制改革日益深入、金融业开放步伐不断加快，金融业正进入一个资源积聚、整合、聚变，从传统金融向新金融过渡的重要发展阶段。服务实体经济、防控金融风险、深化金融改革成为当前维护金融生态环境稳定健康发展、保障国家金融安全的主要任务。同时，金融业良性循环、健康发展正受到金融犯罪的冲击，金融秩序、金融安全正受到金融犯罪的挑战。治理金融秩序、抑制经济泡沫、调整货币政策、稳住实体经济已成为防范金融风

* 作者单位：江苏警官学院。

① 参见习近平总书记2017年7月在全国金融工作会议上的讲话。

险的重点工作。从刑事司法实践来看，涉众型金融犯罪[①]治理是当前和今后一个时期金融监管部门、刑事司法机关面临的重要课题。

一、现实困境：涉众型金融犯罪刑事惩处之“难点”

刑事惩处因具有罪行惩罚的严厉性、法益保护的有力性和教育预防的震慑性等诸多优势，成为当前涉众型金融犯罪治理的首要、主要手段。然而，客观现实却是“高压之下”没有有效遏制犯罪，在查处力度不断加大、量刑格次不断提高之下，涉众型金融犯罪呈现出发案数量逐年增加、集资规模不断扩大、犯罪手段花样翻新、挽损比例越来越低等特点。从南京市司法机关审理此类案件的实践来看，使用刑事惩处手段治理涉众型金融犯罪存在以下难点：

第一，事前预防难。刑罚的事后惩罚性决定了其只能对已然之罪进行定罪处罚，而无法防患于未然。现实中，涉众型金融犯罪中的集资参与人因受高利诱惑，并怀有侥幸心理，即使明知行为人涉嫌犯罪，在资金链断裂、遭受损失之前绝不会主动向有关机关举报，甚至排斥和抵触执法部门的善意提醒、主动查处。等到行为人资金链断裂、集资款无法兑付，集资参与人才到公安机关报案，而此时犯罪行为已经完成、财产损失难以挽回、负面影响很难消除。

第二，调查取证难。案件“不见底”是涉众型金融犯罪调查中经常遇到的问题。涉案人员案发后潜逃，甚至作案时使用化名伪装，导致难以全部抓捕到案；公司账目资料不全，或被人为销毁，业务人员更迭流失，导致难以还原案件全貌；集资参与人分布广泛，时间跨度长久，部分集资参与人不知案发，或不愿报案，或多报损失，前期投资获利“全身而退”者不愿配合调查，导致难以查清集资规模、损失数额和资金去向。

第三，行为定性难。罪与非罪（非法集资或民间借贷）、此罪与彼罪（非法吸收公众存款或集资诈骗）之争往往成为此类案件审理中的争议焦点，且不同利益群体基于各自立场和利益诉求，会对案件定性提出不同意见。犯罪行为人基于自我保护的动机，辩解内容较为明确，即重罪辩轻罪，有罪辩无罪。而集资参与人基于经济利益的动机，诉求内容多元无序，有的集资参与人基于让

① 刑法理论上关于“金融犯罪”概念、范围的观点众多，本文仅以刑法分则规定为准，将刑法分则第三章中第四节“破坏金融管理秩序罪”、第五节“金融诈骗罪”作为考察对象。其中，“涉众型金融犯罪”是指非法集资类犯罪，即非法吸收公众存款罪与集资诈骗罪。

行为人可以继续经营企业并返还集资款的良好愿望，明确要求司法机关对行为人不以犯罪论处；有的集资参与人认为侦查机关、检察机关以行为人涉嫌非法吸收公众存款立案、起诉不正确，怀疑司法机关存在包庇行为人、怠于履行职责、追赃不力等情况，强烈要求司法机关改变案件定性，以行为人涉嫌集资诈骗罪提级查办；有的非法集资案件中，集资参与人分成相互对立的“两派”，一派认为行为人不构成犯罪，要求释放行为人使其继续经营，另一派认为行为人构成犯罪，要求严惩罪犯。犯罪行为人、集资参与人所提上述问题，在刑法理论、司法实践中也确有争议，导致案件审理十分困难。

第四，追赃挽损难。此类犯罪作案时间长、隐蔽性强，在前期，犯罪行为人为了取得集资参与人的信任，一般都能按期兑付高额利息，从而造成自身信誉良好的假象。而到了集资后期，由于行为人资金使用成本过高，无法偿还高息借款，资金链断裂，导致最后崩盘而案发。等到司法机关介入，案件进入刑事诉讼程序时，行为人早已资不抵债，根本无法清偿集资参与人的经济损失。加之行为人普遍缺乏财会基本常识，甚至从集资之始主观上即产生非法占有集资款的目的，集资款的管理使用普遍较为混乱，资产去向往往难以查清，追赃挽损工作难度很大。

第五，财产处置难。对于案件查办过程中查封、扣押、冻结的涉案财物如何处理，实践中困难重重。首先是财物权属难查清。涉案财物是赃款赃物，还是犯罪行为人合法财产，抑或案外人合法财产，有无设定他物权等问题，都是侦查机关应当调查、取证，公诉机关应当指控、证明的问题。实践中，侦查机关、公诉机关往往将工作重心放在如何对犯罪行为人定罪量刑上，忽视了涉案财物权属情况的调查，导致法院难以对涉案财物权属作出准确认定。其次是发还工作难推进。发还主体不明确、财产变现时间长、集资参与人信息登记、金额核对等工作量大，导致发还工作耗时费力，极易引起集资参与人不满。

第六，刑民协调难。“刑民交织”是此类案件的特点之一。犯罪行为人与每一个集资参与人之间均存在一个民间借贷合同，以该民间借贷合同为中心，又会衍生出许多保证合同、房产抵押担保合同，犯罪行为人吸收资金后对外借贷、投资、经营或购置房产、土地，又会涉及相关民事合同。在刑事案件案发后，上述合同在实体上是否有效、能否继续履行；合同相对方另行提起民事诉讼，在程序上应当如何协调，均是审理此类案件必须面对和解决的问题，而这些问题在理论和实践中仍然存在较大争议，尚未形成共识，妥善处理难度很大。

第七，庭审组织难。在案件审理中，集资参与人不仅要求旁听庭审、了解案情，还要求参与庭审、发表意见。如何充分保障集资参与人的知情权、参与权，成为此类案件庭审组织的难点。而解决这一问题的关键在于准确界定集资参与人在实体和程序上的法律地位，即集资参与人是被害人，还是证人，或者是违法行为人。对此，理论界和实务界也存在较大分歧。

第八，矛盾化解难。集资参与人中老年人、离退休人员、下岗人员居多，一些老年人受到高利诱惑，倾其个人所有积蓄，鼓动全家参与，甚至对外举债参与集资，一旦案发，则瞬间血本无归、倾家荡产、债台高筑。而集资参与人大多法律意识较差、文化层次较低，不能正确和理性看待遭受的经济损失，通常情绪激动，要求司法机关查清案情、挽回损失、严惩罪犯的诉求十分强烈。加之此类案件案情复杂、查处追赃难度大、案件审判、财产发还时间长等客观因素影响，集资参与人往往将愤怒、怨气发泄到办理案件的司法机关身上，给案件的审理工作带来极大困难。

二、原因探究：涉众型金融犯罪治理难之“根源”

从刑事立法资源的分配来看，在刑法分则规定的44个金融犯罪罪名中，涉众型金融犯罪仅占2个罪名，占比4.5%，与涉及银行、证券、保险等“典型”金融犯罪罪名相比，非法吸收公众存款、集资诈骗属于“非典型”金融犯罪。然而，从刑事司法实践来看，涉众型金融犯罪无疑又是“典型”的金融犯罪。以南京市近5年审理的金融犯罪案件为例，2012年至2016年全市法院共审理金融犯罪案件256件，其中非法吸收公众存款案件、集资诈骗案件共216件，占比84.4%。这种“非典型”与“典型”之间的巨大反差，使我们不得不深刻反思涉众型金融犯罪治理难的原因为何。

笔者认为，以下几个问题值得重视和关注：

第一，金融犯罪治理理念问题。安全是金融工作的永恒主题。国家针对金融工作的所有政策、措施都是围绕保障金融安全制定和实施的，然而现实情况是政策、措施的实施与保障金融安全的初衷发生了一定程度的背离，愈演愈烈的涉众型金融犯罪不断冲击国家金融安全，甚至引发了一些社会问题。学界普遍认为，国家决策层面对于金融安全的理解局限于国有金融机构安全，以维护国有金融机构特许经营和垄断地位为核心确立金融管理秩序，并以严刑峻法打击破坏金融管理秩序的各类违法犯罪行为，以达到维护金融安全的目标。[①] 但是，“不法金融行为往往并不表现为刑法条文所列举的典型犯罪构成要件，相反存在着诸多变形”。[②] 因而，大量的金融犯罪没有在刑事立法资源“重兵把守”的银行、证券、保险领域出现，而是从“非典型”的涉众型金融犯罪突破。其根本原因在于金融管理本位主义的金融犯罪治理理念与金融的本质属性之间产生冲突。金融的核心是服务，金融机构应当以满足客户的金融消费需求和投资需求为主业；金融的本质是信用，金融监管的重点应当是建立信用体系，维护交易安全。所以，治理金融犯罪的刑事立法应当以维护金融交易秩序、平等保护金融交易各方为目标，而不是为作为金融服务提供者的国有金融机构提供单边保护，否则就会出现大量针对普通投资者的金融犯罪。

第二，金融犯罪监管盲区问题。如前所述，国家金融安全保护的重心在于国有金融机构，这就实际上导致了涉众型金融犯罪成为金融监管的盲区。从监管机构设置来看，针对银行、证券、保险行业，国家设立了“一行三会”（人民银行、银监会、证监会、保监会）；针对民间融资，则无任何专门的监管机构。针对涉众刑金融犯罪，国家层面采取部际联席会议机制，并出台了《处置非法集资工作操作流程》，明确规定“处置非法集资工作实行省级人民政府负责制”。各地方政府按照上述《操作流程》规定也成立了相应领导小组或者联席会议机制，并在政府金融办设立“处非办”，但由于其并非常设专门机构，亦无相应的行政执法权，其职能发挥还是有赖于当地党委、政府的支持力度，故对于涉众型金融犯罪监管通常难以发挥作用。从监管制度措施来看，针对银行、证券、保险行业，国家均制定了相对严密的法律制度，形成了相对严格的监管体系；而针对民间融资，则无任何切实可行的监管措施，甚至缺少最起码的统计口径[③]，以至于我们对于其交易规模、数量、频率、合法性等均缺乏感性

---

① 例如，刘远教授认为，我国治理金融犯罪政策和模式上均选择了金融管理本位主义、国有金融机构保护主义和单一刑事主义。（参见刘远：《我国治理金融犯罪的政策抉择与模式转换》，载《中国刑事法杂志》2010 年第 7 期。）刘宪权教授认为，我国刑法将金融诈骗罪独立设节的立法原意是为了突出重视保护国家金融管理秩序，偏重对金融机构资金安全的保护。（参见刘宪权：《我国金融犯罪刑事立法的逻辑与规律》，载《政治与法律》2017 年第 4 期。）

② 陈辐宽：《检察机关介入金融监管的依据与标准》，载《法学》2009 年第 10 期。

③ 中国人民银行定期发布的《中国货币政策执行报告》中虽然设置了“社会融资增速指标”，但该指标并非专门针对民间融资设置，而是包括除了银行贷款和政府直接投资以外的其他所有资金。

认识和直观把握。民间融资尤其是涉众型金融犯罪处在金融监管的盲区，相当一部分涉众型金融犯罪形成了犯罪黑数，除非其资金链断裂，否则难以发现。这也就不难解释为什么涉众型金融犯罪事前预防难了。

第三，民间融资合法边界问题。近年来，随着经济发展程度提高，金融供求矛盾日渐突出，民间融资的规模迅速增大，而其盲目、无序、隐蔽的缺陷日积月累、叠加凸显，借贷风险渐增，隐患愈加突出，导致大量民事纠纷，一些人员甚至因为民间融资而触犯刑法。[①] 另外，对民间借贷高利率的保护一定程度上变相支持了非法融资。[②] 可以说，民间融资作为非正规金融形式，长期以来一直游走于法律的灰色地带，国家层面对于民间融资合法性态度也经历了从无到有的变化过程。1996 年中国人民银行发布的《贷款通则》规定，从事货币资金融通的贷款人必须为经中国人民银行批准经营贷款业务中的资金融机构，企事业单位、合作经济组织、农村合作基金会等主体不得经营存贷款金融业

---

① 2003 年 10 月 30 日，河北省徐水县人民法院就徐水县人民检察院提起公诉的河北大午农牧集团有限公司、孙大午非法吸收公众存款案作出一审宣判。徐水县人民法院经审理查明，河北大午农牧集团有限公司未经中国人民银行批准，经孙大午决策，招收代办员，设立代办点，于 2000 年 1 月至 2003 年 5 月间，以高于银行同期存款利率、承诺不交利息税等方式，出具名为“借款凭证”或“借据”实为存单的制式凭证，向社会公众变相吸收存款 1627 单，共计 1308.3161 万元，涉及 611 人。徐水县人民法院认为，被告单位河北大午农牧集团有限公司的上述行为严重扰乱了金融秩序，已构成非法吸收公众存款罪，且数额巨大，涉及范围广。被告人孙大午作为公司的法定代表人，对公司非法吸收公众存款的行为作出决策，系公司直接负责的主管人员，也构成非法吸收公众存款罪，依法均应予以处罚，公诉机关指控的罪名成立。但河北大午农牧集团有限公司非法吸收的公众存款用于企业经营，尚未造成吸储款项损失的后果，可以依法从轻处罚；被告人孙大午认罪服法，愿意承担法律责任和对非法吸收的公众存款负清退责任，有悔罪表现，不致再危害社会，依法可以适用缓刑。依照《中华人民共和国刑法》有关规定，徐水县人民法院当庭作出一审判决：河北大午农牧集团有限公司犯有非法吸收公众存款罪，处罚金 30 万元；被告人孙大午犯非法吸收公众存款罪，判处有期徒刑 3 年，缓刑 4 年，处罚金 10 万元。（参见《非法吸收公众存款大午集团和孙大午被追究刑事责任》，载新华网，http://www.china.com.cn/chinese/law/432465.htm，最后访问时间 2018 年 10 月 25 日。）

② 1991 年 8 月最高人民法院《关于人民法院审理借贷案件的若干意见》第 6 条规定：“民间借贷的利率可以适当高于银行的利率，各地人民法院可根据本地区的实际情况具体掌握，但最高不得超过银行同类贷款利率的四倍。超出此限度的，超出部分的利息不予保护。”2015 年 9 月施行的《关于审理民间借贷案件适用法律若干问题的规定》第 26 条规定：“借贷双方约定的利率未超过年利率 24%，出借人请求借款人按照约定的利率支付利息的，人民法院应予支持。借贷双方约定的利率超过年利率 36%，超过部分的利息约定无效。借款人请求出借人返还已支付的超过年利率 36% 部分的利息的，人民法院应予支持。”

务，企业之间不得借贷或者变相借贷。同年，最高人民法院《关于对企业借贷合同借款方逾期不能归还借款的应如何处理问题的批复》将企业间签订的借贷合同规定为无效民事合同。直到 2010 年 5 月，国务院出台鼓励和引导民间投资健康发展的“新三十六条”，进一步拓宽了民间投资的领域和范围。2015 年 8 月，最高人民法院出台《关于审理民间借贷案件适用法律若干问题的规定》，明确民间借贷是“正规金融合理补充”。但是，对于非法集资的“非法性”与民间融资的“正当性”之界线，至今尚无确切的结论。作为从事合法经营的企业，利用民间借贷形式吸纳公众资金，符合最高人民法院《民间借贷规定》的形式和实质要件，所得资金也均用于正常生产经营，而上述行为也同时符合了非法吸收公众存款罪的构成要件。面对这种情况，司法机关该如何处理？对此，最高人民法院《关于审理非法集资刑事案件具体应用法律若干问题的解释》规定，“非法吸收或者变相吸收公众存款，主要用于正常的生产经营活动，能够及时清退所吸收资金，可以免予刑事处罚；情节显著轻微的，不作为犯罪处理”。浙江省公检法三机关《关于当前办理集资类刑事案件适用法律若干问题的会议纪要（一）》规定，“为生产经营所需，以承诺还本分红或者付息的方法，向社会不特定对象筹集资金，主要用于合法的生产经营活动，因经营亏损或者资金周转困难而未能及时兑付本息引发纠纷的，一般可不作为非法吸收公众存款犯罪案件处理。但对于其中后果严重，严重影响社会稳定的，应当按照非法吸收公众存款犯罪处理”。应当说，最高人民法院的司法解释在遵循罪刑法定原则基础上作出了符合司法实践需要的解释，体现了刑法的谦抑性。浙江地区的变通做法适应了民间融资发达地区的司法现实，确有可操作性，但同时该规定作为“地方粮票”的合法性问题无法得到解决，而且该规定没有也不敢完全脱离现行法规定，对于“后果严重，严重影响社会稳定”的案件还是不得不按照犯罪处理。

第四，投资主体保护限度问题。投资与融资是一对相对的概念，没有投资就没有融资。所以，研究民间融资尤其是涉众型金融犯罪治理，必须将投资主体（集资参与人）作为考察重点之一。司法实践中，司法机关尤其是具体办案人员对于涉众型金融犯罪案件中的集资参与人常常怀有“怒其不争，哀其不幸”的矛盾心态，怒的是集资参与人唯利是图的心态，哀的是集资参与人血本无归的凄惨状态。笔者认为，集资参与人之所以对非法集资趋之若鹜，除了高利诱惑之外，国家对其作为投资主体的过度保护也是重要原因之一。详言之，在案发之前，集资参与人参与集资赚取的是个人利益；在案发之后，集资参与人动用国家公权力维护的还是个人利益。在以刑事处罚作为治理涉众型金融犯罪主要手段的环境中，集资参与人理所当然地将自己作为刑事案件的被害人，要求司法机关动用所有司法资源为自己挽回经济损失，司法机关也不得不根据相关法律规定去帮助所谓的被害人追赃挽损。如此对投资主体的过度保护，助长了集资参与人的“巨婴心理”，不利于成熟投资市场的形成，当然也不利于涉众型金融犯罪的治理。

第五，金融体制改革创新问题。涉众型金融犯罪是经济社会发展到一定阶段衍生的特定产物，是快速发展的经济现实与相对滞后的金融体制矛盾不可调和的结果。在计划经济体制之下，企业的经营活动只要按照计划实施即可，不需要考虑生产经营活动所需资金来源等问题；而普通群众的生活包括工资发放、物资配给都是根据计划进行，手上没有任何闲散资金。在这个阶段，企业没有资金需求，群众没有投资意识，自然不可能产生民间融资活动，更不可能发生所谓的涉众型金融犯罪。市场经济条件下，市场对资源配置起决定性作用。资金作为企业经营必不可少的稀缺资源，受到各方追捧。尤其是民营企业、中小微企业，由于无法从正规金融渠道获取资金，被迫转向民间融资；而此时人民群众共享改革发展红利之后，手上有了闲钱，有对外投资的愿望和能力，但由于银行存款利率较金融市场投资产品单一、投资渠道狭窄，遂将自有资金投入操作简单、回报较高的民间融资渠道。我国金融体制脱胎于计划经济，在计划经济时代不存在监管民间融资、引导民间投资的问题。在市场经济阶段，实体经济快速发展，民间融资规模成倍扩大，融资方式日新月异，近年来随着新兴互联网技术与传统金融的紧密结合，民间融资的理念、手段、方式、规模都有了质的飞越，同时也给涉众型金融犯罪提供了更加便利、高效的作案条件。与此同时，国家金融体制的改革尚未跟上民间融资发展的步伐，既没有行之有效的民间资金监管、风险预警手段，也没有科学有序的引导民间投资的渠道和产品，因而无法及时发现、预警、引导、规制涉嫌违法犯罪的民间融资行为。

三、路径选择：涉众型金融犯罪治理对策之“分歧”

如何治理涉众型金融犯罪，学界的观点大致可以分为以下三类：

第一种观点，集资行为非罪化处理。有论点认为，“民间金融改革与草根非法借贷之间，常常只有一纸之隔，改革与违法的界限也很难分清，要鼓励自下而上的金融改革，应当首先废除非法集资罪”。[①] 有论点认为，非法吸收公众存款罪属于纯粹“侵害金融市场准入秩序”的罪名，金融刑法保护的法益应当是金融信用而不是金融秩序，故对侵害金融市场准入秩序的行为无入罪的必要。[②]

第二种观点，罪名罪状限缩性修正。有论点认为，“对此类犯罪要建立不同于传统的财产犯罪的入罪模式，立法更应关注行为的定性模式，而不是以‘量’来判断罪与非罪，应以行为人在金融交易行为中是否违背信赖准则与诚信义务且从中获利来判断行为人的行为是否足以提起刑事指控”。[③] 也有论点认为，“只要不能证明非法集资者实施了欺诈行为，就不构成非法吸收公众存款罪，所以需要在该罪的罪状表述中加入‘欺诈’的客观要件”。[④] 更有论点认为，“鉴于非法吸收公众存款罪和集资诈骗罪之间错综纠结的关系以及非法占有目的的证明难题，应废除集资诈骗罪，将‘以非法占有为目的’作为非法吸收公众存款罪从重量刑的一个情节”。[⑤]

第三种观点，非法集资综合性治理。有论点认为，金融犯罪的治理是一个综合的社会工程，应当寻找经济系统与法律系统的整合模式，既要尊重刑法系统自身的规律性，又要充分发挥经济系统在风险控制中的功能。[⑥] 有论点认为，在金融体制改革层面要建立有序的资本供给与需求机制，在案件司法处置层面要建立公检法联动型刑事司法打击机制，在社会综合治理层面要健全非法集资犯罪社会综合治理体系。[⑦]

上述基于不同立场、不同视角、不同理由得出的不同结论均具有一定的合理性，但或多或少也存在一些值得商榷的问题。

---

① 叶檀：《请先废除非法集资罪》，载《金融时报》2012年11月20日。

② 钱小平：《中国金融刑法立法的应然转向：从“秩序法益观”到“利益法益观”》，载《政治与法律》2017年第5期。

③ 毛玲玲：《金融领域刑事司法状况的实证考察与启示》，载《法学》2014年第2期。

④ 刘远：《我国治理金融犯罪的政策抉择与模式转换》，载《中国刑事法杂志》2010年第7期。

⑤ 何小勇：《我国金融体制改革视域下非法集资犯罪刑事规制的演变》，载《政治与法律》2016年第4期。

⑥ 参见姜涛：《我国金融刑法中的重刑化立法政策之隐忧》，载《中国刑事法杂志》2010年第6期。

⑦ 参见蒋晓蕴、李月亮：《非法集资犯罪的现状检视与治理进路》，载《第二十八届全国副省级城市法治论坛获奖论文集：涉众型经济犯罪问题研究》，第144~149页。

第一，集资行为非罪化处理的观点不切实际。该种观点常以孙大午非法吸收公众存款案为例，意图说明为了生产经营而集资并未造成实际损失的不具有社会危害性，不应当作为犯罪处理。但是，这一例证不具有普遍性。现阶段司法实践中遇到的绝大多数非法吸收公众存款案，均为集资诈骗犯罪的共同犯罪，相关的公司、企业、人员均无实体经营，亦无可营利的投资项目，吸收资金就是为了非法占有，之所以对部分行为人以非法吸收公众存款罪定罪，只不过是因为其在团伙中所处层级较低、获利较少，无证明其主观上明知或应知诈骗的证据。这与孙大午因生产经营需要不得不进行集资的行为有本质区别，如对该类行为一律进行非罪化处理，无疑是放纵犯罪。事实上，当前涉众型金融犯罪集中暴露，危害巨大，影响深远，不仅危及金融安全，而且影响社会稳定。2017 年 7 月，全国金融工作会议召开后，“两高一部”相继出台落实会议精神的举措，① 国家决策层面依然认为，只有保持对涉众型金融犯罪的高压态势，才能有效遏制犯罪，维护金融安全和社会稳定。现在问题的关键应该是如何在打击涉众型金融犯罪的同时避免误伤正常民间融资，保护金融改革创新，也就是“精准打击”问题。

第二，罪名罪状限缩性修正的观点不够精准。该种观点认为金融的本质是信用，金融刑法保护的法益应是金融交易及信用，故应将违背信用的诈骗行为作为涉众型金融犯罪的构成要件要素。但现实中犯罪行为人和集资参与人对于诈骗均是心知肚明的，因为此类犯罪的主要特点是高利息，双方对于投资回报率明显超出合理市场利率，资金使用者无法通过正常生产经营赚取足够利润支付其资金使用成本均有明确认识。故在此类犯罪中，犯罪行为人明知或应知自己是骗，集资参与人也明知或应知对方是骗。以诈骗作为此类犯罪构成要件要素并不能实现限缩犯罪圈、精准打击犯罪的目标。

第三，非法集资综合性治理的观点还需深化。涉众型金融犯罪是经济社

---

① 2017 年 7 月底，公安部召开公安机关防范经济风险座谈会，集中部署开展打击整治涉众型、风险型经济犯罪活动，坚决防止金融犯罪问题演变为系统性金融风险，确保社会大局稳定。当年 8 月，最高人民检察院印发《关于认真贯彻落实全国金融工作会议精神加强和改进金融检察工作的通知》，要求“坚决查处利用互联网实施的非法吸收公众存款、集资诈骗、组织领导传销活动等犯罪，特别是对打着创新旗号大搞‘庞氏骗局’等金融欺诈活动的，要依法严厉打击”。当年 8 月，最高人民法院出台《关于进一步加强金融审判工作的若干意见》，其中规定“持续保持对非法集资犯罪打击的高压态势，有效维护社会稳定。依法公正高效审理非法集资案件，严厉打击非法集资犯罪行为”。

会特定发展阶段产生的犯罪现象，是经济问题、法律问题、社会问题错综交织的域场。治理涉众型金融犯罪需要立法、行政监管、刑事司法、社会管理各方形成合力，更需要基本理念、宏观政策、具体措施的体系性完善。上述论点提出了治理涉众型金融犯罪的正确方向，但在具体对策上还有待进一步深化。

四、司法建言：涉众型金融犯罪治理之“我见”

治理涉众型金融犯罪是一项长期、复杂、艰巨的系统性工程，必须在金融安全的宗旨之下，坚持疏堵结合、打防并举，对其进行系统性、综合性、源头性治理。所谓疏堵结合，是指密切关注集资行为人与集资参与人两类主体，一方面封堵惩治严重危害金融安全的犯罪行为；另一方面疏导规范正常的投资、融资行为。所谓打防并举，是指切实用好行政监管与刑事司法两种力量，一方面健全金融监管制度措施，实现监管全覆盖；另一方面修正罪名体系和罪状表述，实现打击精确化。具体而言，可从下几个方面实施：

（一）更新治理理念

第一，树立交易安全理念。金融经济是信用经济，信用只有在金融交易过程中才能发挥资金融通的作用。因此，金融活动的核心是金融交易，金融安全的基础是交易安全。交易安全理念要求公权力对金融交易活动的介入持审慎态度，充分保护交易双方的信赖利益，不轻易否定交易双方依据意思自治构建起来的法律关系的有效性。“使用强制性制裁的需要愈少，法律就愈能更好地实现其巩固社会和平与和谐的目的。”[①] 对于集资行为，并不因为行为人未经金融监管部门批准，违反金融管理秩序而轻易入罪，进而轻易否定相关借款合同效力。如果相关借款合同继续履行不存在观念或行为上的障碍，集资行为未产生妨害交易安全的危险或现实结果，则该行为不应作为犯罪处理。

第二，树立平等保护理念。民间金融是正规金融的合理补充，其在国家整个金融体系中所占比例不大，但其对国家整体金融安全的影响不可忽视，故应树立对正规金融与民间金融平等保护的理念。具体而言，就是要逐步打破法律

---

① ［美］E. 博登海默：《法理学——法律哲学及其方法》，邓正来译，中国政法大学出版社2017年版，第356页。

对国有金融机构的垄断性保护，对未经金融监管部门批准的集资行为作有条件的出罪化处理，引导民间融资走上阳光化、规范化、制度化的轨道，使正规金融与民间金融均处于有法可依、平等对待、一体保护的法治环境中。

第三，树立风险自负理念。现代社会是风险社会，分工复杂、领域多元，生活、市场、投资、投机等各个领域风险不同，法律对相应领域中的法律行为的保护程度亦应所有区别。具体而言，生活领域需要平稳和诚信，市场领域需要自由和宽松，投资领域需要冒险和超前，投机领域是法外博弈。刑法对生活领域实行严格保护，对发生在该领域的诈骗行为设置较低的入罪门槛；而市场领域则允许一定程度的商业欺诈。投资领域是为实现财富最大化而进行的冒险性行为，刑法应对其实行弱保护，对投资者课以较高的欺诈防范义务。投机领域缺乏合法性，投机者对被骗风险有抽象认识，无社会价值保护之必要，甚至属于违法行为。① 由此，民间投资属于典型投资行为，而涉众型金融犯罪中参与集资行为则属于典型的投机行为，二者均不属于生活领域而需刑法严格保护之必要。进而，投资者、投机者应当明确收益与风险并存，高收益即有高风险。立法、司法也应当明确集资参与人的财产权并非刑法保护之法益，集资参与人亦非涉众型金融犯罪中的被害人。对此，国务院《非法金融机构和非法金融业务活动取缔办法》第18条已作出明确规定："因参与非法金融业务活动受到的损失，由参与者自行承担。"

（二）改革罪名体系

第一，合并罪名。非法吸收公众存款罪与集资诈骗罪在构成要件上的区别非常明确，体现为非法占有目的和诈骗手段的有无，但在司法实践中却存在认定困难，并给具体案件处理带来诸多困难。考虑到这两个罪名所规制的均为非法集资犯罪，且现实中犯罪行为人对其承诺高收益无法通过正常生产经营活动实现均应明知的实际情况，以非法占有目的和诈骗手段有无区分两罪实无必要，故建议删除集资诈骗罪关于非法占有目的和诈骗手段的规定，将二罪名予以合并，罪名仍为"非法吸收公众存款罪"。

第二，明确法益。如前所述，涉众型金融犯罪的危害性不在于其单纯违反

---

① 参见高艳东:《诈骗罪与集资诈骗罪的规范超越：吴英案的罪与罚》，载《中外法学》2012年第2期。

了国家金融管理法规，破坏了金融管理秩序，也不在于其侵害了集资参与人作为投资者甚至投机者的财产权益，而在于其行为导致了金融风险，危害了金融安全。因此，应明确该罪的法益是金融安全。由此可推导出三点结论：（1）那些从事实体经营的企业或个人，为生产经营所需，以承诺还本分红或者付息的方法，向社会不特定对象筹集资金，主要用于合法的实体生产经营活动的行为，不具有危害金融安全的性质，应当作非罪化处理。（2）集资参与人参与集资行为与犯罪行为人的集资犯罪行为实际上是对合性行为，在法律上应作否定性评价，故不应将集资参与人认定为该罪的被害人。（3）该罪应为具体的危险犯，应当将危害金融安全的现实危险作为犯罪构成要件。

第三，修改罪状。前文谈到对从事实体经营的企业或个人的集资行为予以非罪化处理，由此带来一个问题是如何区分是否从事实体经营，是否会导致行为人披着实体经营的外衣实施集资犯罪。笔者认为，涉众型金融犯罪应当属于常业犯或营业犯，可借鉴常业犯或营业犯的理论进行罪状建构。首先，从事此类犯罪目的均是为了获取经济利益，以营利为目的是该罪的典型特征。其次，集资是针对不特定对象反复实施的行为，犯罪对象的不特定性和实施行为的重复性也是该罪的典型特征。因此，该罪的罪状可表述为："违反国家金融管理法规，以营利为目的，向社会不特定对象吸收资金或者以吸收资金为业，数额较大或者情节严重的。"

第四，调整刑罚。现行刑法规定非法吸收公众存款罪刑罚配置为"三年以下有期徒刑或者拘役，并处或者单处二万元以上二十万元以下罚金"和"三年以上十年以下有期徒刑，并处五万元以上五十万元以下罚金"。集资诈骗罪刑罚配置为"五年以下有期徒刑或者拘役，并处二万元以上二十万元以下罚金""五年以上十年以下有期徒刑，并处五万元以上五十万元以下罚金"和"十年以上有期徒刑或无期徒刑，并处五万元以上五十万元以下罚金或者没收财产"。两罪合并后应设置新的法定刑幅度。考虑到该罪的法益为金融安全，从刑法罪名体系上来看仍应列入"破坏金融管理秩序"一节，故其刑罚设置应与该节其他各罪刑罚配置相当，同时考虑该罪与组织、领导传销活动罪，非法经营罪在行为特征、危害程度的相似性，建议对其刑罚配置为："五年以下有期徒刑或者拘役，并处罚金"和"五年以上有期徒刑，并处罚金"。

（三）健全治理机制

第一，加强民间资本监管。让所有资金均处于国家金融监管体系之下，全面掌握民间资本规模、流向，是预防和及时发现民间金融风险，有效治理涉众型金融犯罪的前提。首先，要减少流通中的现金使用量。全面推广数字化支付，减少市场交易中大额现金的使用，进一步压缩现金流监管的盲区。其次，要加强公民个人资金使用情况监控。当前，银行卡滥发情况所有遏制，但一个身份证办理多家银行多张银行卡的情况仍然存在，给违法犯罪分子逃避监管提供了条件。因此，有必要借助央行公民个人征信查询体系，在对可疑银行账户进行监控的同时，对银行账户背后对应的公民个人进行资金监控，及时发现可疑交易情况。

第二，抓好企业风险排查。让资金需求方——各类经营实体依法合规获取并使用资金，是防范民间金融风险的关键。要健全企业金融风险监测预警和早期干预机制。一方面抓好资金“进口”的风险排查，加强企业资金账户监控，对短时间资金密集汇入等异常情况及时进行预警和干预，防范非法集资风险。另一方面抓好资金“出口”的风险排查，对生产经营性企业大额资金流入证券、期货市场、房地产领域等异常情况进行及时进行预警和干预，防止资金使用“脱实向虚”。

第三，深化金融市场改革。经济政策在打击经济犯罪和发展经济刑法具有基础性地位，“只有经济政策的成功才有经济刑法的成功，或者遏制经济犯罪的成功”。[①] 因此，深化金融市场改革，健全完善金融政策是遏制涉众型金融犯罪的治本之策。一方面，要改善间接融资结构，推动国有大银行战略转型，发展中小银行和民营金融机构，推动资金“供给侧”的改革，为民营企业、中小微企业融资创造更加便捷、优惠的条件。另一方面，要拓宽投资渠道，规范证券、期货市场，发展债券、基金市场，逐步放开金融机构多样化经营，为民间闲散资金投资提供更加规范、安全的渠道和平台。

第四，明确治理工作主体。治理涉众型金融犯罪是系统工程，需要各部门齐抓共管，但现行的联席会议机制并未形成治理合力，必须形成明确统一的治理工作主体。此次全国金融工作会议提出设立国务院金融稳定发展委员

---

① 王世洲：《德国的经济政策与经济刑法、经济犯罪互动关系研究》，载《中外法学》1999 年第 6 期。

会，强化人民银行宏观审慎管理和系统性风险防范职责，为进一步明确涉众型犯罪治理主体指明了方向。可以预测，金融稳定发展委员会是作为政府开展金融工作的专门机构，统领“一行三会”，人民银行作为牵头部门负有审慎管理和防范系统性风险的职责，故由人民银行负责治理涉众型金融犯罪是题中之义。

加强金融案件审判　护航经济稳定发展

——常州市天宁区法院金融纠纷案件调研报告

王留洪　长梅磊　申国胜　查熙迪　赵超男*

摘　要 ▶ 为更好地做好金融纠纷案件的审理工作，维护金融秩序稳定和区域市场经济发展，常州市天宁区人民法院对近年来受理的金融纠纷案件进行了全面调研，总结了目前金融纠纷案件审理过程中的问题和难点，对金融纠纷案件持续增长背后的原因进行了分析，并提出了防范和应对金融纠纷的对策建议。

关键词 ▶ 信贷管理　违约　风险防范

近年来，金融纠纷案件数量呈逐年上升趋势，成为民商事审判的主要内容，而且案例类型日趋多样化，在案件审理过程中呈现出不同以往的新特点，法律适用中的新型、疑难问题也层出不穷。为了更好地审理该类纠纷，充分发挥司法审判维护金融安全、促进金融体系良性运行的职能作用，笔者对此进行了专题研究。

一、涉诉金融纠纷调研基本情况

（一）案件数量不断增多

2016年以来，天宁区人民法院受理的金融纠纷案件数量呈现逐年递增趋势，其中2016年新收1131件，2017年新收1448件，比2016年增长28%；2018年新收1543件，比2017年增长7%，案件数量持续高位运行。

---

* 作者单位：江苏省常州市天宁区人民法院。

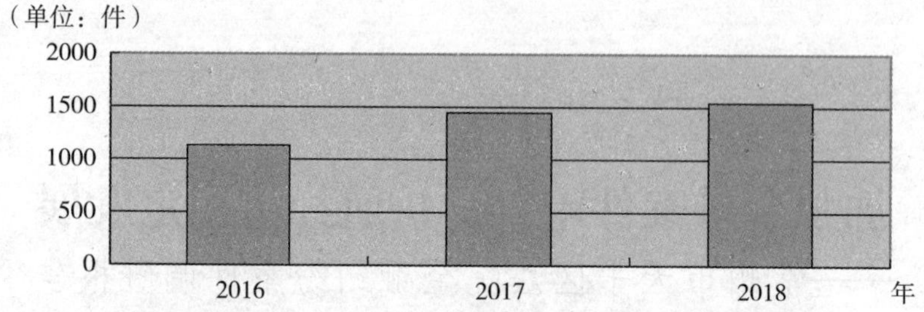

2016—2018年天宁区人民法院金融纠纷案件新收案量

（二）涉诉银行案件量分布不均

天宁区系常州市中心城区，金融机构大部分在天宁辖区内，有工商银行、农业银行、江南银行等11家银行以及中银消费金融有限公司、平安普惠融资担保有限公司等非银行金融机构。2019年新收的案件中，江南银行的金融借款纠纷案件达131件、信用卡纠纷案件341件，而光大银行仅有1件金融借款纠纷案件，民生银行有2件信用卡纠纷案件。涉诉银行案件数量分布不均，暴露出部分银行放贷审慎性较低，导致贷款质量不够高，涉诉案件居高不下。

（三）银行债权实现难度大

首先是单个案件的标的大，天宁区人民法院2018年新收金融借款纠纷案件920件，标的总额达到2783829315.34元，平均每个案件的涉案金额达到3025901元；其次是债权实现的难度大、周期长，天宁区人民法院2018年新收金融执行申请案件1796件，其中首次执行1322件，执行保全286件，执行恢复188件，到位率占比仅为24%，部分到位率占比为10%。金融纠纷案件涉及的资产处置相对较多，所产生的问题也较多，尤其对大型资产的处置牵涉了较多的力量、资源，导致执行周期较其他执行案件相对较长。

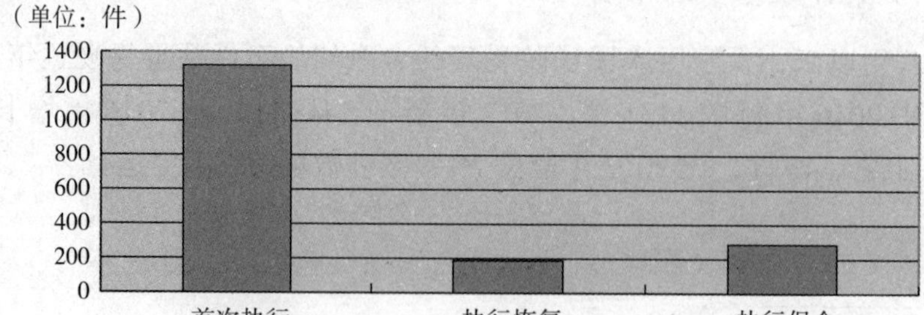

2018年天宁区人民法院金融执行案件新收案量

二、金融纠纷案件审理的主要难点

（一）送达难

因被告数量多，住所地分散，地域跨度较大，加之在贷款时所留地址不详或贷款后住址迁移，或外出躲贷，导致法律文书送达难。很多案件在穷尽其他送达方式后只能公告送达，无形中延长了审理周期，降低了诉讼效率。2018 年，天宁区人民法院金融纠纷案件缺席审理的达 50%。

（二）审理难

2018 年天宁区人民法院审结金融纠纷类案件 1449 件，其中调解 163 件，判决 1286 件，调解率仅为 11.3%，远远低于全院民事案件调解率 27.6% 的平均数。同时，由于送达难，部分公告送达的当事人在执行环节，往往以未收到法院的诉讼材料为由提出再审，造成金融纠纷案件再审率高。案件审理中涉及的事实认定和法律适用问题越来越复杂，且经常涉及刑民交叉问题，审理难度不断加大。

（三）执行难

一是执行到位难。债务人往往通过多头开户、恶意诉讼等各种手段隐匿和转移财产，导致法院执行困难，执行到位率低。据常州全市法院初步统计，该类案件中，难以查找到债务人财产的案件比例高达 30% 以上，能够有效执行的财产不足起诉标的十分之一。二是执行调解难。绝大多数的银行因涉及其内部管理问题，不愿意在执行环节进行调解，而被执行人又无法一次性履行义务，导致终结本次执行率高。2018 年，天宁区人民法院金融纠纷案件终结本次执行率达 62%。三是执行财产处置难。对于金融纠纷案件中设定了车辆抵押的案件，在执行程序中，大部分的抵押车辆只能在车管所进行查封，因无法获知车辆的实际方位，不能实际进行控制，进而无法进行处置。即使部分案件由举报人提供了车辆线索，但可能该车辆位于外省市，执行人员进行车辆控制难度较大。对于金融纠纷案件中设定了不动产抵押的案件，抵押的不动产不在本院辖区范围内，有些甚至在外省市，各地的规定有所不同，有些对本院的处置设置了障碍，需要依靠兄弟法院甚至上级法院的帮助才能够完成。

（四）维稳难

金融借款案件往往涉及当事人众多，案情错综复杂。一旦某个企业资不抵债，由于存在连环担保现象，易引发更多债权人受损、职工下岗等连锁反应，从而产生大规模的社会风险，影响社会稳定。面对重大系列案件，法院往往需额外付出大量精力配合地方做好维稳和协调工作。

三、金融纠纷案件不断增多的原因分析

（一）金融机构信贷管理存在漏洞

主要表现为贷前审查不严、贷后监督不力。部分银行机构因内部考核机制，一定时期内盲目追求信贷指标，忽视信贷质量，加之银行经办人责任心不强，在没有认真核实借款人的身份的情况下签订合同，导致名义借款人与实际借款人不一致，或者经办人明知借款人利用他人的名义向银行贷款，也并不进行阻止。司法实践中，少数人套取贷款或者转借使用，而名义借款人以未实际使用借款为由拒绝还款，极易激化矛盾。银行对借款主体的职业、收入等影响其偿还能力的资质情况审查流于形式，虽然各种文件齐备，但仅作形式审查，未作实质审查。个别银行明知借款人资信已经不良，仍予以放贷。很多案件中银行的代理人表示，到该银行贷款的借款人，很多都是在“跑路”前去贷一笔。另外，还存在借款主体为银行内部人员，甚至是管理人员的情形下，银行疏于审查其资信的情况，如在处理某银行的信用卡案件中，不乏借款人为银行员工、支行行长或其他银行行长拖欠信用卡本息的情况。

（二）企业盲目扩张，经营不善

部分企业在自身资金储备不足、市场调研不充分、经营管理模式粗放落后的情况下，受短期暴利驱使，大量依靠银行贷款贸然进入国际期货贸易等高利润、高风险的陌生领域，而随着国际国内经济形势变化、政府政策调整以及银行信贷额度下调，许多企业无法从银行获取足够资金支持，导致资金链断裂。

（三）借款人之间互保联保风险大

近几年，涉案当事人“多头”借款的情况越来越严重，多个当事人（自然人或法人）互联互保，在多家银行分别以自己或者担保人为主借款人进行贷

款，形成冗长的互联互保链条，并且多为信用贷款。一旦链条中某个当事人（自然人或法人）出现还款问题被银行起诉，其关联的多个联保担保人也会受到诉讼牵连，形成“多米诺骨牌”效应，严重影响地区金融秩序和经济发展。

（四）当前社会诚信体系不完善，违约失信行为频发

有些借款人法律意识淡薄，主动还款意识差；有些借款人知道金融机构新出台的放贷优惠政策后，不管有没有实际需求，随意借款，甚至贷款用于挥霍消费；有些借款人则对金融借款相关事项不甚了解，不懂互保联保贷款中，保证人还要承担连带还款责任，就盲目贷款或者帮人提供担保，出现了问题则相互推诿、逃避；有些企业频繁更换法定代表人，且许多“新官”不理“旧账”，致使金融机构收贷困难，只好诉诸法律。

四、防范和应对金融纠纷的对策与建议

（一）金融机构方面

1. 进一步加强信贷管理和风险控制体系建设，严格信贷审批和贷后管理，强化信贷资金流向及用途的合规性监督，定期梳理贷前审批、贷中监管、贷后应对等环节的风险新节点，切实防范金融风险。

2. 严格规范金融机构内部操作流程，相关合同文本应明确具体、合法合理，强化对借款人、担保人的释明义务。加强对贷款发放人员的业务培训和监督管理，杜绝违规操作。

3. 在金融机构之间探索建立信用信息共享机制，充分发挥信息技术在金融管理中的作用，整合各金融机构信贷风险管理信息，各金融机构在向企业授信前，通过该信息共享机制及时了解查询企业经营状况、贷款状况等，强化贷前、贷中和贷后各个环节的风险检查与控制。

4. 注重加强对小微企业的扶持力度，在授信规模不受影响的情况下，加大对小微企业的资金扶持力度，促进小微企业发展，在维护金融秩序的同时，促进区域经济发展，维护社会稳定大局。

5. 金融管理机构加大和公安、工商、税务等单位的联系，定期开展辖区内矛盾纠纷的排查摸底工作，对可能引发的群体性事件及不稳定因素做好应急预案，加强源头防范。同时，审慎运用司法手段，根据企业的经营状况、用工人数、资金活络程度等因素以和解、调解等形式帮助企业渡过难关，努力维护稳

定的经济形势。

（二）借款人方面

1. 强化诚信和守约意识。严格遵守合同约定，履行合同义务，了解掌握现行金融法律法规，提高对金融行为的风险预判和守约意识。

2. 企业主动转变经营方式，增强抗风险能力。要在经营方式、经营技术上不断创新，推动产业、技术、产品、管理不断有新突破，提高市场竞争力。企业发展要根据自身实际稳步推进，避免盲目投资扩张，特别是要避免企业资金进入民间借贷市场，在发生经营风险时，要积极应对，杜绝抽逃出资、携款跑路等行为。

（三）法院方面

1. 进一步健全审执工作机制。对批量涉同类型金融纠纷案件实行集中受理、快速立案、快速送达、当庭宣判，构筑高效、快捷、便利的绿色诉讼通道；充分利用诉前保全措施，及时对有关资产进行查封、冻结、扣押，防止债务人转移、隐匿财产，为案件调解、执行打下坚实基础；加强金融案件专项执行，加大涉金融机构的执行案件的打击力度，对有履行能力而故意长期逃避执行的被执行人综合运用多种手段进行严厉制裁，维护金融秩序稳定。

2. 建立重大敏感案件风险防范机制。金融案件往往涉及多重法律关系，利益相关人众多，易引发连锁诉讼或群体纠纷，可能危及银行金融资产安全、企业生存发展乃至地方社会稳定。因此，涉诉法院要联合市地方金融监管局、银监分局建立重大敏感案件的预警、处理机制。要充分发挥司法建议功能，针对案件审理中发现的问题，特别是对金融机构自身管理方面存在的缺陷，及时反馈，为金融监管部门和金融机构查堵漏洞、防范风险提出合理化建议，有效防范金融风险的传导和扩大。

3. 积极推进多元纠纷化解机制。金融行业的快速发展，主要依赖诉讼的纠纷解决模式已经不能满足高效、经济、快捷解决各类金融纠纷的实际需要，应当推进调解、仲裁等多元化金融纠纷解决机制。银行要强化诉调对接工作，充分发挥行业协会对金融纠纷化解的促进作用，扩大行业协会在金融纠纷案件调解中的覆盖面。积极推动金融纠纷人民调解员队伍建设，充分运用行业调解、涉诉风险告知、诉前调解、委托调解等矛盾纠纷化解方式，打造一个全员参与化解金融矛盾的平台。

（四）社会方面

1. 强化法治宣传，提升公众法律素养和守约意识。以保护人民群众切身利益、维护社会稳定为出发点，采取多种形式，加强法律政策宣传，广泛普及金融知识，提升社会公众金融安全意识和金融素养，增强金融消费者安全使用金融产品和服务的能力和信心，构建和谐金融关系，促进金融稳定和发展。

2. 完善企业信用体系建设。建立健全有效的公共信用信息平台，整合工商企业注册信息、税务部门财务及纳税信息、公共事业收费信息、环保信息、产品质量信息、涉诉信息等，促进金融机构提高决策效率，有效化解因企业信用信息披露不充分造成的融资障碍。

第三方支付客户备付金监管制度研究

王 敏*

摘 要 ▶ 近几年，随着智能手机的普及，一种崭新的支付方式——第三方支付以旋风般的速度进入人们的生活中，并因其安全、便捷的特点而备受青睐。但是，伴随着第三方支付的快速成长，其客户备付金的规模也越来越大，围绕客户备付金产生了一系列问题，引起了理论界和实务界的高度关注。本文的研究目的旨在厘清第三方支付、客户备付金等相关概念的基础上，通过对国内第三方支付客户备付金监管制度的梳理，发现其在立法与实践中存在的问题与不足，进而对问题进行剖析并提出合理的完善建议，以期为我国第三方支付客户备付金监管制度的完善贡献绵薄之力。

关键词 ▶ 第三方支付 客户备付金 监管制度

一、第三方支付与第三方支付客户备付金概述

随着经济生活中各种产品和服务的兴起，特别是电子商务的迅猛发展，传统的资金结算与支付方式，如现金支付、票据支付、信用卡支付等，均已无法完全满足新型商业模式的需求，第三方支付产业应运而生。第三方支付平台的出现，打破了“钱货两讫”的传统交易模式，开启了“支付行业”的全新时代。从 2005 年至今，经过十多年的发展，其业务领域不断拓展，市场参与主体也日趋多元，第三方支付现已成为我国现代金融服务市场中的一股重要力量。

* 作者单位：华润置地（北京）物业管理有限责任公司南京分公司。

（一）第三方支付

所谓“第三方支付”，是指非金融机构的第三方支付机构作为信用中介，以互联网为基础，通过与各家商业银行签订相关协议，使其与商业银行间可以进行某种形式的数据交换和信息确认，实现在持卡人或消费者与各个银行，以及最终的收款人或者是商家之间建立支付的流程。

通俗地讲，第三方支付平台是一个独立的机构，在买方与卖方之间搭建起了一座信用的桥梁，在电子商务交易中充当一个货款交付的中转站，起到了一个承上启下的衔接作用。具体的运行机制是首先由买方挑选好商品，并向卖方下订单，同时把货款汇入第三方支付平台的账户中暂时寄存。卖方接到汇款的通知以后再向买方发货，买方收到货物且确认无误后，便向第三方支付平台发出授权付款的指示，平台再最终将货款转入卖方的账户中。在实践中，“买方指示付款”这一步骤可以省略，即买方收到货物的一定期限之后，即使没有作出明确的付款指示，也默认买方确认收货付款，货款自动由第三方支付平台账户转入卖方账户。这一实践规定是为了保障交易的效率。

（二）第三方支付客户备付金

客户备付金是一个法律概念，也被形象地称为沉淀资金。其最初常出现在金融业，是指在一些企业特别是银行等大型企业的日常资金往来过程中，滞留在其账户未被利用、稳定性较高的资金。[①] 如前文所述，互联网电子商务有别于传统交易，在其交易过程中，无法实现所有权转移与货币转移的同步性。正是基于此，大量具有资金代收、代付、代管、储备等功能的第三方支付机构得以出现，从买家付款到卖家发货，从货物承运到最后买家收验货存在着一定的时间差，数量庞大的资金得以在第三方支付平台沉淀，客户备付金便因此而产生了。结合我国第三方支付客户备付金的现状以及相关法律规定，笔者认为可将客户备付金定义为：客户为实现交易而预付给第三方支付机构委托其代付或者暂时由第三方支付机构保管的资金。根据不同的形成机理，我们可以将客户备付金划分为在途资金、存款资金、退款资金。

---

① 参见张春普、李上上:《对沉淀资金的性质及其孳息归属的探究——以第三方网上支付为视角》，载《天津商业大学学报》2013 年第 3 期。

（三）备付金的规模与风险

客户备付金的数额大小是体现第三方支付机构业务量的一个十分重要的指标，支付机构的交易额度也可以反映机构所持有的备付金水平。支付宝是我国当前最大的网络支付机构，2013 年交易额超过 3 万亿元，日交易额峰值超 350 亿元，与 160 多家银行机构建立业务网合作关系。相关数据显示，2014 年第三季度我国互联网支付平台中国银联转接交易规模达到 8426.7 亿元，同比增长 79.8%，环比增长 9.3%。在交易规模的份额方面，支付宝占 49.2%，财付通占 19.4%，银商占比 11.6%，快钱占比 6.9%，汇付天下占比 5.3%，易宝支付占 3.2%，环讯支付占比 2.7%。① 据阿里巴巴实时数据显示，2018 年“天猫双十一全球狂欢节”最终交易额达到 2135 亿元。这笔巨额资金中的一部分在支付宝平台上停留数日就转移到各商家的账户，有的则是因申请退货等事由返还消费者账户，但无论哪种情况都会于数天至十数天间在支付宝平台形成“客户备付金”。从这些数据中可以得出以下结论：第一，第三方支付平台所涉及的总体交易额巨大，对于逐利的市场主体而言是潜在的诱惑。第二，第三方支付行业的发展势头强劲，业务前景良好。第三，第三方支付机构拥有庞大的客户群体，备付金的安全一旦出现闪失，会对社会秩序造成一定的冲击。第四，尽管现今我国市场上有多家第三方支付机构在运营，但是它们的市场实力悬殊，市场份额集中在以“支付宝”为首的少数支付机构，资金过度集中也增添了安全隐患。总之，对客户备付金的有效法律规制，必须以当前的市场状况为前提。

客户备付金面临的风险主要包括以下几种类型：一是信用风险，这种风险的表现形式为平台的“失信”和违法行为，包括第三方支付平台侵占或挪用客户资金，又或者未经客户同意将资金用于投资风险级别较高的项目。二是技术风险，该风险是由网络技术的失灵或安全漏洞引发，导致客户资金被盗取或盗用。三是权利救济风险，表现为客户资金受损后平台拒绝赔付或无力赔付，这种风险既可能出现在平台正常运行的过程中，也可能出现在平台进入破产清算的特殊阶段。监管不力和风险责任分配不清，以及平台利用格式合同减免自身义务的情况，均会加大客户资金损失后的救济风险。上述风险一旦变为现实，从微观层面会造成客户的经济损失，从宏观层面则可能会危害金融安全与秩

① 参见《艾瑞咨询：2014 年第三季度支付行业核心数据发布》，载 http://www.iresearch.com.cn/view/242015.html，访问日期：2018 年 11 月 23 日。

序，引发整个电商交易与整个社会的信用危机。

（四）客户备付金蕴含的法律关系

法以社会关系为自己的调整对象，不同的法基于不同的目的采用不同的调整方法调整不同的社会关系。因而为准确确定客户备付金的性质，采用正确的方法对其进行科学、有效地监管，构建完善的监管制度体系，必须首先对其蕴含的法律关系进行梳理。笔者认为，在客户备付金中存在三大法律关系：

第一，买卖关系是客户备付金中的基础关系。之所以产生客户备付金，即在于客户备付金是为了促进交易和买卖关系的形成，客户备付金的收、付款方往往也是买卖关系中的买方与卖方。如果没有买卖关系也就很难产生客户备付金，易言之，是买卖关系导致了客户备付金的产生。

第二，保管关系。基于前文对客户备付金形成机理的分析，部分备付金是客户出于将来商务往来便利的考虑而预存于支付账户中的。参照《合同法》第365条[①]，在第三方支付中，客户把自有资金划转至支付账户，实质上是客户委托第三方支付机构代为保管该笔资金，从而形成保管法律关系。

第三，委托关系。一方面，合同法对于该种法律关系和合同有着明确的规定。[②]另一方面，以支付宝为例，在其《支付宝服务协议》中，其也明确其提供的服务建立在客户委托的基础上。[③]可见第三方支付正是基于客户的委托而从事相关代收、代付等服务，是典型的委托法律关系。

基于对客户备付金法律关系的分析，笔者认为可以将客户备付金认定为保管关系或者委托关系的标的物。有部分学者认为虚拟账户中的余额具有银行储蓄性质，是用户存于支付平台中的存款，将其等同于银行存款。笔者认为，其中至少有两点不同。第一，主体不同，即存款业务的经营主体是银行，而第三方支付的经营主体是支付机构；第二，目的不同，客户备付金的目的在于实现交易，金融机构不得开展，并不能将支付机构的性质等同于银行。因此并不能将客户备付金简单地与银行存款等同起来。

---

① 《合同法》第365条规定："保管合同是保管人保管寄存人交付的保管物，并返还该物的合同。"

② 《合同法》第396条规定："委托合同是委托人和受托人约定，由受托人处理委托人事务的合同。"

③ 《支付宝服务协议》规定："支付宝服务是支付宝向您提供的非金融机构支付服务，是受您委托代您收款或付款的资金转移服务。"

二、第三方支付客户备付金监管制度的嬗变

第三方支付客户备付金是否需要监管？答案显而易见是肯定的，几乎所有的国家或地区都寄希望于通过有效的监管来保护客户的财产安全。但是我国涉及第三方支付及其客户备付金的监管制度并没有伴随着其诞生而诞生，在一段时间内监管存在空白和缺位。通过历史梳理，我国的第三方支付及其客户备付金监管历程大致可划分为两段：

（一）2010 年之前

我国第一家第三方支付机构首信易支付于 1999 年出现，2004 年支付宝正式上线，2005 年腾讯旗下的财付通开始运营。尽管第三方支付的出现已成事实，但是并没有专门针对第三方支付及其客户备付金的法律、法规出台对其进行监督管理，立法工作一直处于探索阶段，这也导致了客户备付金管理混乱、信息披露制度缺失等问题。对第三方支付及其备付金的监管基本上是依靠企业内部自律或者社会道德进行约束，也间接依靠民法等基本法律和其他的相关法律法规对其进行调整。如《中华人民共和国电子签名法》，其开创性地从法律效力上将电子签名和手写签名等同起来，标志着我国政府开始着手对电子商务进行调整，使互联网与现实得以对应，为我国包括第三方支付在内的电子商务的成长打下了坚固的基石。此外，还有主要调整商业银行和客户关系的《电子支付指引（第一号）》，是我国第一部以支付行业为调整对象的法规，对电子支付的相关概念、管理、各方权益、资金安全等方面作出了规定。[①] 可以看出该阶段，我国对于第三方支付客户备付金的监管，主要是通过民法等基本法律以及其他一些相关领域的法律法规，并辅之以行业自律来实现。

（二）2010 年至今

无论是《电子签名法》还是《电子支付指引（第一号）》都不是以第三方支付及其客户备付金为专门调整对象的规范性文件，靠道德约束与企业的自律也不能完全实现对其的有效监管。

2010 年 6 月，央行出台了《非金融机构支付服务管理办法》（以下简称

---

① 《电子支付指引（第一号）》于 2005 年 10 月 26 日开始施行。其主要调整的是银行开展电子支付业务，其第 2 条规定，境内银行业金融机构（以下简称银行）开展电子支付业务，适用本指引。

《支付服务管理办法》），该管理办法的出台标志着我国第一部专门以包括客户备付金在内的整个第三方支付为调整对象的法规诞生，是对多年以来的立法空缺的补位。其将第三方支付纳入央行的监管之下，首次对第三方支付机构的概念、客户备付金的归属、客户备付金的存管、法律责任等作出了规定，体现了我国对于第三方支付的监管理念与态度。其并将行政许可制度应用到了第三方支付领域，创设了经营许可证制度，规定了一定的市场准入门槛，截至 2016 年 9 月共有 267 家企业持有支付业务许可证。同时该办法还对信息披露等制度进行了设计。

2010 年 12 月，央行又发布了《支付服务管理办法》的实施细则，对该管理办法中规定不够细致的地方进行了完善，如进一步明确了第三方支付机构的资质条件、申请资料等。

2013 年 6 月，央行再次发布了《支付机构客户备付金存管办法》（以下简称《存管办法》），显示了国家对于该领域监管的高度重视。该办法对客户备付金的相关制度进行了更为明确的安排，如明确了客户备付金的定义；客户备付金必须存入商业银行专门的备付金账户；备付金存放银行的资质条件；任何个人、机构不得挪用、占用备付金；第三方支付机构的风险准备金用于弥补客户备付金的损失等。该办法的出台完善了我国第三方支付客户备付金的监管体系。

2014 年 1 月 26 日，国家工商行政管理总局颁布了《网络交易管理办法》，该办法规定从事网络交易的自然人，应向第三方平台提供真实的身份情况，还加强了对于消费者权益的保护，明确了消费者 7 日内无理由退货的权利，也建立了相应的报告反映机制，如规定第三方平台需要监督通过该平台销售的商品和服务，如果发现存在违反法律、法规的情形，应及时向工商管理部门报告。

2015 年 12 月 28 日，由中国人民银行颁布并于 2016 年 7 月 1 日开始施行的《非银行支付机构网络支付业务管理办法》（以下简称《业务管理办法》）是我国目前对于第三方支付及其客户备付金最新的监管法规，该法规产生于互联网第三方支付匿名、假名账户大量存在的背景下，确立了“了解你的客户”原则，规定第三方支付机构必须通过核对客户身份证等信息来对客户进行实名制管理，进一步强调了对于客户备付金的风险管控，并且规定中国人民银行可以根据第三方支付机构的资质条件、客户备付金等因素确立分类管理体系，为今后我国对第三方支付进行分类监管创造了可能性。除此之外，针对第三方支付领域涉及的外汇管理、预付卡业务管理等，相关部门也制定了一定的规范性文件对预付卡发行与使用、外汇风险管理等方面进行监管。

三、第三方支付客户备付金监管制度现存问题

由于我国第三方支付行业快速发展，交易规模不断扩大而形成了规模巨大的客户备付金，国家、社会也逐渐意识到对该领域进行监管的重要性，各部门以部门规章、指导意见、通知等形式出台了大量规范性文件对第三方支付客户备付金进行监管。但无论是从保证经济运行安全，维护客户的合法权益来看，还是从促进第三方支付行业的可持续发展出发，当前的监管制度都显然无法适应新时期的需求，其问题大致体现在以下几方面。

（一）立法碎片化、低层级化

第三方支付客户备付金监管制度主要由国家通过立法的方式而形成，这是维护经济运行安全，保护客户财产权益，促进第三方支付可持续发展的基本保障之一。但是纵览我国的监管制度，其总体呈现出碎片化与低层级化的特点。[①]一方面，所谓“碎片化”是指从立法系统化角度看，现行第三方支付及其客户备付金监管制度体系还只是由一些单行制度拼接而成的组合，它们之间缺少科学化的分工与配合，难以进行有效的衔接，也无法形成有效的合力，更不是系统完善、有序协调的制度体系，每一个单行立法只是一个自说自话的小体系。具体而言，在众多第三方支付及其客户备付金监管制度中，各类制度以各部门“意见”“通知”“决定”等形式出现，层出不穷。探究其原因，笔者认为首先在于立法者往往以实用主义为指导，以一事一议为方法，着眼于快速地回应社会经济发展的需要。虽然这种思路有利于短时间内解决一定的问题，但并不利于构建系统、完善的客户备付金监管制度。其次则是各监管部门基于本部门利益的考虑，进行大规模地部门立法。少数部门则以规则全面覆盖的方式，扩大管辖范围，扩充部门权力边界。最后则是在监管价值上对安全、秩序等价值更加关注，安全大于效率，通过增加制度供给来进行监管，未充分考虑支付行业的创新发展，这可能使该行业错失飞跃性发展的机遇。

① 2015 年 7 月 23 日，中国社会科学院法学研究所研究员周汉华在接受《法制日报》记者专访时，直指我国目前互联网法律立法规范层级低，立法碎片化，规定与现实脱节的种种弊端，呼吁应对我国的互联网法律进行顶层设计。

（二）客户备付金及其孳息的权属界定不清

明确财产权的归属对于权益的保护及效用最大化至关紧要。对此，《支付服务管理办法》第 24 条规定：“支付机构只能根据客户发起的支付指令转移备付金。禁止支付机构以任何形式挪用客户备付金。支付机构接受的客户备付金不属于支付机构的自有财产。”其后的《存管办法》延续了这一精神，其在总则中规定，支付机构接收的客户备付金必须全额缴存至支付机构在备付金银行开立的备付金专用存款账户。客户备付金只能用于办理客户委托的支付业务。任何单位和个人不得擅自挪用、占用、借用客户备付金，不得擅自以客户备付金为他人提供担保。虽然如此，但是从央行所发布的文件中，我们难以寻觅到确凿的答案。若对上述关键条款的措辞作言下之意的揣测，支付机构的客户似乎对备付金只享有使用权与处分权。然而，这只是财产权的部分内容。有恒产者，有恒心。权属的不明诱发失信风险，而这又直接牵涉到市场未来的发展与行业的壮大。

法律规则的不明给学术上的各种研判提供了广阔的释义空间，如标的物说、存款说、电子货币说、安全说等形形色色的观点应景而生。标的物说主张：“客户备付金属于保管合同的标的物，客户备付金的所有权属于用户，孳息所有权属于用户；第三方支付机构只是暂时代为保管客户备付金，而并不取得该资金的所有权；在第三方支付平台中资金的所有权一直掌握在客户手中，而非第三方支付平台，两者的关系是委托关系和保管关系，第三方支付平台没有实际处分资金的权利。”如果将客户备付金归属给支付机构并由其支配，显然不利于资金的安全。因此，从这个角度来说，客户备付金应当归属于客户。另外，对于“保管说”，人们多以第三方支付行业“大佬”支付宝公司的服务协议作为其观点的佐证。如《支付宝服务协议》即声明其提供的只是货币资金的代管、代收与代付的中介服务。

如果我们的目标是要寻找一个正确的、逻辑自洽的答案，那么就必须探查其原因、还原客户备付金循环与存在的场景。客户备付金之所以作为一个监管问题而存在，这和支付平台资金清结的时滞性密切关联。在一个理想、比较成熟的结算系统中，支付过程就是一个实时为借方与贷方记账的过程。然而，在第三方支付系统中，支付的账务处理与支付指令的处理并不同步，交易环节和支付结算环节的资金流动是先由买方（付款方）到第三方支付平台，等第三方支付平台得到付款方授权后，再由第三方支付平台将资金转给收款方。无论在形式上客户备付金表现为上述的哪一种类别，有一点是准确无误的，即这些资金是作为存款存在的，即便在第三方支付机构与相关商业银行已通过电子数据交换的方式腾挪到第三方支付机构的系统中。

金融市场是一个分工有序、金融机构各司其职的专业化市场。在这一市场中，商业银行是一个高度垄断、具有法定负债业务、资产业务与中间业务的机构。在交易中，市场中的其他各主体的资金最后都汇集成一个庞大的资金池而沉淀于商业银行。相应地，对于支付机构而言，客户的客户备付金最终还是要作为存款回流到商业银行。实际上，我国相关的文件早已明确了这一点，如《支付服务管理办法》第 26 条规定，支付机构接受客户备付金的，应当在商业银行开立备付金专用存款账户。《存管办法》所述的备付金专用存款账户、备付金收付账户、备付金汇缴账户亦表明，备付金是第三方支付机构以自己作为商业银行直接当事人的身份存放于银行的。该文件第 23 条对存款类别的规定更是印证了这一看法，如该条规定，支付机构在满足办理日常需要后，可以单位定期存款、单位通知存款、协定存款或中国人民银行认可的其他形式存放客户备付金。

机构的职能分工、客户备付金的循环轨迹及央行的文件无不表明，所谓的保管说、电子货币说等是站不住脚的。若这一拙见是符合逻辑与现实的，那么在识别客户备付金的权属时所使用的"所有权"一词就是一个谬误。"依照民法一般原理，货币属于特殊的种类物，其所有权随占有的转移而转移。"金融法学的研究者亦认为："吸收存款的金融机构与存款人之间因存款形成的关系是一种合同关系。"就本文所论及的客户备付金而言，这种关系表现为两个层次：第一层次是用户或商户因货币数据自银行向第三方支付机构的异动所产生的债权债务关系；第二层次是第三方支付机构因客户备付金存款而和商业银行之间形成的债权债务关系。

客户备付金所产生的孳息归谁？这也是一个争议颇大的问题。有人认为："客户备付金利息的归属有三种可能：第一种是直接被第三方支付机构获得；第二种是银行无偿取得客户备付金利息；第三种是银行开设无息备付金账户。"这个本不是什么的问题之所以被热烈地问题化就在于目前的法律对其支吾不清。《存管办法》第 29 条规定，支付机构一般应基于所有备付金银行账户利息总额的 10% 按季计提风险准备金。据此，有学者即认为，在扣除 10% 的利息计提后，支付机构即可获得客户备付金90%的利息收入。对该第29条作字里行间的解读，其并没有明确客户备付金利息的归属。实质上，作为管理者与中立者，央行也没有权力将他人的私益通过强力的方式进行判定。然而，无论如何，公权力的介入对私产的归属产生了涟漪性的搅局效应。

既然客户备付金在商业银行表现为第三方支付机构的存款，那么根据从随主的原则，由此所衍生的利息也应归该支付机构所有。虽然这种孳息的产生给人一种“空手套白狼”的感觉，对客户备付金的原始权利主体显失公平，但这是用户或商户与支付机构之间的意思自治问题，而与存款银行并无直接关联。我国《物权法》第116条也并不排斥当事人之间通过协议的方式对孳息的归属进行约定，如其规定：法定孳息，当事人有约定的，按照约定取得；没有约定或者约定不明确的，按照交易习惯取得。在实践中，为了防范争议，各支付机构在其与客户的线上或线下协议中也多进行了约定，如《微信支付用户协议》第4条第5款约定：“用户在使用服务期间，财付通支付科技公司无须对为客户保管、代收或代付款项的货币贬值、汇率损失和利息损失及其他风险担责，并且无须向客户支付此等款项的任何孳息。”随着分析的深入，客户备付金及其孳息权属问题就变得明显起来。“存款是商业银行的负债业务，因之形成商业银行与存款人之间的债权债务关系，这就是存款的法律性质。”货币的种类物及其循环特点决定了用户或商户因资金沉淀对第三方支付机构所产生的权利是债权，而非物上的所有权。在其权益受到侵犯时，其只能依债权向支付机构提出诉求，因为“依物债区分理论，物权的本质是支配性，债权的本质是请求性。

（三）缺乏客户备付金信息披露制度

首先，客户备付金只是第三方支付机构受客户委托而代为保管的资金，其所有权并没有发生变动，第三方支付机构不仅有义务保证客户备付金的安全，不随意挪用客户备付金，而且客户也有权利随时了解其存放状态、管理动态等信息，这是客户财产所有权的应有之义，更是将来允许利用客户备付金进行相应投资的重要前提。其次，完善的信息披露制度，是向全社会展示支付企业的客户备付金操作情况，不仅有助于加强支付企业的自我约束，也可以减少支付企业和消费者之间的信息不对称问题，是对消费者基本权利的尊重，还有利于从社会、消费者、媒体等多元角度实现对客户备付金的监管。最后，对于政府而言，向企业提出信息披露要求以及建立相应的标准所花费的政府资源比政府直接采取行动获取、传播信息要少得多。从现行的有关监管制度来看，立法者也秉承这一态度，如《存管办法》要求第三方支付机构保存客户备付金核对记录，并鼓励第三方支付机构为客户创造查询条件等。[①] 但这些规定都只是作出了原则性的规定，并没有具体地规定信息披露时间、披露方式、披露内容等，也不具备强制约束力，其宣示意义大于实际意义。即使部分支付机构作出了相应披露，其披露内容往往也晦涩难懂。导致消费者无法顺利地获取信息和使用信息，以至于在实践中，信息披露无法发挥作用且内容各有不同。[②] 此种模式的信息披露制度不利于客户对信息充分了解。

四、第三方支付客户备付金监管制度的完善路径

建立科学、完善、现代化的第三方支付客户备付金监管制度，不仅是该行业继续快速、健康发展的必然选择，也是全面推进依法治国，改善制度供给，提升国家治理能力，实现国家治理现代化的必经之路。如上分析，我国第三方支付客户备付金监管制度还存在许多不足的地方，应当立足我国特有的经济、政治环境，参考域外对客户备付金监管较为完善的经验，进而不断完善我国的监管制度。

（一）确立综合性监管立法模式

对第三方支付客户备付金的监管行为，从一定程度来讲是国家利用公权力对经济关系进行干预和调整的行为，依法、合法行政是法治国家应当遵循的原则，也是市场经济发展的需要，职能部门在对客户备付金进行监管时必须依照现行有效的法律，不得与之抵触。以美国为例，其国会、美联储、联邦存款保险公司（简称 FDIC）等部门制定了大量法律法规对第三方支付及其客户备付金进行监管，如《电子资金划拨法》对提供电子支付的机构进行了监管，确立了资金划拨各方权利、义务的基本框架。为了加强对第三方支付的监管，建立统一协调的法制体系，欧盟同样制定了相应的法律，如《电子货币指令》[③]，

① 参见《存管办法》第 34 条、第 38 条。

② 颜苏：《银行理财产品信息披露标准化原则的立法研究》，载《法学杂志》2015 年第 3 期。

③ 即《关于电子货币机构业务开办、经营与审慎监管的指令》（Directive 2000/46/EC），简称《电子货币指令》。

从立法角度赋予了非银行金融机构发行电子货币的权利，为其进入电子货币发行服务领域创造了条件。又如《支付服务指令》对机构相关责任作出了详细地安排。

但是通过与欧美国家相比较，我国目前关于第三方支付客户备付金监管的法律制度呈现出低层级化、碎片化的特点，部门立法现象较为突出，除了法律位阶的《电子签名法》有零星涉及第三方支付领域以外，其他规范性文件多是人民银行或者其他部门制定的部门规章，甚至效力层级更低的指导意见、通知等，这些规范性文件的效力层级均较低，其约束力和强制力十分有限，适用难度较大。

因此为了实现对客户备付金的统一、高效监管，保护好各方合法权益，首先亟须提高当前监管制度的法律位阶，进行综合性立法，建立具有统领性的法律制度。为此有必要由国务院出台行政法规，或者条件成熟时由全国人大及其常委会制定效力层级更高的法律（如《网络支付服务管理条例》或者《网络支付服务法》），整合现有制度，对客户备付金进行整齐划一的调整，避免制度体系繁杂无序，难以适用。其次在提高监管制度位阶的同时，可以在高位阶法律的指导下进一步完善相应的配套监管制度。如将《存管办法》中概括性、笼统性的规定进行完善与细化，明确监管的具体程序，提高法律的可操作性与可预测性，不给权力寻租提供空间。再次，没有民间自治规则的发展，没有社会软法的完善，就不可能有公民社会的兴起，而没有公民社会的兴起，就不可能有现代民主法治。我们应当树立多元治理理念，通过立法赋予行业组织自我监督、自我管理的权利，通过行业内部有效、合理的自律公约进行调整，得以大大减少监管成本，发挥行业协会的技术、信息优势，实现“软法之治”，维护良好市场秩序。最后，立法完善时应当秉承分类监管、分部门监管的原则，第三方支付是高技术性的行业，涉及金融、互联网等多个领域，法律应充分协调人民银行、工信部、外汇管理局等各监管部门，合理分配监管权力，一方面防止各部门无序争夺管理权，进而导致部门立法；另一方面也避免监管部门逃避义务，相互推诿。

（二）明确客户沉淀资金及其孳息的权属

虽然在源头上，备付金源于客户指令下银行与第三方支付机构的电子数据交换，但是在判定其权属时，我们必须尊重资金自“客户→商业银行→第三方支付机构→商业银行”这一循环的事实流程。当该笔资金最终沉淀于银行时，与其存在直接债权债务关系的当事人是第三方支付机构，而非资金提供方的客户。而且，这一法律关系也符合我国商业银行法的精神。因此，在未来的规范调整中，央行亦应对相关的上位法予以尊重，并在其规范文件中从两个层次固化以下思想：一是承认第三方支付机构与其合作银行之间因沉淀资金所形成的是存款性的债权债客户备付金务关系；二是明确支付机构与其客户因资金异动滞留所形成的是非存款性的债权债务关系。如果这一问题得以廓清，那么沉淀资金的孳息问题也就迎刃而解，客户备付金因为根据从随主的原则，除非当事方之间另有约定，其权利自然归第三方支付机构所有。

为了保证资金安全，有研究者认为，应该引进FDIC推出的“延伸存款保护客户备付金制度”，即“第三方支付机构将所有客户备付金存入FDIC客户备付金在银行开设的一个无息账户，由客户备付金所产生的利息用于为每个用户购买上限为”。虽然美国在金融创新方面具有强大的范效应，但是否言必称美是一个值得探讨的问题。而且，若美国的客户备付金实践、制度设计的理念本身就存在缺憾，那么不加甄别地仿效，就可能将我们本土的第三方支付行业陷入成长僵局。实质上，在借鉴之前，有两个问题是值得斟酌的：一是无息是否有益于第三方支付客户备付金行业的成长与发展？二是在私法自治的主流认知下，监管者能否断然决定无息？如果不能，该怎么办？对客户备付金于第一个问题，美国最有实力的第三方支付平台PayPal的发展史给我们提供了答案。在其运作之初，PayPal提供免费服务，其主要收入来源为客户备付金的浮动利差。在发展的中期，因利息收入减少，PayPal不得不将备付金投放于短期资币市场。后来，因美国金融政策的调整，依FDIC的要求，必须将客户备付金存放于指定的无息账户，使得其收入进一步减小，从而导致PayPal走向衰败。由此看来，在第三方支付行业利润来源单一、产品与服务拓新空间狭小的现实下，“依葫芦画瓢”地将美国的无息要求移植到我国第三方支付行业的治理中，是不利于该行业发展的。时下，我国第三方支付行业正处于发展期，亟须制度层面的合理扶持，而不是过度打压。因此，肯定客户备付金的孳息收入不仅是对存款有息的尊重，而且其利大于弊。对于第二个问题，监管者更是不能操之过急。尊重与保护私产是市场发展的基础。本金产生孳息，这也是一种公理。即使公法想改变这种私法自治的规则，那么为了保证权威性与严肃性，也必须由位阶高的法律对这一事项进行背书，而不应是由监管者通过一纸公函的方式

"粗暴"地对市场说不。

（三）完善信息披露制度

建立完善的信息披露制度不仅是出于利用客户备付金进行投资的考虑，这也是降低政府监管成本的必然要求，更是消费者知情权应有的延伸，是对客户财产所有权的尊重和保护，有助于提高客户的信息获取能力。美国重视对客户知情权的保护，并通过《电子资金划拨法》与客户备付金 E 条例，《真实信贷法》及 Z 条例（联邦储备理事会颁布的 Federal Reserve's Regulation Z 的简称）设立了一整套信息披露机制，确保用户全面、真实、准确地了解相关信息。该机制要求第三方支付机构必须通过书面形式进行明确而显著地披露，并且该披露还需采用通俗易懂的语言，使用户在专业性不足的情况下也能充分了解信息，尽可能降低信息不对称。同时根据不同的披露时间，美国将其划分为首次信息披露、定期信息披露、实时信息披露、变更信息披露等多种形式，通过这些形式将第三方支付的收费标准、各方享有的权利和需要承担的义务、救济渠道等信息对用户进行告知。不仅于此，为了防止信息披露机制流于形式而难以有效保护用户权益，美国还作出了一定的罚则安排，包括民事赔偿责任，甚至刑事责任。欧盟同样关注对于用户知情权的保护，在《支付服务指令》中根据交易类型的不同作出了相应的制度安排。对于一次性交易，指令第 36 条指出，支付服务供应商应按照用户的要求提供纸质或其他耐用的媒介来传递相关的信息和条件，同时这些信息和条件应当使用通俗易懂的语言和易于理解的模式，并使用各成员国的官方语言。指令第 37 条罗列了需要公开的信息，包括支付服务提供的最大时间，用户需要支出的费用等；对于框架合同，指令第 41 条作出了与 36 条类似的规定，在 42 条中针对框架合同的特点作出了更为详尽的罗列。在新《支付服务指令》第 44 条和第 55 条对于两种交易模式亦规定了类似的披露方法，但在第 45 条和第 56 条中针对具体披露的内容提出了更详尽的要求。如对于一次性交易，第 45 条第 2 款要求初次支付服务提供者提供其注册名字、总部地理位置等，从而更加全面、完善地保护用户的知情权。

借鉴国外经验，针对第三方支付机构与客户之间信息不对称的问题，我国可以从以下几方面着手建立第三方支付及其备付金的信息披露制度。第一，改变现行客户备付金监管制度信息披露的弹性规定，将第三方支付机构的信息披露义务定性为强制性、约束性义务，并明确披露的内容、时间、方式等。第二，应当树立信息披露标准化原则，即要求不同的第三方支付机构之间具备形式、内容大致相同的披露模式，使得客户得以在不同支付企业之间进行比较。为此可以由行业协会出台信息披露的标准范本，使不同支付企业间的信息披露具有可比性。第三，披露内容应具有可读性，这要求支付机构进行信息披露需要充分该考虑大多数客户的专业知识水平和理解能力，让披露信息易于理解、掌握。第三方支付以及客户备付金的管理涉及金融、互联网等领域，其中蕴含大量复杂、高深的专业术语，普通客户无法理解其含义，其知情权便难以得到保障。为此可以参考欧美国家的规定，要求支付机构信息披露必须以简单、易理解的语言表达，否则将难以达到较好的披露效果。第四，信息披露制度必须以一定的行政责任为配套，未履行或者未充分履行披露义务都应受到行政监管部门的处罚，避免支付机构逃避披露责任。

信托登记制度探析

尹炜杰*

摘　要 ▶《信托登记管理办法》和《信托登记管理细则》的相继出台，标志着我国信托业的统一登记制度得以正式建立。信托登记制度是大陆法系在移植信托法时所创设制度中的典型代表。英美法上尽管没有独立完整的信托登记制度，但为了保证信托财产独立，保障信托财产流转，同样需要遵循一定的形式。在大陆法系"一物一权"的理念下，信托登记是信托制度发挥自己独特作用的前提和基础。登记的效力主要存在登记对抗主义和登记要件主义两种不同的模式。探讨信托登记及其他信托相关制度，首先应准确区分信托与信托合同的异同。当前信托登记模式或行更改更有利于信托产品的流通。信托登记兼有民事登记和商事登记的特征。应完善信托登记异议制度。

关键词 ▶ 信托登记　登记效力　异议登记

一、我国信托登记制度建立的时代背景

2017年8月25日银监会发布的《信托登记管理办法》(以下简称《登记办法》)标志着我国信托业统一登记制度得以正式建立，打破了以往信托登记"有法可依，无法操作"的尴尬局面。2018年8月9日《中国信托登记有限责任公司信托登记管理细则》(以下简称《登记管理细则》)的批准生效，进一步细化了信托登记流程，在实践操作中给予了较为明确的指引，市场规范化和透明度大大提升。但是，对于信托登记制度理论和实践的探索并不因此而停止，党的十八届四中全会提出的"推进立法精细化"，对立法工作提出了新的更高

*　作者单位：南京师范大学法学院。

的要求，对信托登记制度的探索也正经历着一个从“由无到有”向“由有到精”的转变过程。

从信托业本身发展来看，对信托登记制度的完善也是促进我国信托业规范发展、良性发展的必经之路。早在2013年，全行业信托资产余额就已经超越保险业的总资产规模，信托业成为第二大金融子产业。2017年信托规模更是一度赶超银行业，在金融投资领域中位列第一。但随着《关于规范银信类业务的通知》《关于进一步整治银行业市场乱象的通知》等文件的相继出台，严格限制了监管套利业务，银信合作业务的快速增长局面不再。2018年第二季度更是首次出现了信托资产规模的连续下滑，经营收入与利润总额皆呈回落趋势。[①]这意味着我国信托业信托登记制度刚刚建立，就可能要面临行业发展的瓶颈时期，

但这却是行业规范和制度改革中所必须接受的“阵痛”。党的十九大报告提出，一方面要“深化金融体制改革，增强金融服务实体经济能力，提高直接融资比重，促进多层次资本市场健康发展”，另一方面要“健全金融监管体系，守住不发生系统性金融风险的底线。”信托业作为金融行业的重要支柱产业，无论是在金融产品创新还是在金融监管方面都具有举足轻重的地位。“防风险、去杠杆，这是两个非常重要的主题，如果信托还是传统方式做通道业务、房地产开发贷款业务、政府融资平台，那就是与宏观政策导向背道而驰。”[②]信托业已进入刚性转型时期，信托登记作为最重要的信托配套制度，承担着信托公示、保障信托财产独立以及维护交易安全等重要功能，通过信托登记，完善信托公示，去除冗杂业务，以达到实现信托业转型、回归信托本源的目的。

二、信托登记的域外经验与我国的模式选择

（一）英美法系的相关规定

信托起源于英国的“用益制度”，著名法律史学家梅兰特曾有这样的论断：“如果有人要问英国人在法学领域取得的最大成就是什么，那就是历经数百年

---

① 参见《资产规模连续下滑　资本实力环比上升——信托业加快“瘦身健体”》，载《经济日报》2018年9月4日。

② 参见《信托迈入26万亿！2018年如何应对刚性转型？》，载《21世纪经济报道》2018年4月9日。

发展起来的信托理念。”他认为，信托制度的优势在于其灵活性和普遍使用。[①]信托制度破产隔离的功能源于信托财产的独立，而信托巨大的弹性设计空间则得益于信托受益权的灵活运用[②]，信托制度也因而受到世界大多数国家的青睐，被广泛地运用于商业往来中。正因为信托制度具有独特的品质和极为灵活的可操作性，使大陆法系国家和地区纷纷将信托制度移植到自身的法律体系中并发挥出巨大的作用。在大陆法系国家和地区将其引入自身的法律体系进行“本土化”的改造过程中，必定会出现“水油混合”的现象，有诸多不协调、不适应，也必然会朝着“酒茶兼容”的局面演进。信托登记制度正是大陆法系在移植信托制度时所创设制度中的典型代表。一般认为，信托法中各方当事人权利义务的不同设定是两大法系对于信托制度规定的主要区别，在信托起源地的英国，基于其“双重所有权”的制度设计，对私益信托并不要求进行登记，但同样需要遵循一定的形式。英美法系并无特殊独立的信托制度，可以说，信托登记制度是大陆法系和地区信托领域的特有制度。[③]

英美法系有关信托财产流转的规定主要依赖于其普通法、衡平法二分的制度设计。有学者认为，信托财产的独立性体现了信托制度浓郁的英美法特色，英美法上存在财产拟人化、取得一定人格性的现象[④]，即“信托财产在法律上虽然不具独立人格，但其实际运作确有拟人化倾向自成个体”。[⑤]但这与我们平常所理解的信托财产独立并不相同[⑥]，因为在英美法上，基于其普通法、衡平法的二分方法，信托财产具有“二元所有权”特性，受托人享有普通法上的所有权，受益人享有衡平法上的所有权。此处“所有权”的表述，与我们日常所理解的物权所有权并不是完全相同的概念。但无论如何，英美法上想要通过信托制度来保证信托财产和受托人财产相分离，主要是通过个案衡平所得，信托财产拟人化的处理主要是为了法律关系的简洁明了。因此，在信托制度起源地的英国并不需要完整的信托登记制度，除了公益信托需要进行登记外，其余不要

① 参见钱弘道：《英美法讲座》，清华大学出版社 2004 年版，第 290~291 页。

② 参见汤淑梅：《信托受益权研究》，法律出版社 2009 年版，前言第 2 页。

③ 参见徐刚：《信托登记制度研究》，法律出版社 2018 年版，第 22 页。

④ 参见孟强：《信托登记制度研究》，中国人民大学出版社 2012 年版，第 56 页。

⑤ 方嘉麟：《信托法之理论与实务》，中国政法大学出版社 2004 年版，第 3 页。

⑥ 徐刚认为，信托财产独立性是大陆法系信托制度的灵魂，参见徐刚：《信托登记制度研究》，法律出版社 2018 年版，第 58~69 页。

求登记。英美法信托的成立只要求三个确定性原则，即委托人的意思确定、信托财产的确定和受益人的确定。[①] 美国《统一公益信托受托人法》同样只要求对公益信托进行登记。

然而有些英美法系国家或地区还是有信托登记制度的，如在美国的一些州中不动产信托就需要进行登记。受托人有义务将属于信托的财产清楚标记（earmark）为信托财产，这样就可以禁止受托人从中谋取私利。[②] 受托人有保护和保全信托财产的义务，为履行该义务，受托人应像一个合理谨慎的商人一样行事，亦即具有谨慎投资的义务。[③] 我国香港地区《受托人条例》第 29 章第 3A 条表述为“法定谨慎责任”。受托人有义务采取任何必要的步骤和措施来标记财产，包括将信托财产的转让契据或抵押文件进行登记，目的是为了阻止向善意买受人出售或抵押信托利益从而导致受益人丧失信托利益。如果信托当事人没有依法登记，则受益人权益无法对抗在信托设立后取得信托财产并进行登记的善意买受人。

总之，英美法上尽管没有独立完整的信托登记制度，但为了保证信托财产独立，保障信托财产流转，同样需要遵循一定的形式。英国信托法执行委员会副主席 D.J. 海顿认为，委托人想要通过转移财产给委托人而为受益人设立信托，必须遵循一定的形式，以支票形式支付现金，财产转移在支付兑换后，动产以交付为转移，而在自有或租赁土地上普通法上的不通畅需要通过契约或登记的土地转让单来进行转移，其中的衡平权益则需要通过签署书面文件才能转移。如果委托人宣告以信托方式为其他人持有财产，除非该财产是土地否则没有形式上的要求。[④]

（二）大陆法系信托登记制度的创设

大陆法系由于没有普通法、衡平法二分的传统，为了移植信托制度而创设了信托登记这一极富个性色彩的配套制度。在“一物一权”的理念下，信托登记是大陆法系信托制度发挥自己独特作用的前提和基础。登记的效力主要存在登记对抗主义和登记要件主义两种不同的模式。除此之外，公益信托的登记还

---

① 张德荣主编：《金融法律实务前沿》，法律出版社 2007 年版，第 95 页。

② 高凌云：《被误读的信托——信托法原论》，复旦大学出版社 2009 年版，第 103~104 页。

③ 参见姚朝兵：《美国信托法中的谨慎投资人规则研究》，法律出版社 2016 年版。

④ 参见［英］D.J. 海顿：《信托法》，周翼、王昊译，法律出版社 2004 年版，第 132 页。

需要公益机构的批准外。

登记要件主义又称生效主义，认为物权的变动必须进行登记，如果当事人仅仅只是达成了物权变动的合意而没有完成登记手续，则物权变动的意思表示不但不产生公信力，而且也不产生物权变动的法律效果。对于信托来说则为非经登记信托不能设立，我国当前的信托登记当属此种模式。

登记对抗主义又称意思主义，当事人一旦形成物权变动的意思表示，便可以发生物权变动的法律效果，未经登记的物权也可以通过当事人的合意而成立，只是在没有依法进行公示前，物权的变动不能对抗善意的第三人。[①]日本以及我国台湾地区是这种立法例的典型代表。日本《信托法》第 14 条规定不经信托登记的信托财产不得对抗第三人，但证券等信托可以不进行登记。我国台湾地区“信托法”第 4 条规定：“以应登记或注册之财产权为信托者，非经信托登记，不得对抗第三人。”这种模式下登记只是公示方式，对信托本身不产生影响。

（三）我国的模式选择

我国《信托法》第 10 条规定，“设立信托，对于信托财产，有关法律、行政法规规定应当办理登记手续的，应当依法办理信托登记。未依照前款规定办理信托登记的，应当补办登记手续；不补办的，该信托不产生效力”。2017 年出台的《信托登记办法》第 3 条规定，“信托机构开展信托业务，应当办理信托登记，但法律、行政法规或者国务院银行业监督管理机构另有规定的除外”。这些规定基本上确定了当前我国信托业信托登记采用的模式是登记要件主义，登记效力为生效效力。公益信托登记的规定则在慈善法中有所体现，需向受托人所在地县级以上人民政府民政部门备案，否则不享受税收优惠，更近于大陆法系做法。

在《登记办法》和《登记管理细则》出台以前，学界对信托登记制度的讨论主要集中在信托登记的内涵、内容、客体及效力等实体问题和信托登记的机构、申请及审核等程序内容上，并取得了一系列重大的成果。其中最重要的成果之一莫过于对信托登记效力的探讨，亦即登记要件主义和登记对抗主义模式的探讨。

---

① 参见汤淑梅:《信托受益权研究》，法律出版社 2007 年版，第 184 页。

1. 对现行模式的肯定

有学者对我国现行的采取的登记要件主义模式持肯定的态度，理由主要是从实践来看，我国几乎所有的信托成立都采取信托合同方式。那么，信托的成立与否关键就在于信托合同能否成立，信托的命运与信托合同的命运是一致的，在一定意义上讲，信托的成立与生效就是信托合同的成立与生效。信托合同的成立与否是当事人之间的事情，但生效与否则有了第三方（即法律）的介入，成立是生效的基础，生效不是成立的必然结果。所以，成立是一个事实问题，而生效则涉及法律评价——“合法性”标准的参与。信托登记是登记机构对信托合同、信托财产、信托当事人等进行全面审查之后作出的，这种审查主要是合法性审查。因此，对于信托来讲，登记是信托的生效要件，而不是成立要件。[①]

笔者认为，我国《信托法》颁布并实施于2001年，当时我国尚未“入世”，面临的经济环境与当前有很大不同。并且由于当时立法技术相对粗疏，一些规定含糊不清，将一些概念混淆，给实践中带来了很大的障碍。例如，《信托法》第8条规定，“采取信托合同形式设立信托的，信托合同签订时，信托成立。采取其他书面形式设立信托的，受托人承诺信托时，信托成立”。但在后续条文中又采用了信托生效的表述字样。这实际上是将信托的成立和信托合同的成立、生效混同，尽管实践中大部分信托的设立都采用签订信托合同的方式，但外观的一致不代表内在理论的等同。信托合同的成立生效主要适用合同法的相关规定，但信托的设立与成立应适用信托法的规定，并无信托生效一说——正如设立合伙必须要订立合伙协议，但合伙协议的成立与生效并不能和合伙的成立相等同。当下探讨信托登记及其他信托相关制度，首先应准确区分信托与信托合同的异同。

2. 对现行模式的否定

有学者对《信托法》第10条采用的登记要件主义持否定的态度。信托的价值取向在于扩张自由和提升效率……从实现信托的自由和效率的价值出发，

① 参见袁鸣：《论未进行信托登记的法律效果》，载http://www.law-lib.com/lw/lw_view.asp?no=7965，2018年12月10日访问。

似不必强求信托公示之生效效力。[①] 从鼓励或发展信托业角度上讲，信托登记生效主义不仅没有必要，而且违背信托的宗旨，在很大程度上阻碍了信托业的发展。[②] 这些观点大抵都是站在信托业发展的角度上，希望尽可能地“解放”信托。问题在于，从金融监管角度来看，改变现行模式的做法是否依旧能达到监管效果。

从广义而言，信托登记的基本内容可分为信托产品登记、信托文件登记及信托财产登记。信托登记的客体历来有信托关系说和信托财产说两种观点，学者总结，当前的做法采用的是双重登记。[③] 即信托登记对外的公示效力既包括信托关系的公示，也包括信托财产的公示。有学者认为信托财产和受托人财产的隔离，在我国基本上已经通过信托登记以外的其他变通性规定——《信托法》第 15 条、第 16 条规定的信托财产与委托人、受托人互相隔离以及《信托公司集合资金信托计划管理办法》第 5 条第 2 项规定的委托人受益人合一的规定实现。[④] 但变通规定理论基础显然还不够牢固，对外公示力力度仍较为缺乏，而这正是信托登记制度的核心价值所在。并且从法理和我国实际上来看，与国外信托财产独立于受托人不同，我国信托财产的独立性更主要的是面向委托人而言。应该看到，商事信托的登记本身就是金融监管的一环，可以起到公示信托、稳定金融环境的效果，那么当前信托登记模式或行更改更有利于信托产品的流通，只是在理论与实践上仍然需要进一步巩固和完善。

此外，令人惋惜的是，在英国信托法中，商事信托几无特殊规定，完全可以套用民事信托的做法，但由于我国基本上只将信托作为金融商事的一项工具，民事信托很不发达。上述学者的观点也只是围绕商事信托展开，这不得不说是一份遗憾，也代表着在理论上还有很大遗漏，未来需要对此进一步探讨。

3. 其他主张

另有学者认为，根据我国《信托法》第 10 条，信托登记是强制性的，未按规定办理信托登记则该信托不产生效力，但是信托不产生效力并不意味着对当事人没有任何意义，当事人还会受到信托合同的约束，同时并非所有信托

---

① 参见文杰:《论信托公示的理论基础与制度设计——兼评我国〈信托法〉第 10 条之规定》，载《中国商法年刊》2008 年刊。

② 参见张德荣主编:《金融法律实务前沿》，法律出版社 2007 年版，第 96 页。

③ 参见徐刚:《信托登记制度研究》，法律出版社 2018 年版，第 85~89 页。

④ 参见党海娟:《商事登记制度基本问题研究》，法律出版社 2017 年版，第 99~100 页。

都要进行登记，只有那些财产转移也需要登记的信托才需要进行信托登记。[①] 兼采信托登记生效主义模式和登记对抗主义模式的做法也得到了部分学者的赞同。

但这种观点同样没能区分信托与信托合同的关系，而且将信托登记完全依附于物权登记的做法，未免过于简单。信托登记不单是信托财产的登记公示，而且也是信托关系的登记公示。即使只是信托财产的登记，主要目的也不只是为了确定信托财产的归属，而是为了保证信托财产的独立地位，不动产统一登记的主要目的是保护公民的物权，而商事登记还应着眼于商事主体，因此信托登记不能简单套用物权登记的模式与效力。信托登记兼有民事登记和商事登记的特征，信托登记效力与物权登记效力、知识产权登记效力的冲突与救济，仍应是接下来研究的关注点。

也有学者面对两大法系之间的“鸿沟”，对大陆法系物权、债权两分的理论提出批评，认为应该在未来民法典的财产权编中分设物权编、信托编和知识产权编。[②] 遗憾的是，一方面我们确实在不断地为两大法系的借鉴融合而努力，另一方面也不得不承认，想短时间内将两大法系的差异完全消弭几乎是一项不可能的任务。大陆法系物债两分的模式或许确实有其过时的一面，越来越多“物债混合”的新型权利正不断涌现，原有的理论已难以完全涵盖，但是否机械地将这些新型权力独立成编就足以解决实践问题与理论障碍，仍然有待商榷。尽管遭受冲击，但物债两分的模式依然是一个严密完整的体系，是打破现有框架重新构建，还是在框架内尽力弥合谋求发展，这仍然是一项需要深思并等待未来检验的问题。

三、当前信托登记制度的完善

如前文所说，为了完善我国当前的信托登记制度，需要区分信托成立与信托合同成立、生效的关系。《登记办法》第11条规定的信托初始登记是在信托成立或者生效后10个工作日内进行，“成立”“生效”的表述表明立法者对信托的性质仍然缺乏准确的定位，应统一为“成立”。信托登记需要进行预登记，取得唯一产品编码，终止则需要办理终止登记，应妥善处理信托登记与其他权

---

① 参见汤淑梅:《信托受益权研究》，法律出版社2007年版，第185~187页

② 参见刘正峰:《信托制度的民法分析》，江苏大学出版社2016年版，第244页。

利登记的衔接。信托登记实行电子登记，为受益人开立受益权账户，但受益凭证的规定仍有所欠缺。除此之外，还应及时设立信托异议登记制度，以填补制度缺漏。

《登记办法》和《登记管理细则》对信托登记的内容、程序作了详尽的规定，同时规定登记的性质为公示性登记，只作形式审查，并且设立了保密制度与查询系统，信托登记信息及相关文件的保存年限由2008年版征求意见稿规定的20年减少为15年，但是却删除了异议登记的相关规定。2008年版《信托登记管理办法（征求意见稿）》第13条和第14条分别规定了信托的撤销登记与异议登记，前者是关于信托无效或被撤销作为信托登记撤销的依据的规定；后者是关于信托设立的异议登记，目的在于保护委托人的债权人。① 但实际上，除了委托人的债权人之外，所有和信托有利益关系的第三人都有可能提出登记异议。登记最大的外在功能在于公示，通过公示确保信托财产独立，保证信托登记的对外效力，但是对登记公示不能提出异议的话，没有相关救济措施的话，这个制度至少是不完整的。《登记办法》虽然规定了更正登记和登记机构、信托机构错误的监管与责任承担，但这仅限于信托机构发现信托登记错误，主动进行更正，对于利害关系人的权利救济还有所欠缺。

此外，当前信托登记主体主要限定在信托机构中，更偏向于信托业进行设计，自然人信托、公益信托等非信托业信托登记仍然缺少制度上的指引，未免稍显局限。在未来的经济社会发展中，信托制度将凭借其优越性发挥越来越大的作用，而作为配套制度的信托登记也应当能够与时俱进，推陈出新。

① 参见孟强：《信托登记制度研究》，中国人民大学出版社2012年版，第157页。

论家族信托受托人义务制度的完善

龚鹏程　石　蕾*

摘　要 ▶ 信托制度起源于英国，是“英美法皇冠上的宝石”，家族信托更是各种信托类型中历史最为悠久的一种信托制度安排。然而在我国，这一传统而又不乏创新思维的信托业务发展得并不顺利，究其原因在于家族信托的制度环境并不完善，尤其是对于家族信托中具有举足轻重地位的受托人的相关权利义务并未得到科学系统地规范。比较研究并借鉴英美法系国家对于家族信托受托人义务的相关规定，反思我国家族信托受托人义务法律规定的不足，从强化受托人忠实义务、细化谨慎义务、确立信托监察人等方面完善我国家族信托受托人义务制度。

关键词 ▶ 家族信托　受托人义务　忠实义务　谨慎义务

一、引言

随着个人财富的快速积累，迅速富起来的高净值人士开始越来越多地接触到家族信托。随着他们对财富长期保值、增值和财富分配与传承的关注度的进一步提升，这些高净值人士对家族信托的潜在需求持续得到彰显。同时，在泛资产管理的大格局下，随着“全牌照”制度优势渐趋削弱，依靠制度、政策的重新设计来推动信托行业转型难度很大，市场驱动下的机构自我演化变迁将是大势所趋。近年来信托公司初步明确了私募投行、资产管理和财富管理三大转型方向，深度挖掘信托制度功能，彰显信托制度本身的包容性与跨界优势，凸

*　作者单位：河海大学法学院。

显普惠化的财富管理价值。[①]高净值人士的财富传承需求与信托公司的业务拓展需求相结合，家族信托未来潜力巨大。

家族信托最早可追溯到古罗马帝国时期，随着富人群体的增加以及对家族信托作用的认同，其在19世纪末20世纪初的美国得到长足的发展。早期的家族信托设立方式较为单一，受到的限制也非常多；随着社会和经济的发展，许多州的法律适应社会发展进行了修改，设立和运营家族信托变得更灵活，吸引越来越多的富裕家庭通过家族信托来实现其财富规划和传承的目标。如，享誉世界的洛克菲勒家族（Rockefeller）、肯尼迪家族（Kennedy）、班克罗夫特家族（Bancroft）等，都是通过信托的方式来管理和传承家族财富，成就了家族财富的恒久基业。

从海外实践来看，家族信托是对家族财富进行长期规划和风险隔离的重要金融工具，其设立主要用于解决财富跨代传承，尤其是为家族企业的富裕人士实现有效、平稳的家族股权转移和管理。很多富人也借家族信托解决诸多潜在的财产损失风险问题，如经营风险、子女过度消费和婚姻接替等问题。简而言之，家族信托是以家族财富的管理、传承和保护为目的的信托，在内容上包括资产管理、投资组合等理财服务实现对家族资产负债的全面管理，更重要的是提供财富转移、遗产规划、税务策划、子女教育、家族治理、慈善事业等多方面的服务。从信托结构看，家族信托期限长，时间跨度大，信托财产运作风险难以预测。在实际业务开展中家族信托的私人定制性特征更加明显，委托人的个性化需求通过信托文件予以约定，并依赖受托人义务的履行得以实现。对于受托人而言，其开展的每单业务不可复制，这对受托人履行信托义务，完成对家族事务管理和资产管理提出了较高的要求，其不仅要具有专业技能并投资获利，还要求受托人具有长期持续的投资能力、资产保护能力、家族事务管理能力与筹划能力以保障家族财富与企业的长久传承与发展。[②]

在信托法律关系中，受托人一直处于核心地位，能否谨慎、忠实地履行受托人义务，依靠专业能力处理受托事务，对于委托人信托意旨的达成，受益人利益的实现具有关键作用。中国现行的信托法律立法模糊，与其他重要法律

---

① 参见谈李荣：《金融信托交易模式演进的法律逻辑》，载《华东政法大学学报》2017年第5期。

② 参见强力、徐瑞阳：《论受托人注意义务与亲自管理义务之完善——以家族信托为视角》，载《山东警察学院学报》2016年第1期。

（如公司法、合同法、物权法、证券法、婚姻法、继承法等）缺乏必要的衔接和联系，导致家族信托这类涉及金额大、存续期限长、法律关系和受托事务相对复杂的信托计划难以避免地存在诸多合法、合规性风险。其实，真正制约家族信托发展的核心问题是信任，如果委托人对于受托人有着充分的信任，信托制度的灵活框架便可以任由当事人自由发挥，可以弥补法律规定的不足。因此在国内家族信托发展兴起的背景下，参照发达国家家族信托受托人义务演变的趋势，结合家族信托对受托人义务的特殊要求，分析我国现行信托法对受托人义务的立法不足，为完善家族信托受托人义务提出合理化建议。

二、家族信托受托人义务制度的比较借鉴

（一）忠实义务

家族信托受托人的忠实义务无论是在信托制度发祥地的英美，还是在植入信托制度的大陆法系国家，都是受托人最重要的义务。由于判例法的特殊性，英国信托制度中禁止利益取得规则与利益冲突规则之间的关系尚不明确。美国继承了英国信托判例法理，斯科特以“忠实义务”将二者的规则融合在一起，具体内涵为“只为了受益人的利益”行事，忠实义务作为法律术语因此得以确立。确立后的忠实义务，不再强调二者之间的关系，而是聚焦于忠实义务的具体内容。①

英国主要是从四个方面规定了受托人的忠实义务。第一，禁止在信托关系存续期间，受托人利用职务的便利获取任何额外的利益。如果过程中发现受托人利用信托财产获取额外的收益，法律将会采取强制的禁令或者强制的措施禁止该类交易的进行。衡平法规定，如果受托人实际获得了一种私人利益，那么该收益构成为受益人持有的推定信托，他获得的利益将归于信托财产。第二，在信托管理活动中，受托人可能会获知信托事项的内幕消息和获利机遇，利益诱惑是对受托人职业操守和忠实义务的挑战。自我交易情况下，受托人购买信托财产或者将自己的财产出售于信托，此时受益人可撤销该交易。第三，受托人可能利用其地位优势劝诱受益人以低于市场价格出售信托财产，或者利用信息优势，隐瞒影响交易的全部实质信息，促成不公平交易。衡平法虽然并不认

① 参见姜雪莲：《信托受托人的忠实义务》，载《中外法学》2016年第1期。

为这些风险足以大到阻止受托人购买受益人信托财产的程度，然而这并不等于说受托人可以自由行事，该种交易还要受制于法院的严格审查。如果法院发现受益人是自愿出售，而且不存在欺诈、隐瞒、受托人滥用其知情权的情况，法院就不会干涉该笔交易。相反，如有情况表明受托人不公平地利用了其优势地位，交易就会被撤销。第四，受托人接受了一项信托后，不能建立与信托竞争或可能存在竞争的个人事业。嗣后竞业义务的判例发展，对于违反竞业义务的法律效果也出现了不同于传统的自我交易的利益归入，而是按照比例分配。

美国《统一信托法典》专门对受托人的职责与权利作了规定，其中第 1 条即约定了受托人的忠实义务。同时明确规定，信托文件具有至高无上的地位，信托文件中对于受托人义务约定了不同于法律规定的内容，则应当遵循信托文件，但信托文件不能排除受托人对信托财产的管理义务。这一立法明确了受托人在管理、处分信托财产时，不能将自己的意志凌驾于信托目的之上，受托人负有使个人行为不与信托目的相冲突的义务。此外，第三次《美国信托法重述》在第二次《美国信托法重述》的基础上，新增设了第 2 款:“禁止自我交易行为、其他受托人与受益人利益相冲突的行为。”需要注意的是，第三次《美国信托法重述》也将竞业行为作为第 1 款忠实义务一般条款的内容。将竞业行为与自我交易行为规制在不同款项，缘于第 2 款的自我交易行为采用形式主义判断标准。相反，竞业行为毕竟是受托人以个人身份与第三人进行的交易，是否与受益人的利益相冲突，需要进行实质性判断而非形式判断。这也许是《美国信托法重述》始终将竞业义务作为第 1 款“只为了受益人的利益行事”进行规范的原因所在。

依上所述，英美法系国家在对受托人忠实义务的履行及衡量上，侧重于对受托人“获利”的考量，受托人应当忠实不二地、单一地只为受益人的利益行事，任何可能从管理信托事务中获利的情况都可能对受托人形成一种“引诱”，因此，同业竞争、关联交易、自我交易等行为都必须明文禁止或协议特许。

（二）谨慎义务

谨慎义务，更确切地说，家族信托受托人为受益人最大利益而采取的投资策略，在寻求财富增值的当下显得尤为重要。针对受托人谨慎义务的探讨主要集中在审慎标准的界定上。基于经济发展水平和信托制度的发展程度，英美法系国家采取了不同的界定标准。

1. 英国——审慎商人标准。英国在《2000年受托人法》第1条规定了受托人的一般谨慎义务，受托人履行在当时情况下合理的谨慎义务，同时考虑两个因素：一是该受托人拥有或者声称拥有的特殊知识或者经验；二是该受托人如果是从事经营活动的或者作为职业而担任受托人的，还要考虑人们合理地预期从事那种经营活动或职业的人应当具有的特殊知识或者经验。该条规定的谨慎义务对受托人权利行使是普遍适用的。同时该法要求受托人在检查信托的投资时，必须充分注意投资标准准则，并就行使权利的方式听取并考虑有关人士的适当建议，除非受托人合理地认为，根据信托各方面情况，听取这样的人士的建议是不必要不适当的。受托人不仅在最初为信托进行投资时需要听取建议，而且就一项投资是不是适当的，也需要随时听取建议。假如一项信托投资的效果不好或者信托投资的价值达到了最高点，受托人就应当听取并认真考虑专家的建议，决定出售这项投资是不是适当的。

2. 美国——谨慎投资人标准。美国《统一谨慎投资人法》（以下称UPIA）和《美国信托法重述》共同孕育了谨慎投资者规则，其最大的变化就是将经济学的理论糅合到了法律之中，通过法的强制效力和经济理论的科学客观性相结合对信托行为予以规制，这一做法亦使信托行为更具可操作性。① 并且随着投资范围和专业性程度的不断提高，管理人内部细分的情况也开始出现，管理人客观上需要聘请投资顾问为其提供研究或投资管理服务。美国信托法因此修改了原来信托法中受托人义务不得转委托的规定，允许受托人聘请投资顾问为受益人或委托人提供更优质的服务。②

UPIA第2条第1款规定了受托人应当承担比普通受托人更高程度的注意义务，必须如谨慎投资者一样三思后行事，考虑信托目的、信托期限、分配要求和信托的其他情况。伴随着财产增值的热切，受托人的权利不断扩张，成为美国谨慎投资者规则的发展趋势。UPIA规定了只要受托人的投资行为符合本法的规定，就能自行投资任何形式的资产。同时对审查标准和投资的具体规则作出了详细的规定：首先，多样化的投资是受托人必须履行的义务，除非这样做是不谨慎的，多样化的程度取决于信托协议的规定和受益人的风险承受力；

① 参见黄素萍：《论信托受托人的谨慎投资义务——以美国〈统一谨慎投资人法〉为视角》，载《政治与法律》2008年第9期。

② 倪受彬：《公共养老金投资中的受信人义务》，载《法学》2014年第1期。

其次，在信托财产接受和托管的一段时间后，针对信托财产的投资规划，受托人作出的决定应力求在符合法律的前提下，按照法律的条款、分配资产的要求和投资目的作出具体的投资规划；再次，投资成本的控制，信托财产管理和投资的过程中，其所付出的成本应当与其所付诸的注意技能相适应，与信托目的相契合；最后，受托人行为是否符合谨慎投资规则的要求，评价模式采用“过程导向模式”，对于受托人是否履行了谨慎义务只着眼于其在执行信托的当时所处的客观情况来进行判断，才能使这一判断标准避免主观臆断，具备较强的可操作性和公信力。显而易见，新的投资规则更加灵活，更加契合现代受托人的投资行为，引导受托人履行谨慎义务，最大程度保障受益人的利益。

可以看出，美国受托人谨慎义务的标准相较于英国而言又有所提高，其根本原因在于美国的金融制度、金融产品和金融工具十分发达，若仅仅以普通商人的标准来约束受托人的行为显然已经无法满足委托人和受益人的需求。

三、我国家族信托受托人义务的立法现状与不足

（一）受托人的忠实义务

在双方信息不对称的前提下，受益人对受托人工作是否努力、是否尽职、尽责是难以控制的。改变这种局面的方法，无外乎加强对受托人的监督与规定详尽的法律义务两种方式。[①] 我国《信托法》第 25 条是受托人应负担忠实义务的原则性规定，明确了受托人的受信地位。其具体内容在第 26 条、第 27 条、第 28 条展开，分别是不得利用信托财产为自己谋取利益、不得将信托财产归入固有财产、禁止自我交易和将信托财产相互交易的义务。我国《信托公司管理办法》中对于信托公司忠实义务的规定涉及第 25 条、第 33 条、第 34 条以及第 35 条。主要集中在以下几方面：信托公司避免利益冲突的义务，不得向关联方融出资金、转移财产或提供担保的义务，禁止信托公司利用受托人地位谋取不当利益，禁止将信托财产挪作他用的义务，限制信托公司与股东的关联交易的义务。显而易见，我国相关信托法律法规已经对忠实义务作出原则及具体内容的规定，但其相关规定过于抽象笼统，缺乏细化的适用标准，致使实践中可操作性较差。

① 参见赵磊：《信托受托人的角色定位及其制度实现》，载《中国法学》2013 年第 4 期。

此外，不得利用信托财产为自己谋取私利的表述与英国忠实义务中的“禁止为自己谋取私利”还是有很大差别的。“不得利用信托财产谋取私利”只是“禁止为自己谋取私利”的一个方面，受托人在信托财产管理和执行过程中，还有很多方式和途径可以为自己谋取私利。因此法律除了规定不得利用信托财产谋取利益外，还要设定受托人利用身份地位、消息机会谋取私利的具体的判定标准。同时我国相关信托法律法规没有涉及竞业禁止的义务规定。竞业禁止义务要求受托人不得在处理信托事务的同时，从事与信托事务相竞争的个人事务，根本目的是为了防范受托人个人利益和受益人利益相冲突。但是我国信托法及其相关法规中没有此项规定，这是我国信托法律体系中的一大缺陷。

家族信托是一种非常典型的单一信托业务，在我国当前信托实务中，单一信托业务并未受到监管部门的规制，除单一房地产信托业务外，其余单一信托业务的信托资金投向、用途等均无需向监管部门报备，因此，通过单一信托业务模式进行关联交易，滥用信托财产，进而侵害受益人利益的情况比比皆是。信托公司管理办法规定了信托公司开展关联交易，应以公平的市场价格进行，逐笔做事前报告，并进行信息披露。虽然使得信托公司在经营活动中有法可依，但一方面该规范性文件效力层级低会带来司法困扰，另一方面并没有细化规定关联交易具体的概念、范围、关联交易的禁止以及判断标准等。依据现行法律，无法判断受托人是否有关联交易，继而强制要求受托人信息披露和公平交易意义不大，只会流于形式，无法得到真正落实保障。鉴于单一信托业务的薄弱监管基础以及混乱实践现状，非常有必要尽快从立法层面，对受托人的忠实义务进行细化，否则势必会累积大量侵害受益人利益的潜在风险，并进而阻碍家族信托在我国的实践与推广。

（二）受托人的谨慎义务

我国《信托法》第25条、《信托公司管理办法》第24条、《信托公司集合资金信托计划管理办法》第4条、《证券投资基金法》第9条都提及了受托人的谨慎义务。同时《证券投资基金法》第71条规定了证券投资应当采取资产组合方式，第72条和第73条明确了基金的投资范围。另外，还有一些关于谨慎义务具体内容的零散规定，涉及亲自管理、分别管理、分别记账、妥善保存业务记录、定期报告等义务。我国明确了谨慎义务是受托人义务中重要的组成部分，但是这些条款较为笼统抽象，缺乏细化和可操作性的行为标准，无法给予受托人有效的指引。如《信托法》第25条仅仅简单提及了受托人管理信托财产须谨慎，一笔带过受托人的谨慎义务。其实谨慎之意是类似英美法系的含义理解，还是更加宽泛或狭窄未有定论，相关法律法规亦未明确规定其内容，仅在全国人大财经委员会在关于信托法草案的说明中将谨慎义务概括为“同等谨慎义务”，提出受托人管理信托财产，负有与管理自有财产同等的谨慎义务。①

随着资产管理时代的到来，信托业转型趋势更加明显，信托受托人的自由裁量权不断扩大。现代信托制度赋予受托人较为宽泛的谨慎投资义务，通过受托人专业的资产管理和组合投资，使得信托财产得以积极的管理，并不断增值。而这种自由裁量权和资产组合方式是需要法律制度进行规范和约束的。目前我国信托法和证券投资基金法所规定的谨慎义务，只不过寥寥数语，一些具体的信托投资都需要按照市场要求和当事人的实际需要，以及依靠一些行政规章或者规范性文件行事。不少信托投资性规章都较好地融入了现代投资组合理论，无论是多样化投资的规定，还是投资范围和比例的限制，都充盈了投资组合理论的元素，但这些具体的谨慎投资性规定尚未被吸纳到信托法中。②并且，出自部门规章的保障信托财产独立性的受托人义务规范也很有可能因其内容属于基本民事法律制度范畴而被立法法质疑其有效性。③《关于信托公司风险监管的指导意见》提出了产品设计、尽职调查、风险管控、产品营销、后续管理、信息披露、风险处置等尽职管理要求。当然，该指导意见作为一种行政指导行为，并非行政法规或部门规章，在司法实践中，也未见有援引此意见的判决。同时，不同类型的受托人适用的谨慎义务的判定标准是不统一的，如家族信托受托人，作为收取报酬拥有专业技能的受托人应当适用更高的认定标准。对此，我国现行法律法规没有作出明确规定，也没有制定相应的行为标准。

受托人管理信托财产并进行投资没有法律保障，受托人也就无法放心地充分发挥专业技能和投资经验，同时受托人的投资行为是否遵循了谨慎投资义务也没有明确的判定标准，无法有效防范受托人的道德风险。另外，受托人的投

---

① 参见姜昭:《集合资金信托商事法律关系主体化研究》，载《法学论坛》2015年第2期。

② 参见张敏:《从次贷危机看受托人的谨慎义务》，载《东方法学》2009年第3期。

③ 参见黄韬:《我国金融市场从“机构监管”到“功能监管”的法律路径——以金融理财产品监管规则的改进为中心》，载《法学》2011年第7期。

资行为的目标应当包含“增值”在内。虽然我国信托法有对于受托人相关的财富管理权限的规定，但是在实践中，这样的管理权限规范并不能够给予受托人明确的投资行为的指引，与此同时，受托人投资权限的规定也是缺乏与不明确的。换言之，我国信托法对受托人如何行使投资权缺乏明确具体的行为界限和标准，因此对受托人行为的衡量难免缺乏稳定性。

四、完善家族信托受托人义务制度的建议

（一）忠实义务的强化

我国现行法已经设定了较为严格的金融机构防范利益冲突的规则，但这些规则零散地分布在各个金融领域的法律规范中，没有形成系统的规范体系，削弱了利益冲突防范规则的约束力度。因此从立法上，应当统筹协调这些规则，在此基础上根据实践中出现的新问题，进行必要的修改补充，尽可能地将典型常见的滥用职权、地位、身份的行为和利益冲突交易纳入法治规制轨道中，并预留出应对未来利益冲突新形式的回旋空间。

与此同时，我国现行法较少关注受托人与投资者之间潜在的利益冲突，在对受托人义务进行具体约束时，应当突出“利益冲突”这一核心，将竞业禁止和关联交易的条款完善起来，从行为本身对受托人的忠实义务加以规制。对于家族信托而言，在较长的信托存续期间，受托人难免会面对竞业禁止和关联交易的情况，因此借鉴公司法、证券法等法律法规的相关成熟规定，从上述两个角度出发，细化忠实义务的内容，不但可以快速解决当前立法的模糊性，而且也更易为实践操作、司法审判所理解和接受，具备较高的可操作性。

具体而言，一是受托人应当充分披露潜在的可能会影响交易公平的重大利益冲突，使委托人能够充分认知此项交易的风险性。受托人应当披露其是否持有此产品，以及受托人与该商品的发行人、承销商是否存在关联关系以及其他能够引起重大利益冲突的经济关系。另外还应当说明其应对这种利益冲突所采取的保障措施。二是受托人不得侵占、挪用信托财产，不得混同、不公平对待信托财产，不得利用信托财产为受托人的关联方进行借贷或者提供担保，不得利用信托财产买卖由自己或者关联方发行的或者在承销期内承销的信托产品等。三是绝对禁止受托人自我交易显然太过粗暴和简单化。在完善金融机构内部各业务部门之间在人员、信息方面的隔离制度，并且强化利益冲突交易中的

信息披露义务的前提下，制定交易的前提条件，如规定交易前受托人向投资人书面披露了其在交易中的身份、能够获取的利益、得到投资者的同意等。这些做法可以对受托人的不当行为进行有效防范，实现对现有忠实义务规则的强化。

（二）谨慎义务的细化

为更好地保护投资者权益，避免受托人怠于履行谨慎义务甚至故意侵权，信托法有必要对受托人谨慎义务的内涵作出更细致、全面的解释，并在内容上显著地区别于合同法中关于委托合同的相关规定。[①] 谨慎义务的标准理论上应当是客观的，应当具备全行业共识的专业素养和执业能力，作为专业的家族事务管理和资产管理机构，受托人的谨慎义务标准也远远高于一般受托人的谨慎标准。在具体实践操作中，判定受托人是否切实履行了谨慎义务，应当结合受托人管理和处分信托财产时的决策环境以及相关影响因素和事实来作出，不能根据投资结果来进行评判。如果受托人已经妥善履行了谨慎义务，即便最终给受益人带来损失，也不能认定其没有谨慎作为。换言之，“现代投资组合理论”应当广泛地运用于受托人的信托实践，对于谨慎义务的把握更为弹性化。[②]

在家族信托中，受托人被委托人托付了更高程度的决策权，所以应当承担更为严格的谨慎义务：第一，受托人应当亲自处理家族事务和资产管理事务，在当事人另有约定以及有其他不得已事由时，受托人可以将全部或者部分事务委托给他人处理，并且应当对他人处理事务的行为承担相应责任。第二，受托人在作出投资决策之前，必须进行妥当的尽职调查，充分掌握相关信息，在此基础上就投资的可行性、合法性、风险性、有无关联交易等方面进行妥善的分析并出具尽职调查报告。第三，为确保投资决策的妥当性，受托人在进行某项投资时，必须充分考虑资产管理的目的、市场状况、税费负担、分散投资需求、流动性需求等因素，并斟酌此项投资给整个投资组合可能带来的影响。受托人有义务将投资者的资产进行分散化投资，除非分散化投资违背了资产管理的目的或者在当时情形下是不谨慎的。第四，受托人应当对信托财产的投资状况进行持续的监控，对某项投资的后续表现进行跟踪，并根据市场行情的变化

① 参见季奎明：《论金融理财产品法律规范的统一适用》，载《环球法律评论》2016 年第 6 期。

② 参见胡启忠：《我国受托人权力制度之思考》，载《现代法学》2005 年第 6 期。

及时采取应对措施。第五，为了维护受托财产的独立性，同时也为了便于委托人、受益人以及监管部门对资产管理的状况进行监督，受托人应当将其自有财产与信托财产、不同委托人的财产进行分别管理，实施分别记账、单独核算。第六，受托人应当以书面或者电子方式，对处理家族事务和资产管理事务的情况以及相关材料进行完整记录和妥善保存，以方便委托人进行查阅和监督。受托人需要记录和保存的资料至少应当包括财产的管理运用、处分、收支情况以及合同、票据、证明文件、公函等材料。

（三）监察人制度的确立

家族信托业务的顺利开展，依赖于委托人对受托人的高度信任。此种高度信任的产生，从内部条件而言，应强化信托财产的独立性并不断完善受托人的义务规范；从外部条件而言，则取决于国家机关是否建立了能让委托人对信托财产的安全性产生信心、对信托目的的实现具有合理预期，同时对受托人进行合理监督和约束的制度。信托监察人制度就是这样一种制度，在受益人不特定、尚未存在或者为保护受益人利益有必要时，基于委托人或相关利害关系人的申请，指定信托监察人对受托人进行监督、维护受益人利益。英美法系与大陆法系对信托监察人制度进行了不同的规范，英美法系国家将信托监察人制度的适用范围仅限制在了公益信托领域，而大陆法系国家则将信托监察人制度的适用范围扩展至了私益信托。我国借鉴了英美法系的做法，《信托法》第64条明确规定公益信托应设置信托监察人，但对于具有较强私益信托属性的家族信托能否适用，则未明确规定。

大陆法系与英美法系之所以对信托监察人制度的规定会存在较大区别，原因同样在于两大法系对信托财产独立性的不同认识。英美法系强调“双重所有权”的理念，认为受益人对于信托财产同样享有所有权，一旦受托人出现了违反信托义务的行为，侵害了受益人的利益，受益人可以按照物权的方式进行自我救济，因此可以较好地保护自身利益。基于一物一权的基本原则，在大陆法系信托法中，受益人对于信托财产较难直接拥有传统意义上的所有权，因此从法律适用角度看，大陆法系中受益人所享有的权利和保护均要远远小于英美法上的受益人。正是为了加强对受益人的保护，大陆法系国家信托法才明确将信托监察人制度的适用范围扩展到了私益信托。针对我国信托制度并不完善、信托实践尚不发达的现状，建立一个覆盖全部信托类型的信托监察人制度是非常有必要的。首先，应当明确拓宽信托监察人制度的适用范围，允许并鼓励在各种类型的信托业务中均引入监察人制度。其次，应从是否具备完全民事行为能力、是否具备与权利相应的责任承担能力、是否具备必要的专业技能、是否与信托当事人存在身份混同的可能、是否与信托当事人存在利害关系等方面对信托监察人的任职条件进行强制性规范。最后，应对信托监察人可获取的权利进行细化。一方面，之所以设置信托监察人，就是为了对委托人、受益人监督权的缺位进行补充，所以应赋予监察人信托事务知情权、信托财产损害救济权、共同受托人职务执行决定权、受托人自我交易或关联交易同意权、信托财产强制执行异议权、申请人民法院解任受托人的权利等原本委托人、受益人享有的监督权；另一方面，可以根据私法自治原则，通过信托文件约定的方式赋予监察人信托意思传达权、代为取得信托收益权、制约受托人管理运用信托财产的权利等法定权限之外的其他权利。

五、结语

信托制度的灵活性迎合了当今社会金融创新和财富管理的活跃趋势，随着我国信托业逐渐向本源业务的转型，家族信托的引入为行业发展提供了新的广阔市场。但是，我国现有信托法律法规对受托人义务的僵化规定，给家族信托的发展造成了障碍，且委托人的权利过大，对信托事务的介入过深，在这种权利义务配置失衡的状态下，难以发挥受托人的理财功能，如果信托制度沦落为代理制度，那么受托人的专业理财功能也就随之丧失殆尽。[①] 与此形成鲜明对比的是，域外信托法加速了现代化变革，从传统信托法严格限制受托人权利的保守主义，逐渐演变为现代信托法赋予受托人广泛自由裁量权的开放主义，同时这种转变也是以一种灵活的方式实现了对受托人义务的积极约束。家族信托目的的多元性与交易结构的复杂性要求委托人与受托人自由协商约定，使受托人在“弹性”义务框架下受到积极约束的同时积极作为，为实现受益人利益最大化服务。金融创新加速了法律关系的复杂化，并使得传统信义义务难以有效调整信义法律关系，因此有必要对我国现行信托法律关于受托人义务尤其是受托人的忠实义务和谨慎义务进行完善，赋予信托当事人更大的选择空间，给受

---

① 参见于海涌:《中国信托业陷入低迷的法律分析——写在〈信托法〉实施以后》，载《政法论丛》2011 年第 5 期。

托人积极、尽职、高效而又不失约束履行受托义务设定基本法律框架。[①]

随着中国资本市场向纵深发展以及金融市场与金融服务的细分，在中国高净值人群数量不断增长、财富不断增加、家族财富代际传承高峰即将到来的背景下，中国的家族财富管理市场需求必将出现爆发性的增长，家族信托制度这种已经被证明了的现今“人类财产传承最好的一种工具”[②]不应该也不可能在中国没有一席之地。家族信托是信托业的本源业务，在信托业回归本源的大潮中，在高净值人群关注度越来越高的情况下，家族信托可持续性、灵活性的特点必将在信托业转型发展、优化私募投行业务模式的过程中占据竞争优势，成为将来财富管理业务领域重要发展方向之一。并且可以预见，随着中国资产管理市场不断洗牌、淘汰、完善与发展，家族办公室将在中国家族企业传承过程中占据越来越重要的位置。[③]在中国金融行业日渐成熟、金融专才迅速成长的进程中，我们必然将迎接中国家族办公室专业化与机构化的未来。

① 参见郭金良:《资产管理业务中受托管理人义务的界定与法律构造》，载《政法论丛》2019年第2期。

② 赵涛:《海外家族信托的理论与实践及其对中国的启示》，中国社会科学院研究生院2017年博士学位论文。

③ 参见高皓、叶嘉伟:《中国家族办公室的崛起与展望》，载《清华金融评论》2018年第10期。

家族信托登记制度在法律层面上的矛盾及解决思路

佘梓欣*

摘　要 ▶ 随着近年高净值人群增多，家族信托制度被引入我国且发展势头良好。然而我国缺乏家族信托的法律土壤，现有立法和制度建设方面存在诸多矛盾，使得家族信托制度及其相关的法律规范发展较为缓慢，距离真正意义上的家族信托制度还有较大的差距。目前，我国更多强调家族信托的经济价值，将其作为一种金融工具和手段，而忽略了其在家族财产传承、管理和转移等方面的服务性功能以及其在更加广泛的社会领域的运用。其中家族信托登记制度作为家族信托制度建设的基础和前提要件更是首当其冲。本文试图辩证分析家族信托登记制度在法律层面上的矛盾，并提出矛盾的解决方法。

关键词 ▶ 家族信托　信托登记　登记效力　信托法

一、家族信托的概念及特点

（一）家族信托的概念

我国信托法中并没有家族信托这一概念。2013 年，平安信托公司引入并开发"鸿承世家"系列家族信托产品，将人们的视线汇集到家族信托这一概念上来。所谓"家族信托"是源自英国的一种历史悠久的信托制度。在英国封建制度中，继承土地需要交纳一大笔土地继承税，这给农民造成了极大的负担，而且在长子继承制度下，其他家庭成员并无继承权，生活很可能发生困难。于是农民采取信托的方式将土地转让给其信任的朋友，由其进行经营打理，在自己

* 作者单位：南京大学法学院。

死后，将经营土地的收益交给自己的家人来保障他们的生活，这样一来就规避了沉重的土地税负，也可以兼顾其他家庭成员的生活。工业革命后，随着个人资本的积累，信托的作用也由消极的规避法律转变为管理财产与增值资产等。

比较官方的定义可以参考我国信托业协会《2014年信托业专题研究报告》，“家族信托是一种有效的财富传承方式，是高净值人士首选的一种管理家族资产的载体”，是指“以家庭财富的管理、传承和保护为目的的信托，在内容上包括以资产管理、投资组合等理财服务实现对家族资产负债的全面管理，更重要的是提供财富转移、遗产规划、税务策划、子女教育、家族治理、慈善事业等多方面的服务”。该定义已经具体明确地指出了家族信托的服务内容。

在此基础上，笔者认为，家族信托是指家庭或者个人作为委托人基于对受托人的信任，将其财产转移给受托人，由受托人按照委托人的意愿，以自己的名义为家族利益进行财产管理、税负安排、财富传承等管理与处分的制度安排。同时，家族信托可从字面意义上解释出两层内涵：第一，它是具有一定规模的、适用于家族企业管理的涉及资产规模巨大的一种信托；第二，它的受益人一般仅局限于家族成员内部。①

（二）家族信托的特点

1. 良好的财富传承工具

银保监会信托部于2018年8月17日向各地银监局下发《关于加强规范资产管理业务过渡期内信托监管工作的通知》（简称37号文），给家族信托设定了“1000万”的门槛，可以看出家族信托针对的是已经积累了一定财富的家庭或者个人。对于这些高净值人群而言，在积累了一定财富之后，如何将财富传承下去是最重要的考量。而且，家族财富和事业的传承不只是家族内部的事情，也会产生外溢效应，具有社会性的特征。②

但现实情况是委托人的子女也许志不在继承家业，也许缺乏经营能力，也许品行不端，这些都影响着家族财产的传承和家族事业的发展。选择家族信托，委托人可以在不违反法律的前提下灵活地约定各项条款，这些条款一般包括信托期限、财产处理方式，甚至可以包括受益人取得财产的一些特殊条件，

---

① 参见于霄：《家族信托的法律困境与发展》。载《南京大学法律评论》2014年第1期。

② 李有星、杨得兵：《论家庭信托的历史发展及其当代价值》，载《浙江大学学报（人文社会科学版）》2016年第1期。

从而可以完全根据委托人的意愿定制受益人取得受益权的分配方案。如家族信托条款设计过程中，常常会出现一个“挥霍者条款”，通过设置支付条件、节点、金额、拒绝支付的情形等来防止受益人随意挥霍家族财产，从而达到保护家族财富的目的。[①] 同时，设立家族信托也可以防止因为继承而分割股权导致家族失去企业控制权的情形。家族信托能够将家族企业的所有权和经营权进行分离，对于家族企业在股权治理结构的优化方面起到了一定的促进作用。[②]

再者，由更擅长经营的精英、专家打理家族财产也有利财产的增值保值。所以家族信托可以实现照顾家庭成员、传承家族财富以及保证家族企业稳定发展的多重目的，是一种良好的财富传承工具。

2. 财产独立性

信托财产的独立性是指信托财产即使有受托人的名义，也不是受托人的固有财产，应当被当作和受托人固有的财产相区别的财产对待。[③] 选择家族信托的当事人基本都从事商业活动，而家族信托制度区分委托人财产和信托财产，可以有效降低委托人的商业风险。同时，家族信托设立不仅对债权人形成资产隔离效果，委托人也可以借助家族信托将家族资产与夫妻共同财产相隔离，这样离婚事件的发生也不会影响家族资产，例如美国邓文迪与默克多离婚并没有影响默克多家族对公司的控制权，就是得益于早先设定的家族信托。因而财产独立性是家族信托区别于其他财产管理措施的显著特点。

3. 税收豁免性

家族信托制度从诞生起就有着节税避税的功能。在信托关系建立后，委托人需要将财产转移给受托人，因而有效避免了这部分信托财产被纳入委托人的遗产进行遗产税计算。台湾富商王永利 2008 年死亡，适用旧的 50% 的遗产税率，其以股票为主的家族资产共缴纳 119 亿遗产税，虽然经修改税制将遗产税率降为 10%，但遗产税数额仍然巨大。[④] 从世界各国税制发展来看，遗产税作为一项重要税种，在我国引入并发展是大势所趋。虽然我国目前尚未开始全面征收遗产税和赠与税，但相关立法准备已由来已久。2004 年 9 月 21 日财政部

① 参见汪密：《论我国现有法律框架下的境内股权家族信托及法律设计》，载《法制博览》2018 年第 29 期。

② 参见李娜：《家族信托的私密性保障问题解析》，载《时代金融》2016 年第 29 期。

③ 参见［日］能见善久：《现代信托法》，赵廉慧译，中国法制出版社 2011 年版，第 46 页。

④ 参见高承海、陶如军：《面对遗产税，你准备好了吗》，载《大众理财顾问》2011 年第 6 期。

《中华人民共和国遗产税暂行条例（草案）》，2014 年 2 月国务院《关于深化收入分配制度改革的若干意见》均提及“研究在适当时期开征遗产税问题”。因此不难想象，家族信托会因为其具有对多种税收的天然豁免性而进一步发展。

4. 保密性

传统的财富传承方式主要包括遗嘱继承、法定继承和人寿保险等几种方式。无论采取哪种方式，家族财富都会在一定程度上暴露在世人面前。相较于遗嘱信托，家族信托的保密性特征十分突出。因为遗嘱是公开的文件，所以对于遗产的安排仍然存在很多不便。例如对于非婚生子、情妇等特殊情况，以及涉及委托人不愿公开的隐私等。此时家族信托的设立就可以很好地解决这个难题。运用家族信托的方式传承财富，信托财产的管理和运用都是以受托人的名义运行的，除特殊情况（如反欺诈、反洗钱等特别法律要求），受托人无需向外界披露信托财产等相关信息。家族信托的保密性是其固有属性，也是其制度优越性的重要体现。

二、家族信托登记制度在法律层面的矛盾

总的从法律基础、税务环境等方面来看，我国并不具备家族信托发展的良好条件。其中，家族信托登记登记制度的缺陷问题尤为突出。信托登记制度是家族信托发展的基础和前提要件，但是我国信托法一方面将信托登记放在举足轻重的地位，另一方面对信托登记的制度设计却十分简单。

深究家族信托登记在实践中引发的诸多问题背后，其实是家族信托登记制度在法律层面存在诸多矛盾，不同价值取向之间的矛盾，不同立法主义的矛盾皆有。

（一）家族信托财产归属不明的矛盾

《信托法》第 2 条中规定委托人将其财产权委托给受托人，但并未说明财产所有权究竟属于委托人还是受托人，模糊了信托财产的所有权关系。从字面意思理解，信托过程中委托人只是将自己的财产委托给受托人，财产本身权属并不发生转移。但是，《信托法》第 14 条第 1 款规定“受托人因承诺信托而取得的财产是信托财产。受托人因信托财产的管理运用、处分或者其他情形而取得的财产，也归入信托财产”，受托人又取得了信托财产的所有权，可以管理、处分信托财产。这也体现了信托法在对待信托财产归属这一问题上，前后矛

盾，阻碍了信托制度的发展。

探究其原因，不难发现是我国“一物一权”理论和信托制度的矛盾。信托制度本身是建立在衡平法“二元所有权”理论上的，即一方“法律上”被视为“法律上的所有权人”，另一方“衡平上”被视为“衡平上的所有权人”。[①]所以在认同“一物一权”的大陆法系国家引入信托制度的时候，更多的是从民法原理角度利用物权和债权加以构造，信托的本质并没有凸显。而我国有着看重财产所有权的历史传统，在建立制度的伊始，可能考虑到如果不顾委托人意愿将信托财产所有权直接归于受托人，那么只会给信托制度的发展带来极大的阻力，信托行业难以发展，所以并未明确信托财产所有权的归属，但最后却形成了我国信托法的天然缺陷之一。

相较于一般的集合资金信托，家族信托财产数额更大，持续时间也更长，过于模糊的界定使得实践中受托人处处被委托人辖制，无法发挥其专业能力；在与第三人进行交易时，受托人地位更是尴尬。同时，不明确的权属也加大了信托登记的难度。以不动产信托为例，目前我国仍然是凭借权属登记机关出具的法律证明，在信托登记机关进行信托登记。但是法律的不明晰使得权属登记机关不愿受理信托财产登记，这种消极处理不利于家族信托制度的建设。

（二）登记机关设置的矛盾

对于信托登记机构的设置，学者意见不一。有的学者认为应当新设立一个独立的集中信托登记机构，专门区别于物权登记；也有学者认为基于目前形势考量，想要快速建立信托登记制度只能依托于原有的物权登记机构，而不应当设立独立的信托机构；也有学者认为应当将现有的权属登记机构与信托登记机构融为一体，重新建立一个全新的财产登记机构。

就信托登记机关而言，日本、韩国等地都没有设立专门的机构，信托登记与普通财产权设立变更登记大都由同一财产登记机关完成。[②]对比而言，设立统一信托登记机构的好处在于，其一，信托登记制度的建立涉及很多内容，诸如应登记内容的具体事项、登记机关以及登记程序等，而信托产品纷繁复杂，信托种类多种多样，还有不断推陈出新的发展趋势。统一的登记机构可以实现

① 参见［德］海因·克茨:《信托——典型的英美法系制度》，载《比较法研究》2009 年第 4 期。

② 参见金鑫:《中国信托财产公示制度研究》，载《青海社会科学》2011 年第 4 期。

信托信息的集中，有利于防止部分信托财产的重复登记、部分信托财产查询不便的问题，便于业务开展以及行业的长期发展，也有利于集中监管，解决了分散登记中难以实现信托财产信息共享的难题。其二，家族信托中，信托财产需要经历两次转移，即委托人到受托人，受托人到受益。如果按照正常财产登记模式登记，会面临双重征税的问题。其三，我国既有的财产登记体系本身不尽成熟，随着信托财产类型的多样化，必然会有越来越多法律要求登记的财产无法在当前的体系中完成登记。

采取分散登记模式主要是基于对我国现实国情的考虑。建立完善的信托登记制度需要对信托登记制度进行新的统一规划，涉及范围极广，非一朝一夕可得。且上海信托登记中心的试点效果差强人意，这也侧面说明统一信托登记机关设立的困难。所以在建立统一登记尚存在一定难度的情况下，分散登记模式可以先作为解决方式。

（三）家族信托保密性与信托登记的公示性的矛盾

对于现有信托登记而言，主要目的是通过公示制度区分信托财产和受托人自有财产，便于委托人、受益人对受托人进行监督，也可以保护交易第三方的交易安全。但是对于家族信托而言，信托登记的公示性很有可能违背其对于保密性的追求。

一方面，信托登记公示制度具有监管家族信托的价值。考虑到受托人与委托人、受益人之间存在信息不对称，受托人拥有专业技术和实际操控信托财产的能力，相较于委托人、受益人，受托人有信息不对称的优势。这种优势削弱了委托人尤其是受益人保护自身权益的能力。并且，家族信托的财产数额巨大，信托持续时间长，对于受托人而言，这相当于更大的诱惑和更小的侵害成本，无疑会加剧受托人的道德风险。再者，目前我国信托制度并不完备，而 2013 年才引入我国的家族信托更是缺乏规范。所以出于规范家族信托业务的角度，在家族信托发展的初期，对于家族信托登记持谨慎保守态度，不必要将家族信托登记区别于一般信托登记。选择强调信托登记的公示性的好处在于，可以打破信托主体之间的信息不对称，更好地保护委托人、受益人的利益，预防受托人的道德风险。同时，保障善意第三人与受托人的交易安全。而且也可以在家族信托产业发展的初期，通过加强监管，规范行业发展。

但是另一方面，家族信托赋予了委托者更多的自由选择空间，而保密性是家族信托所追求的重要目标之一。从委托者意图来看，委托者存在不希望家族的巨额财富曝光、受益者知悉信托的存在等需求。在以股权设立家族信托时这一矛盾尤为突出，因为股权一旦公示可能影响委托人控制公司的能力。选择维护家族信托的保密性是尊重家族信托制度的特质，可以提高委托者设立家族信托的积极性，促进我国家族信托业的蓬勃发展。并且，针对家族信托的特质进行我国家族信托制度的构建，也可以打破原有信托市场产品单一、信托与金融合并的状况，完备我国信托制度。

（四）家族信托追求的自由价值和市场的秩序价值的矛盾

英美等国家悠久的信托发展历史，强调的是委托人对于受托人的信任，因而信托关系的成立、生效并不需要登记。衡平法所采用的二元所有权论，也在信托关系成立之后财产所有权转移的情况下，为委托人提供了安全保障。坚实的信义义务传统加上衡平法的二元所有权，使得信托登记的作用微乎其微。但是大陆法系的国家由于不一样的发展路径，使得信托制度本土化存在种种不适应，因而登记制度就有了存在的必要性。

首先，家族信托追求自由价值。这种安排自己财富的信托方式，是为了给予家族成员福利、传承家族财富而设立的私人信托。所以设立信托的时候，就信托持续的时间、信托设立的方式、信托的内容、管理及运营等都是委托人的意思自治范围，不应该也不需要被公权力监管。这其中当然包括了，委托人可以决定是否将信托关系，以及信托财产的具体内容、数额、所有权公布于众。但是正如前文所论述的，在缺乏信义义务的基础下，委托人和受托人之间的信任程度并不高。所以委托人面临着第二重的考虑，即如何打破其与受托人之间的不公平地位，确保受托人履行受托义务，有效维护自身权益。

其次，家族信托本质上也是一个经济行为，离不开市场。结合我国金融机构控险能力低、信托业市场混乱、业务范围不明确等情形[①]，只有具备公平、公正的市场秩序，形成统一开放竞争有序的家族信托市场体系，才能合理配置资源。所以，为了保障交易安全和市场秩序，家族信托需要登记甚至是监管。而保障交易安全，最重要的就是保障与受托人交易的第三人的交易安全，为此法律为信托的设立确定一个在外观上清晰明了的“警示标志”，信托登记制度就

① 参见杨伟光:《我国家族信托制度法律问题探析》，载《新西部》2019 年第 9 期。

是信托设立的“警示标志”。[①] 许多学者主张逐渐取消信托登记制度，其实是忽略了信托登记制度在维护市场秩序方面的合理性和必要性。

家族信托追求的自由价值和公示制度保障的市场秩序价值之间的矛盾，也是判断何种家族信托登记效力模式更适合我国的参考。选择家族信托登记效力模式，实际上也是在回答何种效力模式能够最大限度地中和家族信托追求的自由价值和市场的秩序价值的问题。

三、家族信托登记制度在法律层面的矛盾的解决思路

（一）明确受托人取得信托财产所有权

家族信托登记制度的建立，第一步就是要在法律中明确信托财产所有权的问题。因为信托登记是彰显信托财产独立性的有效手段，而信托财产的独立性，是信托制度优越性的最重要保障，只有保障了信托财产的独立性，才能体现家族信托制度风险隔离、财富传承、节税避税的优点。

笔者认为，家族信托制度的法律移植不应当动摇我国“一物一权”的根本观点。在信托财产归属问题上，学者们意见不一，但是主流观点认为应当受托人取得信托财产的所有权。笔者也赞同这种主流观点。我国移植信托并非要移植信托财产的双重所有权这一立法模式，而是要发挥信托制度的功能。“家族信托”制度的魅力在于“失去所有权的控制权”法律架构，信托财产“所有权”的放弃是为了综合实现家族（企业）保护、管理与传承的“控制权”安排。[②]

一方面，受托人拥有更大程度上的自由裁量权可以更好地实现信托目的。另一方面，家族信托登记进一步将受托人管理的信托财产和自有财产做严格、清晰的区分。在此基础之上，委托人可以通过仔细筛选受托人以及在信托合同中明确各自的权利和义务，来达到防止受托人滥用权利，保障信托目的实现或保护受益人获得利益。[③]

---

① 参见钟瑞栋、侯怀霞:《论信托公示——兼评我国〈信托法〉第10条》，载《郑州大学学报（哲学社会科学版）》2006年第1期。

② 参见谢玲丽、孙琳玲:《家族信托——放弃所有权的控制权安排》，载《中国律师》2014年第3期。

③ 参见张莉莉、余燕:《论我国家族信托法律制度的构建与完善》，载《行政与法》2016年第5期。

（二）将信托登记机关与财产登记机关相衔接

财产登记与信托登记并不完全一致，例如财产登记的效力不尽相同而信托登记则是相同效力。将信托登记附着于财产权属登记，不仅会造成两种制度之间的不协调，还制约着信托登记制度的独立性与完整性，也不利于信托产业的发展。

同时，用一个机构来解决信托财产登记也不是很好的选择，因为从普通财产到信托财产再到普通财产的转化涉及该机构与财产登记机构的衔接，流程太过复杂。这也是上海信托登记中心退而求其次，只先进行信托产品的登记工作的原因。

所以，笔者认为，在统一的信托登记机关与分散的财产登记机关二者之间建立衔接才是最为适宜的解决方案。可以将信托财产登记分两步走，一是进行信托财产的所有权变更登记；二是标明其为信托财产的登记。这两步的顺序也不必要强制，原则上来说，应当“先信托登记、后财产登记”①，当事人依据有效证明，包括符合我国信托法规定的设立信托之要式行为的证明文件，即信托合同或遗嘱、其他书面法律文件以及证明信托财产归属于委托人的文书，在信托登记机关进行信托登记，并依据信托登记证明在权属登记机关进行财产权属变更。这种操作，可以解决仅凭信托合同无法完成信托财产登记的问题，也可以缓解财产登记机关对信托财产登记缺乏依据的担忧，实现统一信托登记机关与传统财产登记制度的融合。

（三）维护家族信托保密性，恢复信托法私法品格

探究维护家族信托的保密性和选择通过信托登记公示性加强交易安全这两个方向，笔者意图通过揭示二者的利弊厘清立场。

解决这一矛盾关键在于对家族信托属性的定位，选择合适的立法途径和价值取向。关于家族信托属于民事信托抑或是商事信托即营业信托，学界的观点莫衷一是，有的学者认为判断二者应当看受托人的性质，如果受托人是营业机构，那么就是商事信托，如果是自然人就是民事信托；有的学者认为应当看是否收取报酬，如果收取报酬则是商事信托，否则即为民事信托；有的学者认为

---

① 季奎明：《中国式信托登记的困境与出路——以私法功能为中心》，载《政治与法律》2019 年第 5 期。

应当依据受托人的作用，实现增值的财产管理的是商事信托，而采取被动、消极的财产管理方式的，是民事信托。但是在这些划分方式下，家族信托不属于其二者任何一种。

探究家族信托的性质，可以看出家族信托在其发展的初期是民事信托，但是随着商业实践的发展，其逐渐过渡为商事信托。这一变化是有过程性的，所以家族信托很难被界定为民事信托或是商事信托。但是很多学者忽视了这一变化过程，在对家族信托进行定义的时候，直接将其描述为“金融机构接受个人、家族的委托……”，① 这种对家族信托理解不够深入也使得种种矛盾产生。

从学理角度看，我国的信托制度缺乏民事信托的历史渊源，民事信托基础薄弱，无论是制度设计还是实践运行，抑或是法律监管等，均是以商业信托为出发点，这使得我国的信托制度是“残缺”且“局限”的。在这个背景下，家族信托的发展趋于一个信托产品，而非一个信托制度。② 从实践角度看，证券、基金、保险等行业都有开展信托业务，但是如果出现了法律纠纷，却不适用信托法。③ 可见信托法还未真正意义上具有信托业务的基本法的法律地位。从历史角度看，我国的信托制度可以说是妥协的产物并不为过。在我国信托制度中很多方面都表现出其是一个历史产物。例如，在早期，由于我国缺乏信托的历史习惯，为防止委托人因为“信托财产所有权归受托人所有”而抵触信托制度，采取了“将信托财产委托给受托人”。④

在笔者看来，选择在这个时候明确家族信托的定义，试图发展并规范家族信托制度，其目的更像是为了完善我国的信托制度，让信托的发展不仅仅是信托产品的发展，而是一个完整的信托制度的建设，让信托法恢复其私法的品格。我国信托产品类型单一，面对新引入的家族信托，已经设立的信托登记制度缺乏对家族信托特质的回应。应当是信托登记制度去适应家族信托的保密性的特质，而不是按照原有的信托登记制度去削弱家族信托的保密性特质，否则

① 鲁文龙：《欲善其事，先利其器——评私人银行部门开展家族信托业务》，载《银行家》2014年第4期。

② 参见郝晓：《我国家族信托登记制度探析》，载《上海法学研究》集刊2019年第1卷

③ 参见赵廉慧：《家族信托的概念相关法律问题》，载《中国银行法学研究会信托法专业委员会会员通讯（第二期）》2014年版。

④ 参见吕玉丰：《家族信托初探——以〈信托法〉的品格为中心》，载《中国银行法学研究会信托法专业委员会会员通讯（第二期）》2014年版。

就是主次颠倒。

基于此，解决这个矛盾应当以完善我国信托制度，促进家族信托制度建设为根本。

（四）采用登记对抗模式

《信托法》第 10 条规定，特殊信托财产应当依据相关法律、法规应当进行权属登记，此后信托生效。如果这部分特殊财产未进行权属登记，且当事人不补办，则信托无效。这也可以看出我国采取了较为强势的登记生效主义，却没有具体细化设计登记制度，使得信托财产的种类被迫局限在法律法规规定权利移转无需登记的单一的财产项下。不仅我国信托法未对信托由什么机构登记，登记由何人申请发起，以及登记的内容、登记程序等关键性问题作出指引，物权法等法律也没有关于财产登记制度和家族信托登记制度之间承接和配合的条款。

这一点在上海国际投资有限公司与上海国际信托投资公司之间的股权信托案件中得到了充分体现。根据我国信托法的规定，被信托的股权的所有权由委托人转移给受托人。并且根据我国相关法律的规定，有限责任公司的股权变更自该变更记载于公司的股东名册生效，并应当到原登记机关办理股权变更登记手续。[①] 但是工商局却拒绝办理变更手续，理由是从未做过因股权信托而变更股权的登记，并且没有法律、法规授权工商局这样做。可以看到与信托相关的配套法律制度的匮乏，加大了家族信托发展的难度。

信托登记生效模式下，是否进行信托财产登记不影响信托关系的成立，但是如果未进行信托登记，那么信托关系无效。信托登记对抗模式，是多数大陆国家信托登记所采取的效力模式。根据日本 2006 年修订后的信托法，"对必须登记或注册的财产权，如果在信托阶段未进行登记或注册，虽然将失去与第三人争辩和对抗的效力，但并不能影响信托的效率"[②] 在这种模式下，在当事人对于信托财产进行登记公示的情况下，委托人、受益人可以在受托人违背信义义务，侵犯其权利的情况可以采取撤销合同等方式维护自身利益。

对三种效力模式进行对比分析，登记成立模式不利于促进信托制度的发

① 参见吕红:《论我国信托公示制度的完善》，载《社会科学》2004 年第 2 期。

② ［日］中野正俊:《信托法判例研》，中国方正出版社第 2006 年版。

展，而且也容易造成资源的浪费，影响交易安全。无论是从学理还是实践角度，这种效力模式都鲜有支持者。同样的，登记生效模式也会动摇信托制度的基础，因为在未进行登记的情况下，善意第三人无法基于信托关系的存在而相信受托人的处分财产的行为。而善意第三人实际上仍然是与委托人进行交易，这不仅不利于交易安全，也加大了交易成本。这使得信托制度被架空，受托人也无法充分进行信托财产的管理。

总的来说，采取信托登记生效主义既导致第三人的合法权益无从保障，也催生受益人和受托人的合法权益有被严重侵害的风险。登记对抗模式一方面给予了家族信托当事人意思自治的自由，将信托关系的成立生效与登记相互分离，可以很好地实现家族信托所追求的自由价值，提高委托人的积极性，促进家族信托的发展；另一方面，也兼顾了对处于信息不对称的劣势下的委托人、受益人的保护。

迄今为止，作为信托制度核心的信托法已经运行了十多年。这十多年间，信托行业生存的背景和环境都发生了翻天覆地的变化，立法初始的一些未周全解释的细节部分，也在业务不断的实践和运行过程中暴露出先天性缺陷。此时，国家以比较明确的态度提出引入并大力发展家族信托，可谓是一个完善信托法的良好时机。家族信托不仅是信托业务的拓展和丰富，更是重新塑造信托法品格，奠定信托法基本法地位。信托登记制度的完善只是其中的重要一环，家族信托制度与现行信托制度之间的种种矛盾，包括价值取向、法律条文、相关配套制度等都亟待解决。

我国家族信托发展的税法障碍及破解

刘　艳*

摘　要 ▶ 改革开放以来，我国经济得到了快速发展，居民财富迅速增加，高净值人群的家族财富与传承的需求随之增长，从而给家族信托的发展提供了契机。我国的家族信托业务虽然持续升温，但却也并没有得到爆发式的增长。究其原因，虽然一方面我国现阶段家族信托的需求旺盛，但另一方面家族信托的发展却受限于现存的法律规定，很多高净值人群因存在较多顾虑，仍然对其持观望态度。本文以家族信托税收法律制度为主题，在总结我国家族信托发展及有关规范现状的基础上，分析家族信托在我国发展面临的重复征税现象严重、存在避税空间、税收优惠制度不完善以及遗产税是否开征的不确定性等税法困境，并试着提出相关的破解建议，以期能为高净值人群提供私人财富管理解决方案，在激励其通过设立家族信托实现财富有效传承的同时，避免国家合理税收的流失。

关键词 ▶ 家族信托　税法障碍　功能实现　制度建议

一、问题的提出

（一）家族信托发展概况

继2013年平安信托发行了我国内地的第一只家族信托后，家族信托开始形成了信托公司、商业银行、第三方财富管理机构三足鼎立之势并不断发展的格局。截至目前，中国境内已经有21家信托机构和14家商业银行开展了家族

*　作者单位：南京大学法学院。

信托业务，其总规模约为 441.8 亿元。[①] 此外，国内最大的第三方财富管理机构——诺亚财富，还于 2015 年成立了境内首家专门从事家族信托法律事务研究与服务的机构——京都家族信托法律事务中心，家族信托业务也逐渐进入法学界研究讨论的视野。[②]

从家族信托业务在境内的发展进程来看，其能够在短时间内从萌芽到迅速发展，主要是基于以下两方面原因：

一方面是监管机构推动信托业务转型。2014 年 4 月，银监会下发的《关于信托公司风险监管的指导意见》，明确了信托公司的功能定位和发展方向，其中之一是家族财富管理。监管层认为信托应该回归财富管理的本来面目，家族财富的管理业务也逐渐成为未来银行与信托公司合作的重要领域。同年 9 月，国务院下发《关于加强地方政府性债务管理的意见》，要求加强政府债务监管，将融资平台公司的政府融资职能逐步剥离，信托公司与政府机构合作的业务受到了较大的限制，在此背景下，信托公司开始寻求新的业务领域，而家族信托则成为转型的重要方向之一。[③]2018 年银保监会下发了《信托部关于加强规范资产管理业务过渡期内信托监管工作的通知》，对家族信托的认定标准、信托目的、监管原则等问题予以了明确，使得家族信托的发展方向进一步明朗，预示着国内家族信托业务将会以越来越正式的姿态进入大众与监管视野，家族信托的发展可能进入“黄金时代”。

另一方面是高净值人群理财需求扩大。2019 年 6 月，贝恩公司和招商银行联合发布的《2019 中国私人财富报告》指出，[④]2018 年中国个人可投资资产 1000 万元人民币以上的高净值人群规模达到 197 万人，从财富规模看，2018 年中国高净值人群共持有 61 万亿元人民币的可投资资产，高净值人群人均持有可投资资产约 3080 万元人民币。报告认为，经历资本市场洗礼，高净值人群的投资行为和心态发生明显转变，开始渐渐增加其他理财产品的持有，对财富传承的需求从观望进入普及深化阶段。同月，建信信托与胡润研究院联合发

---

① 参见《2018 年中国家族信托行业市场需求及发展前景分析》，载中国报告网，http: //tuozi.chinabaogao.com/gonggongfuwu/05113360Z2018.html。

② 刘欣东：《家族信托的功能实现与法律困境》，载《公民与法（法学版）》2015 年第 5 期。

③ 刘欣东：《家族信托的功能实现与法律困境》，载《公民与法（法学版）》2015 年第 5 期。

④ 参见贝恩管理顾问公司和招商银行：《2019 中国私人财富报告》，载新华报业网，2009 年 6 月 5 日。

布的《2019 中国家族财富可持续发展报告——聚焦家族信托》指出，虽然绝大部分的高净值人群知道家族信托这一说法，但其中一部分人并不了解其中的信托原理与真正的功能。目前我国境内的家族信托尚处于起步阶段，相关法律制度仍待进一步完善，信托机构的业务发展模式也还仍在探索，从而一定程度上制约了家族信托的发展。

可以看出，我国家族财富管理的市场前景广阔，作为境外成熟的家族财富管理方式的家族信托也在我国持续升温，但受制于家族信托发展中的诸多要素，家族信托在我国并没有得到“爆发式”的增长，而人们对家族信托最大的顾虑，主要源于国内关于家族信托的法律制度尤其是税收法律制度的空白与不完善。

（二）家族信托的规范现状

虽然目前我国境内有关信托方面的文件众多[①]，但对于家族信托业务却鲜有涉及。目前的主要官方文件是银保监会 2018 年 8 月下发的《信托部关于加强规范资产管理业务过渡期内信托监管工作的通知》，其中首次明确了家族信托的定义，并主要从信托目的、服务内容、最低金额和受益人范围四个方面对家族信托进行了规定，并首次明确了家族信托的“三不”原则，体现出了对家族信托产品创新的呵护。笔者总结其他可能涉及家族信托税收的规范主要有：

财政部、国家税务总局《关于开放式证券投资基金有关税收问题的通知》对开放式证券投资基金运行的所得税、营业税与印花税等问题进行了规定，对家族信托领域的税收具有一定的指导意义。2010 年版的《中华人民共和国遗产税暂行条例》草案规定，应征收遗产税的遗产包括被继承人死亡时遗留的全部财产和死亡前五年内发生的赠与财产。依照该草案的内容，被继承人是可以通过提前设立家族信托规避遗产税的。2013 年 2 月《关于深化收入分配制度改革的若干意见》第 15 条首次明确表明：“研究在适当时期开征遗产税问题”，但是如果未来我国开征遗产税，有关部门应该不会放任家族信托完全避税。

由于我国现在的税收制度是与“一物一权”的传统财产制度相适应而建立

① 目前规制管理信托的主要是“一法三规”，即《信托法》《信托公司管理办法》《信托公司集合资金信托计划管理办法》以及《信托公司净资本管理办法》。

的，因而较难以直接适用于信托这种“双重所有权”的创新财产制度，信托税制一直处于不完善的状态，加之我国家族信托发展较晚，尚无直接针对家族信托的税收立法。因此总的来看，我国目前缺乏一部统一的指导性的信托税收规定，专门针对家族信托税收的规定更是没有，家族信托产品和家族信托业务没有一套完整的税收体制，只能采用和其他经济行业一样的税收制度，且目前对于遗产税征收的情况还不明了，造成了很多高净值的人士对家族信托仅仅抱有观望的态度，成为家族信托在国内发展的重要桎梏。

二、家族信托发展给现行税法带来的挑战

（一）重复征税现象严重

一方面，家族信托财产归属不明导致重复征税。信托起源于英国，具有很强的英美法系的特色，“双重所有权制”就是最主要的体现，其不同于大陆法系中的“一物一权”，后者所阐述的是以对物的占有和支配为基础的绝对所有权。我国《信托法》第2条规定，“委托人将其财产委托给受托人”，由于“委托给”一词语意模糊，导致对于信托财产究竟是归属于委托人还是受托人这一问题理论界一直众说纷纭。① 但通说更倾向于认为我国建立起的是信托财产独立性制度，突出强调信托财产应当独立于委托人、受托人和受益人，其只具有破产隔离功能，不同于英美法系的双重所有权制度，也无法从根本上解决家族信托所得的课税问题。立法者对信托财产权属问题采取的回避态度，造成了信

① 理论界的争议归纳起来一共有以下三种观点：一种是“委托人所有权模式”，即设立家族信托并不必然会发生所有权属的转移，信托财产独立性是指信托财产与委托人未设立信托的其他财产相互独立，在委托人生存在或存续期间也无权将信托财产运用于清偿委托人的债务，参见张淳：《我国信托财产所有权归属的态度及其法理审视》，载《甘肃政法学院学报》2007年第5期；一种是“受托人所有权模式”，因为一般建立信托关系之后，信托财产的实际占有的权利已经转移给了受托人，为了使受托人享有更大程度上的自由裁量权，更好地管理信托财产，也为了为受益人谋取更多的经济利益，更好地实现信托家族信托目的，应当将信托财产的所有权属于受托人，参见张莉莉、余燕：《论我国家族信托法律制度的构建与完善》，载《行政与法》2016年第5期；还有一种是“受益人所有权模式”，即受益人“衡平法上的所有权”才是真正的所有权，受托人“普通法上的所有权”只是一种管理权，为了保证信托目的与功能的更好实现，保护受益人及其债权人的利益，鼓励人们利用信托进行投资，应该将信托财产的所有权归属于受益人，参见温世扬、冯兴俊：《论信托财产所有权——兼论我国相关立法的完善》，载《武汉大学学报（哲学社会科学版）》2005年第2期。

托财产在信托存续期间的归属问题成为法律上的空白地带。[①]

信托财产所有权的归属不明使得对信托财产的征税变得复杂。具体而言，在信托设立阶段，信托合同订立后，信托财产必须移转给受托人，此属于“形式转让”，是受托人管理处分信托财产的必要条件，是一种应技术要求而为的转让行为，委托人或受托人并未因此次转让而获利，原则上并不符合产生纳税行为的条件。但是依据现行税法的规定，这种移转会被税务机关认定为销售行为，需要承担印花税、契税、所得税、增值税等纳税义务；[②]在信托存续期间，受托人会因就管理处分信托财产所得利益及因管理信托财产所收报酬负有纳税义务，而当受益人依据信托协议享有受益时，也会因其所得的增加而再次缴纳税款；在信托终止阶段，受托人应将信托财产移交给信托协议指定之受益人，此时受益人依然需要就受托人移转行为再次缴纳税款，而信托所得收益在获得时已经由受托人缴纳过相关的税款。以“一物一权”的观点看，信托财产从委托人转至受托人名下，又转至受益人处，是两次转让，但以信托的观点看，受托人在这一过程中只是对信托财产进行管理，并没有真正受益，这就相当于对一次信托财产转移进行了两次征税。

另一方面，家族信托纳税义务人不确定导致重复征税。由于现行税法对信托税收的纳税主体没有专门规定，信托设立、运行和终止阶段涉及的纳税主体、税目以及标准等相关问题都难以在我国现行税法中找到依据，家族信托的纳税主体是信托本身、委托人、受托人还是受益人难以确定，从而造成了对同一信托事项的多主体征税。[③]如前所述的信托受托人与信托受益人可能需要分别就信托财产缴纳所得税，而在这一过程中信托财产仅发生了一次价值增长。[④]这与形式转移不课税原则以及实际受益者课税原则相悖，[⑤]首先，就形式转移不课税原则而言，信托设立阶段在委托人与受托人之间的财产转移，依据现行法的规定，只属于形式上移转，因此据此征税不合乎形式转移不课税原则；其

① 参见石贤平、赵静：《家族信托所得课税面临的困境及其应对》，载《中国商业法研究会 2019 年年会论文集》。

② 参见郝琳琳：《信托所得课税法律问题研究》，法律出版社 2013 年版，第 96 页。

③ 参见李智、徐元强：《家族信托功能演绎与建构的法理审视》，载《云南师范大学学报（哲学社会科学版）》2015 年第 5 期。

④ 参见刘继虎：《信托移转所得之税基规则研究》，载《政法论坛》2018 年第 6 期。

⑤ 参见徐孟州、席月民：《论我国信托税制构建的原则和设计》，载《税务研究》2003 年第 11 期。

次，现行信托税收体制不符合实际受益者课税原则。根据现有的税收体制，尤其是在很多企业家为了防止其后代滥用家族财产而设立永续信托或者受益人不明确信托时，受托人在管理受托财产的过程中要就信托财产的增值缴纳所得，但其实信托受托人并不对这些增值部分享有所有权，信托财产收益部分实质上最终是由信托受益人获得，与税收中“谁受益、谁纳税”的基本原则相悖，而且增加了家族信托设立的整体成本，削弱家族信托本身的税收筹划功能。因此，可以说家族信托的发展给信托税收制度设计中如何避免重复征税提出了新的挑战。

（二）存在避税空间

如前所述，“一物一权”可能造成双重征税，而也是“一物一权”使得家族信托在信托存续阶段存在较大的避税空间：受托人对信托财产进行管理处分是为了受益人利益考虑而非受托人自身，因而使得现行税法对受托人的很多行为无法适用；且一般家族信托期限都比较长，由此便可能会造成大量税收流失。因此，我国家族信托税收方面可能处于一个理论上可能双重征税，而实践中又无人缴纳的尴尬境地。①

另外，家族信托的一开始的产生很大程度就是为了通过各种税收安排与筹划，减轻或者规避繁重的税负，境外家族信托的繁荣很大程度的原因也是家族信托在避税方面尤其是避免遗产税有着很大的优势。虽然我国目前尚未开征遗产税，但是家族信托的委托人可能会采取通过设立离岸信托避免向居住地缴纳高额税金、通过将大规模信托收益转变为小份额收益来避免高收益产生的高税额、通过设立累积信托，对收益不进行分配或者设立虚假公益信托等方式来规避合理的税负，这些行为都有可能造成国家合理税收收入的流失。② 因此如何平衡这种趋利避害市场行为的自由与国家合理财政收益之间的关系，也给家族信托的税制设计提出了新的挑战。

（三）税收优惠制度缺失

家族信托的功能主要有财产保值增值、家族财富传承、家族企业治理、税

① 参见袁吉伟：《财富传承与家族信托研究》，载《青海金融》2014年第3期。

② 参见王忠庆、高鹰：《信托业务企业所得税流失的案例警示》，载《税务研究》2016年第6期。

收筹划和社会公益等多个方面，[①] 其中前几项均为家族的私益功能，而社会公益功能则很好地体现出了家族信托的社会属性，家族信托的社会公益功能不但可以为家族或企业树立良好社会形象，而且由于公益信托名下的企业股权不得或不容易转让或出售，这对家族可以长期掌握企业的实际控制权起着关键性的作用。

但对于税收优惠制度而言，我国现行的信托税制中仅对证券投资信托给予一定的税收优惠，主要是免征在金融市场上取得的信托收益的所得税。[②] 对于公益信托的税收优惠制度，2008 年《关于公益性捐赠税前扣除有关问题的通知》，明确了慈善组织进行慈善活动可以申请公益性税前扣除，但慈善信托受托人的信托公司因没有开具捐赠票据的资格而无法享有相应的税收优惠。同年银监会发布《关于鼓励信托公司开展公益信托业务支持灾后重建工作的通知》，提到了“信托公司开展公益信托业务，可以争取公益事业、税收等管理部门的支持”。2016 年的《慈善法》以及 2017 年《慈善信托管理办法》虽然明确了慈善信托的税收优惠问题，但也只是作出了概括性规定，缺乏可操作性，也尚未形成健全的慈善信托税收优惠法律体系。[③] 实践中公益信托的税收优惠操作标准各异，从而也带来了重复征税以及捐赠人无法享有既有税收优惠的现实问题。[④]

从欧美国家公益事业发展的实践来看，优惠的税收政策在各国公益事业发展中都起到重要的推动作用，我国目前公益信托税收优惠法律法规缺位、相关法律法规不协调甚至存在冲突、公益信托税收优惠监管制度也存在缺失，[⑤] 这将会在很大程度上阻碍家族信托在社会公益方面的作用发挥，因此如何对家族公益信托的税收优惠制度进行设计也是未来信托税制不得不解决的问题。

---

① 参见韩良：《家族信托法理与案例精析——基本理论 · 案例分析 · 实务指引》，中国法制出版社 2015 年版。

② 参见李智、徐元强：《家族信托功能演绎与建构的法理审视》，载《云南师范大学学报（哲学社会科学版）》2015 年第 5 期。

③ 《慈善信托管理办法》第 44 条规定，“慈善信托的委托人、受托人和受益人按照国家有关规定享受税收优惠”。但事实上，关于慈善信托税后减免的“国家有关规定”并不存在。参见蔡概还、邓婷：《中国家族慈善信托发展的关键问题》，载《清华金融评论》2018 年第 10 期。

④ 参见黄霄飏：《论我国慈善信托税收优惠法律制度》，载《经济与社会发展》2018 年第 2 期。

⑤ 参见刘继虎、李阳：《我国公益信托税收优惠及其监管的制度建构》，载《齐齐哈尔大学学报（哲学社会科学版）》2018 年第 11 期。

（四）遗产税开征的不确定性

如前所述，家族信托起源于英国，其在境外发展和壮大的根本原因便在于回避包括税收在内的封建义务，目前在世界各地，避税亦是家族信托设立的主要目的之一。现阶段我国还没有开始征收遗产税，通过法定继承、遗嘱继承等方式继承财产不需要缴纳税费，因此高净值人群通过设立家族信托以避税的动力仍然不是很强。但是根据《遗产税暂行条例（草案）》第 2 条的规定，“应征收遗产税的遗产包括被继承人死亡时遗留的全部财产和死亡前五年内发生的赠与财产”，被继承人是可以通过提前设立家族信托规避遗产税的。但是，一旦开征遗产税，相关部门应该不会完全放任家族信托进行避税，因此未来能否依靠家族信托规避遗产税尚存在不确定性，在遗产税开征时如何进行税制设计以防范家族信托进行不合理的避税也是税法面临的新挑战。[①]

三、完善家族信托税收法律制度的必要性

（一）充分实现家族信托功能的需要

如前所述，家族信托作为当代社会一项独特的财富安排，其拥有着独特的财产转移与管理、家族治理与风险隔离、税收筹划和社会慈善等功能，而完善家族信托税收法律制度对于其税收筹划与社会慈善功能的实现具有重要意义。[②]

税务筹划是指纳税义务人是指在税法范围内，通过对经营、投资、理财等活动的事先筹划和安排，尽可能地获得“节税”的税收利益。如前所述，节税是信托设立的一项重要的功能，通过家族信托设计，可以有效避免财富代际传承中可能发生的所得税、遗产税、赠与税等。[③] 例如就所得税而言，很多国家对个人所得征税采用的都是累进税制，高净值人群可以通过家族信托将其收入所得移转至其子辈孙辈中收入低的人名下，从而减少其收入进而达到降低适用税级的目的；就遗产税而言，主要表现为设立永续存立的家族信托可以避免遗产税，在国外，很多委托人将财产设定永久存续的信托，从而利用信托财产的独立性避免遗产税以及多代传承的税务问题。此外，家族信托还可以优化税务

① 参见刘欣东：《家族信托的功能实现与法律困境》，载《公民与法》2015 年第 5 期。

② 参见李智、吴湖军：《家族信托中的权义博弈与法律救济》，载《西南民族大学学报（人文社会科学版）》2018 年第 4 期。

③ 参见刘继虎：《论形式转移不课税原则》，载《法学家》2008 年第 2 期。

架构，实现合理避税，例如委托人可以将企业所有权让与给信托公司，家族保留对企业的控制权，从而有效避免个人所得税等税负，也可以通过搭建离岸信托机构，从而规避来自企业营业地国家或者地区的税收征缴等。①

家族信托除了家族私人利益的功能外，还有社会慈善的功能。例如家族企业用上市公司股份成立慈善信托的做法就是家族信托做社会公益的典型。一方面，企业家可以通过捐赠其所持有的股权而成立慈善信托，在发挥企业家回馈社会的慈善功能的同时，也有助于家族与企业树立良好的形象，履行企业的社会责任；另一方面，慈善信托名下的企业股权一般不得或很不容易转让或出售，这对家族长期控制企业有着关键的作用。国内外高净值人士在财富积累到一定阶段后，都开始从事慈善事业来回馈社会，相较于一般的给慈善机构的捐款、捐物等行为，这种家族慈善信托可以让家族信托的委托人真正参与到慈善事业的运作和管理，从而更好地满足家族从事慈善事业的心理需求。因而，在家族财富传承过程中嵌入慈善目标，既符合家族财富持有者的主观慈善意愿，又能在客观上获得国家的税收优惠，在特定情形下还能起到防止信托文件被家族受益人恶意终止的作用。②

因此，通过家族信托税收制度的设计，防止对信托财产的重复征税、给予家族设立的公益信托一定的税收优惠，可以更加有利于家族信托税收筹划和社会慈善功能的发挥。

（二）家族信托自身价值取向的要求

自由与效率是信托基本的价值取向，③但是在我国目前的信托业实践中，金融信托已经发展到标准化的阶段，甚至几近演变为金融产品、证券化的程度，委托人一般只有“买”与“不买”的自由，对于信托的内容则几乎没有任何发言权，而信托公司作为产品的设计者也要受制于各种监管规则，因此金融信托产品作为一种投融资工具，更多体现出效率的价值；但对于家族信托而言，其则更多体现自由价值，首先，其家族信托产品的设计过程中能在更大程度上体

① 参见余卫明：《信托受托人研究》，法律出版社 2007 年版，第 57 页。

② 参见潘修平、侯太领：《中国家族信托原理与实务》，知识产权出版社 2017 年版，第 261 页。

③ 参见周小明：《信托制度：法理与实务》，中国法制出版社 2012 年版，第 93~96 页。

现出委托人处分其财产的自由意志；① 其次，家族信托历史演变过程其实就是一个当事人的自由意志不断发挥，个人对私有财产的处分权利与公权力的利益博弈中成功挣脱王权的束缚，完成从身份到契约的一个过程，因而家族信托能规避既有的法律规定也是对其自由价值的完美诠释。②

但是，家族信托所体现的自由往往具有一种突破或反抗社会限制的倾向，法律虽然尊重自由，但是这并不代表社会主体就可以借助自由而为所欲为，也就是自由的本质不是毫无限制的自由。③ 因此，法律允许通过家族信托将委托人的自由意志代代相传、允许家族信托规避现有制度的存在，但是法律同时又需要将这种自由与规避的功能限制在合理范围之内。例如，在税法领域，法律一方面需要通过避免重复征税、给予公益信托以一定的税收优惠等制度设计鼓励高净值人群设立家族信托；另一方面也需要设定一定的反避税规则防止家族信托无限制避税，因此可以说，家族信托税收制度的设计是其自由价值取向的必然要求。

四、家族信托税收法律障碍的破解

（一）避免对家族信托重复征税

要避免对家族信托的重复征税，首先需要明确信托财产的权属。在我国移植国外家族信托的过程中，可以在现有的法律制度框架下寻求信托本土化的路径，即将信托财产所有权归属于受托人。④ 倘若信托财产在信托存续期间由受托人享有，可以真正实现信托财产的独立，让受托人拥有更大程度上的自由裁量权，从而提高对信托资源的利用效率，更好地实现财富管理和传承。⑤ 同时，基于受托人对信托财产享有的权利，根据信托实体理论可以赋予其缴纳税款的权利，从而可以节税和合理避税，节省家族信托税收成本，实现家族信托税收

① 参见李有星、杨得兵：《论家庭信托的历史发展及其当代价值》，载《浙江大学学报（人文社会科学版）》2016年第1期。

② 参见吕玉丰：《家族信托初探——以〈信托法〉的品格为中心》，载《中国银行法学研究会信托法专业委员会会员通讯（第二期）》2014年版。

③ 参见李智、吴湖军：《家族信托中的权义博弈与法律救济》，载《西南民族大学学报（人文社会科学版）》2018年第4期。

④ 参见杨伟光：《我国家族信托制度法律问题探析》，载《新西部》2019年第9期。

⑤ 参见高瑞琪：《浅谈家族信托的法律困境与完善策略》，载《法治与经济》2017年第9期。

筹划的功能，进而更好地实现信托目的。[①]

其次，要明确家族信托的纳税主体。为了改善信托业税收征管制度与税法制度融合困难的问题，学者们提出了两种理论：信托导管理论与信托实体理论。[②]笔者认为，信托导管理论是实质课税原则在信托税制的体现，也是形式移转不课税及实质课税主义的内在要求，可以在很大程度上避免重复征税，但对于家族累积信托、自由裁量信托和公益信托而言，其受益人或者受益份额不确定，等到纳税主体与数额确定时，就很可能会产生迟延纳税、纵容避税等税收不公现象，因此此时可以采取信托实体理论，由信托财产作为实体由受托人代为纳税，在实现避免重复征税目标的同时防止逃税、不合理避税等税收不公平现象。总体而言，在家族信托税制设计的同时应该将两种理论结合起来，在坚持实质课税原则的同时，承认信托财产作为独立主体，在家族设立累积信托、公益信托等受益人及其份额不确定时候，由受托人代为从信托财产中支取相应的税额，解决这些类型信托的课税窘境。

再次，要避免重复征税，还需要细化税收种类，从家族信托的各个阶段和可能涉及的各个税收种类出发予以细化规定。[③]例如在家族信托的设立过程中，委托人需要以确切的书面申请向信托机构申请该业务的办理，一旦信托机构接受了此种申请，双方在确定该业务的办理后，需要签订确定的书面信托合同，而对经济活动和经济交往中订立、领受具有法律效力的凭证的行为需要征收印花税；如果信托财产是增值税应税货物或资产，则还可能涉及增值税；如果信托财产涉及不动产，由于承受土地与房屋权属转移的单位和个人负有契税的纳税义务，则此时受托人还应当代受益人缴纳契税。在信托存续期间，则主要涉及增值税、所得税、印花税、房产税以及城镇土地使用税等税款，如前所述，根据实质课税原则，增值税的最终实际承担人应该是受益人，因此可以先从信

---

① 参见张莉莉，余燕:《论我国家族信托法律制度的构建与完善》，载《行政与法》2016 年第 5 期。

② 信托导管理论认为，信托是委托人经由受托人向受益人输送财产的管道，只是一种方式和手段，受益人才是最终的信托收益的实质享有者，信托产生的一切利益在发生时即应同受益人享有，构成受益人应税所得，结合实质课税原则，信托税收的纳税主体应该是享有实质利益的受益人；信托实体理论认为，信托应该作为一个独立的纳税主体，将信托所得归属于信托本体，在信托所得发生时，由受托人代表信托本体履行纳税义务，当信托收益分配给受益人时，受益人不再负有纳税的义务。参见周小明:《信托税制的构建与金融税制的完善》，载《涉外税务》2010 年第 8 期。

③ 胡松松:《关于国内家族信托的法律探讨》，载《法制与社会》2019 年第 9 期。

托收益中予以扣除。而家族信托财产在这过程中产生的收益也应该属于受益人的应税所得，为了避免重复征税，可以实行抵免制或者代扣制，具体而言，对于已经分配的部分，先由受托人计算受益人的所得额，再由信托受益人缴纳所得税；对于未分配的部分，则先让信托受托人单独计算应缴纳所得税，待到分配后再由信托受益人缴纳税款，对于信托受托人已缴纳税款的部分，信托受益人可免予纳税。在家族信托终止阶段，由于信托财产的转移并不涉及销售或者提供劳务等，因而不必缴纳增值税；由于信托受托人或者受益人自身在之前已缴纳过所得税，转移给信托受益人的信托财产应该是扣除已缴纳所得税额的，故不用再次缴纳所得税；由于家族信托设立阶段已经缴纳过印花税，因此在该阶段受托人与受益人均应该再无印花税的纳税义务。此外，在信托所涉及的各项税收具体征收过程中，还应制定专门的税收确认原则和计算方法，同时根据家族信托的状态（例如变更、无效或被撤销、解除情形），及时对其应纳税所得额进行调整，防止重复征税现象的发生。[①]

最后，还需要设置合理的家族信托征税时点。由于信托的特殊性，信托所得的发生时间与实现时间往往不一致，对于其纳税时点，主要有发生主义与实现主义两种做法，前者即只要发生应税行为或应税项目就确认纳税义务；后者是指只有当纳税主体确实取得应税财产时，才发生纳税义务。[②] 笔者认为，在家族信托成立并生效后，受益人即以受益权的方式获得了信托财产及其收益的实质所有权，因此发生主义原则更符合逻辑，具体而言，对于契税、营业税、印花税等非所得税类型的税种，只要应税行为发生，就应当确认受益人的纳税义务，并由受托人从信托财产或受益中扣减进行缴税；对于所得税，如果是非累积信托，即对信托财产的收益在当年度加以分配，则在受益人取得收益的当年（也是发生年度）确认发生纳税义务；如果是累积信托，即对信托收益进

① 参见刘继虎：《信托移转所得之税基规则研究》，载《政法论坛》2018 年第 6 期。

② 课税时点体现在会计学上有关的两种制度即权责发生制和收付实现制。参见《政府会计准则——基本准则》第 60 条规定："本准则所称收付实现制，是指以现金的实际收付为标志来确定本期收入和支出的会计核算基础。凡在当期实际收到的现金收入和支出，均应作为当期的收入和支出；凡是不属于当期的现金收入和支出，均不应当作为当期的收入和支出。"第 61 条规定："本准则所称权责发生制，是指以取得收取款项的权利或支付款项的义务为标志来确定本期收入和费用的会计核算基础。凡是当期已经实现的收入和已经发生的或应当负担的费用，不论款项是否收付，都应当作为当期的收入和费用；凡是不属于当期的收入和费用，即使款项已在当期收付，也不应当作为当期的收入和费用。"

行累积而不在当年度进行分配，那么在收益发生的当年度就应当由受益人纳税（由受托人代为从信托财产中扣减），在避免重复征税的同时避免通过拖延纳税方式以避税的行为。

（二）完善家族信托反避税规则

如前所述，家族信托在产生之初就有规避税负的天然属性，它凭借本身固有的灵活机制突破了税法对其的限制和规范，加之税法本身具有的天然立法滞后性，使得其成为高净值人群累积家产、规避所得税或遗产税的工具。但是，对于家族信托避税的性质，不能简单地将之认定为“非法”或“合法”，虽然其利用了税法的漏洞，但却在法律上无从追究责任。避税与反避税的本质是私有财产权和国家征税公权力的冲突与平衡。因此对于家族信托的避税，我们不能对其全盘否定，但也不能听之任之，而是应该采取审慎、宽容的态度。正如著名经济学家斯蒂格利茨所言，税法正是在政府和纳税人之间不断的较量中演进的，每当一种减少税负的新方法被发现，税法就会作出相应修正以弥补其中的漏洞。[①] 信托制度也是如此，其可能变通采用各种方式游走于税法漏洞之间，税法则可借此机会进行查缺补漏，从而不断促进整个信托制度和税法制度的发展。

对于家族信托而言，虽然我国目前还没有开征遗产税，但家族信托所具有的税收筹划功能和避税优势已经成为其公认的卖点之一，在其税收制度的设计中不能直接否定这种趋利避害的性质，而是应该有限制地使用实质课税原则，然后制定和完善税法中的专门规则进行反避税。一方面，应该以实质重于形式原则或实质课税原则作为基本的评判标准进行反避税，如果某一设立家族信托减少纳税义务人应缴纳税额的行为被税务机关认定为虚假行为，则仍应承担相应税额的纳税义务。但是，滥用避税与合法税收筹划之间的界限模糊，判断标准在实践中较难掌握，因此在税收法治的视野下，实质课税原则或者实质重于形式原则的适用必须慎重而有节制。另一方面，除了实质重于形式原则的运用，许多国家都在其税法中以专项规定规制信托不合理规避遗产税的行为。例如美国规定了隔代转移税作为遗产税和赠与税的补充税种，对于想要通过隔代信托规避遗产税的家族信托，除了需缴纳遗产税和赠与税外，还需缴纳一笔隔

① 参见郝琳琳:《信托规避遗产税的立法应对》，载《税收经济究》2014 年第 2 期。

代转移税，从而使得隔代的家族信托与不隔代家族信托转移的财产纳税结果保持相对的一致，未来如果我国开征遗产税，也可以借鉴这些规定，防止家族信托在发展过程中产生不合理避税的现象，造成国家财政中合理税收的流失。①

（三）完善家族信托的税收优惠制度

如前所述，公益家族信托不仅能发挥家族信托的慈善功能，引导市场作出合理选择，还能帮助企业树立良好形象，稳固家族地位。因此，为了发挥家族信托的社会慈善职能，有必要在税收上给予相应的优惠政策。

具体而言，首先，要在税收法定原则理念下建立统一的针对公益信托税收优惠制度，突出家族设立公益信托独特的法律属性和经济属性，同时加强新设立的针对家族设立公益信托的税收优惠制度与原有慈善捐赠税法制度有效衔接，可以通过国家税务总局、财政部、民政部以及银监会联合制定细则等方式，准用一般慈善捐赠税收制度的合理内容。其次，要明确家族公益信托享有税收优惠的实体与程序条件，例如在实体上，除了对纯粹型慈善信托所得应该给予税收优惠外，对于准公益信托的实际捐赠也应给予相应的扣减优惠；在程序上通过建立公益信托设立与税收优惠资格的联动审查、实质审查与程序审查相结合等方式明确家族公益信托享有税收优惠资格的程序性要件等。②再次，从家族信托的设立、存续和终止的各个阶段从财产税、所得税、流转税和行为目的税各个税种出发制定具体的税收优惠规则，例如由于公益信托中受益人的纳税能力有限，可以对其免征所得税，对契税、增值税、印花税等税种则可以给予一定比例的税收优惠。最后，为了避免家族企业和高净值人群利用公益信托的设置进行逃税与不合理避税，可以建立家族慈善信托涉税信息公开系统，要求受托人按季度或年度将慈善信托财产使用情况及慈善活动明细在信托平台上进行登记，接受税务机关的审查；加强对税收优惠资格的实质性审查和动态监管，只有真正符合家族公益信托设立和运行条件的才可以获得税收优惠资格；还可以建立对滥用税收优惠的处罚的事后责任机制，加强对公益信托税收优惠的监督管理。③

---

① 参见左丽敏、李娟：《遗产税的避税方式及其法律规制》，载《山西师大学报（社会科学版）》2016年第4期。

② 参见赵廉慧：《慈善信托税收政策的基本理论问题》，载《税务研究》2016年第8期。

③ 参见郑亦清、王建文：《论我国慈善信托税收优惠制度的完善》，载《财会月刊》2018年第11期。

（四）反避税视角下遗产税制度的构建

遗产税目前已在世界多个国家展开征收，已表明其在调节社会财富、稳定财政收入等方面的显著优势。虽然有关的遗产税征收问题在我国早就被提出来了，但是关于遗产税征收比例应该是多少，家族信托财产是否归属在遗产税征收的范畴内到现在还不能够知晓。如果未来遗产税开征，应如何构建家族信托的税收制度呢？笔者认为，一方面，对于家族信托作为遗产税的规避工具在原则上应该采取宽容的态度，以激励我国家族信托业务的发展和进一步繁荣。但另一方面，如果允许家族信托完美地回避遗产税，很容易造成一些合理税收的流失，不利于调节社会的贫富差距。因此有必要针对家族信托设置一般与特殊的反避税条款。具体而言：

一般的反避税条款是对规避遗产税的行为作出原则性的规定，其本质是对纳税人的避税行为进行认定，并在此基础上对应纳税额重新核定。世界各国对纳税行为的认定主要有主观主义和客观主义两种理论，而避税行为应该是主客观相统一的行为，避税的客观行为和主观目的二者都不可或缺，因此笔者认为可以将避税的客观行为作为认定标准，而主观状态作为避税认定的排除标准。具体而言，可以借鉴我国企业所得税法和税收征管法中已经有的实践，针对遗产税纳税人申报的计税依据明显偏低又无正当理由的，可以赋予税务机关权力核定其应纳税额，但纳税人有证据证明其有正当理由的除外。

由于一般反避税条款并不针对特定的避税行为，因此对于特殊的反避税行为还需进行专门的规定。例如，针对累积信托收益的避税问题，在遗产税税率设计的时候税率级差不宜太多，在家族信托收益累积时，可以由受托人在信托存续期间代为缴税；对于家族设立虚拟公益信托的避税行为，主要是要在完善公益信托税收优惠制度，并加强家族信托制度与公益信托的制度衔接，建立健全公益信托的信息公开和税收优惠资格审核监察制度，鼓励高净值人群设立公益信托的同时防止部分人利用该税收优惠制度进行不合理的避税；对于离岸家族信托避税行为的防范，则主要在于建立和完善离岸信托的纳税申报审查和信息披露制度，例如新西兰规定，若本国居民将财产转移给离岸信托机构，信托受托人要就该信托的国外收益向新西兰政府纳税。我国也可要求纳税人在离岸信托转移财产时向税务机关申报，由税务机关对其进行审查，决定是否应该适用国内的信托相关规定，并要求纳税人在离岸信托成立之后定期申报，由税务机关对其进行持续监督。[①] 此外，随着 CRS 机制在国内的正式启动，我们可以通过该制度换回的实际控制人和受益人的税务信息，穿透离岸信托复杂的避税设计，规避不合理的家族信托避税行为。总体而言，避税行为的本质不同于逃税，其不存在对法定义务的违反，因而其应该是一个价值中立的问题。如果我国未来遗产税开征，应该秉持税法作为公法的谦抑性，对家族信托规避遗产税的行为坚持宽容审慎的态度，在宽容对待避税行为的前提下，以实质课税原则为基础，构建完整的遗产税税收体系中的反避税制度，通过一般反避税条款和特殊反避税条款相结合的方式防止家族信托的滥用，规范家族信托的可持续发展。[②]

本文从家族信托发展及其规范现状出发，分析其在现有法律框架尤其是税收法律制度下存在的问题，即家族信托在我国发展面临的重复征税现象严重、存在避税空间、税收优惠制度不完善以及遗产税是否开征的不确定性等税法困境，并从家族信托的税收筹划和社会公益功能以及家族信托的自由的价值取向两个方面阐述了家族信托税收制度的构建的必要性，然后一一对应问题提出了相应的建议，即首先从明确家族信托财产权权属、明确家族信托的纳税主体、细化家族信各阶段的税收种类、设置合理的家族信托征税时点几方面避免重复征税；其次，要完善家族信托反避税规则，防止不合理的避税；再次，从制度衔接、实体与程序条件、事前预防与事后责任机制等方面完善家族公益信托的税收优惠制度；最后，秉持着谨慎宽容的态度从一般性与特殊性条款设计等方面完善遗产税开征背景下的规则设计。

需要指出的是，家族信托只是信托业务庞大家族中的一员，上述家族信托发展的税法障碍也并非完全属于家族信托所独有，因此对家族信托相关税法法律问题的思考还需要站在整个信托税制的大背景下思考。只有整个信托领域内的税收制度在中国日益成熟起来，家族信托才能在良好的制度环境中，更好地彰显其在财富传承领域的重要地位。

---

① 参见欧阳天健:《遗嘱信托中的遗产税规避法律问题研究——兼论我国未来遗嘱信托税收法律体系的构建》，载《税务与经济》2016 年第 3 期。

② 参见徐卫:《规避遗产税的信托行为：否定抑或宽容——写在未来遗产税开征之前》，载《上海财经大学学报》2013 年第 2 期。

财税法理论与实务篇

纳税人保护官制度及常州税务局的实践

高　军　程金池*

摘　要 ▶ 纳税人权利保护官制度在发达国家已经施行多年。纳税人保护官介入处理税务行政纠纷，对于税务行政上的不合理现象，可与税务机关沟通协调，提出案件的改善建议，有助于税务行政上的革新，能够赢得纳税人对于税务部门的信赖，避免误会或者违法处分，其在解决税务纠纷、保护纳税人权利、提升税务行政品质方面起到了良好的效果。常州税务局在研究、借鉴国外先进经验的基础上，在国内首创纳税人保护官制度，实践中运行良好，该制度值得学界与税收实务关注。

关键词 ▶ 纳税人保护官　纳税人权利　常州税务局

"税收是文明的对价"，但是由于税收是公法上无直接对价的强制性金钱给付，通常就个体而言，没有人天生喜爱纳税。事实上，正如美国最高法院大法官约翰·马歇尔所指出的那样："征税的权力是事关毁灭的权力。"古今中外各国财税机关为了达到课税目的，在进行税法解释、颁布政策和采取行政措施时，难免比较偏重财政收入的目的及征收效率的提高，而忽略了对纳税人权利的保障。因此，税收征纳双方之间常常处于一种对立紧张的状态。改革开放以来，伴随着我国经济的快速发展和人民生活水平的提高，个人的权利意识也随之增强，长期以来沉睡的纳税人权利意识被唤醒，税务机关与纳税人纠纷也随之越来越多。要想更好地去解决征纳双方的争议，除了完善相关的立法之外，借鉴国外纳税人保护官制度成熟的经验不失为事半功倍的途径。常州税务局在研究、借鉴国外先进经验的基础上，在国内首创纳税人保护官制度，实践中运

*　作者单位：高军，江苏理工学院商学院；程金池，江苏理工学院马克思主义学院。

行良好，在解决税务纠纷、保护纳税人权利、提升税务行政品质方面起到了良好的效果，该制度值得学界与税收实务关注。

一、纳税人保护官制度简介

（一）纳税人权利保护官制度的沿革

1. 起源与发展

纳税人权利保护官制度起源于西方的权利保护官制度。权利保护官（Ombudsman），又称监察使，原指中世纪日耳曼民族，为代替被害人向加害人请求赔偿金而设之中立代理人。1709年瑞典国王查理十二世即位，因其征战俄国失败，长年逃亡土耳其，遂于1713年任命一位国王代理人，负责监督瑞典国内之行政运作。查理十二世过世后，该官职仍未予废止，直到1809年瑞典通过的新宪法为了强化国会监督行政权、司法权，赋予了国会Ombudsman的任命权，用以监督行政及司法违法滥权问题，此即为现代保护官制度之雏形。之后，欧美各主要国家及新兴民主国家大多仿效瑞典而设置权利保护官制度。20世纪70年代，这类行政监督长官逐渐兴起开来，并在1990年达到高峰，目前全世界约有150多个国家设置了此制度。

而随着行政事务逐渐繁杂及专业化，其职能也呈现细分化、专业化的趋势。很多国家在不同的领域都设置了专门的权利保护官，比如军事、邮政、移民、儿童保护、消费者保护、金融服务等，这其中也包括纳税人保护，也就是纳税人权利保护官。根据2013年OECD对各国税务行政管理所做的研究：在51个OECD及非OECD国家普查结果中，有18个国家以传统监察使作为处理纳税人陈情之管道；奥地利、比利时、加拿大、意大利、墨西哥、哥伦比亚、南非、塞浦路斯等国设置独立于税务机关外的纳税人权利保护官及组织，专门处理纳税人陈情；丹麦、英国、美国、日本、韩国、西班牙、阿根廷等国则在税务机关内部设置了纳税人权利保护官。

2. 主要功能

权利保护官的主要功能是保护人们的法律权利能够对抗行政机关的不适当行为，包括侵权、滥用权力、错误行为、疏忽、不公正决策以及错误执行行为等。而纳税人权利保护官的主要功能有两方面：一方面是解决纠纷、保障赋税人权。纳税人权利保护官制度最主要功能在于解决纳税人与税务机关的纠纷。相较于传统司法救济，纳税人权利保护官属于诉讼外纠纷解决机制（Alternative Dispute Resolution，ADR），具有调解斡旋手段，可弹性处理纠纷，比起传统救济机制更适于处理现代型纠纷。另外，纳税人权利保护官具有快捷性，可以在纠纷的初期实时介入解决，从而避免民怨扩大或因时间延迟对纳税人造成更大损害。相较于司法的不告不理原则，纳税人权利保护官具有积极主动的特点，能避免让不熟悉法令或自身权益的纳税人减少法律上应得的保障。另一方面是改进税务行政质量，提升税务纠纷解决效率。纳税人权利保护官在接受纳税人申诉陈情、处理及调查纠纷的过程，能够以其专业能力，敏锐地发现税务行政上的问题，进而提供税务机关改善建议，从而更快速地改进税务行政问题、改善纳税服务品质，达到事前预防纠纷与保护纳税人权利的目的。

（二）主要国家的纳税人权利保护官制度

纳税人权利保护官制度不仅有效地保护了纳税人权益，而且具有提升征管效率、协助民众遵守税法、稳定国家税源之功效。近年来，许多国家的纳税人权利保护机制都在不断地充实与完善。

1. 美国

（1）制度概况

美国的纳税人权利保护官制度始于1979年，一开始称为“纳税人监察官”（Taxpayer Ombudsman）。经过40年的发展，已经形成了一个较为成熟、有效的纳税人权利保护制度。其发展可以根据美国联邦政府在1988、1996、1998年通过的三个《纳税人权利法案》（*Taxpayer's Billog Right*）划分为三个阶段。

第一阶段（1979~1987年）。这一阶段主要是探索阶段。在1979年为了监督税法的依法履行和纳税人权利保护事项的实施，美国在其联邦税务局（Internal Revenue Service，IRS）内设置了“纳税人监察官办公室”（Office of the Taxpayer Ombudsman）。它的主要职责是监督税务局的行政行为，协助纳税人处理与税务局之间的争议，对税务局提出相关改进建议。不过，由于其并没有强制力，因而并未有效解决联邦税务局与纳税人之间的冲突问题，在税收征收及执行过程中，其仍不断被民众指控滥用公权侵害纳税人权利。

第二阶段（1988~1997年）。这一阶段是发展阶段。1988年美国国会通过第一次纳税人权利法案，首度将纳税人监察官的定位由监督、建议改为当纳税人因财政部长执行国内税法的方式遭遇或可能遭遇某种严重困境时，纳税人监察官可以经纳税人申请或自行决定签发“纳税人救援令”（Tax-payer's Assistance orders），要求财政部长解除对纳税人财产的扣押，或者强令部长停止任何行动，用以减轻、延缓纳税人受到税务机关权力滥用的侵害。它能有效地保障纳税人的权利，避免其因税务机关的行动陷入困境或遭遇不可挽回的损失。

其后，美国在 1996 年颁布第二次纳税人权利法案后，在联邦税务局内新设“纳税人权利保护官”（Taxpayer Advocate）一职，取代原来的纳税人调查官。纳税人权利保护官直接向联邦税务局局长报告工作，并负有以下职责：①帮助纳税人解决与税务局之间的争端；②发现纳税人与税务局往来中存在的问题领域；③对税务局的实际作法提出调整建议，并提出可行的立法修改建议以减少此类问题的发生。此外，纳税人权利保护官还负有向国会报告的多项职责。报告包括两部分：目标和行为。目标报告要说明纳税人支持官职位下一财政年度的工作目标。行为报告的内容更为广泛，包括 10 项内容。其中前三项是：①纳税人权利保护官提出的改善纳税人服务和联邦税务局反应的动议；②来自有权签发纳税人帮助令的官员的建议；③纳税人所遭遇的至少 20 个严重问题的总结。与之前的纳税人监察官制度相比，此次改革最重要的内容是要求纳税人支持官必须完成严格的报告任务。纳税人权利保护官直接向国会报告的制度对于建立一个公开透明的政府非常有益，使得税务机关的行为受到直接监督，对纳税人的保护很有裨益。

第三阶段（1998 年至今）。这一阶段是美国纳税人权利保护官制度的成熟阶段。在新公共管理所引领的政府再造思潮下，20 世纪 90 年代美国政府再造工程进入了高峰期。1995 年，美国国会立法成立“国家重建国税局委员会”广纳各界改革建议，以期能重建人民对政府的信心。在 1998 年，美国国会根据该委员会所提的成果报告，通过了《国内收入局再造与改制法》（*Restructuring and Re-form Act*），又称为第三次纳税人权利法案。该法案将纳税人权利保护官更名为“国家纳税人权利保护官”（National Taxpayer Advocate）。另外，除华盛顿特区外，各州设置“地方纳税人权利保护官”（Local Taxpayer Advocate），负责第一线纳税人保护工作。

这一阶段的纳税人保护官制度的职责主要分为个案保护、通案保护、纳税人保护小组及低收入纳税人扶助四大部分。其中，个案保护为最主要的业务，负责处理“纳税人经济困难”“因税务制度或程序异常无法解决纳税人问题”“有损纳税人权利”及“公众关心的税务议题”等四种案件类型。美国联邦税法第 7811 条（b）项更规定如果纳税人遭受重大苦情，授权纳税人权利保护官需核发“纳税者救援令”要求联邦税务局遵守纳税人权利保护官的建议，如解除扣押、暂停执行程序等，对影响纳税人权利的个别案件，给予改正及救济，以实现个案正义。通案保护指联邦税务局适用的制度、政策或程序影响多数纳税人，必须通过行政或立法上的措施或改革，以保护纳税人权利、减缓纳税人负担、确保纳税人受到公平对待及提供纳税人必要的服务。纳税人权利保护官应站在纳税人的立场上，积极对制度、政策或程序进行研究，于事前发觉并避免可能对纳税人产生之危害，并提供税务局各种保护提案、行政命令增改提案。若属紧急事件，国家纳税人权利保护官可核发“纳税者保护指令”（Taxpayer Advocate Directive，TAD），强制国税局接受其行政或程序修正建议。联邦税法第 7803 条（c）项则规定，国家纳税人权利保护官每年应直接向国会提出年度报告，列举纳税人遭遇最严重问题、立法性建议、最常见诉讼议题及个案与通案保护等四大项目，并建立追踪评鉴指标，例如，各项解决纳税人遭遇最严重问题之行政性建议是否被国税局接受、国会就立法性建议的改革进度及四年内完成比率、已完成项目是否准确有效，并于提出报告后，继续追踪改善情况。

（2）实施效果

美国纳税人对于纳税者保护官制度满意度维持在 83% 至 86% 的区间，国家审计总署（GAO）及财政部税务行政监察长（TIGTA）历年研究报告，对纳税者保护官制度之实行绩效均有相当高评价。且 2001 年至 2012 年，美国纳税人对国税局之（个人）满意度从 60% 平稳地上升至 75%，11 年来涨幅高达 15%。国税局内部员工工作满意度亦由 2001 年 51% 逐年上升至 2008 年的 72%，国税局 2010~2012 年员工参与指数（Employee Engagement-Index）均高达 82% 以上，在全美 15 大联邦机关中排名第三高。虽然纳税人满意度及员工满意度的提高是由多个因素综合影响的，但能肯定的是纳税人权利保护官制度的积极作为在联邦税务局行政改革、组织文化革新上产生了十分重要的影响。事实上，从 1979 年设立纳税人监察官开始，美国借着三次纳税者权利保护法案，将纳税人的地位及其与联邦税务局之间的关系作了大幅度的转变。美国纳税人权利保护官制度的成立与运作并非徒有其表或仅是空泛的口号，行政部门改革的决心与努力也反映在绩效评定上，传统官僚体制、重税收重绩效的风气在这一波政府再造的潮流中不断淡化，转型为纳税人导向、任务导向的企业型政府，并且这种转变是基于纳税人、国会及行政部门的共识而来的。

2. 英国

（1）制度概况

20 世纪 80 年代，英国国税局（Inland Revenue）与纳税人关系十分紧张，国税局为了缓和民怨，联合"关税及消费税局"（HM Customs and Excise，HMCE）于 1986 年公布了《纳税人宪章》（*Taxpayer's Charter*），明确了提供服务的标准以及纳税人应有的权利。1991 年，时任首相的梅杰提出《公民宪章》政策白皮书（Citizen's Charters White Paper），在各政府部门广泛适用不同宪章，让民众能够知晓服务标准、服务指标、自身权利及更有效的申诉程序。1993 年，为了使国税局运作符合《纳税人宪章》及《公民宪章》政策白皮书的要求，英国对国税局进行改革，在局内设立纳税人保护官（the Revenue Adjudicator）。其职责主要是处理国税局错误、态度不佳、提供不足等案件。后来，鉴于其运行效果良好，又于 1995 年将监督对象扩张至"关税及消费税局"及"保险处"（Contributions Agency），并更名为 Adjudicator。

英国纳税人保护官办公室（Adjudicator's Office，AO）为国税局内的独立组织，纳税人保护官由国税局长选任，办公室预算由国税局决定，其职员大多数为国税局的员工。现行纳税人权利保护官的监督范围包括：2005 年改制后的国税局（Her Majesty's Revenue and Customs，HMRC）、不动产估价处（Valuation office Agency）及破产服务局（Insolvency Service）三个机关，但其案件主要集中于国税局，后两个机关只有零星陈情案。其处理范围如下：①税务机关的错误；②不合理的延迟；③机关提供不足或误导性信息；④工作人员的不当行为；⑤税务机关的裁量权。纳税人的陈情抱怨不得向纳税人权利保护官提出而必须先经过国税局等机关内部处理、审查，仍无法解决的，才可依照程序向纳税人保护官申请审查处理。对于纳税人的提请要求，纳税人保护官办公室会先审核案件是否已经穷尽内部救济途径以及申请时效是否在 6 个月内，否则不予处理。纳税人保护官受理申请后，如果案件属于其权责范围，且没有进入刑事侦查、法院审理或其他法定程序，纳税人保护官将开放调查程序。纳税人保护官将要求国税局于 30 日内提出报告，说明该案件的理由及决定，同时审查申请书、法令及相关证据资料，必要时可要求申请人提出更多的证据，或以书面通知申请人或其代理人到场说明。而纳税人保护官收集以及审核资料后，需以调解或建议的方式处理。若申请人对纳税人保护官所作的建议书结果不满意，可向国会监察使再次提出申诉。

（2）实施效果

相比于美国，英国的纳税人权利保护官的职责范围及权力都小很多，只能审查国税局的“税务服务”是否符合现行法令程序，无权强制要求其修改法令或程序，国税局也无义务接受纳税人权利保护官的建议、决定或报告的约束。但是该制度实行至今，英国纳税人权利保护官所作出的个案建议，均被国税局等机关所接受。这似乎已经成为惯例，可以看出此制度的确起到了一定的效果。

英国在2004年到2009年对于纳税人保护官的工作满意程度调查，整体满意比例在65%到68%之间，不满意比例则为31%到34%。2008年到2009年调查显示的不满意的理由首先是“程序太慢，等待时间过长”（占48%），其次则是“偏袒，不公正”（占23%）。这其实也反映出了英国纳税人保护官制度存在的两大问题。一个是由于案件量太多，导致工作效率底下，造成申请人等待时间过长。其2013年报告中指出：保护官的工作重心应在处理困难或复杂的例外案件，而非国税局内部即可解决的例行性事务。另一个是公正性和独立性的问题。由于在组织设计上，英国纳税人保护官制度类似于美国1979年的草创制度，其人员的选任由国税局主持，预算、职员也与国税局有密切的关系，难免让纳税人质疑其公正性和独立性，对其失去信任。

3. 韩国

（1）制度概况

根据韩国纳税人权利保护官制度的发展历程，我们也可以将其分为三个阶段。

第一阶段是萌芽阶段（1991~1999年）。韩国为了使税务机关改头换面、提升国际竞争力，自1991年起将国税行政机关全面改造，对税务部门进行整合，对组织结构进行精简。为了配合改造，国税厅着手引进新式管理模式，对业务进行现代化、信息化革新，以提升税务品质及效率。同时韩国在政府再造工程下依据《行政规制及民怨事务基本法》于1994年4月所设立的从属于国务总理的“国民苦情处理委员会”，专门处理国民的对行政工作的苦情民怨。1996年12月，韩国修正国税基本法，于第七章之二增订“纳税者权利”专章。为落实国税基本法保障纳税者权利的目的，韩国国税厅于1997年及1999年相继发布“纳税人权利宪章”及“税务行政服务宪章”，让纳税人明确知晓其权利，同时也让税务人员了解其应履行的事项。

第二阶段是专业化阶段（1999~2008 年）。鉴于税务行政法令复杂，一般纳税人难以掌握，纳税人在稽征过程中常产生不满，加上税务行政改革所产生的变动，韩国国税厅为了配合纳税者权利保障的需求，依据国税厅训令第 1442 号“纳税人保护事务处理规定”于 1999 年 9 月导入“纳税人权利保护担当官”制度。根据国税基本法第 81 条之十六，韩国在税务署及地方国税厅各设纳税人权利保护担当官 1 名。纳税人权利保护官的职责可以概括为：①与税收相关苦衷民愿的解除及有关纳税人权利保护的事项；②关于纳税服务相关制度、程式改善的事项；③对违法、不当处分的中止或纠正；④违法、不当税务调查的一时中止或终止；⑤关于纳税人权利保护业务对税务署及地方国税厅纳税人权利保护担当官进行指导和监督等。第三和第四项是最主要的两项权利。

2003 年，韩国国税厅对税务署进行组织改造，将原本的“税务支援科”纳入纳税者保护担当官之下，更进一步的强化纳税人服务。2008 年，为了强化纳税人保护担当官制度的独立性，韩国在全国所有的税务机关设立“纳税人保护委员会”，成员为具税法或会计等专业知识的外部专家。委员会在地方国税厅设有 10 名外部委员、8 名内部委员，税务署则有 8 名外部委员、6 名内部委员，且委员长皆由外部委员中选任。纳税者保护担当官对于纳税者的民怨案件，可直接对税务署长、地方国税厅长要求改正，且能请求纳税人保护委员会对案件进行审议。

第三个阶段是法治化阶段（2009 年至今）。2009 年韩国修订《纳税人保护事务处理规则》、《国税基本法》第 81 条之十六，另设立一名局长级别且能独立行使职权的“纳税人权利保护官”职位。纳税人权利保护官总管纳税人权利保护业务，其作为一种开放型职位，在具有税收、法律和会计专门知识与经验的人员中考虑其学历、经历等，并根据国税厅长规定的标准进行选拔。纳税人权利保护官是公务员身份。纳税人权利保护官不仅可对国税厅辖下官员、地方国税厅长、税务署长行使直接权限，还可直接指挥统率各级纳税人权利保护担当官。

韩国的纳税人担当官是基于纳税人权利保护官的授权从事纳税人权利保护工作的人员，通过在国税厅的所属公务员中考虑职位级别、经历等，从符合国税厅长规定的人员当中进行选拔，但其在履行业务上享有独立性的保障。其职责包括：①税收相关苦衷民愿的解除等有关纳税人权利保护的事项；②由纳税人权利保护官授权行使的业务；③关于纳税人权利保护由国税厅长规定的其他事项。

韩国在2010年又对《国税基本法》进行了修订，当中明确规定了纳税人保护担当官和纳税人保护官的资格、职务、权限等。在2014年《国税基本法》又增加了新的条款，规定依照纳税人保护事务处理规定设立的纳税人权益尊重委员会变更为纳税人保护委员会。可以说通过《国税基本法》的数次修订，韩国的纳税人权利保护担当官制度真正实现了法治化。

（2）实施效果

韩国纳税人保护担当官制度深获好评原因之一，在于其搭配人事升迁及绩效奖励制度，欲升为管理阶层的税务官员需先担任纳税人保护担当官，并依照其纳税者保护之绩效作为升迁的标准，纳税人保护担当官自然会以纳税人为中心来思考。且因熟知纳税人权利保护的重要性，担任纳税人保护担当官的经历对往后升迁为管理阶层也是十分有利的，可以借此制度将国税厅组织、营运观念转换成以纳税人为中心的组织文化，从深层的精神层面转化、提升纳税人权利。

4. 日本

（1）制度简介

日本对于纳税人苦情的处理，过去是由各税务署下的“税务商谈室”与“总务科”负责。为使纳税申报制度得以顺利进行，并实现公平课税，日本在2001年设立“纳税人支援调整官”制度，旨在从纳税人的立场迅速回应其需求，以取得纳税人的理解与信任。根据日本财务省组织规则第466条之二第2项规定：“纳税人支援调整官受命处理一般税务之不满意见，对纳税人提供必要的咨询协助、教示及调整等有关事务，使其能适当圆满地履行纳税义务。”其所负责的案件与一般行政救济不同，主要是针对税务征收或税务调查过程中，纳税人不满税务服务或应对处理的情况。

（2）实施效果

根照东京国税局的统计显示，在纳税人支援调整官设置前的1998年至1999年间该局共受理734件陈情案件（分别为358、376件），然而两年间认为纳税人有理由的仅有1件。而纳税人支援调整官设置后，各区国税局每年受理案件为250至400件，其中审查确认国税局存在问题的比例为25%至30%。

从这个角度来看，其确有部分改善纳税人陈情管道的效果。不过由于其设置上的限制，该制度实行至今存在以下几个问题：①由于没有广为宣传制度目的和申诉方式，导致纳税人利用率不高；②纳税人支援调整官的资格及作用标准不明确；③解决方式仅规定了道歉，没有其他措施；④权限不足，只有联络功能而没有解决争议的权限。

二、常州税务局纳税人保护官制度介绍

常州税务局纳税人保护官制度缘起于 2016 年常州地税局的一个研究课题“纳税人权利保护官制度介绍及借鉴”。研究成果认为，建立一个符合我国国情的纳税人权利保护官制度，是确有必要的。首先，税务系统内部虽然设置了纳税服务部门，但其性质仍然是税务行政部门，税务诉讼中的行政复议主体亦是税务机关。为了完成本辖区内的税收目标，可能会做出有利于税务机关的解释以至于无法公平照顾纳税人的利益。因此，经由地位相对中立的保护官协助处理将有助于公平课税的实现。其次，我国税收相关法律法规相当复杂，并非一般纳税人所能轻易了解，纳税人相对于税务机关处于相对弱势地位。而保护官则可从专业的角度加强保障其权益，有助于纳税人明确自己的权益，使征纳双方保持实质上的平等地位。该研究课题成果发表在税务总局税收科学研究所的《研究报告》上，产生了较好的反响。在此基础上，常州地税局组织专家在研究、论证的基础上，于 2017 年 12 月出台了纳税人保护官制度。2018 年 5 月，常州国地税合并，该制度由合并后的国家税务总局常州市税务局承接并继续运作。

（一）组织机构

设立纳税人保护官联络办公室，设立联络办公室主任 1 名，由市局分管局长兼任，总体负责纳税人保护官联络办公室全面工作；设纳税人保护官 4 名，由社会专家担任；设秘书 1 名，由纳服局相关人员担任，负责日常联络协调。

纳税人保护官任职规定：由常州市范围内熟悉税收法律业务、口碑良好的专家学者、律师、注册会计师、税务师等专业人士组成，任期 1 年，通过公开对外招聘或特聘方式进行选拔，任职资格条件：1. 从事税法、税收、会计等专业教学与研究具有副教授以上职称者；2. 熟悉税收业务，具有律师、注册会计师、税务师等职业资格并有 5 年以上执业经验者；3. 熟悉税法，从事司法工作

10年以上者。

（二）纳税人保护官的工作职责与工作方式

纳税人保护官的工作职责：1. 以公正的第三人立场，协助常州范围内的纳税人与税务局进行纳税争议的沟通与协调，在纳税人与税务机关之间发挥桥梁与纽带作用，创造和谐的征纳环境；

2. 对纳税争议的个案进行核实，对税务机关个案处理的实体和程序存在的问题，向税务机关提出纠正和改善的意见和建议；

3. 接受纳税人和社会各界对税务机关不公平课税、违法课税、以及执法和服务过程中侵害纳税人权益方面的投诉，对投诉事项进行相关的调查与研究，提请税务机关及时做出处理；

4. 参与监督税务机关税收执法与服务的过程与环节，代表纳税人向税务机关提出改善税务制度及程序的合法、合理的意见和建议；

5. 收集纳税人和社会各界对税务机关工作的意见和建议，定期向税务机关反馈；

6. 研拟常州地区纳税人权益保护的政策，提出改进纳税人权益保护的建议，协助税务机关开展常州区域纳税人权益保护的教育、宣传、指导工作；

7. 接受税务机关的委托，作为聘请的专家代表参与以下事项：（1）行政复议案件的审理；（2）对税收政策、税收不确定概念等疑难问题的研讨；（3）本区域税收重大政策出台的讨论；（4）作为听证会、听辨会的主持人或参与人；（5）协助税务机关，协调纳税人的投诉与举报；（6）协助税务机关，协调个案的涉税争议处理。

纳税人保护官的工作方式：（1）在常州地税局和市工商联服务中心设立维权窗口，受理纳税人权益保护的相关事宜；（2）开设纳税人保护官咨询信箱，受理纳税人电子信函维权事宜；（3）开展明察暗访，对纳税服务与作风建设进行监督；（4）加强工作交流，不定期召开纳税人保护官会议，沟通情况、反映问题、改进工作。

（三）纳税人保护官工作的一般程序

纳税人保护官处理的案件主要有以下几个来源：（1）纳税人直接向纳税人保护官办公室提出由纳税人保护官协调解决的争议或诉求；（2）税务机关在处理纳

税争议的过程中，对纳税人不服税务机关的相关处理决定，有可能提起税务行政复议、税务行政诉讼的争议，可以建议纳税人向纳税人保护官办公室提出由纳税人保护官协调解决争议的诉求；（3）纳税人保护官在工作中发现税务机关或税务机关相关工作人员有侵害纳税人权益的行为可以向税务机关提请改正。

纳税人保护官办公室收到纳税人维权案件，由秘书进行记录并及时进行登记。对于案件的处理：（1）纳税人保护官对于纳税人的维权申述能够当场予以解决或答复的，可以当场解决或答复；（2）纳税人保护官对不能当场予以解决或答复可能会进入复议或诉讼流程的案件，应及时提交纳税人保护官办公室；（3）纳税人保护官办公室应于10日内召开纳税人保护官会议，对案件进行讨论形成书面意见由秘书进行汇总；（4）纳税人保护官对纳税争议的协调处理程序应当在收到诉求之日起30日内完成。纳税人保护官出具的专家意见提供给税务局，该专家意见并非正式的法律文书，不具有法律效力，仅供税务机关参考。

纳税人保护官处理程序与行政复议、行政诉讼程序的协调，规定：（1）纳税人将纳税争议提交纳税人保护官进行协调处理的同时，税务机关应当明确告知纳税人提起税务行政复议、税务行政诉讼的相关权利、期限，由纳税人对解决纳税争议的途径进行自主选择；（2）对于纳税人保护官提出的建议，纳税人不予采纳的，可及时在法定期限内提起税务行政复议、税务行政诉讼；（3）纳税人提起税务行政复议，纳税人保护官协调处理程序可以同时继续进行；（4）纳税人提起税务行政诉讼，自法院立案时起，纳税人保护官协调处理程序即告终止。

三、常州税务局纳税人保护官制度实践中的运作及评价

常州税务局纳税人保护官制度自设立以来，已通过听证、协调等方式成功化解十数起征纳双方的矛盾。其中，有的纠纷是纳税人出于对税法的错误理解而产生的误会，经纳税人保护官解释税法，纳税人主动心悦诚服缴纳税款；有个别的案件是由于税务机关工作人员的工作态度引起纳税人反感而产生的，经诚恳的沟通和解释，向纳税人赔礼道歉，赢得了纳税人的理解和宽容；还有个别纠纷是由于税务机关一线征管人员对税收政策理解得不够到位而导致，经沟通协调，使税务机关一线工作人员改正了错误。常州税务局纳税人保护官制度的实践证明，纳税人保护官是缓和征纳双方矛盾、建立和谐征纳关系的一个有益的尝试。

首先，纳税人保护官制度顺应了纳税人权利保护的时代潮流。当前，放眼国际视野，“服务行政”已成为各国政府改革的目标，增强纳税人权利保障已

成为世界税制改革主流，奥地利、比利时、加拿大、意大利等国设置独立于税务机关外的纳税人权利保护官及组织，丹麦、英国、美国、日本、韩国、西班牙、阿根廷等国则在税务机关内部设置了纳税人权利保护官。纳税人保护官制度对于解决纳税人与税务机关的纠纷，改进税务行政质量，提升税务纠纷解决效率发挥了很大的作用。从国内来看，结构性改革要求政府转变职能、创新管理，通过简政放权、放管结合、优化服务和大规模减税等措施，发挥人的创造力和市场的潜力，呼唤尊重和保障纳税人权利。

其次，纳税人保护官制度具有制度创新价值。常州税务的纳税人保护官制度立足基层，在制订过程中严格遵守《税收规范性文件制订管理办法》，公开征求意见，组织专家学者多次研讨，内容上与《税收征收管理法》（以下简称《税收征管法》）及其实施细则、《行政复议法》《行政诉讼法》等上位的法律法规相关内容做到协调一致，并且在具体的运行程序、保障措施等细节上做到切实可行，以防止制度运行过程中发生扯皮、滞碍难行的情况。常州税务纳税人保护官制度的实践在国内尚属首次，其相关经验可为其他税务机关提供借鉴，亦可为税务总局制定规章或规范性文件提供有益的参考。

再次，纳税人保护官制度是纳税人权利保护制度化的有益尝试。2001 年修订后的《税收征管法》和 2009 年国家税务总局《关于纳税人权利与义务的公告》中对纳税人权利给予了前所未有的重视，纳税人权利的概念开始为公众所熟悉，但遗憾的是纳税人权利一直未能实现制度化，实践中显得较为空洞和泛化。常州税务的纳税人保护官制度将纳税人权利保护予以制度化，纳税人在权利受到侵犯或受到不公平对待时可以求助于纳税人保护官，使纳税人权利保护不再流于空洞。

最后，纳税人保护官制度是税务机关依法行政、主动接受社会监督的典范。正如孟德斯鸠所言，行政权力天然具有扩张性，如果不设限制，必然会扩张至其边界为止。常州税务的纳税人保护官由独立于税务机关以外的地位中立的熟悉税收法律业务、口碑良好的专家学者、律师、注册会计师、税务师等专业人士组成，以公正的第三人立场，协助常州范围内的纳税人与税务局进行纳税争议的沟通与协调，提出案件的改善建议，有助于税务行政上的革新，有助于保障税务机关依法行政，也比较能够赢得纳税人对于税务部门的信赖，是税务机关主动接受社会监督的典范。

首例税务行政诉讼提审案件评析

——兼论价格明显偏低且无正当理由征税规则的完善

谢　丹*

摘　要 ▶ 在对最高法“德发案”进行讨论时，重点关注的一点是对《税收征收管理法》（以下简称《税收征管法》）第35条“纳税人有下列情形之一的，税务机关有权核定其应纳税额……（六）纳税人申报的计税依据明显偏低，又无正当理由的”该如何进行理解。其实，对于纳税人申报的计税依据明显偏低且无正当理由的核定，不仅存在于《税收征管法》中，也广泛存在于其他税种的实体性法规中。本文以“德发案”为切入口，以何为正当理由为重点，进行了论述并提出了完善的相关建议。

关键词 ▶ 税务　正当理由　计税依据　谦抑

一、案情介绍

2004年11月30日，广州德发房产建设有限公司（以下简称德发公司）与广州穗和拍卖行有限公司（以下简称穗和拍卖行）签订委托拍卖合同，委托穗和拍卖行拍卖其自有的位于广州市人民中路555号“美国银行中心”的房产。委托拍卖的房产总面积为63244.7944平方米，估值金额为530769427.08港元。穗和拍卖行根据委托合同的约定，在拍卖公告中明确竞投者须在拍卖前将拍卖保证金港币6800万元转到德发公司指定的银行账户内。2004年12月19日，盛丰实业有限公司（香港公司）作为该房产的唯一竞买人，通过拍卖以底价1.3亿港元（按当时的银行汇率，兑换人民币为1.38255亿元）竞买了上述

*　作者单位：连云港税务局。

部分房产，面积为59907.0921平方米。上述房产拍卖后，德发公司按1.38255亿元的拍卖成交价格，先后向税务部门缴付了营业税6912750元及堤围防护费124429.5元，并取得了相应的完税凭证。

2006年间，广东省广州市地方税务局第一稽查局（以下简称广州市地税第一稽查局）在检查德发公司2004年至2005年地方税费的缴纳情况时，发现德发公司存在上述情况，展开调查。经向广州市国土资源和房屋管理局调取德发公司委托拍卖房产所在的周边房产的交易价格情况进行分析，该局认为当时德发公司委托拍卖房产成交单价格仅为2300元/平方米，不及市场价的一半，价格严重偏低且无正当理由。2009年9月，广州市地税第一稽查局作出穗地税稽一处〔2009〕66号税务处理决定，核定德发公司委托拍卖的上述房产的交易价格为311678775元，并以311678775元为标准核定应缴纳营业税及堤围防护费，决定追缴德发公司未缴纳的营业税8671188.75元，加收营业税滞纳金2805129.56元；决定追缴堤围防护费156081.40元，加收滞纳金堤围防护费48619.36元。

广州德发公司不服广州市地税第一稽查局的处理决定，向广州市地方税务局申请行政复议。广州市地方税务局经复议后作出决定，维持了广州市地税第一稽查局的处理决定。

2010年，广州德发公司向广州市天河区人民法院提起诉讼，被驳回。其向广州市中级人民法院上诉，再次被驳回。2012年，广州德发公司向省、市人民检察院提出抗诉，检察院作出不提请抗诉决定。随后，德发公司向广东省高级人民法院提出再审申请，被驳回。2013年，广州德发公司向最高人民法院提出再审申请。2014年12月，最高人民法院决定提审此案。2015年6月，最高人民法院公开开庭审理此案。

2017年4月，最高人民法院作出终审判决：（1）撤销广州市中级人民法院和广州市天河区人民法院的行政判决。（2）撤销广州市地税第一稽查局税务处理决定中对广州德发公司征收营业税滞纳金2805129.56元和堤围防护费滞纳金48619.36元的决定。（3）责令广州市地税第一稽查局限期返还上述滞纳金，并按同期人民银行的1年期人民币整存整取定期存款基准利率支付相应利息。（4）驳回广州德发公司其他诉讼请求。

二、争议焦点

税企双方的争议主要集中在四个方面：一是稽查局的执法主体资格，专司偷逃骗抗案件查处的界定；二是如何认定计税依据明显偏低且无正当理由；三是税务机关能否在拍卖价格之外重新核定应纳税额；四是税务机关对核定征收的税款能否加收滞纳金。该案备受各界关注主要在于四个方面：一是该案穷尽了所有救济渠道，纳税人仍然不服，最终惊动最高法提审；二是对于稽查局的执法主体问题一直困扰税务机关，有些法院判决也出现了观点不一；三是核定征收这一常见的执法方式，究竟应该如何行使；四是税法与民商法的法际关系问题，税法能否否定市场定价。

姑且不论判决书的表述是否完全准确适当，但从判决文书的阐述来看，确是为今后我们评价税务部门执法提供了一些启示：

（一）关于稽查局的职权问题

首先，稽查局具有独立的执法主体资格。根据《税收征管法》第 14 条与《税收征收管理法实施细则》第 9 条规定来看，明确了省以下税务局稽查局的法律地位，其具有行政主体资格。其次，稽查局不是只司偷逃骗抗案件的查处，还可对其他非定性为偷逃骗抗的案件进行查处，可以行使与查处税务违法行为密切关联的稽查管理、税务检查、调查和处理等延伸性职权，当然也包括核定应纳税额的具体职权。

（二）关于计税依据明显偏低又无正当理由的认定

计税依据明显偏低又无正当理由的判断，具有较强的裁量性，人民法院一般应尊重税务机关基于法定调查程序作出的专业认定，除非这种认定明显不合理或者滥用职权。结合该案，在拍卖成交价格明显偏低的情况下，即使拍卖当事人对拍卖效力不持异议，税务机关基于国家税收利益的考虑，也可以不以拍卖价格作为计税依据，另行核定应纳税额。因此，公开拍卖并非一定成为纳税人抗辩的正当理由，拍卖亦非避税的安全港。

（三）核定征收追征期的认定与适用何种罚则

首先，核定征税的追征期，从判决书的表述中可推断为“自纳税申报期限届满之次日至税务机关向纳税人下达检查通知书进行调查之日”，也就是说税务机关只要在《税收征管法》规定的3年或5年期限内对纳税人展开调查即可，而非作出处理决定要受3年或5年的期限约束。其次，税务机关若事后对纳税人的应税行为重新核定征收税款，则非属纳税人的责任，基于信赖利益保护原则，对因此而产生的税款不得加收滞纳金，且不得进行行政处罚。

（四）判决书对税法与民商法法际关系的表述较为谨慎

一方面，如果没有法定机构依法认定拍卖行为无效或者违反拍卖法的禁止性规定，原则上税务机关应当尊重作为计税依据的拍卖成交价格，不能以拍卖价格明显偏低为由行使核定征收权。另一方面，拍卖行为的效力与应纳税款核定权，分别受民事法律规范和行政法律规范调整，另行核定应纳税额并非否定拍卖行为的有效性，有效的拍卖行为也并不能绝对地排除税务机关的应纳税额核定权，但税务机关行使核定权时仍应有严格限定。

三、如何把握“价格明显偏低且无正当理由”

本案裁判之要义就在于最高法对于税企双方的辩论，如何居中把握“价格明显偏低且无正当理由”。关于此，《税收征管法》第35条规定如下：“纳税人有下列情形之一的，税务机关有权核定其应纳税额……（六）纳税人申报的计税依据明显偏低，又无正当理由的。”其含义是纳税人申报的计税依据，与其相同或者类似的纳税人相比，明显偏低，但是该纳税人又不能作出合理解释的。这主要是针对有的纳税人采用各种方法减少应纳税额而作的规定。可见，不论是法律规定还是相关解释都还是较为原则模糊，这也为税务执法的不确定性带来了隐患。

（一）相关司法案例

“德发案”中稽查执法对于拍卖成交价“价格明显偏低且无正当理由”的认定过程如下：第一步，稽查讲，德发公司委托拍卖房产成交单价格仅为2300元/平方米，不及市场价的一半，价格严重偏低。第二步，德发讲，我有正当理由，一是我要偿还到期银行债务1.3亿元，二是这是经拍卖公司拍卖而得出的成交价。第三步，稽查讲，拍卖程序有瑕疵，一是竞拍人只有一人且是德发公司法定代表人前妻，二是拍卖的保证金设置过高达到6000万港元，三是拍卖成交价是底价，所以你讲的正当理由不成立。第四步，德发无应对。最终，稽查认为该案符合《税收征管法》第 35 条“价格明显偏低且无正当理由”的构成，进而作出关键一步的税收核定。

2014 年底裁判的新疆“瑞成案”更为典型，案情大致是瑞成公司向关联单位的离退休职工低价售房，稽查查补瑞成公司因低价售房少缴的营业税并处一倍罚款。该案中稽查执法对于拍卖成交价“价格明显偏低且无正当理由”的认定过程如下：第一步，稽查讲，瑞成公司售房给关联企业职工，价格优惠 20%，属于价格明显偏低。第二步，瑞成讲，我有正当理由，我是依据集团公司指示以及自治区供销社批复，为解决信访突出问题，维护社会大局稳定，将开发的住宅按照同期市场价格下调 20% 的价格向投资公司的离退休职工销售。第三步，稽查讲，我不认可你的正当理由，认定瑞成公司以低于市场价格销售给投资公司离退休职工住宅的行为应按同期市场价格进行调整补缴营业税，并处以少缴税款一倍的罚款。

瑞成公司不服并起诉，获一审胜诉。新疆稽查不服并上诉，值得关注的是在二审过程中，新疆地税局向国家税务总局递交请示《关于征收营业税核定营业额有关问题》（新地税发〔2013〕287 号），国家税务总局办公厅回复（税总办函〔2013〕884 号），支持稽查局依照营业税暂行条例及其实施细则的规定进行税额核定，该文载明：“纳税人将同类商品房销售给关联企业职工，价格明显低于销售给其他无关联关系的购房者的价格的，属于《中华人民共和国营业税暂行条例》第七条所称价格明显偏低并无正当理由的情形，主管税务机关可以按照《中华人民共和国营业税暂行条例实施细则》第二十条的规定核定其营业额。”二审法院经审理认为，瑞成公司向投资公司离退休职工让利销售房屋，属于解决老国企退休职工住房困难、防止群体事件发生、化解社会矛盾的善意之举，稽查局认定为“明显低于市场价格且无正当理由”显属事实认定不清，主要证据不足；税总办函〔2013〕884 号文不属于部门规章，不能作为本案的定案依据。判决驳回了新疆地税局稽查局的上诉请求，并维持了本案的一审判决，纳税人获得胜诉。

综观这两起案件，广州“德发案”转让价为市价的 40%，新疆“瑞成案”转让价为市价的 80%，税务机关认为的“价格明显偏低”都得到了法院的认可。这也就排除了最高法《关于适用〈中华人民共和国合同法〉若干问题的解释（二）》（法释〔2009〕5 号），对于合同法第 74 条规定的“明显不合理的低价”，以 30% 作为评价的适用标准。因此，本文作出推测，只要税务机关有确实的证据显示，纳税人的转让价格显然的低于其他参照物的价格，即可在具体执法中认定为“价格明显偏低”。至于“无正当理由”的认定则较为复杂，税务总局的文件规定也无显著标准。

（二）正当理由的税收规范性文件

除了《税收征管法》第35条的一般规定外，还有其他具体税种关于正当理由的明细规定。

1. 企业所得税的“合理商业目的”

企业所得税是公认的我国立法较为完备的税制，其类似正当理由的规定是“合理商业目的”，主要涉及以下三个文件规定：

（1）《企业所得税法》第47条规定：“企业实施其他不具有合理商业目的的安排而减少其应纳税收入或者所得额的，税务机关有权按照合理方法调整。”

（2）《企业所得税法实施条例》第120条规定：“企业所得税法第四十七条所称不具有合理商业目的，是指以减少、免除或者推迟缴纳税款为主要目的。”

（3）《特别纳税调整实施办法（试行）》（国税发〔2009〕2号）第92条规定：“税务机关可依据所得税法第四十七条及所得税法实施条例第一百二十条的规定对存在以下避税安排的企业，启动一般反避税调查：（一）滥用税收优惠；（二）滥用税收协定；（三）滥用公司组织形式；（四）利用避税港避税；（五）其他不具有合理商业目的的安排。”

结合广州德发与新疆瑞成案，分析如果两起案件涉及企业所得税，能否直接适用企业所得税的上述文件规定进行补缴企业所得税。首先，规定最为明细具体的《特别纳税调整实施办法（试行）》第92条，启动一般反避税调查的前四项不能适用案件，只能以“（五）其他不具有合理商业目的的安排”兜底条款才可能适用案件。其次，《企业所得税法》与《企业所得税法实施条例》规定的“合理商业目的”仍然较为原则，不能直接适用于上述两起案件。最后，是否因为两起案件的交易结果，确实是符合了“减少、免除或者推迟缴纳税款”即可认定为“不具有合理商业目的”，税务机关则有权按照合理方法调整，这显然在执法逻辑上不够严谨。

2. 股权转让收入明显偏低的正当理由

为了加强股权转让所得个人所得税征收管理，规范税务机关、纳税人和扣缴义务人征纳行为，国家税务总局发布了《股权转让所得个人所得税管理办法（试行）》（2014 年第 67 号公告）。其第 13 条规定：“符合下列条件之一的股权转让收入明显偏低，视为有正当理由：（一）能出具有效文件，证明被投资企业因国家政策调整，生产经营受到重大影响，导致低价转让股权；（二）继承或将股权转让给其能提供具有法律效力身份关系证明的配偶、父母、子女、祖父母、外祖父母、孙子女、外孙子女、兄弟姐妹以及对转让人承担直接抚养或者赡养义务的抚养人或者赡养人；（三）相关法律、政府文件或企业章程规定，并有相关资料充分证明转让价格合理且真实的本企业员工持有的不能对外转让股权的内部转让；（四）股权转让双方能够提供有效证据证明其合理性的其他合理情形。”

这是目前几乎所有税种中对于正当理由规定最为明细的，结合广州“德发案”，德发公司将其房产物业拍卖给了法定代表人的前妻，如果是有法律效力的配偶拍得，是否可以结合 2014 年第 67 号公告的立法精神视为转让收入明显偏低但有正当理由呢？遗憾的是，我国各项税种的规定不具有直接的统一性，只有间接的借鉴性，在税收法定原则下，税务机关不能适用不适当的执法依据。

3. 存量住房交易价格明显偏低的正当理由

如《关于存量住房交易计税价格核定工作有关事项的通告》（成财税法〔2017〕3 号）规定：“自 2017 年 7 月 1 日起，我市存量住房交易合同价格明显偏低且无正当理由的，继续按存量住房申报价格评估值征税。根据人民法院判决书、仲裁机构裁决书以及依法拍卖的成交确认书进行存量住房权属变更的，以生效法律文书载明的价格为存量住房交易计税价格。”全国各地对于存量住房交易计税价格核定的规定，基本类似如此，可以看出，存量住房交易价格明显偏低的正当理由只是“生效法律文书载明的价格”，其他交易价格低于评估值的，按照评估值的价格进行申报纳税。结合广州“德发案”，本次拍卖是依法进行的，无任何权力机构确认拍卖违法，也具有拍卖成交确认书，但是却被最高法认定为无正当理由。至于新疆“瑞成案”，因其非存量房，而是增量房，但是若其成交价低于同地段存量房的评估值，是否新疆稽查认定为无正当理由进而补税的处理是适当的呢？

按照《股权转让所得个人所得税管理办法（试行）》第 13 条规定，继承或将股权转让给其能提供具有法律效力身份关系证明的配偶、父母、子女、祖父母、外祖父母、孙子女、外孙子女、兄弟姐妹以及对转让人承担直接抚养或者赡养义务的抚养人或者赡养人，股权转让收入明显偏低，视为有正当理由。然而此规定的精神，在个人存量住房交易中，却不能得到认可。若交易价格低于评估值则要按照评估值进行申报纳税，除非是采用无偿赠与的方式才能免税。财政部、国家税务总局《关于个人无偿受赠房屋有关个人所得税问题的通知》(财税〔2009〕78号)规定:“以下情形的房屋产权无偿赠与，对当事双方不征收个人所得税:(一)房屋产权所有人将房屋产权无偿赠与配偶、父母、子女、祖父母、外祖父母、孙子女、外孙子女、兄弟姐妹;(二)房屋产权所有人将房屋产权无偿赠与对其承担直接抚养或者赡养义务的抚养人或者赡养人;(三)房屋产权所有人死亡，依法取得房屋产权的法定继承人、遗嘱继承人或者受遗赠人。”

纵观企业所得税的“合理商业目的”、股权转让收入明显偏低的正当理由、存量住房交易价格明显偏低的正当理由，我国税法关于正当理由的规定，没有统一协调，各税种规定矛盾，甚至有可能一个案件中，出现“甲税种具有正当理由，乙税种没有正当理由”的极端情形。因此，关于正当理由的认定，出现税务局、企业、法院观点不一的情况就不意外了。

四、征税权谦抑性的法律培植

最高法在“德发案”判决书中写道，税务机关基于国家税收利益的考虑，也可以不以拍卖价格作为计税依据，另行核定应纳税额。实践中，税务机关往往以国家税收利益至上为原则，不仅对税收法定下的事项实施征税，还会对税法漏洞进行填补实施行政裁量。尤其是在我国签署《实施税收协定相关措施以防止税基侵蚀和利润转移的多边公约》(BEPS)的背景下，各地税务机关还会借鉴国际税收征管的经验，加强反避税的力度，如果《特别纳税调整实施办法(试行)》第92条规定不能适用具体案件，那么税务执法人员就会将《税收征管法》第35条作为一般反避税案件的万能兜底条款，因为正当理由的认定具有相当大的行政裁量自由性。

(一)税务机关行政裁量的正当性

税法滞后于社会生活，税收法定主义下的税收制度，要求“法无明文不为税”“税法的规定应当明确而具体”“税务机关应当严格依照税法的规定征税”。但是基于税法规则的技术性和专业性、税法概念形塑的困境，在弥补税法漏洞方面，税务机关的行政裁量是主要的填补之法。税法的专业性和技术性使得司法机关放弃司法审查，而且税务诉讼案件十分有限，全国每年平均只有400件，这使得司法机关在税法漏洞的填补上作用十分有限。行政机关却恰恰相反，原因有二：行政机关的主导地位；专业执法机关在税收工作的第一线，最了解法律适用的疏漏。税务机关对税务问题进行行政裁量的时候，主要采用扩张解释、事实拟制、类推适用的方法。

税务机关基于税法漏洞填补的行政裁量的正当性体现在以下方面：传统经济形式与创新经济交易的税负公平、避免创新经济的过度参与、个别化正义，但是税务机关的行政裁量也存在很多问题，比如税务机关基于税收负担能力以外的其他因素做出征税决定、缺乏一定裁量规则造成行政裁量的滥用、个案缺乏普适性、事实调查成本过于高昂导致个别化正义难以真正实现，因此造成税收公正难以实现、不确定的税收负担引发税收风险。税务机关的行政裁量，在无规则情况下，裁量决定产生税收后果；在有模糊规则的情况下，其对法律概念的重新解释是修法。

（二）税务机关行政裁量的谦抑性

我们应对于征税权，培植出内生性的法律谦抑。在税收法律关系中，征税主体和纳税主体的利益相互交织，可以说所有税法均是国家和公民利益相互博弈的后果，但是其目的在于保证二者的平衡。税法均衡的过程，其实是利益群体之间相互交杂的过程，谦抑性是其重要内涵。税法的谦抑性的目的在于不断遏制国家税权的扩张，通过特定的经济关系，使得国家和公民之间处于平衡。同时税法需要在自由意志和独立人格的基础上，由纳税人通过对税权的设计进行控制和限制，进而不断体现出谦抑性的基本内涵，将谦抑性在制度中不断完善，达到具体化和规范化。

对税收法律中的“不确定概念”和税收行政执法实践中发现的新问题无法及时通过立法解释或司法解释来解决时，税务机关行政裁量时要注意执法风险的防范，因为按照行政执法中举证责任倒置的原则，事实要件的自由裁量会增加税务机关的举证责任，加大税务机关的工作量。为了规制税务机关的行政裁量，必须建立规范标准的裁量机制，其产生路径是：个案裁量—普遍存在—规范制定。而在个案裁量的环节，税务机关必须要谦抑，原因在于要给社会创新足够的空间，即对具有合理商业目的的创新交易形式的尊重、对法无明文规定的交易的征税权要保持谦抑、反避税调整权限的自我约束。在税务总局了解到各地普遍存在的个案裁量风险后，应该制定相应的税收规范性文件进行规制，而不能任由基层税务机关面临突出的征纳矛盾，由各级法院自行裁判。在规范制定的过程中，必须采用标准形式，而规范的基本形式就是 X → Y（X 这个小前提，需要对事实进行相对广泛的调查，权衡数个非量化因素，或以其他方式作出一种判断的、定性的评价，才能最终予以确定）。在选择规范形式的标准时，要考虑行为的形式化差异与可抽象化程度、规范的实施成本以及规范的复杂化程度；在选择新型经济事项的课税规范时，要依交易事项的普遍接受程度、发生频率而定。

五、完善价格明显偏低且无正当理由征税规则的建议

遗憾的是，即便在最高法提审广州“德发案”后，税务总局仍然没有制定相应的规范性文件来规范“价格明显偏低且无正当理由”的征税规则，各地税务机关只能继续根据具体案情，自由裁量，自负责任。本文笔者尝试对于价格明显偏低且无正当理由的征税规则给出完善的建议：

（一）在税收一般法的层面上制定规范

市场主体的一个经济行为，往往涉及多个税种，在转让价格上也是如此，可能涉及印花税、契税、土地增值税、增值税、企业所得税等，为了节约立法资源、避免税种之间规定不一，应在税收一般法的层面上进行统一协调，即对《税收征管法》第 35 条“纳税人有下列情形之一的，税务机关有权核定其应纳税额……（六）纳税人申报的计税依据明显偏低，又无正当理由的”的规定，以列举的方式作出具体解释，哪些情况属于计税依据明显偏低，哪些情况属于正当理由，使得税企双方明白无误地了解税收规定，进行合理税收筹划，防止最后被认责为避税而承担不利后果。

（二）税法对司法与民法恪守谦抑原则

在我国各个部门法中，税法兼具行政法与经济法的特质，对应税行为的证据标准到底是以外在法律要件、还是实质重于形式来判定，使得税收立法与守法上往往难以形成共识。实践中，税务机关往往以行政机关自居，对于司法与民法的态度也形成了分裂，对于纳税人的民事法律行为会有税法调整，对于自

身的执法行为面临司法机关的维持或撤销，以致纳税人的一个房产转让行为，若是契约签订的价格或者商业拍卖形成的交易价格，一般会被税务机关以评估值作为价格是否偏低的标准来调整；若是经过裁判文书确认的价格或是司法拍卖形成的交易价格，一般会被税务机关视为正当理由而直接计税。这种前后不一的态度，往往被诟病，建议税收立法在对司法机关保持尊重的同时，对民商法也保持一定的谦抑，不能使得市场交易行为形成的价格因税务机关的原因而处于不确定的状态，这是对市场经济的极大损伤。

（三）摒弃申报即确认的税款征收模式

不仅在立法上要对价格明显偏低且无正当理由征税规则进行完善，在具体案件执法上，也要改变目前的税款征收模式。在广州“德发案”中，德发公司在拍卖完成后，按照税收征管流程，到办税厅前台办理了纳税申报手续，由前台受理并开具了完税凭证，但事后二年，稽查部门否认了完税凭证记载的计税价格，认为价格明显偏低且无正当理由进而作出补税要求，这也确实是全国各地税务机关的通行模式。但这种税款征收模式，在广州“德发案”中被最高法认为，“还应考虑德发公司基于对拍卖行为以及地方税务局完税凭证的信赖而形成的信赖利益保护问题，广州税稽一局重新核定德发公司拍卖涉案房产的计税价格后新确定的应纳税额，纳税义务应当自核定之日发生，其对德发公司征收该税款确定之前的滞纳金，没有法律依据”。究其实质，税务机关仅将办税厅前台征收税款作为一种申报受理方式，而非行政确认计税依据，这从办税厅的工作性质即可确定，“只对受理资料的完整性负责，不对真实性负责”。但无论是纳税人还是法院都不这么认为，将办税厅前台受理作为税务机关对于计税价格的确认，事后稽查成为了后续纠正执法过错。为此，建议税务机关在操作流程上，改变当前征收模式，慎重出具税款确认文书，应建立纳税人自主申报流程、税务事后风险应对的模式，以防止税务机关出具前后不一的认定结果。

浅议对赌协议及其财税问题

于东升*

摘　要 ▶ 对赌协议（VAM），指在股权性融资协议中包含了股权回购或者现金补偿等对未来不确定事项进行交易安排的协议。对赌协议是海外投资机构舶来品，本质上是一种金融工具，是带有附加条件的价值评估方式。现行法律对于对赌协议没有明确规定，导致司法实践中对对赌协议的效力认定出现分歧。与以往司法裁判实践相比，最高法于2019年8月6日发布的《全国法院民商事审判工作会议会议纪要（征求意见稿）》（下称《九民纪要》）对对赌协议效力的观点出现了变化。这种变化将在一段时期内影响全国法院系统认识、理解和审理对赌协议案件。对赌协议税务问题立法尚属空白，值得关注。税务问题本质上也是法律问题，《九民纪要》将为完善对赌协议征税机制提供有益帮助。

关键词 ▶《九民纪要》　对赌协议　裁判规则　税收征管

为深入贯彻落实习近平总书记提出的“法治是最好的营商环境”的要求，着力提升人民法院民商事审判工作能力和水平，为我国经济高质量发展提供更加有力的司法服务和保障，最高人民法院于2019年7月召开了全国法院民商事审判工作会议并形成了《九民纪要》。《九民纪要》是2019年民商事审判工作会议的重要成果，将是新的一段时期指导全国法院系统认识、理解和审理民商事案件的重要司法文件。

时光回到十几年前。伴随着我国投融资商事实践的日益丰富，国外投资者在相关系列协议中与交易相对方分阶段约定动态定价调整条款的做法，随着资

---

*　作者单位：原北京高朋南京律师事务所。

本的流动而被带入我国并流行起来。国内投资者称这种动态定价机制为“对赌协议”或者“估值调整机制”。由于我国现行法律对“对赌协议”没有明确规定，这就导致在相当一段时间内的司法实践中对对赌协议的效力认定及相关法律关系处理难以统一。更由于其动态调整过程带有期权的属性，导致包含“对赌协议”的交易安排在税收征管领域亦形成理论和实践难题。

《九民纪要》专门提及“对赌协议”效力问题，并就协议的不同表现形式分别进行审判指导。这将为对赌协议法律关系的界定提供权威参考，也为我们完善对赌协议征税机制提供了重要帮助。

限于篇幅，并考虑到有限公司应用“对赌条款”的情形远多于股份公司，因此从抓主要矛盾的角度出发，文中如无特别说明，相关交易主体均指有限公司，而不包含股份公司收购本公司股份的情形。

一、对赌协议概述

（一）对赌协议的涵义

“对赌协议”，英文是Valuation Adjustment Mechanism（VAM），意为价值调整机制，也有翻译为“估值调整协议”。对赌协议就是收购方（包括投资方）与出让方（包括融资方）在达成并购（或者融资）协议时，对于未来不确定的情况进行一种约定。如果约定的条件出现，投资方可以行使一种权利；如果约定的条件不出现，融资方则行使一种权利。对赌协议可以看作期权的一种表现形式。在法律上，对赌协议是附生效条件的民事法律行为[①]。

值得一提的是，在财税领域有一种观点，认为对赌协议就是国外投资并购实践所称的或有对价（contingent consideration），在国外并购法律和税法中则被称为earn-outs[②]。具体是指资产买卖时买方与卖方就资产的价值无法达成一致意见，为了弥补双方对价值预测的分歧并达成交易，双方对资产的总价不作固定，约定以未来期间资产的表现指标如销售收入、净收入等为基准，来确定资产的最后成交价格。

① 雷霆:《资本交易税务疑难问题解析与实务指引》，中国法制出版社2016年版。

② 《美国税务处理办法》，载http://www.woodllp.com/Publicati ... Taxing_Earn-out.pdf。

（二）《九民纪要》对对赌协议的厘定

《九民纪要》明确：实践中所称“对赌协议”，是指在股权性融资协议中包含了股权回购或者现金补偿等对未来不确定事项进行交易安排的协议。从签约主体的角度看，有投资方与目标公司的股东或者实际控制人“对赌”，投资方与目标公司“对赌”，投资方与目标公司的股东和目标公司“对赌”等形式。

所谓与目标公司对赌，指的是投资方与目标公司（有时包括目标公司的股东）签订的协议约定，当目标公司在约定期限内未能实现双方预设的目标时，由目标公司按照事先约定的方式回购投资方的股权或者向投资方承担现金补偿义务，或者约定由目标公司的原股东（在投资方入股目标公司后，也可能仍然是股东，也可能不是）向目标公司承担现金补偿义务。

二、对赌协议司法裁判实践演进

（一）两个里程碑案件“海富世恒案”与“华工案”

说到对赌协议的司法裁判实践，绕不开备受关注并引起广泛讨论的有着“对赌协议第一案”之称的苏州工业园区海富投资有限公司与甘肃世恒有色资源再利用有限公司案（以下简称“海富世恒案”）。

该案历经兰州中院一审、甘肃高院二审和最高法再审。最高法再审判决一锤定音，认为：案涉投资协议中的估值调整条款“在融资公司无法达到既定目标时，投资方可以要求融资公司自身承担赔偿责任”，这一约定本身有违公司法上的资本维持原则。该条款一经触发，海富公司将取得相对固定的收益，且该收益脱离了世恒公司的业绩，因而实际上是一种对股东权利的滥用，将会导致其他股东以及公司债权人的利益蒙受损失。根据《公司法》第20条“公司不得滥用股东权利损害公司或者其他股东以及公司债权人的利益”这一强制性规定，最高法认为海富公司与目标公司世恒公司签订的对赌协议因损害公司和公司债权人利益而无效，但与目标公司股东迪亚公司签订的对赌协议是当事人双方意思自治的结果而有效。

对于该案补偿条款的法律性质，理论上存在分歧。有学者认为该条款是“投资合同中的一种结构性定价机制，其主要目的是通过分期结算，部分排除定价时的不确定因素”[①]；也有学者认为这种协议安排是国外交易模式与国内投资实践的有益探索，属于金融创新[②]。还有一种观点认为：该条款与国外投资价值调整机制有本质的不同。国外风投机构的做法是通过协议安排分段建立调价机制，而海富世恒案中的补偿条款直接保证投资者旱涝保收地获得稳定收益，更像是保底收益条款的替代。这一观点在最高法的判决逻辑中有所体现。

作为对赌协议效力“第一案”，最高法判决从对赌条款的履行后果着力，认为对赌协议使得投资方的投资可以取得相对固定的收益，该收益脱离了融资公司的经营业绩，损害了公司利益和公司债权人利益，应认定无效。至于究竟如何损害，则未进行详细论述。“海富世恒案”提供了这样的裁判规则：投资人与公司对赌无效，与股东对赌有效。

2019年4月3日，江苏高院（2019）苏民再62号案判决（“华工案”）承认投资人与目标公司对赌协议的效力。作为“海富世恒案”确定对赌协议效力裁判规则以来首例认定公司回购的对赌条款有效的案例，判决一出即引起巨大反响。“华工案”同样经历了一审、二审程序和再审程序。与最高法海富世恒案判决论证过程不同，“华工案”判决书中从合同效力与合同履行两个层面进行了全方位论证。判决认为“我国《公司法》并不禁止有限责任公司回购本公司股份，有限责任公司回购本公司股份不当然违反我国《公司法》的强制性规定。有限责任公司在履行法定程序后回购本公司股份，亦不会损害公司股东及债权人利益，亦不会构成对公司资本维持原则的违反。案涉对赌协议无论是针对列入注册资本的注资部分还是列入资本公积金的注资部分的回购约定，均具备法律上的履行可能”。华工案被坊间认为是审判实践对对赌协议效力“松绑”的有益探索。

（二）司法实践演进趋势原因

对赌协议效力审查的司法演进由紧趋松，背后是资本维持基本原则的解绑和淡化。

先看《公司法》，我国对公司资本的立法理念，从严格遵从资本三原则调整为突出股东出资在满足公司运营需要方面的功能，弱化了股东出资在为公司

① 彭冰：《“对赌协议”第一案分析》，载《北京仲裁》2012年第3期。

② 王宇、刘勇：《从证券及司法实践看补偿承诺在股权投资中的适用》，载《金融理论与实践》2013年第8期。

负债提供担保方面的功能，呈现出稳步推进、逐渐放宽的态势，越来越契合于市场经济的要求。

再看国内外资本制度管制规范整体趋势亦是由紧趋松。近年来，全球公司资本制度改革均以放松管制为特点，力图给公司及其股东提供更大的资本运作空间。迄今为止，绝大多数国家也已经剔除了传统资本管理过程中过时的绝对禁止回购规则。[①] 在过去几年，中国司法审判机关也已经基本上确认了包含“赎回补偿型对赌条款”的投资交易所形成的权益确属股东权益。并且，业界已形成了倾向于“不轻易否定效力”和“未违反法律效力性规定即属有效”的司法政策。最高人民法院在2014年下发的《关于人民法院为企业兼并重组提供司法保障的指导意见》中，更明确了“审慎认定企业估值调整协议、股份转换协议等新类型合同的效力，避免简单以法律没有规定为由认定合同无效”的意见[②]。

回到当下，《九民纪要》提出“由目标公司按照事先约定的方式回购投资方的股权或者向投资方承担现金补偿义务，或者约定由目标公司的原股东（在投资方入股目标公司后，也可能仍然是股东，也可能不是）向目标公司承担现金补偿义务。如该协议不存在其他影响合同效力的事由的，应认定有效”，这与对赌协议第一案“海富世恒案”确立的裁判规则存在明显变化。

这种变化正是受资本维持原则松动趋势的影响。其内在逻辑在于，公司回购股份不必然导致清偿能力受损，更不意味着损害公司债权人利益，更深层的理由是，传统资本制度过分相信公司资本的债权担保功能，过度强化对公司资本的管控，从而使得公司发展背离资本市场普遍规律，最高法逐渐意识到股东出资的主要功能在于满足公司运营需要、而不是为公司负债提供一般担保，恢复了注册资本的实质价值[③]。

三、对赌协议的税收征管

对赌协议所得税税务问题值得关注。对赌协议是受让方与出让方在签署股权转让协议时，对于未来不确定的情况进行一种约定，如果约定的条件达成，

---

① 刘燕:《对赌协议于公司法资本管制：美国实践及其启示》，载《环球法律评论》2016年第3期。

② 俞秋玮、夏青:《以上市为条件的“对赌”协议的效力评价》，载《人民法院报》2015年3月25日第7版。

③ 王军旗、杨燕婷:《对赌协议纠纷法律实务研究》，载《上海法学研究》集刊2019年第6卷。

受让方需向出让方让渡预定份额的股权、支付预定数额的现金或让渡其他利益，如果约定的条件未达成，则反之。对赌协议属于股权转让合同或投资协议的一部分，在《九民纪要》对对赌协议效力进一步松绑的前提下，对赌条款必将影响着合同整体最终交易结果。也正是“对赌协议”带来的交易结果的必然的不确定性，使其税务处理变得更加复杂。

我国税法关于对赌协议的所得税处理基本属于“空白”。公开披露的资料显示，部分地方税务机关在实际案例中形成了实践做法，但都是基于税法的基本原理和对赌协议本身是协议这一法律属性来操作进行的。以一则附带“对赌协议”的股权交易所得税税务检查案件为例，简要讨论税务机关的征税依据：

某公司为满足企业发展资金需求，寻求其他投资者进行合作。由于市场前景良好，某公司很快就找到合作伙伴并签署了股权转让协议及补充协议。双方在补充协议中约定了“对赌条款”。税务机关通过调查取证，发现某公司收到了股权转让交易的全部款项，且交易双方已经在工商行政管理部门进行了股权变更登记，股权交易合同生效、事实成立，但某公司未就该笔股权转让所得申报所得税。检查人员认为，应补缴相关所得税。但某公司认为，双方在股权转让过程中签署了“对赌协议”，在未到达约定的期限及条件之前，合同属于未履行完毕的状态，极有可能需要回购股权或赔偿差价，看似是股权转让所得，实际上是企业的一种变相负债，不应该就该笔股权转让所得缴纳企业所得税。税务机关认为，虽然交易双方签署了“对赌协议”，但该协议既不影响股权转让合同的效力，也不能改变股权交易的实质，企业不能以此为由否认转让股权的事实①。该案例所展现的征缴规则具有一定代表性，具体如下：

在合同效力上，“对赌协议”仅影响交易双方最终的利益分配，并不因此否定主合同的价格约定和条款执行。带有“对赌协议”的合同属于附条件的合同，而所附条件针对的行为对象非常关键。本案中，双方约定的条件针对的是回购及补偿行为，并非主合同中约定的股权转让行为，所以“对赌协议”不影响股权转让合同的效力以及股权交易的实际完成。

在经济实质上，已完成了股权变更及款项支付，将来不能确定的或有事项无法改变股权交易的实质。

① 北京市国税局第一稽查局:《“对赌协议”不是股权交易的“挡税牌”》，载《中国税务报》2017年9月8日第9版。

在税务处理上，相关事实充分印证此次股权交易真实有效，且满足企业所得税法律法规规定的收入确认条件。企业所得税的收入确认遵循权责发生制原则和实质重于形式原则，转让股权收入应于转让协议生效，且完成股权变更手续时，确认收入的实现[①]。

简而言之，股权转让完成后应立即缴税。对赌条款属于另一项股权交易行为，即使触发也不能据此调整股权转让合同的交易价格，对已经完成的股权交易计税基础不产生影响。

如前所述，商业活动的创新和发展为社会进步发展所必需。创新和发展过程中既需要法律法规予以合理约束，也需要法律制度保驾护航，以实现平稳持久的高质量创新发展。《九民纪要》充分反映了这一点。其指出人民法院在审理对赌案件时，既要坚持鼓励投资方对实体企业特别是科技创新企业投资原则，从而在一定程度上缓解企业融资难问题；又要贯彻资本维持原则和保护债权人合法权益原则，平衡投资方、公司股东、公司以及公司债权人之间的利益。

与此同时，由于我国税法尚未建立明确的有关对赌协议的税法规则，需要从理论和实务上进行深入研究并早日用以实践。实际上，税收问题本质上就是法律问题，我们对于对赌协议的征管，前提就是要明确法律关系，进行交易的定性，然后才是征税和开票的问题。《九民纪要》关于对赌协议纠纷案件的审理意见不仅能为司法裁判工作提供权威指导，也能为税收法律关系的界定提供重要参考，从而为我们完善对赌协议征税机制提供有益帮助。

① 雷霆:《资本交易税务疑难问题解析与实务指引》，中国法制出版社 2016 年版。

论财税法中公权力和私权利的冲突与求同
——从破产债权中的税收债权角度探析

鲁思远 *

摘　要 ▶ “破产清算”的存在，是为处于困境中资不抵债的企业提供退出市场的出口，是保障社会主义市场经济健康发展的有利方式。其既应立足国家利益，又要考虑社会利益，在国家财政收入的保护、社会合法权利的支持和破产企业自身的救济这三者之间寻求平衡，最大限度地公平清理债权债务。而破产清算程序中税收债权之特殊地位更是凸显公权力和私权利的规则冲突和权益制衡需要。本文从涉税破产程序出发，引申探析公法与私法间的既存冲突和平衡手段，以及公私法规范之间求同与接轨的可能。

关键词 ▶ 公权与私权　公法与私法　破产清算　税收债权

一、破产程序中出现的公私权冲突

破产，是债务人在经营中遭遇困境，不能清偿到期债务，由债权人或债务人诉请法院宣告破产并依破产程序偿还债务的一种法律救济制度。其程序一般包括：破产申请、债权申报、债权人会议、破产宣告、破产清算和终结等。其中的破产清算是对破产企业的财产进行分配，这一环节是整个破产程序从申请到终结之中最为重要的部分，也是满足债权人诉求最为实际的部分。

破产企业的财产分配，也即破产清偿需要依照顺序进行。《企业破产法》第 113 条规定：“破产财产在优先清偿破产费用和共益债务后，依照下列顺序清偿：（一）破产人所欠职工的工资和医疗、伤残补助、抚恤费用，所欠的应当划

* 作者单位：江苏博事达律师事务所。

入职工个人账户的基本养老保险、基本医疗保险费用，以及法律、行政法规规定应当支付给职工的补偿金；（二）破产人欠缴的除前项规定以外的社会保险费用和破产人所欠税款；（三）普通破产债权。”如此可见，税收债权在破产债权中相较普通债权具有优先性，但如果涉及破产债权中存在担保物权的情形呢？《企业破产法》第109条规定：“对破产人的特定财产享有担保权的权利人，对该特定财产享有优先受偿的权利。”此条明确规定了设立了担保权的债权对于破产财产中特定的部分享有绝对的优先权。而《税收征收管理法》（以下简称《税收征管法》）第45条则规定：“税务机关征收税款，税收优先于无担保债权，法律另有规定的除外；纳税人欠缴的税款发生在纳税人以其财产设定抵押、质押或者纳税人的财产被留置之前的，税收应当先于抵押权、质权、留置权执行。”这一条将担保物权的优先受偿性添加了条件，即只有发生在税收债权之前的担保物权才具有优先受偿权。《物权法》和《担保法》中则存在物权，或担保物权优于债权的规定。税收债权，于破产清算中如何确定其受偿顺序，在规范性文件和实务裁判中显然存在冲突。而另一方面，破产企业的财产通常不能满足所有债权人的清偿需求，那么债权人争取清偿顺序中的前位就显得至关重要。除此之外，其他涉税的破产问题诸如税务机关在此类案件中能否以民事诉讼当事人的身份对抗一般主体；欠缴的税收滞纳金是否也具有优先受偿性；税务机关能否作为债权人申请企业破产等问题也接踵而至。税收债权和担保物权或其他债权在此的利益冲突，以及其代表的公权力和私权利在此的竞争与制衡，已经不再是理论问题而成为了急迫的实践要求。

二、税法和破产法的竞合

税法历来被认为是典型的公法，税收法律关系也一度被认为是具有强制性、公益性的特殊公权力象征。在破产清算领域，这一特别的债权也具有了特别的正当性。国家税务总局在印发《税收征管法》宣传提纲的通知中提到，80%以上的破产企业之欠税全部流失。《税收征管法》规定了三方面的税收优先权：首先，税收优先于无担保债权；其次，当纳税人欠缴的税款发生纳税人以其财产设定抵押、质押或被留置之前的，税收债权应当优先于抵押权、质权和留置权；最后，税收债权优先于罚款、没收违法所得等行政处罚。

破产法则具有一定公私融合的属性，但一般还是被归为私法范畴。《破产法》规定了如下的优先债权：具物权担保的债权，所欠雇工工资、退休金等薪金债权，社会保险费用债权，所欠国家税款或特定税款债权等。

可见，《税收征管法》和《破产法》对于破产案件中税收优先权的规定仍然存在竞和，致使在破产案件中税收优先权的成立条件、行使程序和争议解决等问题上存在认识分歧和操作差异。笔者在此结合一例破产债权确认纠纷案件，展开分析。

三、实案分析破产案件中公私权清偿的顺位

此案基本案情是：2010年10月26日，甲银行与乙公司签订最高额抵押合同，以乙公司名下房屋及土地设立抵押权，并于2010年10月26日、2013年6月6日分别登记生效，2014年5月28日甲银行向乙公司发放借款。2014年9月28日，乙公司进入破产程序，后税务机关称破产企业截至2014年4月存在欠缴增值税之情形。

本案之争议的焦点在于债权人享有的案涉有担保物权的债权与税务行政机关享有的税收债权之间何者更具有优先性。同时本案在确定上述两笔债权之优先性时，应适用的规范依据应是《税收征管法》第45条，还是《破产法》第109条及第113条？

一审法院的观点认为，应当适用《税收征管法》第45条之规定，确定二者债权优先性的先后顺位。其从立法沿革角度分析认为，该第45条之规定经《税收征管法》三次修订，仍予以保留，故立法目的应当具有一贯性；从立法目的、精神及体例看，该条规定旨在防范当事人之间通过恶意串通，而对纳税人的责任财产设定不当之负担，损害国家利益。也即《税收征管法》为当事人设立了获悉相对方是否存在欠税情形的途径，或换言之《税收征管法》帮助民事法律行为主体通过相对方的纳税记录来检验其是否诚实信用。继而推定《税收征管法》第45条之规定并无损害担保物权人利益之目的与结果，相反，却是为债权人在规避交易风险上提供了税法上的特别保护。另外，一审法院还认为《税收征管法》第45条与《破产法》第109条及第113条并无冲突，其第45条之规定实为《物权法》第170条规定的除外情形。综上，一审法院支持适用《税收征管法》第45条，也即税收债权优先于担保物权。

审理案件一般遵循事实认定、法律适用、结果裁判的步骤。事实的认定范围需要法律规范指引，法律规范的适用不明可能导致需要认定的事实范围不明。本案例中，出现了《税收征管法》第45条、《破产法》第109条及第113

条等可能具有冲突的法律规范的适用。如何确定清偿的顺序，这既是税法和破产法的冲突，也是公法与私法、公权力和私权利抗争的一个典型体现。

虽然本案一审法院裁判将公权优先，但二审法院对该案件法律适用的问题和权力清偿顺序有不同的观点。

首先，从法律调整范围的角度来看。在破产背景下，《税收征管法》《破产法》对于税收债权与有抵押担保债权清偿顺序的规定不一致。如何适用法律（此处指广义上的规范性文件）应从其位阶和其是否为特别规定来确定。《税收征管法》与《破产法》均由全国人大常委会制定，两部法律的位阶相同。同一机关制定的法律，特别规定与一般规定不一致的，适用特别规定。一般规定是为调整某类社会关系而制定的法律规范，特别规定是相对于一般规定而言调整范围较窄的法律规范。《税收征管法》调整的是全体纳税人的税款征缴事项，这包括任何状态下企业的税收债权与有担保债权的清偿顺序问题，涵盖企业破产情形和企业正常经营情形。而《破产法》是针对破产企业制定的规则。即从调整范围的角度来看，《破产法》具有特别规定的属性，应适用该法来确定清偿顺序。

其次，从破产债权的清偿体系来看。依据《破产法》，在破产财产存在担保物的情形下，该担保物应优先清偿担保债权，剩余的破产财产再按照破产费用、共益债务、职工债权、税收债权、普通债权的顺序进行清偿。具体而言，从法理角度展开分析，债权通常具有平等性，但一般债权的平等属于机会和形式平等，而破产法中存在的债权，与市场退出机制相关，其平等更应考虑结果和实质的平等。一般民事活动中，主体尚存，债权实现的机会也存在，而破产程序中，主体即将消亡，债权若无法得到及时保护，可能会永远失去实现的机会。而突破了平等性的破产债权清偿，必然引起权利的冲突，清偿的顺序也即是法定权利位阶的安排。权利位阶的基本价值选择通常被认可为：生存权优于其他权利、人身权优于财产权、物权优于债权。但是，公权和私权的关系却比较微妙。笔者认为，确立权利的高低位阶应综合考虑权利的性质、权利的重要性、权利受到侵害之可能和权利反映的需求层次。在破产清偿的顺序中，公权和私权孰先孰后，应当考虑优先保护法定权利位阶高的权利，优先保护风险防范能力弱的权利，优先保护涉及公共利益的权利。《破产法》对于各类不同债权在破产程序中确立的特定清偿顺序，将具有高阶权利位阶的物权置于首位，将具有生存权属性的债权和具有人身相关性的债权、具有公共利益的税收公权置于其次，再将一般私权排后的立法思想具有严谨的法理依据，如此能够更好地维持社会稳定、实现社会公正、体现社会责任分担。

而在破产程序中，《税收征管法》的适用可能会引起清偿体系的混乱。《税收征管法》规定，税收债权发生在抵押权设立之前的，税收债权就该抵押物优先于担保债权清偿。首先，若税收债权金额大于担保物变现的金额，其部分税收债权应优先于破产费用、共益债务和职工债权清偿，而剩余的部分税收债权却将劣后清偿，清偿顺序将出现混乱。其次，因担保物权被消灭，有担保的债权则直接劣后为普通债权，权利位阶将出现混乱。再者，设立了担保物权的最大受益人却是税务机关而非担保物权人，其合理性显然存在问题。

综上，二审法院支持适用《破产法》确定二者债权优先性的先后顺位。

四、公权和私权的冲突与求同

从其引申，代表公法的税法和代表私法的民法，以及其隶属的不同法律部门与指向的公权和私权在发展中存在竞争，也存在协调与融合。从冲突和矛盾角度来看，社会结构方面，公权及其主要服务和依附的国家权力组织形态较为成熟和完善，而私权以及社会市场经济活动还不够丰满；公权与私权的关系方面，公权力强势主动而私权利较为弱势被动；普遍观念方面，通常存在重国家和义务本位的意识，轻权利优先的思想。另外，也存在部分公民滥用私权利谋取法外利益从而引起公权和私权的冲突的情况。

从解决冲突和矛盾的角度来看，由于公法和私法的功能，公权和私权的内涵均已随着国家职能和市场经济的发展与扩张发生了改变，两者需在适应当代环境的失衡中回归平衡。具体而言，首先，应确立宪法制度为核心的文化形态，依法落实和保障宪法赋予的公民私权，确立权利本位的原则和权利主体的观念。其次，进一步完善防止公私被滥用的监督机制，以及进一步构建防止私权利被滥用的预防和惩戒机制。最后，构建公私权平衡的评价体系。

此处，笔者对评价体系再略作分析和建议，对于公私法和公私权的冲突和评价，在民商事领域，应确定“权利本位、保障私权”的观念，区分如物权和债权等不同位阶的权利属性，并将生存权属性的权利和人身权属性的权利、具有公共利益相关的权利优先考虑。在具有公共利益相关的权利之中，将公共事业的实际发展、公共服务的实际建设、公民整体的实际利益作为主要参考，而非简单地偏向某些公共区域生产活动成果利益的统计数字增长。主导、强势的公权适当让位，并依法、合理地优先保护高位阶权利，保护容易受到侵害的弱势权利。

例如前文的案例，具有主导、强势地位的税收债权的优先性在破产程序中应适当让位给相对弱势的私权。虽然税收债权具有公益性，且一般情形下公益性权利应当受到优先的保护，但公益性权利并非绝对优先于私利性的权利。如《破产法》第113条规定税收债权劣后于职工债权受偿，便是公益性权利的优先性在破产程序中受限的具体体现。另外，对于未进入破产程序的企业而言，有抵押担保的债权人即使不能就抵押物优先受偿，其债权仍可以通过债务人的其他财产受偿。但当债务人进入破产程序，鉴于破产财产不足以清偿全部破产债务，税收债权人与担保债权人就抵押物而言形成零和博弈，此时强调税收债权的公益性，不具有说服力。另外，税收债权虽然具有风险性，但《税收征管法》已经赋予税务机关的税收保全、强制执行、纳税担保等多种有力税收保障措施。在破产案件中，公权抛开自身本已拥有的多种强力落实债权手段，和弱势的私权竞争权利的排序，实为对私权的一种"侵害"。

最后，从两者的协调和融合角度来看，在当今迅猛发展的时代，体现更多管制功能的公法和体现更多自治功能的私法单独去面对复杂融合的环境均存在缺陷，两者以彼此工具的姿态相互借用已经存在可能和实例，甚至需要在更深刻的意义上体现融合的价值。在宪法机制之下，公法在涉及私法方面的立法、司法和执法中参考、借鉴已在该领域相对成熟的私法理念，私法领域同样不孤军奋战，而是与公法进行法治角度的深度协调。

实际上，当前已经形成了以解决问题为核心，汇集多种部门法或法律手段，综合解决复杂社会条件下产生的社会问题的领域法学。这对融合公私法和协调公权、私权起到了较为积极的作用，例如，破产法中，将具有典型公权象征的税法债权与私权的抗衡放在特别的"领域"层面，集中民商法、税法、行政法、诉讼法、国际法等多重部门法共同解决，具有合法、合理、实际、高效的作用。

“富力税案”中房产税问题的深度思考

王　馨*

摘　要 ▶ 重庆富力房地产开发有限公司（以下简称富力公司）诉重庆市地税第二稽查局（以下简称稽查局）、重庆市人民政府一案，重庆市第一中级人民法院作出终审判决，判定富力公司败诉。该案件中房产税问题成为双方争议的焦点，最终富力公司核心诉求并没有得到法院支持，就法院的判决结果，在财税界存在支持和反对的两种声音。

笔者对法院判决结果持有不同看法。本文从账务处理是否正确、稽查证据是否充分、房产税计征方式、税法与会计准则的边界问题等维度具体阐述，提出该案中未出租的房产虽会计账务处理为投资性房地产但不应计征房产税的观点，并结合当前存在的三种错误观点对房产税作进一步论述，最后畅想借2020年前全面落实税收法定原则的东风，推动房产税立法工作，使得房产税走向法制化、规范化的道路。

关键词 ▶ 房产税　会计准则　争议　错误观点

“富力税案”引起了财税法界的广泛关注。2017年12月重庆市第一中级人民法院作出终审判决，判定富力公司二审败诉。虽然富力公司败诉，但是笔者发现这个案件还是存在诸多值得探讨和商榷的地方。房产税问题是该案件争议的焦点，也是案件事实部分的重点，笔者在此不对案件中涉及的程序问题做论述，仅就案件事实中房产税问题作进一步探讨和研究。

* 作者单位：江苏致邦律师事务所。

一、案情概况

（一）诉讼经过

富力公司因不服稽查局涉税处理，向重庆市渝北区人民法院提起诉讼，一审败诉后不服，向重庆市第一中级人民法院提起上诉，虽然二审支持了富力公司部分诉讼请求（复议机关告知错误），但驳回了富力公司要求撤销重庆市地方税务局第二稽查局于 2016 年 1 月 26 日作出的渝地税二稽处〔2016〕2 号《税务处理决定书》的诉讼请求。之后富力公司接受了法院的终审判决。

（二）案件事实

富力公司将开发成本 367126653.36 元的商品房在财务核算上全部记入投资性房地产，其中已经出租的部分房产计征并缴纳了房产税，另未出租的部分房产未计征房产税，具体案情如下：

富力公司是依法成立的有限责任公司，经营范围为房地产开发（按资质证核定事项从事经营）等，2009 年建成位于江北区北城天街的富力海洋广场项目，将商业房地产相继出租部分。富力公司根据立信羊城会计师事务所有限公司出具的《重庆富力房地产开发有限公司 2009 年度审计报告》，于 2010 年 6 月 30 日将其开发建设的富力海洋广场商业房地产由库存商品 / 开发产品、生产成本 / 开发成本转入投资性房地产 / 成本、投资性房地产 / 公允价值变动会计科目，开发成本 367126653.36 元，公允价值变动 180805946.64 元。2011 年 6 月 27 日，重庆市国土资源和房屋管理局就上述项目的商业房地产向富力公司颁发 103 房地证 2011 字第 022208 号房地产权证，载明"房屋用途非住宅，楼层物理层 3 至 7，房屋建筑面积 71856.28m^2"。2014 年 8 月，稽查局根据工作指派，决定对富力公司的纳税情况进行立案查处。稽查局于 2014 年 10 月 30 日向富力公司送达《税务检查通知书》，对其 2011 年 1 月 1 日至 2013 年 12 月 31 日期间涉税情况进行检查，因富力公司 2010 年存在涉税问题，稽查局于 2015 年 5 月 3 日作出《税务事项通知书》，对税务稽查案件稽查所属期间变更为 2010 年 6 月 1 日至 2013 年 12 月 31 日。稽查局经过检查，根据税务稽查工作底稿及相关资料，制作了税务稽查报告，经集体审理后，以重大税务案件提请重庆市地方税务局（简称市地税局）审理。经市地税局审理后，稽查局于 2016 年 1 月 26 日作出渝地税二稽处〔2016〕2 号《税务处理决定书》，认为富力公司于

2010 年 6 月将开发成本 367126653.36 元转入投资性房产，2010 年 6 月至 2013 年 12 月期间对投资性房地产出租部分按取得的租金收入缴纳了相关税费，但对投资性房地产未出租部分未按规定申报缴纳房产税，根据《中华人民共和国房产税暂行条例》（简称《房产税暂行条例》）、《重庆市房产税实施细则》规定，该公司投资性房地产未出租部分应按账面原值计算缴纳房产税。

（三）主要证据

稽查局计征所依据的证据资料主要有:（1）《重庆富力房地产开发有限公司 2009 年审计报告》;（2）投资性房地产房屋评估明细表;（3）结转房地产记账凭证;（4）2011~2013 年度资产负债表及利润表;（5）涉案房屋房地产权证;（6）重庆富力房地产公司商铺租赁合同;（7）2010~2013 年海洋广场一期商业物业应缴房产税计算明细。

二、各方观点

（一）富力公司观点：证据不足，不应征房产税

富力公司认为,《税务处理决定书》主要证据不足。稽查局仅依据富力公司的记账凭证来认定涉案房产属于投资性房地产，没有其他证据支撑涉案房屋使用、出租、出借的事实，且富力公司并没有形成将涉案房产转为投资性房产的股东会决议或董事会决议。稽查局仅凭富力公司账务处理征收房产税这一行为是错误的。

（二）稽查局观点：应计征房产税

2010 年 6 月，富力公司根据经立信羊城会计师事务所有限公司审计的《重庆富力房地产开发有限公司 2009 年度审计报告》将该商业裙楼从“开发成本”和“库存商品”转入“投资性房地产”科目。账面结转日，其原始价值为 367126653.36 元，公允价值变动损益为 180805946.64 元，同时调整以前年度损益，增加会计利润 180805946.64 元。在以后持续会计年度期间，该房产以按照公允价值模式计量，截至 2013 年末，该房产账面价值为 753233900 元，其中 2010~2013 年末公允价值变动损益为 386107246.64 元，并分年度记入本年利润。从该会计信息反映出富力公司对上述房产已作经营性房产处置使用，并导致企业经营成果的改变，会计信息诸要素发生变化，该房产已不再属于开发产品。

（三）法院观点：支持稽查局观点

根据《房产税暂行条例》第1条和《重庆市房产税实施细则》第2条的规定，房产税实行普遍征收原则，本案涉案房产位于江北区，属于应税房产的范围。同时，根据《关于房产税、城镇土地使用税有关政策规定的通知》（国税发〔2003〕89号）第1条关于“房地产开发企业开发的商品房在出售前，对房地产开发企业而言是一种产品，因此，对房地产开发企业建造的商品房，在售出前，不征收房产税；但对售出前房地产开发企业已使用或出租、出借的商品房应按规定征收房产税”的规定，对房产税的缴纳只作个别减免。

本案中，根据稽查局举示的《重庆富力房地产开发有限公司2009年审计报告》、投资性房地产房屋评估明细表、结转房地产记账凭证、2011~2013年度资产负债表及利润表、承诺书、询问笔录、房地产权证和商铺租赁合同等证据，能够证明富力公司将其开发建设的富力海洋广场项目中包括涉案房产在内的商业房地产于2010年6月30日从库存商品/开发产品、生产成本/开发成本，转入了投资性房地产/成本、投资性房地产/公允价值变动会计科目，载明开发成本为367126653.36元，公允价值变动为180805946.64元，且富力公司已持有上述商业房地产，并有已相继出租部分房产获取租金等事实予以佐证，结合财政部财会〔2006〕3号《企业会计准则第3号——投资性房地产》第2条第1款关于“投资性房地产，是指为赚取租金或资本增值，或两者兼有而持有的房地产”的规定，富力公司对其拥有的涉案房产作为投资性房地产进行管理和核算，该部分房地产的价值亦随市场发生损益变化，其性质为投资性房地产，富力公司的这一行为已构成对涉案房产的实际使用。故涉案房产不属于《关于房产税、城镇土地使用税有关政策规定的通知》（国税发〔2003〕89号）第1条规定免征房产税的产品。稽查局认定富力公司涉案房产应当缴纳房产税的事实清楚，证据充分，适用法律、法规正确。富力公司认为将涉案房产转为投资性房地产系会计账目处理错误，该房产实际上不是投资性房地产，不应缴纳房产税的理由缺乏证据支撑，本院依法不予支持。

三、案后思考

思考一：未出租的部分房产计入投资性房地产是否属于账务处理错误？

依据富力公司、稽查局、法院三方的观点，争论的焦点是未出租的建筑物是否应缴纳房产税。为了弄清这个问题，笔者详细研究了关于投资性房地产会计准则的规定。

《企业会计准则第 3 号——投资性房地产》第 3 条规定："本准则规范下列投资性房地产：（一）已出租的土地使用权。（二）持有并准备增值后转让的土地使用权。（三）已出租的建筑物。"

依据案情及富力公司的实际情况，投资性房地产的核算只能是第（三）项即"已出租的建筑物"，那对于未出租的建筑物是不能在投资性房地产科目下核算的。笔者认为富力公司将未出租的房产核算在投资性科目属于会计账务处理错误，应予以错账更正处理。笔者亦支持富力公司在一审中认为其账务处理错误的观点，既然账务处理出现差错，富力公司有权在会计准则的框架下作出错账更正，税务机关计征房产税的基础则不复存在。

如果富力公司没有作出错账更正，那么稽查局的征税依据就充分吗？下面做进一步分析和思考。

思考二：计征房产税的证据是否充分？

行政诉讼证据，指能够证明行政案件真实情况的一切事实。作为定案依据的证据必须具有真实性、关联性、合法性等三个特征。其中关联性或称为相关性，即作为可定案证据的事实和材料必须与待证的案件事实有联系。

本案证据的真实性、合法性毋庸置疑，但笔者对证据的关联性尚存疑。《税务行政复议规则》（国家税务总局令第 44 号）第 57 条规定："行政复议机关应当根据案件的具体情况，从以下方面审查证据的关联性：（一）证据与待证事实是否具有证明关系。（二）证据与待证事实的关联程度。（三）影响证据关联性的其他因素。"第 52 条规定："行政复议证据包括以下类别：（一）书证；（二）物证；（三）视听资料；（四）电子数据；（五）证人证言；（六）当事人的陈述；（七）鉴定意见；（八）勘验笔录、现场笔录。"

本案中证据主要是书证，但这些证据在证明"未出租的房产已经使用"这一证明目的上并不充分，这些证据与证明目的之间亦没有关联性。

结合二审法院判决书中的表述"且富力公司已持有上述商业房地产，并已相继出租部分房产获取租金等事实"，二审法院是明知富力公司持有的部分房产是未出租的，在此情形下，法院仅仅依据富力公司的审计报告、房屋评估表、资产负债表及利润表等证据就认为未出租的房产处于使用状态，依据《关于房产税、城镇土地使用税有关政策规定的通知》第 1 条判决富力公司应计征房产税明显证据不足。

思考三：导致企业经营成果的改变，会计信息诸要素发生变化，房地产开发企业开发的房产是否就不属于开发产品了？

富力公司作为一家房地产开发企业，在“开发产品”科目下核算的是未完工的商品房，在“产成品”科目下核算的是已完工的商品房，“开发产品”与“产成品”在资产负债表中都归在“存货”下。稽查局认为上述房产已作经营性房产处置使用，并导致企业经营成果的改变，会计信息诸要素发生变化，该房产已不再属于开发产品。

笔者认为，其一，事实上富力公司的部分房产未出租，根据会计准则的规定，富力公司未出租的房产是否能核算在投资性房地产下，作为投资性房产处理值得商榷，从稽查局提供的所有的证据也并不能支持该观点，此在思考一中已详细阐述；其二，导致企业经营成果的改变，会计信息诸要素发生变化，房地产开发企业开发的房产就不属于开发产品，这个观点有待进一步论证。

笔者举个例子，当存货贬值厉害，企业可以计提跌价准备会计分录如下：“借：资产减值损失；贷：存货跌价准备。”存货的贬值，企业计提存货减值，企业的经营成果改变了（即利润变化了，计提跌价准备后利润变小），会计信息诸要素发生变化（即资产、负债变化，计提跌价准备后存货账面价值变小了），那么按稽查局的观点，计提跌价准备后的存货就不是开发产品了，就不是存货了？那么请问，计提跌价准备后的存货是什么呢？

思考四：房地产未出租的部分按房产账面原值计征，有依据吗？

笔者研究了《房产税暂行条例》（国发〔1986〕90号）和重庆市人民政府《关于印发重庆市房产税实施细则的通知》这两个文件，这两个文件亦是本案稽查局下发的处理、处罚决定书中所依据和参考的文件。

《房产税暂行条例》第3条规定：“房产税依照房产原值一次减除10%至30%后的余值计算缴纳。具体减除幅度，由省、自治区、直辖市人民政府规定。没有房产原值作为依据的，由房产所在地税务机关参考同类房产核定。房产出租的，以房产租金收入为房产税的计税依据。”

《重庆市房产税实施细则》第4条规定：“房产税依照房产原值一次减除30%后的余值计算缴纳。房产原值包括以房屋为载体，不可随意移动的附属设备和配套设施。没有房产原值或原值明显不合理的，由当地税务机关按照房产的评估值进行核定。出租的房产，以房产租金收入为房产税的计税依据。租金明显偏低的，按照不低于以房产余值计算的房产税金额进行核定征收。”

重庆市地方税务局《关于房产税有关政策问题的通知》第 1 条规定：“纳税人的房屋出租的，应按租金收入计算缴纳房产税。纳税人的房屋部分出租、部分自用的，应分别计算缴纳出租部分和自用部分的房产税。自用部分的房产原值，按以下公式计算确定：自用部分的房产原值 = 自用部分的建筑面积 /（自用部分的建筑面积 + 出租部分的建筑面积）× 房产原值。”以上是针对部分出租、部分自用的情形进行详细规定，对自用部分，按建筑面积进行分摊，并按房产原值计征房产税。

本案中，稽查局认为因为部分未出租的房产核算在投资性房地产科目，且财务上做了公允价值变动损益处理，即视为使用就应计征房产税，并依据房产原值计征房产税。但稽查局这样的处理方式，是否得当呢？

首先，思考三中已经详细阐述了稽查局对本案未出租的房产不应计征房产税的原因；其次，即使本案未出租的房产计征房产税，也不应以房产原值为计征房产税的标准。

本案中，富力公司部分未出租的房产，没有租金收入，故不能以房产租金收入为房产税计税依据。租金偏低才会用房产余值计算计征房产税，富力公司部分未出租的房产，没有租金，也就谈不上租金偏低，故不能以房产余值为房产税计税依据。富力地产公司未出租的部分亦并没有自用的事实，笔者认为，稽查局以对未出租的房产以房产账面原值这一标准来计征房产税有待商榷。

思考五：以投资性房地产的会计准则来判定房产税征税问题是否合理？

会计准则是财务会计进行确认、计量、记录与报告的重要依据。而税法是规定某个交易或事项征不征税、如何征税，分属于两个不同的学科，两者边界相对清晰，各自有其自身运行的规则和体系。两者不能混同，更不可相互借用对方的运行规则，否则容易导致错误。

结合本案事实，稽查局提供的证据（前文所列的 7 项证据），对于未出租的房产，仅根据错误的账务处理就作为征税的依据，实在太过于牵强，更有甚者，粗暴地套用会计准则的规定作为判断是否涉税的依据，导致得出的结论缺失逻辑，同样也是错误的。

通过上述五点思考，笔者认为富力地产公司的案件，对已经出租的部分房产应计征房产税，对未出租的部分房产则不应计征房产税。

当税企出现争议时，笔者建议执法机关要严格遵守各个学科的界限，处理涉税问题应慎之又慎。在相关的法律、法规、规范性文件没有规定情况下，执法机关理应做出有利于纳税人的处理。税款的征收应走在法治化的路上，税务机关不能越位，更需归位。

四、错误观点

《房产税暂行条例》颁布于1986年9月15日，是我国目前房产税的主要征税依据。后期出台了一些规范性文件对其进行了细化和补充，在房地产实务中引发了很多争议。

国家税务总局《关于房产税、城镇土地使用税有关政策规定的通知》第1条规定："房地产开发企业开发的商品房在出售前，对房地产开发公司而言是一种产品，因此，对房地产开发企业建造的商品房，在售出前，不征收房产税；但对售出前房地产开发企业已使用或出租、出借的商品房应按规定征收房产税。"

该如何解释"已使用或出租、出借的商品房"，特别是如何理解和确认"已使用"这一概念，现实中争议颇大，观点较多。比较集中的几个观点如下：

（一）产权登记观点

该观点认为，只要房屋登记在房地产开发公司名下则视为房地产公司已经开始使用该房产，应依据规定计征房产税。

产权登记是《不动产登记暂行条例》中的概念，该条例第2条规定："不动产登记，是指不动产登记机构依法将不动产权利归属和其他法定事项记载于不动产登记簿的行为。本条例所称不动产，是指土地、海域以及房屋、林木等定着物。"不动产登记是为了保护权利人合法权益，实现物权保护的一种重要方式。

税法与行政法、民法属于统一法律体系中的不同部门法，遵循统一的法的基本价值和原则精神，但税法则表现出更多的独立性。在税法没有规定产权登记即为"房产已使用"的前提下，生搬硬套民法概念来解决税法的问题，犯了常识性逻辑混乱的错误。

碰巧，近日笔者的同事接到售楼处电话，通知其来领取办理个人产权证的必备资料。取来细看，是一本《中华人民共和国不动产产权证书》，该不动产权利人一项清晰写着"某房地产开发有限公司"。由此可见，在笔者同事去办个人不动产产权证之前，该房屋一直登记在房地产开发有限公司名下，房地产公司的每套房屋都是先登记在房地产公司的名下，然后再转到购买者名下。按产权登记说的观点，只要登记在房地产开发公司名下则视为使用，应计征房产税，房地产公司岂不是缴了冤枉税？在实务工作中，此情形应是无须缴纳房产税的。

可见，无论从法律的解释，还是实务的操作，“产权登记”的观点显然是站不住脚的。

（二）固定资产观点

该观点认为，根据《企业会计准则第4号——固定资产》第3条的规定：“固定资产，是指同时具有下列特征的有形资产：（一）为生产商品、提供劳务、出租或经营管理而持有的；（二）使用寿命超过一个会计年度。使用寿命，是指企业使用固定资产的预计期间，或者该固定资产所能生产产品或提供劳务的数量。”房地产开发企业将开发的商品房核算在“固定资产”科目下，则视同商品房已经使用，应予以征收房产税。

“固定资产”作为财务会计学科的概念，能否用会计准则来解释税法中的“已使用或出租、出借的商品房”？

笔者认为税会之间存在大量的差异，不能简单借用各自的概念，甚至套用对方的规定去解决自身的问题。在实际工作中，每年的企业所得税汇算清缴是财税人员头疼的一件事，因为税收和财务核算存在很多的差异。基于财务核算，税法要进行大量的纳税调整。税法和财务核算是两门不同的学科，有其各自运行的规范和调整内容，同时存在一定的联系，但各自又相互独立。且不说，在财务和税法之间不能直接借用概念，就算在税法不同税种的法规之间也不能混用规定，如用个人所得税法的股权转让的有关规定来研究企业所得税法的股权转让问题，是会闹出大笑话的。

不论房地产企业将商品房核算在存货下，还是记账在固定资产科目下，只是财务处理一种方式而已，核算在固定资产科目下与“已使用”并不能画等号。同时，笔者亦提醒大家，即使核算在存货科目下与“已使用”也同样不能画等号。

（三）投资性房地产观点

投资性房地产这一概念也来源于财务会计领域，《企业会计准则第3

号——投资性房地产》第2条对投资性房地产有着明确的定义：“投资性房地产，是指为赚取租金或资本增值，或两者兼有而持有的房地产。”接下来的第3条规范了投资性房地产的核算范围即已出租的土地使用权；持有并准备增值后转让的土地使用权；已出租的建筑物。

财政部、国家税务总局《关于房产税和车船使用税几个业务问题的解释与规定》第1条规定：“‘房产’是以房屋形态表现的财产。房屋是指有屋面和围护结构（有墙或两边有柱），能够遮风避雨，可供人们在其中生产、工作、学习、娱乐、居住或储藏物资的场所。”

房产税中的房产与投资性房地产的房产可能形成交集的只能是“已出租的建筑物”，其中已出租这个前置性条件尤为重要，这在富力税案中已经得到充分的体现。故处理税务问题切不可只见会计分录，不见税收事实，以免犯错误。

征收房产税，理应从房产税的相关法律、法规、规范性文件中寻找“已使用”的依据，如寻求不到相关的文件支持其观点时，笔者认为只能从字词的文义解释去理解和把握。如果房产用于出租的，应结合租赁协议、租金收取的情况研究；如果房产用于自用，结合装修、水电等情况进行讨论，这样才能更好地解决税企争议，一味地把账务处理作为唯一判断标准，可能会犯经验主义和教条主义错误。

关于逃税罪处罚阻却性事由的若干思考

张　旭*

摘　要 ▶《刑法》第201条第4款规定了对逃税罪不予追究刑事责任的情形，即处罚阻却性事由。本文从刑法角度，以演员范某某逃税一案为切入，分析逃税罪处罚阻却事由的认定标准及适用条件。通过比较国外的类似情形下的不同规定，结合我国税务实践和司法实践中的问题，对逃税罪处罚阻却性事由进行分析并提出完善建议。

关键词 ▶ 逃税罪　阻却性事由　司法认定

一、引言

2018年6月，群众举报演员范某某"阴阳合同"涉税问题，经税务机关调查，范某某在电影《大轰炸》剧组拍摄过程中实际取得片酬3000万元，其中1000万元已经申报纳税，其余2000万元以拆分合同方式偷逃个人所得税618万元，少缴营业税及附加112万元，合计730万元。此外，还查出范某某及其担任法定代表人的企业少缴税款2.48亿元，其中偷逃税款1.34亿元。①2018年9月30日，税务机关依法向范某某下达《税务处理决定书》和《税务行政处罚决定书》，要求其将追缴的税款、滞纳金、罚款在收到上述处理处罚决定后在规定期限内缴清。税务机关认为，依据《刑法》第201条第4款的规定，由于范某某属于首次被税务机关按偷税予以行政处罚且此前未因逃避缴纳税款受过刑事处罚，上述定性为偷税的税款、滞纳金、罚款在税务机关下达追缴通知后在规定期限内缴纳的，依法不予追究刑事责任。超过规定期限不缴纳税款和滞

---

* 作者单位：江苏省高级人民法院。

① http: //www.jsgs.gov.cn/art/2018/10/3/art_5527_195298。

纳金、不接受行政处罚的，税务机关将依法移送公安机关处理。

对于《刑法》第 201 条第 4 款的规定，张明楷教授认为，其内容实际上是对已经成立的犯罪阻止发动刑罚权的事由，即处罚阻却事由，属于消极的客观处罚条件。① 处罚阻却事由并非是犯罪构成要件的内容，而是基于一定的政策理由所设立的，对某种犯罪行为不予处罚的条件。换言之，对于范某某的逃税行为不能简单地认定其不构成逃税罪，实际上只要其行为符合《刑法》第 201 条第 1 款的规定，并且同时具备其他责任要素，逃税罪就已经成立，只是此时刑罚权还不能直接发动。因为即使该逃税行为符合了逃税罪的犯罪构成，但只要具备《刑法》第 201 条第 4 款规定的处罚阻却事由的，也不能追究行为人的刑事责任。行为人并非不构成犯罪，只是由于处罚阻却事由的存在，在满足法定的条件下对其不予处罚而已。因此，对于处罚阻却事由，可以将其表述为对已经成立的犯罪不予追究刑事责任的事由。

二、逃税罪处罚阻却事由在实践中的认定与适用

《刑法》第 201 条第 4 款规定："有第一款行为，经税务机关依法下达追缴通知后，补缴应纳税款，缴纳滞纳金，已受行政处罚的，不予追究刑事责任；但是，五年内因逃避缴纳税款受过刑事处罚或者被税务机关给予二次以上行政处罚的除外。"该条文非常之明确，但涉及司法领域和税务领域的交叉，在具体实践中存在着一些分歧。

（一）对"已受行政处罚"的理解

"已受行政处罚"是否应该是已生效的行政处罚，在具体认定上有不同的观点。有观点认为，只要税务机关作出了行政处罚，无论是否被处罚人接受，都应该构成"已受行政处罚"。理由是被处罚人有权对税务机关作出的行政处罚申请行政复议、提起行政诉讼，此时将之视为未接受行政处罚的话，行为人就需要因为逃税罪追究刑事责任，这无疑是剥夺了行为人的权利。② 另一种观点认为，行政处罚应该是已经生效的行政处罚。理由是刑法规定的是经税务机关"依法"下达追缴通知，如果税务机关所下达的追缴通知并不合法，行为人

① 张明楷：《逃税罪的处罚阻却事由》，载《法律适用》2011 年第 8 期。

② 毛海荣、黄冬艳：《〈刑法修正案（七）〉对偷税犯罪影响之探究》，载《上海公安高等专科学校学报》2010 年第 3 期。

不按照该通知补缴应纳税款，缴纳滞纳金，接受行政处罚的，不能成为否定处罚阻却事由的根据。[①] 笔者认同第二种观点。税法具有其特殊性，不能简单地用行政法的思维来衡量。行政处罚是否生效对于行政处罚本身的性质没有影响，依据《税收征收管理法》的规定，即便纳税人有异议需要申请行政复议、提起行政诉讼，也需要先缴纳税款及滞纳金，接受处罚后才能进入行政复议程序，对行政复议决定不服的，才可以向法院提起行政诉讼。因此，纳税人先依照税务机关的纳税决定缴纳或者解缴税款及滞纳金或者提供的担保，然后申请行政复议、提起行政诉讼的，如果行政复议、行政诉讼未能推翻行政处罚，行政处罚生效，应当认定为“已受行政处罚”；如果通过行政复议、行政诉讼确认原行政处罚不合法的，其行为不构成逃税罪，也就无所谓处罚阻却事由了。如果纳税人以异议为由拒绝接受处罚，当然不能认定为“已受行政处罚”。

“已受行政处罚”的期限要求。税务机关在下达行政处罚决定时往往会要求纳税人在规定的时限内补缴应纳税款、滞纳金、罚款等。若纳税人在规定的时间内未能缴纳行政处罚规定的款项，在税务机关将其移送公安机关进入司法程序后又缴纳的，是否应当认定为“已受行政处罚”，对此存在不同的观点。笔者认为，纳税人无正当理由超出规定期限的，应视为未接受行政处罚。即便在期限外按照行政处罚补缴了相应的款项，也应该进入刑事司法程序追究刑事责任。如果因此就停止刑事司法程序，会大大损害司法权威，助长行为人的侥幸心理，起不到教育作用。所以，在进入刑事司法程序后再接受行政处罚的，不构成处罚阻却事由，仍然应该追究行为人的刑事责任。至于行为人在进入刑事司法程序后缴纳应纳税款、滞纳金和罚款的行为，可以作为从轻处罚的量刑情节进行考虑。

处罚阻却事由是否适用于扣缴义务人。有人认为，处罚阻却事由应当适用于扣缴义务人，理由是对于《刑法》第201条第2款规定的“扣缴义务人采取前款所列手段”，应当将之理解为第1款所列手段的延伸。对于该观点，笔者有不同的看法，扣缴义务人作为税务机关和纳税人的中介，相较于纳税人，其主体不同、行为不同，法定义务亦有所区别。扣缴义务人负责代扣代缴税款，其没有纳税义务，只有代扣代缴义务。扣缴义务人的逃税行为，实质是将纳税

① 林雄：《新设立逃避缴纳税款罪研究》，载《中国法学会财税法学研究会2009年年会暨第十一届海峡两岸财税法学术研讨会论文集（下）》。

人已经缴纳的税款予以侵吞，其性质相较于纳税人逃避缴纳税款更为恶劣。另外,《刑法》第201条第4款将不予追究刑事责任的情形明确限制为“有第一款行为”，而扣缴义务人逃税系《刑法》第201条第2款规定的行为。因此，扣缴义务人的逃税行为不适用逃税罪的处罚阻却事由。

（二）处罚阻却事由的排除性规定

《刑法》第201条第4款规定了不适用处罚阻却事由的情形，即“五年内因逃避缴纳税款受过刑事处罚或者被税务机关给予二次以上行政处罚的除外”，我们将其称之为处罚阻却事由的排除性规定。

对“五年内”的认定。目前，我国法律对于“五年内”从何时开始起算并没有明确的规定。有人认为，应当从前次逃税受到的刑事处罚或者行政处罚执行完毕之日起计算；也有观点认为应当从刑事判决或者行政处罚决定书生效之日起计算。笔者认为，对于“五年内”的起算点和结算点，可以根据不同的情形来分析。当前次逃避缴纳税款所受的是刑事处罚时，应当将逃税罪的“五年内”规定和累犯的“五年内”规定相协调，从刑事处罚完毕之日起计算。当前次逃避缴纳税款所受的是行政处罚，应充分考虑纳税人在受到行政处罚后可能会申请行政复议、提起行政诉讼等情形，在其穷尽法律救济手段后仍然维持原行政处罚决定的，应当从行政处罚执行完毕之日起计算。

对“受过刑事处罚”的认定。主要的问题在于，宣告有罪但没有收到主刑或者附加刑处罚的，是否认定为受过刑事处罚。笔者认为，刑事处罚不等同于刑罚处罚，单纯宣告有罪的也应当认定为“受过刑事处罚”。如果纳税人的逃税行为被人民检察院作不起诉处理的，则不认定为“受过刑事处罚”。

对“二次以上行政处罚”的认定。笔者认为，这里的“二次以上”不包含本数，换言之，为三次及三次以上。如果纳税人仅受过一次行政处罚就否认处罚阻却事由的成立，显然与“受过刑事处罚”不相协调,《刑法》第201条第4款规定的“受过刑事处罚”和“受过二次以上行政处罚”在次数上也就没有区别了。

三、完善逃税罪处罚阻却事由的思考

（一）完善处罚阻却事由的适用条件

处罚阻却事由的成立与否，关系着是否追究逃税罪的刑事责任。在税务实践中，税务部门在对逃税案件的处理上，具有相当程度的自由裁量权。而行为人为逃避刑事处罚，势必会想方设法使自己满足不予追究刑事责任的条件。一旦税务机关和司法机关衔接不畅，将产生权力寻租、税罪设置虚化、行政权向司法权扩张等诸多问题。美国主要通过“主动披露政策”来实现对纳税人不予追究刑事责任。具体而言，满足以下条件的主动披露行为将不会被提起诉讼：（1）行为人的所有收入均为合法收入；（2）在事调查程序启动之前，向联邦税务局如实告知未申报税款的事实；（3）真诚地与税务机关合作，并递交真实申报书以确定应纳税额；（4）补缴所有的应纳税款。[①] 我国刑法对于逃税罪不予追究刑事责任的规定较为宽松，纳税人若在5年内没有因逃避缴纳税款受过刑事处罚或者被税务机关给予二次以上行政处罚，即便逃税行为被发现后，只要依照行政处罚决定补缴税款、罚款及滞纳金，就不会受到刑事追究，至于纳税人是否具有悔过表现，则不被纳入考虑范畴。处罚阻却事由对于逃税的数额没有进行限制，纳税人逃税数额特别巨大，却未被追究刑事责任的情况比比皆是。即使纳税人被税务机关调查，往往也很难将其所有的逃税数额完全查清。在此情况下，纳税人只需要就查出部分的逃税数额补缴税款并接受行政处罚，就可以免于刑事追究。因此，对于上述问题，笔者提出以下建议：增加主动悔过、如实交代条款，在纳税人被税务机关查处后，应如实交代所有逃税数额，一旦被发现有欺骗或者隐瞒的情形，将丧失适用处罚阻却事由的资格；增加对逃税数额的限制，一旦纳税人逃税的数额超过法定的标准，将丧失适用处罚阻却事由的资格。

（二）严格移送程序

目前，行政执法和刑事司法在衔接上存在着移送率偏低的问题，违法阻却事由使用率偏高。以山东省为例，笔者通过Alpha案例库对山东省各级人民法院自2011年1月1日至2018年11月12日的逃税罪案件进行检索，全省仅有逃税罪案件39件。之所以出现移送率偏低问题，一方面是因为涉税案件的当事人多为企业的法定代表人、实际控制人或者股东，其财力相对较好，一旦被追诉，一般会尽量补缴税款、罚款等，使自己符合不予刑事处罚的条件，有人甚至会贿赂司法工作人员，以取得有利判决。另一方面，涉税案件侵犯

---

① 刘荣：《美国逃税罪刑事法网之介评及启示》，载《中国刑事法杂志》2010年第12期。

的客体是税收征收管理制度，并无具体的受害人，司法机关没有严厉处罚的压力。另外，由于涉税案件往往牵扯较广，甚至有的逃税行为和政府未兑现返税承诺有关联性。地方政府基于地方财政考虑，往往会给税务部门施压，使其不移送；有的地方甚至规定税务部门在移送逃税案件之前需得到政府的批准，使得实践中涉税犯罪案件的移送率不高。

针对上述问题，笔者认为，其一，目前涉税案件的移送主要依据《行政处罚法》《税收征收管理法》以及其他相关规定，上述规范依据在移送相关规定上过于抽象，缺乏可操作性和针对性。因此，应当及时修订《税收征收管理法》，对移送程序作出有针对性和操作性的规定。其二，追究刑事责任与否，涉及司法权行使，是否适用违法阻却事由、对纳税人是否追究刑事责任，这一判断理应由司法机关做出。因此，应当尽快建立健全税务机关和公安机关、检察机关、人民法院的协作机制，构建税收行政执法与刑事司法信息共享平台，促进相关部门之间的信息共享与协作联动。如果税务行政部门能够将税务行政执法过程中所收集的涉税案件信息全部录入，而不是事后录入或者是选择性地录入信息共享平台之中，则公安机关、检察机关以及法院就能够迅速及时有效地获取案件信息，判断案件性质，减少和避免冤假错案的发生。其三，充分发挥监察制度优势，加强对涉税案件的监督。对于税务部门，着力监督其移送是否及时，是否存在对已经构成逃税犯罪的案件应当移送而不移送、以罚代刑的行为，以及是否存在干预税务执法的行为。对于公安机关，着力监督其是否存在应当立案而不立案，立案是否及时，以及侦查程序是否合法等。

逃税罪的违法阻却事由，是立法者充分考虑到国家税收征收管理的实际现状及实践中的客观需要而设立的，其本意是为逃税行为人提供激励机制，使其主动补缴税款、罚款及滞纳金，从而免于刑事追责。然而从演员范某某“税收门”事件的公众反映来看，该条款反而成了部分人逃税却不承担刑事责任的法定理由、护身利器。逃税罪的立法只有与我国不断更新的税法制度、不断发展的社会经济形势相适应，才能更加充分地体现逃税罪设置的立法目的，才能更加切实地贯彻执行国家税收征管制度，保质保量地完成国家的税收任务。

企业破产程序中的税收问题刍议

顾冶青*

摘　要 ▶ 企业破产不可避免地产生税收问题。我国《企业破产法》与《税收征收管理法》（以下简称《税收征管法》）在立法宗旨、程序设定和实体规定上存在众多分歧，导致破产实务困难重重。本文从破产法与税法的双重法律视角出发，梳理现行法律的规定，分析现实障碍的根源，提出应当通过理念的转变为导向，提倡以社会公共利益最大化为原则，明确税收债权的定义、种类和清偿顺位，对现有制度体系进行有效完善。

关键词 ▶ 破产法　税收征管　税收优先权

一、问题的提出：破产管理与税收管理的现实冲突

企业破产所涉及的税收问题众多，不仅包括破产受理前的欠缴税费的处理，还包括破产程序中继续经营的税费缴纳、重整程序中税收优惠的落实；不仅包括税收债权具体范围确认等实体法问题，还包括税务机关参加债权申报、债权人会议等程序性问题；不仅包括破产财产处置时候可能涉及的增值税、土地增值税、契税、营业税、城市维护建设税等在内的流转税和所得税，对于重整企业，还很可能会发生房产税、城镇土地使用税、耕地占有税等税收以及因重整程序中对债务进行豁免而发生的所得税。

实务中破产管理与税收管理矛盾重重。绝大多数的债务人企业，在进入破产程序前就普遍存在经营异常、财务负责人离岗、财务资料不全、逾期申报或欠税不交等情况，或因存在其他违法违规情况，早已成为税务机关拉黑的“非

* 作者单位：江苏致邦律师事务所。

正常户”，无法正常办理涉税事项。而在法院裁定受理破产之后，部分税务机关因缺乏对破产程序的了解，消极参与破产程序，但在财产处置或分配的关键时刻积极主张优先清偿税收债权，导致破产进程停滞。另外，存在重整希望的企业，也经常遭遇无法恢复正常户身份、不能开具发票的现实问题，而重整计划中债务豁免所产生的高额所得税能否依法减免，更是直接决定企业生死之关键。

妥善处理税收债权是破产管理工作中至关重要的内容，一旦处理不当，则可能使得破产进程深陷泥潭。如何正确处理破产管理和税收管理的现实冲突，化干戈为玉帛，完善和健全破产程序中的税收制度，是破产法学术界和实务界面临的十分迫切的任务。本文将从破产法与税法的双重法律视角出发，通过梳理现行法律的规定，分析现实障碍的根源。笔者认为，在当前情况下，应当以税收法治理念的转变为导向，坚持以“社会公共利益最大化”为原则，明确界定破产程序中税收债权的定义、种类和清偿顺位，逐步完成对现有体系的有效完善。

二、困境的根源：立法宗旨、条文规定、具体执行的分歧

就破产实务中涉税问题的种种困境，无论是税法学者还是破产法学者均十分重视，学界多有论述。综合各家研究，笔者认为当前困境的根源主要是由以下原因所导致：

第一，立法宗旨的“公私分明”。我国《企业破产法》第 1 条规定了其立法宗旨为“规范企业破产程序，公平清理债权债务，保护债权人和债务人的合法权益，维护社会主义市场经济秩序”，而《税收征管法》的第 1 条则同样明确了其立法宗旨为“加强税收征收管理，规范税收征收和缴纳行为，保障国家税收收入，保护纳税人的合法权益，促进经济和社会发展”。相较两者，可以明显发现破产法强调的是破产程序中“权利”的公平，而税法讲的是征收中税收“权力”的保障。立法理念上公私分明，难以兼容，必然导致实践中公法与私法法律关系衔接的困难。

第二，条文规定的“针锋相对”。我国税收法律规定与破产法律规定，因立法目的、立法背景、社会发展等综合因素，各有体系，难以统一。例如，就税收债权范围的界定，国家税务总局《关于进一步加强欠税管理工作的通知》（国税发〔2004〕66 号）第 3 条规定，对 2001 年 5 月 1 日后发生的欠税，税务机关应按照征管法的有关规定核算和加收滞纳金。纳税人缴纳欠税时，必须以配比办法同时清缴税金和相应的滞纳金，不得将欠税和滞纳金分离处理。按此

规定，税收滞纳金与税金不可分割，应属于同一类。但根据最高人民法院《关于税务机关就破产企业欠缴税款产生的滞纳金提起债权确认之诉应否受理问题的批复》（法释〔2012〕9号），明确在破产程序中破产企业在破产案件受理前因欠缴税款产生的滞纳金属于普通破产债权。又例如，就税收债权与有财产担保的债权的优先顺位，《企业破产法》与《税收征管法》的规定存在冲突。按照《企业破产法》的规定，设定有财产担保的特定财产不属于破产财产，优先于税收债权。但根据《税收征管法》的规定，税收债权与有财产担保的债权谁者优先，需要根据设定担保时间与纳税义务发生的时间先后来确定。再例如，就税收滞纳金的计算起止日期，最高人民法院《关于税务机关就破产企业欠缴税款产生的滞纳金提起债权确认之诉应否受理问题的批复》规定应计算至受理日，但《税收征管法》第32条规定的滞纳金不属于民事权益，税务机关无权自行放弃，依法应计算至实际纳税之日。

第三，具体执行的"步履维艰"。由于法律规定的权利义务不一致，主导破产实务的司法部门与主管税收的税务机关之间，就具体实务的办理标准不一。例如，就税收债权的申报，目前就税务机关应主动申报已无异议，但因破产企业普遍不能提供纳税申报的必要材料，税务机关难以明确欠税金额，无法完成债权申报，而相应的管理人或法院更无法确认欠税金额，如何执行，并无定论。又例如，企业破产法虽然给予了税务机关在重整程序中的表决权，但因为税务机关无法自行增减税金，故一般均选择缺席或直接否决议案，导致重整实施障碍重重。再例如，企业破产法规定管理人应在破产程序终结之日起10日内，持人民法院终结破产程序的裁定，向破产人的原登记机关办理注销登记。但现实中，按照《税务登记管理办法》第31条规定，办理税务注销的前提是必须结清应纳税款，就此，2017年工商总局发布了《关于全面推进企业简易注销登记改革的指导意见》，规定了管理人或清算组可以持人民法院的终结裁定办理工商注销登记，似乎解决了企业注销的难题。但2018年1月，工商总局和税务总局又联合发布《关于加强信息共享和联合监管的通知》，税务机关对于申请简易注销的企业可以提出异议，至此，破产企业的注销依然难以跳脱税务环节，税务机关依然可以采取异议的方式停止企业的注销程序。

三、立法的融合：以利益平衡保护原则为导向

剖析破产程序中的税收问题，应当从破产法和税法的立法理念层面入手，

逐步寻其根源。弥合破产管理和税收管理的分歧，应当以两法的共同价值追求为抓手，逐步谋其出路。

从世界各国破产法发展的情况上看，大致可以分为三个阶段。早期的破产法倾向于对债权人的充分救济，忽视债务人的权益。随着社会的进步，人们逐渐开始关注债务人的处境，发现对于债务人的过度漠视，实际上也可能间接侵害债权人的利益，因此法律中逐渐出现了保护债务人利益的规定。而随着经济生活快速发展，社会化程度空前提高，人们又不得不将视野扩展至更广阔的社会背景中，认识到某个破产事件不能简单认定为某个企业本身或某个投资人的问题，从社会经济而言，破产与社会大众的利益是紧密不可分割的。故而破产法立法理念再次出现突破，关注债权人或债务人的狭隘立场发生了改变，经济秩序、交易安全等涉及社会公益的问题被纳入破产法考虑的范畴，破产法演变为众多利益相关者的平衡协调器。①

我国现行《企业破产法》是自 2007 年 6 月 1 日起施行。新破产法的制定是以社会主义市场经济规律为立法基点，借鉴各国或地区立法的有益经验，结合中国国情而成。新破产法对旧法的立法宗旨进行了重大改变，对破产程序中各主体的权利义务进行了重新规制，剔除了原有的“政策性破产”等违背法律基本原则的内容，强调了破产法的立法目的就是保护债权人和债务人的合法权益，表明其贯彻的是市场经济理念。② 新《企业破产法》中有关法院“中立地位”的角色设置，管理人对破产程序的主导，体现了新时代的破产法对债权人、债务人和社会公共利益的平衡保护。

与此相对应的，我国税法也正经历着立法理念的激烈变革。我国的《税收征管法》最初颁行于分税制财政管理体制改革之前。2001 年进行了第一次大规模修订，虽其后也进行了几次小幅度的修正，仍无法完全回应税收征收现代化的制度诉求。

传统的税收征管制度侧重于保护国家的税收利益，由税务机关主导税收征管全过程。而现代税收征管制度应当实行税务机关、纳税人和相关第三方协同共治。税收取之于民，用之于民，均衡保护国家和纳税人的主张，既要强调实

① 张世君:《新破产法的嬗变与超越——从理念到制度的展开》，载《首都经济贸易大学学报》2007 年第 1 期。

② 王欣新:《论新〈破产法〉立法宗旨的创新》，载《中国商法》2007 年第 1 期。

现税收收入的基本职能、为国民提供优质公共服务，也要保证税务机关不侵害纳税人的权益。①

相较其上我国破产法和税收征管法的发展情况，可以发现，两法虽然目前存在不能协调之处，但从发展的趋势来看，两者追求的目标趋同，并不存在本质冲突，完全可以通过立法的融合来消弭冲突。

四、概念的明晰：破产程序中税收债权的内涵

在德国学者奥托·迈耶为代表的传统行政法学时期，税收法律关系被认为是一种以行政权力为中心所构成的权利服从关系，税收是一种以国家为主体所进行的单向度的分配活动，国家和纳税人间的权利义务关系处于失衡状态，税收具有强烈的公法特性。

随着纳税人权益保护理论的兴起，该学说逐步被税收债权债务关系学说替代。将税收征管的关系定义为法律上的债权债务关系，是税收之债的核心理论。

税收之债是指作为税收债权人的国家或地方政府得请求作为税收债务人的纳税人履行缴纳税款这一金钱给付义务的法律关系。税收征纳双方是平等、互惠的关系。税收债权是一种以税收利益为内容的实质性权利，而征税权则是一种作为实现税收债权的手段的技术的权利，税收之债的发生、变更和消灭不以税务机关的行政行为而转移。

具体而言，破产程序中税收债权是破产程序开始前所形成的税收债权，实现税收债权应遵循破产法的规定，表现为债务人在破产程序开始前应缴而未缴的税款所形成的税收请求权。而在破产程序开始后形成的税收债权应属于破产费用，不应属于税收债权。

另外，税收罚款作为一种行政处罚，不属于税收之债的范围。债务人企业已资不抵债，不能清偿到期债务，若将具有惩戒性的罚金计入税收债权，则事实上并没有处罚债务人，而是变相处罚了其他债权人，有违公平。

笔者认为，破产程序中税收债权之所以享有一定的优先权，其核心基础在于税收制度体现的公益性，而非来源于法律对国家债权的优先保护。国家机器正常运作，为社会全体成员提供公共产品和服务，离不开资金的支撑，而税金

① 叶姗:《中国税收征管法的重塑与再造》，载《中国法律评论》2018 年第 6 期。

显然是国家收入最为重要的来源，在破产程序中也不应随意流失。

但税收的公益性是随着不同情况发生变化的，在破产程序中，除了考虑债务人、担保债权人、普通债权人、职工债权人等多方利益主体，还应当考虑企业破产对于社会经济、产业发展、社会稳定等各方面的综合因素。税务机关相较其他债权人，由于其享有的强势地位，在信息、手段上均有其他债权人无法望其项背的优势。

故破产管理中实现的税收利益，不能仅仅着眼于收回税金本身，而是应当追求均衡利益的最优化，增进社会分配的公平，减少社会公益的损失。若当企业已经陷入资不抵债的情形，税务机关若仍坚持原有理念不改变，凭借税收强权凌驾于破产法规定之上，未免有与民争利之嫌。

以上关于破产程序中的税收问题的粗浅认知，仅属于从事破产管理实务的笔者的个人体会。破产法是一个综合性的法学领域，我国新《企业破产法》自颁发实行以来已逾十年，期待我国破产法学术和实务的不断进步，有中国特色的破产制度早日建成。

浅议国地税合并及完善路径

刘红雨 *

摘　要 ▶ 国地税分设凸显出很多弊端，纳税人的纳税成本增加，税收征管的效率也没有达到很好的效果，并且在一定程度上阻碍了我国税务机构的发展。根据我国目前的经济形势，国务院提出了“改革国税地税征管体制”的方案。本文根据国地税合并后的问题进行了深入的研究思考，并提出一些建议。

关键词 ▶ 国地税合并　征管体系　完善路径

2018 年 3 月 21 日公布的《深化党和国家机构改革方案》规定，改革国税地税征管体制，将省级和省级以下国税地税机构合并，具体承担所辖区域内各项税收、非税收入征管等职责。将基本养老、医疗、失业等社会保险费交由税务部门统一征收，并实行以国家税务总局为主与省（自治区、直辖市）政府双重领导管理体制。此次改革将对我国的经济发展起到良好的促进作用，是新时代背景下征管体制的一次优化调整，象征着分税制将从 1.0 版进阶到 2.0 版。但是，国地税合并也将面临一些困难，亟待解决和完善。

一、国地税合并概述

（一）国地税合并

2018 年 7 月 20 日，中共中央办公厅、国务院办公厅印发了《国税地税征管体制改革方案》（以下简称《改革方案》）。国税地税征管体制改革是以习近平同志为核心的党中央着眼全局作出的重大决策。《改革方案》认真贯彻落实

* 作者单位：江苏省泗阳县人民检察院。

党中央、国务院决策部署，是保证国税地税征管体制改革平稳有序推进的指导性文件。《改革方案》明确了国税地税征管体制改革的指导思想、基本原则和主要目标，提出了改革的主要任务及实施步骤、保障措施，并就抓好组织实施提出工作要求。《改革方案》强调全面贯彻党的十九大和十九届二中、三中全会精神，以习近平新时代中国特色社会主义思想为指导，以加强党的全面领导为统领，改革国税地税征管体制，合并省级和省级以下国税地税机构，划转社会保险费和非税收入征管职责，构建优化高效统一的税收征管体系，为高质量推进新时代税收现代化提供有力制度保证，更好发挥税收在国家治理中的基础性、支柱性、保障性作用，更好服务决胜全面建成小康社会、开启全面建设社会主义现代化国家新征程、实现中华民族伟大复兴的中国梦。

（二）国地税合并的原则

《改革方案》提出了国税地税征管体制改革的 4 条原则，即：坚持党的全面领导。坚决维护习近平总书记的核心地位，坚决维护以习近平同志为核心的党中央权威和集中统一领导，把加强党的全面领导贯穿国税地税征管体制改革各方面和全过程，确保改革始终沿着正确方向推进。坚持为民便民利民。以纳税人和缴费人为中心，推进办税和缴费便利化改革，从根本上解决“两头跑”“两头查”等问题，切实维护纳税人和缴费人合法权益，降低纳税和缴费成本，促进优化营商环境，建设人民满意的服务型税务机关，使人民有更多获得感。坚持优化高效统一。调整优化税务机构职能和资源配置，增强政策透明度和执法统一性，统一税收、社会保险费、非税收入征管服务标准，促进现代化经济体系建设和经济高质量发展。坚持依法协同稳妥。深入贯彻全面依法治国要求，坚持改革和法治相统一、相促进，更好发挥中央和地方两个积极性，实现国税地税机构事合、人合、力合、心合，做到干部队伍稳定、职责平稳划转、工作稳妥推进、社会效应良好。

（三）国地税合并的具体要求

《改革方案》对税务部门领导管理体制作了规定，明确国税地税机构合并后实行以税务总局为主、与省区市党委和政府双重领导的管理体制，并着眼建立健全职责清晰、运行顺畅、保障有力的制度机制，在干部管理、机构编制管理、业务和收入管理、构建税收共治格局、服务经济社会发展等方面提出了具体要求，明晰了税务总局及各级税务部门与地方党委和政府在税收工作中的职责分工，有利于进一步加强对税收工作的统一管理，理顺统一税制和分级财政的关系，充分调动中央和地方两个积极性。《改革方案》还就完成新税务机构挂牌、制定新税务机构“三定”规定、开展社会保险费和非税收入征管职责划转、推进税费业务和信息系统整合优化、强化经费保障和资产管理、清理修改相关法律法规等重点改革任务进行了具体部署，并明确了相关保障措施。要求各省、市县税务局按期逐级分步完成集中办公、新机构挂牌并以新机构名义开展工作。从严从紧控制机构数量，进一步优化各层级税务组织体系和征管职责，完善结构布局和力量配置，做到机构设置科学、职能职责清晰、资源配置合理。同时，明确从2019年1月1日起，将基本养老保险费、基本医疗保险费、失业保险费、工伤保险费、生育保险费等各项社会保险费交由税务部门统一征收。按照便民、高效的原则，合理确定非税收入征管职责划转到税务部门的范围，对依法保留、适宜划转的非税收入项目成熟一批划转一批，逐步推进。要求整合纳税服务和税收征管等方面业务，优化完善税收和缴费管理信息系统，更好便利纳税人和缴费人。

二、国地税合并的现实价值

实施国地税合并不仅是税务系统内部的改革，更是对国家分税制财政管理体制的改革及完善，将对我国的经济发展产生深远影响。

（一）增强政府的行政效率和服务质量

自全面“营改增”之后，国税局的业务量和工作强度明显加大，而地税局的业务范围减少。国地税合并后，新税收征管体系可以对人员进行更好的配置，提高税收征管和纳税服务的整体质效，相应的行政配套设施、办公经费、人员费用都将减少，有利于发挥规模效益。通过整合原有的税务机构网络，加快构建统一的税收电子信息系统，将进一步扩大信息资源共享范围。这些举措的实施不仅有利于优化征管资源配置，提高资源利用率，实现征管互助、信息共享，还有利于减轻税务机关办税负担，增强政府的行政效率和服务质量。

（二）降低纳税人的遵从成本

推进国税、地税合并，主要任务就是要优化资源配置，拓宽纳税服务领域，解决纳税人关心的焦点问题。合并前，纳税人有时要国税、地税两头跑并重复报送涉税资料。合并后，纳税人只需接受一家税务局的征收管理、纳税服务，可以百分百实现办税事项“最多跑一次”和“全程网上办”等举措，实现全国范围内的办税服务厅一厅通办所有税收业务，办税更加方便，减少了纳税人的纳税成本，有利于改善营商环境，让纳税人真正分享国税、地税合并带来的红利，减少办税时间、简化办税流程，增强纳税人获得感。

（三）为合理扩大地方税权提供新机遇

中共十九届三中全会公报要求，赋予省级及以下机构更多自主权，增强地方治理能力。因此，我国应利用好国地税机构合并这一契机，在以中央统一立法为核心的前提下，合理扩大地方税权，以地方专享税为对象，在税目、税率、税收优惠的确定方面赋予省级政府适当的税收管理权限。这不仅有利于提高地方政府培育财源的主动性，而且有利于政府治理能力的增强。

（四）为提高税收征管水平提供了新的体制机制保障

税制改革在很大程度上取决于税收征管水平，其中，直接税的改革一直是税制改革的重点和难点。我国应牢牢抓住国地税合并这一机遇，促进税收征管方向转变，从当前的间接税为主转变为直接税与间接税并重、从主要面向企业纳税人向个人纳税人与企业纳税人并重转变，为深化财税体制改革创造更有利的条件。

三、国地税合并存在的问题

（一）在职人员分流问题

在数据搜集及分析中发现，2000 年我国的税务机构共有 40 万多名工作人员，其中，30 岁以下的正式员工就有 20 万人以上，职工人员普遍年轻化。在 2011 年，全国的国税各级系统人员达到 46 万人，地税的各级系统人数为 39 万人。截止到 2016 年，地税在职人员总数接近 80 万人。如此庞大的人员队伍，在国家税务局与地方税务局合并后，会出现一定的人员分流及人员富余的问题。

（二）征管制度需要完善

在国地税分设时期，国地税往往都出于自己部门的利益考虑，建立自己部门的税收管理系统，国地税税种繁多，对于统一考量事项存在不同的管理标准，从而导致计税依据不同，所达到的效果不同，因此在合并之后要及时完善税收的征管制度。

（三）存在一定执法风险

在合并之时，各职能部门忙于资源整合以及人员配置等问题，监管力度没有及时完善与补充，可能给不法分子可乘之机，出现造假等事件的发生。

四、国地税合并后的建议

（一）建立健全的征管制度

法律制度是根本基础，税收是国家财政收入的主要来源，而完整的税收法律制度是税务机关有效合理开展工作的保证，是提高国家经济收入的根本，可以有效地调节国民收入再分配问题，提高国家的经济收入与宏观调控能力。国地税机构合并初期，地税局划归国税系统，省级以下统称税务局，实行垂直管理，并制定和完善税务体系及征管法，将各个职能权限及人员规章制度以要式的形式进行规定，从而实现职责，机构和人员管理法定化和法治化，充分发挥我国法律制度的规范作用和监督作用，并且进一步规定我国税务行政程序，规范税务部门行政行为基本的程序。同时，合理完善税务内部的相关管理问题，完善上下级之间的领导制度与监督制度。调节政府及税务机关的工作来往，解决税务部门与其他部门的纠纷问题，完善转移支付制度，合理保障中央与地方的整体利益。并且加大税法宣传力度，提高全体公民的税收法律意识与观念，提高税法的权威与法律效力，同时加大对税务违法行为的处罚制度。

（二）有效整合国地税信息资源

税收改革就是要实现资源的合理化配置，实现税收管理的合理性、专业化、精细化、网络化。国地税合并必然整合资源，优化配置。根据国地税合并的信息化的需求，应当统一进行管理标准，应该建立统一的电子税收信息系统，统一对接外部信息。一是整合软件资源，统一信息系统，目前国地税各自的税收系统达到好几百种，并且标准不同，相互之间难以兼容，无法达到信息的合理整合与共享。现今应该对税收系统进行完善，进一步拓展各项职能，以便达到信息的沟通与交流。二是做好各种文件的归集、整理与合并，并根据不同的税种，给予不同的分类，达到信息的精简统一。

（三）优化人员配置

人是生产中具有决定性的力量，现代服务中更是提倡“以人为本”的理念，在国家税务局与地方税务局合并以后更应该注重人员的建设。第一，认真做好人员安置工作，合理地安排各职能部门做好职员分配工作，做好对富余人员思想政治工作，帮助富余人员转行或谋求新岗位等。第二，加强人员培训管理，及时调整完善在职人员管理办法，定期对在职人员进行培训与指导，明确各级人员的工作重心及任务，做到各司其职。第三，建立完整的考评管理体系，创建科学的国地税评价体系，细化国地税工作的具体绩效考核指标与工作要求，突出对在职人员及管理人员的满意度考评，按照时间节点展开不定时的督查活动，并对暴露出的相关问题做到及时更改与调整，保障工作落实到实处，税务机关人员应该加强自身修养建设，增强依法执政的素养，提高公务员的思想建设及工作能力。

（四）加强有关部门的协调配合

在国家税务局与地方税务局合并后，一是积极争取当地政府的配合，进一步完善税收法律制度。二是加强与其他相关部门的配合工作，积极争取政府部门的协调配合，做好保税护税工作。加强与金融机构的协调配合，在沟通用户信息、纳税申报等方面取得发展。

互联网金融税收法律问题探讨

朱聪影 *

摘　要 ▶ 自我国在 2015 年提出“互联网 +”的发展战略以来，互联网产业得到飞速发展，与此同时，一些传统产业也开始了其自身的互联网化发展。互联网金融使得金融业在国民经济发展进程中发挥了更大的作用，不论是网络支付的日益便捷还是银行业务网络化的不断推进，都在很大程度上提高了人们的生活效率。互联网金融作为传统金融业务的互联网化的发展，不能脱离传统金融业务而不进行征税纳税，反而应通过互联网这个数据平台，使纳税申报变得更为简便。但互联网金融作为传统金融发展的新形态，对其进行税收监管与控制自然也就有新的问题和风险，知悉互联网金融税收的法律问题从而进行分析，有助于提出相关立法建议，以期完善我国的互联网金融税收法律制度。

关键词 ▶ 互联网金融　税收改革　风险防范

一、引言

2018 年的 3 月底，网联清算有限公司就已经发布《关于非银行支付机构网络支付清算平台渠道接入工作相关事宜的函》（网联函〔2018〕042 号），要求在 2018 年 6 月 30 日之前，完成协议支付、付款、网关支付、商业委托支付、认证支付全业务功能的生产测试。将第三方支付直连银行的代扣通道进行关闭，督促第三方尽快接入网联清算系统。

而常见的第三方支付系统也确实做到了这一要求。这个改变在表面上没

* 作者单位：南京财经大学法学院。

有影响到支付宝、微信支付等第三方系统的日常支付业务，因为《关于非银行支付机构网络支付清算平台渠道接入工作相关事宜的函》实际上是增加了第三方平台的义务，来保护普通消费者的支付安全，为消费者增加了一层保护的屏障，即支付宝、微信等第三方支付平台不可以通过自动续费和免密支付直接划扣大家银行卡里的钱，所有的交易都需要经过人民银行成立的网联。相当于较之前的手机支付而言，现在的手机支付中间又多了一道环节，这样和之前直接是用户到第三方支付再到银行的关系变成了用户到第三方支付再到网联最后才能到达银行，每一笔交易都要接受网联的监管。以此来避免一些互联网金融可能带来的风险，打击金融犯罪行为，避免金融犯罪的滋生，从而确保广大互联网用户在进行网络支付及其他涉及资金处分的操作时的资金安全。这一操作同时可以让网联平台作为一个统一清算系统来进行资金流转的监管和大数据分析。

这是对互联网金融进行监管和互联网金融税收的推进所迈出的一大步，因为互联网金融的税收问题需要跟互联网金融的监管问题齐头并进，我国的互联网金融目前仍处于初级发展阶段，互联网金融在各个方面，包括互联网金融的监管和互联网金融征税等，都存在一定的法律法规缺失和滞后的问题。① 代扣通道关闭，应对措施就是接入第三方支付公司的协议支付模式，目前各第三方支付企业为了维持市场份额，保持业务量与模式，正积极通过银联快捷支付通道，包装协议支付产品并逐步推广。而快捷支付业务是符合中国人民银行对互联网金融支付业务的相关规定的，因此可以预见在接下来很长一段时间内，快捷支付产品都将是互联网金融支付业务的主流模式。而人民银行的网联介入快捷支付，一方面可以规范互联网金融的健康发展，另一方面为互联网金融税收问题的解决打下了基础。

二、对互联网金融税收的相关分析

（一）互联网金融税收正当性的评价基准

不管是互联网金融的创新引导还是未来的市场发展，都应当是互联网金融在进行税收调节时，应当考量的问题。而在实际中，国家对互联网金融进行引

① 张静：《互联网金融背景下的税收立法探讨》，载《纳税》2017年第33期。

导和规制的方式就包括对支持的金融产品和金融业态采取税收优惠的政策，以此鼓励其发展，而对于国家需要限制发展的互联网金融产品和业态，不仅不会给予税收优惠，反而会为其增加税收负担。通过这种鼓励——限制的方式，以可得的经济利益对于互联网金融业务进行引导。[①] 这种以税收利益对互联网金融业态进行引导的方式，是以税收利益，也即经济利益作为手段来对互联网金融业务进行潜移默化的引导和干预互联网金融参与主体的经济行为。而互联网金融的税收政策除了对金融业务进行引导外，也承担着提升互联网金融的效率以及协调互联网金融秩序等重要作用，这些作用同时也是对互联网金融进行税收的正当性标准。

（二）互联网金融税收合理性的比例原则考察

比例原则作为公法领域占据重要地位的“帝王条款”，在进行互联网金融税收时同样应当予以遵循。比例原则其本身具有公平和正义的应有之义，在法律制度的制定和运行过程中是时刻应当进行考量的一个标准。比例原则要求互联网金融税收法律的制定必须遵循适当性、必要性和均衡性三大原则。正如前文所言，互联网金融税收是通过鼓励——限制的方式来对互联网金融业务进行引导，因此在互联网金融税收政策制定时，两种方式产生的博弈使得必须对比例原则进行考察。

而比例原则天然地可为互联网金融税收政策的制定提供一种框架。就比例原则中的目的与手段的关系来说，不管是互联网金融税收的实体法还是程序法，在进行制定时都必然地通过考察手段与目的的关系，进行利益的取舍。比如对于国家希望予以限制的互联网金融业务的来说，可以对其税收增加一定的负担，不可以过分地损害纳税人的权益，即目标价值的实现不可以将损害纳税人的基本权利为手段，手段与目的之间需要一个平衡点，这就是比例原则所需要考察的问题，同时也是在行使征税裁量权之时，要对恣意与专横的税收行为予以限制的理性的保障。[②] 而对于整个互联网金融税收的法律法规的制定而言，比例原则要求立法者不管在制定实体法还是程序法时，都应当对公共利益进行权衡，也要对互联网金融的参与主体的合法权益进行权衡，努力实现对于鼓

① 唐士亚：《论互联网金融税收的规范形式实现》，载《税务与经济》2018年第3期。

② 姜昕：《比例原则释义学结构构建及反思》，载《法律科学（西北政法大学学报）》2008年第5期。

励——限制进行引导的手段之下，利益均衡和差别待遇合理化的情景，避免对互联网金融主体的过度限制和侵害。唯有如此，互联网金融的税收才尽可能满足各方诉求。

三、互联网金融税收的风险来源

（一）互联网金融税收立法不健全

截至目前，我国仅仅有少量针对互联网金融的立法，并没有针对互联网金融税收进行单独立法，相应的法律法规并不完善。即便是在 2019 年 1 月 1 日开始实施的《电子商务法》，其中的涉税条款也仅仅只有几条，尽管关于催告平台内的经营者去办理税务登记以及要求电商平台提供经营者信息的条款具有一定的前瞻性，但是这并不足以面对所有的互联网金融税收问题，互联网金融的税收问题只能主要依靠传统税法来进行调整。

而问题就在于传统金融业务与互联网金融业务存在一定的不同之处。税法主要针对的是有形产品和服务，主要按照属地主义原则进行管辖，对纳税人纳税义务的确定也往往根据纳税人的常设机关以及纳税人居住地来进行确定。而互联网金融由于其具有数字网络虚拟化的特点，就会产生一些用纳税人的常设机关以及纳税人居住地无法调整的情形。《电子商务法》中也没有要求第三方平台对纳税人涉税信息报送的相关规定，随着互联网金融形态的不断更新，难免出现难以调整的情形。中小互联网企业对税法的认识不足的情况更为严重，很多中小企业并不会时时刻刻了解法律动态，做不到紧跟税法政策变化。

由于互联网金融目前没有直接的、更为明了的互联网金融税法来规制，且税法、《电子商务法》的相关规定可能无法涵盖飞速发展的互联网金融随时可能产生的新兴内容，并且很大概率上互联网金融行业的从业者并不能及时准确地了解新规的内容，导致在进行税收缴纳、减免的过程中出现各种各样的问题，不利于互联网金融的发展。

（二）互联网金融的快速发展增加了税收流失的风险

税收作为国家财政收入的主要来源，是通过社会再分配调节社会公平的重要手段。税收制度的确立是为了通过明确税收征收管理的范围以保证税源，从而保证我国的国家财政。近年来，互联网事业逐步发展的同时带来互联网金融交易量的逐年增长，各类企业纷纷涉入互联网金融业务。在这种大环境下，互联网金融的发展得以突飞猛进之势发展起来。甚至在某些行业，出现了电子商务对传统线下实体产业的巨大冲击，导致传统金融的业务减少，传统金融的减损必然导致其所纳税款的减少，即我国的传统税基收到了互联网金融的冲击和侵蚀，这种税收流失的情形会导致国家财政在一定程度上收入减少。[①] 但是目前我国并没有相对系统的法律法规来对互联网金融税收进行规制，税务部门也缺乏相应的权责对互联网金融税收进行干涉管理，因而出现了传统税收征管与互联网金融税收征管的暂时性真空和缺位。

（三）税收管辖权不明晰

现行税法无法完全适用互联网金融税收的原因在于，税法的征税对象主要是有形的产品和服务，而互联网金融存在虚拟的商品和服务，因此征管手段和方式很难直接适用。且互联网金融的纳税主体相对复杂，存在一些没有办理工商登记、没有金融牌照却进行实质性的互联网金融业务。以现在十分惹人注目的网络借贷业务来说，网络借贷的主体存在双方都是自然人的情形，互联网金融平台一般都会对注册用户的个人信息进行保密，且借贷业务没有像传统金融模式进行实名登记，但是此时借贷平台却可能出现抽拿提成的行为。[②] 如此，这些新兴互联网金融主体的出现，由于对其经营业务的界定存在困难，就必然对互联网金融税收提出了新的要求和挑战。

传统金融税收管辖权的方式，自然伴随着这些互联网金融的新形态的出现产生了新的困难，传统模式下的属地主义原则，对于虚拟网络交易很难进行确定管辖，可能存在多个税务机关的管辖权出现交叉和冲突的情形，这些都是由于互联网金融所特殊具有的“无界性”的运营模式所导致的。互联网技术的发展，使得在虚拟网站平台进行互联网金融业务时可能出现一些很复杂的情形，比如一项互联网金融业务可能横跨多个税收管辖权的区域，导致互联网金融税收的进展艰难。

（四）互联网金融企业经营面过广

由于现在的互联网金融企业往往不是单单从事某一种业务，多为复合型企

① 胡善敏：《互联网金融环境下的税收问题及对策研究》，云南财经大学 2016 年硕士学位论文。

② 刘洁：《互联网金融创新模式背景下的税收立法思考》，载《山西广播电视大学学报》2016 年第 21 期。

业，经营的业务范围之中可能存在跨行业的业务，甚至业务内容可能属于交叉地带的业务，并且难以进行区分。这种现象就导致进行互联网金融税收存在一定的难度，甚至可能需要浪费大量的人力资源来对税收类型进行税务甄别和登记。大部分的互联网金融企业，尤其是中小型互联网金融企业，并不会为税收业务而设置一个专门的部门来进行管理。[①] 并且很多企业并没有知晓税务处理的专门人才，会计甚至普通文员往往兼任了企业的税务工作。这种职责划分不清的情形就为税务部门的监管增加了难度，同时也导致企业自身在纳税过程中出现一定的问题，重复缴税、漏缴、少缴等情况都不能避免，造成企业损失或者国家财政的损失。

（五）互联网金融的税收内容不易确定

互联网金融的内容起码应当包括以下两大类：一类是传统金融业经过互联网化所形成的互联网金融，这一类金融我们可以将其根据自身的性质归纳在金融业的大类之下；另一类就是互联网自身的金融化发展产生的各类互联网金融业务，此类就很难根据其特征进行行业类别的区分。我国目前的工商登记的类目并不包含“互联网金融”，有观点认为互联网金融主要从事的都是具有金融业特征的业务，比如国币、保险理财等。但是还是存在一些难以界定的行业，为如何进行征税提出了问题。[②] 以近些年来出现过问题的众筹融资为例，百度百科的定义为“项目发起人不能向支持者许诺任何资金上的收益，必须是以实物、服务或者媒体内容等作为回报，对一个项目的支持属于购买行为，而不是投资行为”。而在实际操作中，它的表现特征往往是公众通过购买实物产品或金融产品方式支持融资，因此对其内容特征界定存在一定困难。

四、对互联网金融税收的相关建议

（一）明确互联网金融税收征管的基本原则

在现有的税收管理制度框架下，进行互联网金融税收的征管在各方面都存在一定难度。互联网金融税收问题的理念问题应该进行明晰，互联网金融税收

① 许雯君：《互联网金融的税收风险分析》，载《纳税》2018 年第 10 期。

② 邵忠银：《互联网金融的税收风险及其防范》，载《安徽商贸职业技术学院学报（社会科学版）》2018 年第 17 期。

征管的研究方向也需要进行明确。因此，对于互联网金融税收征管的基本原则问题应当首先被考量。

税收公平原则应当贯彻互联网金融税收的始终，前文提及的比例原则所追求的最终目的不过就是为了实现税收公平。税收公平禁止无理由的差别待遇，强调各个纳税人之间纳税负担的公平，避免因为纳税不公的情形阻碍互联网金融的发展。

税收中性原则在互联网金融税收中也应当被遵守。税收中性原则在互联网金融税收之中的应有之义在于，在对互联网金融企业进行征税的同时，可以通过税收手段引导不同类型的互联网企业的发展，但是在整体上不可以约束或者组织互联网金融的发展。在进行互联网金融税收工作的同时，尽量不要再给互联网金融的纳税人带来其他负担或者损失。

税收效力的原则在互联网金融税收中应当更加严格地被遵守。依托于互联网的发展以及互联网金融的发展，在进行互联网金融税收工作时，应当充分利用互联网自身的特征和优势，构建现代化的税收管理体系，在降低税收成本的同时提高税收效率。同时，还要求在互联网金融税收制度的建立过程中，尽量建立便于纳税人进行纳税的体系，建立清晰易懂的法律规范，方便纳税人在进行商业交易之时，可以对于税款作出合理预期。

（二）采用先征后退的形式，减少漏税和逃税的状况

先征后退的税收形式在传统金融行业并不被支持，但是在互联网金融税收的征收方面存在一定的优势。因为互联网金融税收很可能并没有确定应税收入、纳税人等内容，如果采用传统的税收方式可能造成严重的税收延迟现象，而采用先征后退的形式能够更好地解决这些问题。先征后退的模式在互联网金融领域的此种探索，能通过对退补的金额统计分析而做出税制支出的预算，也可以全面科学地考量税收的支持力度，为建立科学高效的互联网金融的税收制度打下基础。另外由于互联网金融较传统金融所具有的更高的风险性，先征后退的税收方式在一定程度上可以减少互联网金融泡沫所带来的损害。①

① 张春瑜：《关于互联网金融税收政策的探讨》，载《现代营销（下旬刊）》2018年第6期。

（三）互联网企业应积极搭建风险评估管理平台，引进专业税务人才

互联网金融税收工作的推进必然需要互联网企业的配合。对于互联网企业而言，应当主动建立内部税收风险和评估组织，建立公司内部的税收监督体系，通过税收专业型人才，或者邀请相关领域专家来连接税收的技术化平台，并规范互联网金融税收的征收程序，可以在税收支出方面引用审批制度，同时建立公司内部的税收监督体系，以求规范互联网金融税收的程序，减少税收错误。

（四）建立互联网金融税收信息平台，为合作型税收遵从提供服务与监管

建立互联网金融税收的大数据信息平台，可以由税务机关进行牵头，联合工商、金融监管等部门，从而实现对互联网金融业税收进行跟踪监管的便利。

信息平台可以为纳税人提供法律、法规和政策规定的查询，也可以将纳税维权的方式和程序在信息平台予以公示，帮助纳税人树立依法纳税意识。同时应当建立多平台的方式方便纳税人进行纳税申报。税务工商金融监管等部门也可以将格式文本、数据表格等上传至信息平台，方便纳税人进行网上登记和申报。

在进行互联网金融税收信息平台的过程中，应当要强化涉税信息协助义务，努力建成严密的互联网金融税收代扣代缴制度，为缴税义务人提供便利服务的同时保障其纳税安全。

（五）完善税收政策，发挥税收政策的激励作用

政策的激励作用在任何制度设计之初都应当被考量。随着互联网的发展，透过相关税收制度为互联网金融提供必要的激励，对于提升互联网金融市场主体的活力具有重要作用。[①]税收是金融产品的成本之一，如果能够给予互联网金融主体一定的税收优惠，在一定程度上减轻税收负担，就可以在一定程度上激发互联网金融市场的活力。因此可以通过为互联网金融提供相应的税收优惠制度，引导市场朝着健康的方向发展，激发互联网金融市场的繁荣，可以通过

① 魏琼、吕金蓬：《我国互联网金融税收法律制度研究》，载《税务与经济》2017年第1期。

相关税收政策为互联网金融提供税收激励。

互联网金融税收的政策支持，首先需要对现有的各项优惠政策进行完善和落实。[①] 财政部和国家税务总局为扶持小微企业、科技企业等创新类企业的发展，出台过多项税收优惠政策，但是互联网金融却难以使用这些税收优惠政策，这其实主要还是由传统金融行业跟互联网金融行业的不同所导致的。因此现阶段面临的问题就是要对传统金融税收优惠政策和互联网金融如何进行税收优惠进行调节，以保证现有的税收政策得到落实和完善，从而才能根据互联网金融的具体模式，给予符合其特征的税收优惠政策。

五、结语

由于互联网金融自身的一些特点，使其直接适用现有税法的规范存在一定的困难，互联网金融作为一种新型金融模式，对现行的税收政策产生了冲击，且这种冲击不利于税收工作的全面开展。互联网金融在金融业的发展必将占据很大的空间，为了防止我国的税款流失影响国家财政，应当尽快建立完善税制结构，推进互联网金融税收工作的落实。[②] 应当对互联网金融税收政策有清醒的认识，根据互联网金融业发展的具体情况建立并完善合理的税收制度，以此促使互联网金融向更加规范化、科学化的方向发展，同时这也是完善我国的税收制度、保证我国的国家财政来源的重要一环。

---

① 刘磊、钟山:《互联网金融税收问题研究》，载《国际税收》2015 年第 7 期。

② 高西、韩松良:《基于互联网金融税收政策的分析》，载《现代经济信息》2017 年第 8 期。

《税收征收管理法》第88条的法教义学之反思

杜昕怡*

摘　要 ▶《税收征收管理法》(以下简称《税收征管法》)第88条所确立的双重前置规则，在司法实践中造成纳税人无法获得有效救济的尴尬困境。清税前置规则有违不当联结禁止原则、比例原则和平等对待原则，涉嫌侵犯纳税人宪法上的“申诉权”，应当予以废止。目前的复议前置规则所发挥的积极作用巨大，应予以肯定。但由于法院对复议前置功能理解存在偏差，以致误读了税务机关的不予受理决定，且法律对于复议前置范围的规定之间潜藏矛盾，割裂了纳税决定与处罚决定之间的联系，以致出现法院的生效判决侵犯税务行政复议机关对纳税争议的在先判断权的情况，致使复议前置难以达到预期目的，因此，建议将税务行政复议机关的不予受理决定视为行政复议决定，允许纳税人直接对纳税决定提起行政诉讼，并且应拓宽复议前置的适用范围，将与纳税争议有关的行政处罚决定和行政强制措施一并纳入其中。

关键词 ▶ 清税前置　复议前置　救济权　复议决定

一、《税收征管法》第88条在司法实践中遭遇的困境

我国的《税收征管法》第88条规定了纳税争议的双重前置规则。首先，纳税人必须先缴纳相应的款项或者提供相应的担保，才有权申请行政复议即清税前置。其次，纳税人只有在申请行政复议之后，对其不服才可以向法院提起行政诉讼也即复议前置。这一规定从司法实践的角度来看存在重大缺陷。

* 作者单位：南京大学法学院。

（一）纳税人实质上无法获得有效救济

纳税争议清税前置和行政复议前置的规定，在实践中导致纳税人无法获得有效救济，从以下案例中可见一斑。

【案例1】绍兴县国税局认定该县富强福利厂（以下简称富强厂）超范围享受福利企业先征后返增值税300余万元，遂于2005年9月7日作出《涉案处理决定》①，向其追缴已退还的增值税。该处理决定书载明富强厂应当缴纳税款的期限。富强厂于规定期限届满后20余天缴清税款，并随后向绍兴市国税局提出复议申请。市国税局以富强厂逾期缴纳税款，不符合纳税处理决定为由，作出不予受理的决定。富强厂就原处理行为向法院提起行政诉讼。一审法院认为对被告作出的税务处理决定不服而提起诉讼，应当以行政复议为前置条件。复议机关对原告的申请决定不予受理，原告可就复议机关不予受理的决定提起行政诉讼，但不能直接就原处理行为提起行政诉讼。②二审法院认为富强厂在收到复议机关作出的不予受理的决定书后，在法定期限内对原行政行为提起行政诉讼，符合法律法规规定，遂撤销一审裁定，指令原审法院继续审理。③再审法院认为，市国税局对原告的复议申请作出不予受理决定，该决定只是在程序上拒绝了原告的请求，并未对原行政行为进行实体审查。换言之，复议程序尚未实质启动，故应当与复议维持原行政行为的情形区别对待。④在此，复议为提起行政诉讼的必经程序，复议机关对复议申请不予受理则应当依照相关规定，先对不予受理决定提起行政诉讼。只有在复议机关实质上启动了复议程序，并对申请复议的具体行政行为作出实质性处理时，才可对原行政行为提起诉讼。⑤

【案例2】御佳园公司不服龙岩市国税稽查局对其作出的补缴税款的税务决定，向龙岩市国税局申请复议。市国税局对该公司的复议申请作出不予受理裁决，在这之后，该公司径行对原行政行为提起诉讼，一审法院裁定不予受

① 参见浙江省绍兴县国税稽处（2005）0098号《税务处理决定书》。

② 参见浙江省绍兴县人民法院（2006）绍行初字第1号行政裁定书。

③ 参见浙江省绍兴市中级人民法院（2006）绍中行终字第17号行政裁定书。

④ 最高人民法院《关于适用〈中华人民共和国行政诉讼法〉若干问题的解释》第133条："行政诉讼法第二十六条第二款规定的'复议机关决定维持原行政行为'，包括复议机关驳回复议申请或者复议请求的情形，但以复议申请不符合受理条件为由驳回的除外。"

⑤ 参见浙江省高级人民法院（2006）浙行再字第15号行政裁定书。

理。[①] 原告提出上诉，二审法院同样认为，只有在复议机关启动了复议程序，并对申请复议的行政行为作出实质性处理后，行政相对人才可对原行政行为提起诉讼。[②]

【案例3】 兴隆公司对被申请人衢州市国税局税务处理决定[③] 不服，于2013年7月12日向浙江省国税局提出行政复议申请。经浙江省国税局审查认为申请人未按照《税务处理决定书》规定的期限缴清税款，该复议申请不符合《税收征管法》和《税务行政复议规则》的相关规定，遂决定不予受理。[④] 原告不服，提起诉讼。法院认为，原告申请行政复议时，未依照纳税决定履行义务，被告根据相关规定作出的《行政复议不予受理通知书》合法，故判决驳回原告诉讼请求。[⑤]

从以上三个案例我们可以得知，纳税人在没有能力依照纳税决定履行相关义务的情况下无法获得任何有效救济，即使只是延期缴纳了税款。此时纳税人申请复议，复议机关会依法作出不予受理的决定，而纳税人只能针对这一决定本身提起诉讼，而不能针对原行政行为提起诉讼。而当纳税人针对不予受理的决定提起诉讼时，法院会依法认定该决定合法，从而驳回原告的诉讼请求。至此，纳税人基本没有救济渠道。

（二）纳税担保争议无法得到公正有效解决

《税收征管法》第88条第1款提到纳税担保的问题，但并未提及纳税担保所涉及的争议由哪一机构来解决，也未明确纳税担保所应遵循的规则。而在国家税务总局制定的《税务行政复议规则》第33条第2款中，却规定纳税人所提供的担保需要经过作出纳税决定的行政机关的确认。纳税担保争议是纳税人和作出纳税决定的行政机关双方之间的争议，如果让作为争议的一方即作出纳税决定的行政机关来设定纳税担保的标准对纳税担保进行确认，此时，税务机关在此既当运动员又当裁判员，纳税争议难以得到公正解决。且法律法规既未明示税务机关应当给予纳税人完成纳税担保的期限，也未规定其对纳税人的纳

---

① 参见福建省龙岩市新罗区人民法院（2014）龙新行初字第55号行政裁定书。

② 参见福建省龙岩市中级人民法院（2014）岩行终字第56号行政裁定书。

③ 参见浙江省衢州市国税局（2013）2号税务处理决定。

④ 参见浙江省国税局（2013）1号《行政复议不予受理通知书》。

⑤ 参见浙江省杭州市中级人民法院（2013）浙杭行终字第334号行政判决书。

税担保予以确认的期限。税务机关设置不合理的履行期限极易损害纳税人的权益，而税务机关的履职期限缺乏法律规定，一定程度上会纵容税务机关的行政不作为。例如在遵义万豪房地产开发有限公司诉遵义市人民政府税收行政复议一案中，遵义市地税局要求该公司在 3 日内完成房产评估的委托、办理不动产抵押登记填写纳税担保等相关文件。二审法院在裁判中指出，税务机关给予纳税人履行纳税担保的时间过短，不符合实际。[①] 此外，笔者在裁判文书网检索中发现，还存在税务行政机关拖延履行法定职责，对纳税人的纳税担保迟迟不予审查不作出是否确认决定的情形。[②] 而纳税担保得到确认又是纳税人行使行政复议救济权的必要条件，纳税人只得先起诉税务机关不履行法定职责，经过漫长的审理期限后，再由法院责令税务机关限期履行审查职责。待税务机关确认纳税担保后，才可对纳税争议提起诉讼。这不仅极大地增加了纳税人的维权成本，也无益于尽快解决纳税争议。

（三）纳税争议与税务处罚的救济规定之间隐藏着冲突

《税收征管法》第 88 条第 1 款确立了纳税争议的复议前置规则，而对与之相关的行政处罚和行政强制措施并未规定复议前置规则。这两个规定看似并无冲突，但在司法实践中却直接导致法院侵犯税务行政复议机关针对纳税争议在先管辖权，也事实上限缩了行政相对人的救济途径。以杨某诉江苏省张家港保税区税务稽查局一案为例，税务机关以杨某偷税为由，作出税务处理决定书要求其限期缴纳税款和滞纳金 300 余万元。[③] 并按照未缴个人所得税一倍的标准进行了行政处罚。[④] 杨某对行政处罚决定不服诉至昆山市人民法院，在该案中一审法院重点对税务机关所作决定的合法性进行了全面审查，并认为该处罚事实清楚适用法律准确。[⑤] 杨某不服上诉至苏州中院，二审法院审理后驳回上诉，维持了原判。[⑥] 在该案中，杨某虽是针对行政处罚决定不服而提起诉讼，但由

① 参见贵州省高级人民法院（2017）黔行终 569 号行政判决书。

② 参见河南省郑州市中原区人民法院（2013）中行初字第 221 号行政判决书、河南省郑州市中级人民法院（2016）豫 01 行终字 102 号行政判决书。

③ 参见江苏省张家港保税区地方税务局稽查局（2015）9 号税务行政处罚决定书。

④ 参见江苏省张家港保税区地方税务局稽查局（2015）9 号税务处理决定书。

⑤ 参见江苏省昆山市人民法院（2016）苏 0583 行初 37 号行政判决书。

⑥ 参见江苏省苏州市中级人民法院（2017）苏 05 行终 276 号行政判决书。

于纳税决定是税务行政处罚决定的重要依据，法院在审理税务行政处罚决定是否合理时，必然要对作为前提的纳税决定的合法性予以审查。法院的裁判对行政处罚决定的合法性予以了肯定，事实上也间接确认了纳税决定的合法性。而此时的纳税争议尚未经过税务行政复议机关的先行处理，如果杨某对纳税决定不服而申请行政复议，税务行政复议机关即使认为纳税决定存在不合法或不合理的情形应当撤销或者变更，却因为受法院生效判决的既判力拘束而陷入尴尬的困境。从表面上看杨某针对纳税决定还尚有通过行政复议和行政诉讼寻求救济之余地，实际上则无。

以上三个问题都是纳税争议前置规则在实践中所引发的，这不得不使我们反思，纳税争议前置的目的何在？其是否具有合理性？由于纳税争议前置规则又可以分为“清税前置”规则和“复议前置”规则，因此下文将在现行理论研究的基础上，运用行政法原理分别对这两项规则进行审视。

二、清税前置规则之批判

清税前置要求纳税人先履行纳税义务，旨在保障国家税收收入的充盈，清税前置使税务机关作出的税收决定的内容能够尽快得到实现，从而保障了税款安全。这一目的在《税收征管法》第 1 条就可窥探一二，该条是关于立法目的的规定，其在列举时将“保护纳税人的合法权益”置于“保障国家税收收入”之后，这也一定程度上反映了优先保证国家税收收入的浓厚“国库中心主义”思想[①]，而清税前置正是该理念的直接体现。

有学者提出了质疑，其认为要求纳税人先行缴纳税款才能就纳税争议寻求救济建立在这样一种逻辑基础上，即当单个纳税人的权利与国家税收权相冲突时，需要优先保护更为重要的国家税收权，否则会导致由于财政资金匮乏而无法供给公共产品和服务，最终会损害公共利益。[②]这一目的看似合法正当，但仅在形式上满足正当的要求。税务机关与其他行政机关一样本能地反感因争议引发的行政复议和行政诉讼。其反感的理由主要有两点：一是基于对纳税人恶意推定，认为纳税人提起复议、诉讼是出于恶意拖延缴税的目的。二是因为税务机关工作人员的绩效考核与行政复议与行政诉讼发生率相关联。征税机关一

① 参见熊伟:《法治财政的宪法之维》，载《财经法学》2015 年第 6 期。

② 付大学:《比例原则视角下税务诉讼“双重前置”之审视》，载《政治与法律》2016 年第 1 期。

旦被诉并因此败诉，则会直接影响到相关工作人员的业绩和前途。

在笔者看来，清税前置规则的不当性主要表现在以下四个方面：

首先，清税前置违反不当联结禁止原则。为了征收税款而规定没有按照规定缴纳税款的纳税人不得就纳税争议申请复议从而完全截断纳税人的救济途径，使得纳税人只得乖乖纳税，严重违反不当联结禁止原则。该原则运用到立法领域中，即为了追求特定公共利益目的，法律可以对公民权利作出一定限制，但同时必须证明这一限制与所要达到的目的之间具有必然且正当的关联，以防止其肆意限制公民权利。法律不得将在本质上与立法目的没有正当性关联的事务纳入法律调整的范围。[①] 按行政行为的公定力理论，纳税决定一经作出即产生效力，行政相对人应当依照纳税决定缴税，即使其申请复议提起诉讼也不停止这一决定的执行，税务机关完全可以在纳税人申请复议的过程中执行纳税决定的内容。为了保障税款能及时征缴到位，而将是否缴清税款与是否有权对减损自身权益的纳税决定提出复议这两个没有任何必然的联系的要件捆绑起来，是对不当联结禁止原则的严重违反。

其次，清税前置规则有违比例原则。确保国家税款安全的这一目的有一定合理性，但是却不是采取这种“清税前置”措施的唯一目的甚至不是主要目的。该规则确有保障国家税收安全的作用，但这却不是达到这一目的的最好手段。从这一措施所造成的后果来看，其限制了纳税人的法律救济权这一基本权利，我国税务行政诉讼案件绝对量很少也从侧面反映了这一问题。[②] 因为在“清税前置”的规则之下，如若纳税人不能按照纳税决定书（即使其合法性仍有待争议）的规定缴纳税款，那么纳税人就无权申请行政复议进而无权提起行政诉讼。而诉权一旦被压制，宪法和法律所规定的其他权利也就无法成为一种现实的权利。[③] 税务机关作为具有法定强制执行权的行政机关，其有足够多的行政手段来保障税款收缴得以实现，而无须采取对纳税人权利侵害最大的方式来确保税款的落实。

再次，清税前置规则也有违平等对待原则。对于没有足够财力缴清纳税决

① 欧爱民、谢雄军：《不当联结之禁止原则及其适用方案》，载《湖南师范大学社会科学学报》2008年第5期。

② 参见崔威：《中国税务行政诉讼实证研究》，载《清华法学》2015年第3期。

③ 莫纪宏、张毓华：《诉权是现代法治社会第一制度性权利》，载《法学杂志》2002年第4期。

定书所确定的税款或提供相应的担保的纳税人则无权获得寻求救济的资格，而对有相应经济实力的纳税人来说则可轻松获得提起复议和诉讼的权利。“失败者正义”原则要求“给予因收入不足、基本上无法行使诉讼权利的人的一种利益”①，在这里可以理解为应当给予那些经济能力不足的纳税人与其他纳税人一样获得救济的权利。清税前置规则所确立的差别对待的目的仅仅是为了保障国家税款安全，这一差别对待的基准是纳税人之间支付能力的不同。该规定不能认定为是合理的差别，因而违反平等对待原则。

最后，清税前置规则涉嫌变相剥夺纳税人在宪法上享有的“申诉权”。宪法第 41 条规定了公民的申诉权，这一权利作为公民的基本权利是其制约公权力的重要武器。宪法所赋予公民的申诉权，并不附带任何前提条件。而在纳税争议案件中，《税收征管法》却将缴清税款作为获取申诉权的必要条件，不合理地加重纳税人寻求法律救济的负担，致使没有能力缴清税款的纳税人将丧失宪法上的申诉权，这一规定有违宪之嫌疑。

三、复议前置规则之检视

从“复议前置”规则设立目的出发，比照分析这一规则实际运行过程中所遭遇的困境，就能深入探究该规则的意义与缺憾，进而构思其完善进路。

（一）复议前置规则目的之分析

复议前置规则的设立主要是基于四点因素的考量。其一，行政复议作为一种实质上的行政监督制度，可以对被申请的行政行为进行合法性、合理性的全面审查。通过行政复议，纳税人的权益将得到更全面的维护。其二，税收征管领域涉及大量财务、会计以及税务知识，因此对纠纷处理机构的专业性要求较高，而税务行政机关较之法院能更好地解决这一系列问题和争议。②其三，与行政诉讼程序相比，行政复议程序相对简易快捷，更便利纳税人维护自身权益。其四，复议前置可以有效分担法院的工作压力，避免一些简单的纳税纠纷进入诉讼程序，浪费司法资源。

---

① 胡玉鸿：《“失败者正义”原则与弱者权益保护》，载《中国法学》2014 年第 6 期。

② 参见郝一丁：《现行税务诉讼“双重前置”制度之审视》，载《哈尔滨工业大学学报（社会科学版）》2017 年第 3 期。

税务争议案件具有专业技术性和大量重复性。[①] 复议前置规则之下，将纳税争议先交由行政机关进行处理，能够有效地利用税务机关的专业优势和丰富经验快速解决纠纷，并赋予税务机关自我纠错的机会，此外还能一定程度减少法院工作量，可谓一举多得。在税务机关已经拥有较大行政强制执行权的情形下，《税收征管法》的订立确实有保障国家税收安全的目的，但其立法目的应当更多体现于对税务行政机关的征收管理行为的规范，和对纳税人的合法权益的保障。而复议前置规则作为《税收征管法》所确立的重要规则之一，也应当符合这一立法目的。依照体系解释，复议前置规则设立的重要目的之一是为了更好地保护纳税主体的权益。复议前置实际上赋予了纳税人就纳税争议获得救济两种保护模式，因此，较之非诉讼即复议的单一模式更加优越。[②] 税务行政复议前置程序既是一道"过滤网"，通过规定纳税人先寻求行政救济，过滤掉一些简单的纳税争议，从而减轻法院负担。同时，它还是一个"减震器"，使税务复议机关及时有效地解决征纳双方的矛盾纠纷，依法保护征纳主体的合法权益，构建和谐的征纳关系。[③] 从这一维度分析，复议前置仍有其存在的必要性。

（二）司法实践对"不予受理决定"的解释有违复议前置的功能定位

既然复议前置规则设立的主要目的是保障纳税人的合法权益得以实现、高效便捷地处理纳税争议和维护征纳关系的健康发展。那么为何还会出现文章第一部分所提及的纳税人在复议前置规则下，实际上无法获得有效救济并且为获得救济还得反复申请复议提起诉讼的情况呢？这一制度设计的应然作用和实然状态相去甚远，也使得我们不得不思考造成这一尴尬困境的原因。

回顾文章第一部分所提到的案例，纳税人在未按照纳税决定缴纳相应税款的情况下，向复议机关申请复议。在复议机关作出不予受理的决定后，针对原行政行为向法院提起行政诉讼，而法院认为复议机关作出的不予受理决定并不属于《税收征管法》第88条第1款所规定的"行政复议决定"，遂驳回原告的诉讼请求，并示明原告应当针对不予受理的决定提起行政诉讼而不能针对原行

① ［日］北野弘久：《税法学原论》，陈刚、杨建广等译，中国检察出版社2001年版，第201页。

② 参见陈少英：《税法学教程》，北京大学出版社2011年版，第86页。

③ 张守文：《税法原理》，北京大学出版2009年版，第349页。

政行为提起行政诉讼。而在原告针对复议机关不予受理的决定提起诉讼时，法院会根据原告未按照纳税决定缴纳相应税款而驳回原告诉讼请求。造成这一结果的最重要的原因是法院误读了复议前置规则设立的初衷，其认为复议前置规则的设立就是为了保障所有纳税争议都必须由复议机关先行对争议进行实质性的处理，而在复议机关未对纳税争议进行实质性处理时，法院不得介入。并因此认定复议机关作出的不予受理的决定不属于“行政复议决定”，不符合复议前置的要求。而复议前置设置之目的并不应当作如此限制纳税人合法权益的解释，这种僵化解释会背离制度设计的初衷。

复议前置规则的设立更多的是出于给予税务行政机关自我纠错的机会以更全面地保障纳税人的合法权益的考虑。复议前置的原意应理解为，为更全面地审查纳税决定的合法性和合理性，应当由复议机关先行进行判断。在复议机关判断之后，纳税人不服的再由更为中立的法院进行裁判。立法设计复议前置的本意是用司法权来监督行政权，以司法救济作为纳税人权利最后的保障即司法是维护社会公平正义的最后一道防线。但是在本文提到的三起真实案例中，法院以税务复议机关未进行实质审查为由拒绝了纳税人的诉讼请求，非但无法为纳税人提供复议前置所预期提供的全面、及时、有效的救济，而且也使得纳税人无法获得司法的最后保障。因此在纳税人已经先行申请行政复议，而复议机关作出不予受理的决定，明确放弃对纳税争议先行进行实质性处理时，法院应当发挥其解决纠纷的功能，而不能将纳税人拒之门外。复议机关拒绝判断即作出不予受理决定的情形也应当视为行政复议决定。在复议机关已经明确拒绝进行判断时，法院再以复议机关未进行实质处理为由驳回纳税人的诉讼请求，要求其再重复提起行政复议，这样的处理似乎有互相推诿之嫌。尤其是当纳税人已经缴纳了税款只是未在纳税决定规定的期限内缴纳，仍然属于未依照纳税决定履行相应义务。而这一逾期缴纳税款的行为已经不能再获得更正，因此在这种情形下，纳税人无法通过行政复议获得救济亦无法通过行政诉讼获得救济。这与“有权利必有救济”的法治理念完全背离，也反过来表明清税前置的荒谬性。因此，需要修正对复议前置功能的僵化理解，将不予受理决定视为行政复议决定，从而避免复议前置规则间接阻断纳税人获得充分救济的情况发生。

（三）复议前置规定适用范围过窄

《税收征管法》第 88 条设置的复议前置仅限于纳税争议，而行政处罚决定和强制执行措施则不在复议前置的范围内。过窄的复议前置范围割裂了纳税决定合法性和处罚决定合法性、强制执行措施合法性之间的联系。本文以针对同一行政违法行为的税务处理决定和行政处罚决定的内容为例，选取了《税收征管法》的四个条文列出表格如下，以使两者的关系更为明朗。

法律依据	税务处理的内容	行政处罚的内容
《税收征管法》第63条	纳税人构成偷税的，由税务机关追缴其不缴或者少缴的税款、滞纳金。	依照税务处理决定所确定的偷税税款的50%以上5倍以下进行罚款。
《税收征管法》第64条	针对不进行纳税申报，不缴或者少缴应纳税款的情形，税务机关追缴应缴的税款、滞纳金。	依照应缴税款的50%以上5倍以下进行罚款。
《税收征管法》第66条	骗取国家出口退税款的情形，由税务机关追缴其骗取的退税款。	依照骗取税款的1倍以上5倍以下进行罚款。
《税收征管法》第67条	抗税但不构成犯罪的，由税务机关追缴其拒缴的税款、滞纳金。	依照拒缴税款1倍以上5倍以下进行罚款。

从上述表格我们可以发现，当税务机关认定了纳税人违法行为的性质并作出了应缴税款和相关滞纳金的决定的同时，行政处罚的幅度也一并予以确定。此外，强制执行措施也是以纳税人未在规定期限内履行税务处理决定所确定的缴税义务为前提而发生的。税务处罚决定和强制执行措施与纳税决定紧密相关，纳税决定合法行政处罚决定和强制执行措施不一定合法，而纳税决定违法（不涵盖程序上的轻微违法）必然导致处罚决定和强制执行措施的违法。

根据现行法律规定，在税务机关还未对纳税争议先行作出处理决定的情形下，法院就可对以纳税争议为依据的行政处罚决定和强制执行措施予以审查。如果法院已经确认行政处罚决定或强制执行措施的合法性，实际上就已经确认行政处罚所依据的纳税决定的合法性。即使纳税决定违法或者不合理，纳税人也无法针对这一纳税决定，获得充分的法律救济。因为即使纳税人针对纳税决定向税务行政复议机关申请行政复议，而税务行政复议机关受到法院生效判决的拘束，一般而言也会对纳税决定予以维持。纳税人不服纳税决定，向法院提起诉讼，法院也会受行政判决既判力的拘束，不会作出与前一行政判决相冲突的判决。[1]这两个相互矛盾的规定，很容易导致法院直接对处罚决定的合法性进行审查并予以认可，就确认了纳税决定的合法性，进而侵犯税务行政复议机关对纳税争议的在先管辖权，最终导致纳税人无法获得有效的法律救济。而法律设置复议前置以确保税务行政复议机关针对纳税争议进行首次判断的初衷，就在于发挥行政复议相较于行政诉讼在效率和保障行政相对人权益中无可比拟的优势。税务行政复议机关可以对税务处理决定的合法性和合理性进行全面的审查，而法院只能对税务处理决定的合法性进行审理。如果纳税人不服纳税处理决定并直接诉至法院，法院审查发现行政决定合法但存在不合理之处，只要这种不合理未达到可撤销的程度，法院只能做出驳回原告诉讼请求的判决。基于该判决的羁束，行政机关也不能再变更这一行政决定的内容，即使其是出于纠正行政决定的不合理之处的目的。

因此，有必要拓宽复议前置的适用范围，从而消除《税收征管法》第 88 条第 1 款和第 2 款之间存在的潜在矛盾，确保税务行政复议机关对纳税争议的在先管辖权。

四、对双重前置规则的修改建议

针对《税收征管法》第 88 条在实践中所暴露出的问题，为了进一步规范税务行政机关的行为、保障纳税人的权利以及维护法律体系内部的和谐与统一，有必要对先行的纳税争议前置规则予以完善。

（一）取消清税前置规则

根据前文对清税前置规则所存在问题的分析，笔者建议彻底取消清税前置规则。2015 年 1 月国务院法制办公室公布《税收征收管理法修订草案（征求意见稿）》（以下简称《征求意见稿》），其中第 126 条第 1 款在救济途径上取消了行政复议的清税前置程序，将其移至行政复议决定做出以后、提起行政诉讼之前，即纳税人申请行政复议并对复议决定不服的应当先清税，才能向法院提起诉讼。这一修改有一定的进步意义，似乎体现了立法者也考虑到清税前置的不合理性。但是这一修改只是不再将清税作为申请行政复议的前提，但仍然作为提起行政诉讼的前提，依旧没有从本质上改变清税前置。此外，鉴于笔者已经

① 汪汉斌：《行政判决既判力研究》，法律出版社 2009 年版，第 30~35 页。

建议取消清税前置的规定，与之相关的《税务行政复议规则》第33条第2款和第3款自然没有再存在的意义。所以，关于作出原纳税决定的行政机关来对纳税担保是否符合规定有失公允的问题也就无再讨论之必要。

（二）将不予受理决定视为行政复议决定

鉴于司法实践中，对复议前置功能的僵化理解，以至于不认可纳税人在获得行政机关不予受理决定时可以提起行政诉讼的权利。笔者建议应当将不予受理决定明确规定为行政复议决定，对该复议决定不服的纳税人，属于经过行政复议的情形，可以针对原纳税争议提起行政诉讼。此外，不予受理决定属于行政诉讼法受案范围，自然也可单独对不予受理本身提起诉讼。可以参考《山东省行政复议条例》第23条[①]之规定，在复议机关对复议前置的行政行为作出不受理决定时，行政相对人既可对原行政行为提起诉讼，也可对复议机关的不受理决定提起诉讼。只有按照这样的路径，复议前置才能真正发挥其效用，不至将纳税人置于救济无门的境地。

（三）拓宽《税收征管法》第88条复议前置的范围

纳税争议与税务行政处罚的救济规定存在矛盾，导致其架空了纳税争议复议前置的规定；剥夺了税务机关对纳税争议的在先判断权；同时还严重限制了纳税人寻求救济的权利。因此，有必要对《税收征管法》第88条第2款予以修改，将税收征管领域的行政处罚也纳入复议前置的范围内，从而保障法律体系内部的和谐与统一。避免法院先于行政机关对行政处罚决定作出生效判决，从而束缚了税务行政机关再对作为行政处罚前提的纳税决定进行处理的权利。

对这一款规定有两种可能的修法方案，第一种方案是给予纳税人一定的选择权，如果纳税人对纳税争议申请复议则需要对与之相关的行政处罚决定和行政强制措施一并复议。如果放弃对纳税争议申请复议，则可以直接向法院起诉与纳税争议相关的行政处罚和强制执行措施。《征求意见稿》就遵循的此种方案的思路，其中第126条将直接涉及税款的行政处罚形成的争议类型也纳入了复议前置规则的适用的范围。这一修法思路将有利于改变现行法律救济的不和

① 《山东省行政复议条例》第23条：申请人对行政复议机关作出的不予受理决定不服提起行政诉讼时……法律、法规规定行政复议为提起行政诉讼必经程序的，可以对被申请行政复议的具体行政行为提起行政诉讼，也可以对行政复议机关作出的不予受理决定提起行政诉讼。

谐状态，值得肯定。但是需要指出的是，在该条规定中还应当强调纳税人应当将纳税争议和与之相关的行政处罚、强制执行措施一并申请复议，避免纳税人重复起诉。

第二种方案是取消《税收征管法》第 88 条第 2 款之规定，将纳税争议、行政处罚和强制执行措施都纳入复议前置的范围。在这一方案中，不区分行政处罚、强制执行措施是否与纳税争议有关，一概纳入复议前置的范围内。纳税人先针对行政处罚提起行政复议有获得更充分有效救济的可能，尤其是对行政处罚中罚款的具体数额有争议的情形，也能避免法院对行政处罚案件的审理可能侵犯税务行政复议机关对纳税争议案件的在先管辖权问题，而如果径行提起诉讼，不仅越权的问题容易出现，而且法院并无权力调整法定的处罚幅度，因而难以通过变更判决作出符合过罚相当原则的罚款处罚。此外，由于第 88 条的立法表述较为抽象，纳税人并非税法领域的专家，对于何种行政处罚或强制执行措施属于复议前置的范围并非一目了然。因此，如果纳税人针对属于复议前置的行政处罚径行提起了诉讼，法院一般裁定不予受理，已经受理的需要裁定驳回起诉。纳税人又只得提起行政复议，一定程度上导致程序空转，不能及时解决纠纷。

比较两种可能的方案，笔者更倾向于选择第二种方案，即将税务行政机关作出的行政处罚和强制执行措施全部纳入复议前置的范围。这一方案的好处有三：一是可以让行政机关对行政处罚等进行合理性的审查，更大程度上保障纳税人的权益，更为经济且有效率；二是避免纳税人对基于第一种方案所区分的两类行政处罚和强制执行措施把握不准，从而无法及时获得救济，徒增诉累；三是可以减轻法院审理税务行政案件的负担，让税务行政复议机关更多地发挥其专业技能和纠错功能。

《税收征管法》第 88 条素来是学界所讨论的热点，其中的双重前置规则更是饱受学者们诟病。对于是否废除清税前置规则，学界基本达成一致观点，即应当废除，因此，笔者在对清税前置规则的批判上着墨较少，仅简要地从不当联结禁止原则、比例原则、平等对待原则和保障宪法上“申诉权”角度表达了本文观点。而针对复议前置规则，学界存在不同的声音，有不少学者建议废除法定强制复议前置[①]，并认为给予纳税人选择权才能使其穷尽所有救济，却忽视了税务复议机关在处理相关案件时的专业优势，以及行政复议的全面性和及时性。本文并不赞同这一观点，因为全盘否定复议前置规则无异于因噎废食，会大大增加法院的负担。复议前置规则给予纳税人更为全面的救济，让更为专业的税务机关率先对纳税争议进行处理及时纠错。复议前置有其重要的积极意义，而实践中出现的困境并不是由复议前置本身所造成的，而是司法机关对其功能理解的偏差所致，因而只需摆正复议前置的功能定位即可，无须彻底废除复议前置的规则。换句话说，在税务行政复议机关拒绝对复议申请进行处理时，应保障纳税人直接对纳税决定提起行政诉讼的权利。此外，还需在法律中拓宽复议前置的受案范围，从而保障法律体系内部的和谐。如能遵循这一思路，复议前置规则将为纳税人提供更为及时、全面和经济的救济。

① 参见张富利、余厚宏：《论税务救济双重前置——以李秋香诉利津县国家税务局案为例》，载《湖南工业大学学报（社会科学版）》2017 年第 6 期；刘剑文：《税收征管制度的一般经验与中国问题——兼论〈税收征收管理法〉的修改》，载《行政法学研究》2014 年第 1 期。

论公平分配中财税法促进与保障制度的研究

王　红*

摘　要 ▶ 改革开放以来，我国社会主义市场经济得到了高速发展，缔造了人类经济发展史上的伟大奇迹。但是也潜伏着不少经济社会问题，促进与保障收入公平分配已经成为我国新时期亟待解决的战略性任务。从我国基尼系数分析我国社会财富分配状况，同时考察域外典型国家衡平社会经济发展的成功经验，探究如何通过完善或优化财税法制度，来提升分配的公平度。

关键词 ▶ 分配　财税法　公平度

从古至今，分配问题一直是各国关注的焦点。分配问题事关政治、经济、社会等诸多方面，是各国必须着力解决的“国之大事”。实现公平分配、有效定分止争，是现代国家法治建设的重要目标。习近平总书记在党的十九大报告中明确指出：“中国特色社会主义进入新时代，我国社会主要矛盾已经转化为人民日益增长的美好生活需要和不平衡不充分的发展之间的矛盾。”从宏观上讲，主要矛盾主要体现在社会生产关系中区域财富占有和收入分配方面的差距上；从微观上讲，主要体现在人与人之间财富占有和收入分配方面的差距上。①因此，通过相关的法律制度来促进和保障公平分配，是推进法治发展的重要内容。

*　作者单位：南京财经大学法学院。

①　李慎明：《正确认识中国特色社会主义新时代社会主要矛盾》，载人民网。

一、我国收入分配现状缕析

基尼系数是国际上通用的、用来综合衡量一个国家或地区居民收入分配差异状况的重要分析指标。① 主要是指在全部居民收入中，用于进行不平均分配的那部分收入占总收入的百分比。基尼系数区间为 0~1，系数越小表示收入分配越趋向平等。国际惯例把 0.2 以下视为收入绝对平均，0.2~0.3 视为收入比较平均，0.3~0.4 视为收入相对合理，0.4~0.5 视为收入差距较大。当基尼系数超过 0.5，则表明该国居民收入悬殊较大，存在较严重的社会经济问题。据统计，2018 年中国基尼系数一度达到了 0.474。2018 年 2 月 28 日，国家统计局公布了关于 2017 年 31 个省份居民人均可支配收入的状况，其中上海、北京 2017 年居民人均可支配收入逼近 6 万元大关。② 上海以 58987.96 元位居全国首位，约为部分省份居民收入的 3 倍。2017 年 6 月招商银行与贝恩公司联合发布了《2017 中国私人财富报告》，该报告显示了中国近年来高净值人群的变化情况。2008 年，中国资产过 1 亿元的高净值人群数量约为 1 万人，2017 年已达到 15 万人。另外，2017 年中国资产大于 1000 万的高净值人群约为 187 万人。

二、域外财税法促进与保障公平分配的经验与启示

随着经济的发展和社会的进步，收入分配差距、贫富悬殊问题不同程度地出现在各个国家。缩小收入分配差距，使收入分配更加公平合理，成为了一个亟待解决的问题。2019 年 2 月，联合国公布了 2018 年度世界各国的基尼系数，其中瑞典居于首位，再次被评为全球分配均衡、贫富差距最小的国家。排名第 11 的国家为日本，也是前 20 名中唯一的一个亚洲国家。笔者将通过对具有代表性的瑞典、美国以及日本做一些分析，汲取其优秀的经验，为我国解决收入分配差距过大、贫富悬殊问题提供一些启示。

（一）瑞典

瑞典是发达国家中基尼系数最低的国家，其基尼系数近年来一直保持在 0.25~0.29。

① 李清华:《“经济人”假设与经济学发展的新趋势》，载《中国经济问题》2013 年第 2 期。

② 《2017 年国民经济和社会发展统计公报》，载国家统计局官网。

首先，其有着完备的税收制度。与许多发达国家一样，瑞典相当重视税收制度的建设和完善，力求通过建立一个合理、公平的税收体系来调节收入分配差距，实现社会分配公平。瑞典主要通过多种多样的税收项目和巨大的税收额度这两种税收手段来对收入进行合理的调节。瑞典税收种类多样，包括通过劳动、投资、经营管理等方式获得的报酬都要缴纳个人所得税。个人所得税征收采取的是累进税率，税率低至 31% 高达 85%，收入越高，其缴纳的个人所得税款也就越多。同时，瑞典有着高达 98% 的遗产税，导致前人的财富很难一代代传下去。瑞典高额的税收政策，有力地调节了收入分配差距，保障了低收入人群福利的享受。

其次，其有着完善的社会保障制度。瑞典是世界上公认的幸福指数较高的国家。其社会福利制度囊括了社会保险、医疗保障、社会服务和社会福利四个部分。可以说，当今瑞典的社会保障体系照顾了生老病死残孕、上学、就业等人生阶段，照顾了从低收入群体到高收入群体等不同社会阶层，甚至，它还普及外国移民，让他们和本地居民一样享有同等的权利。瑞典通过在不同群体、不同地区、不同人生阶段之间进行社会财富再分配，大大维护了社会收入分配的公平性和合理性。

（二）美国

美国虽然是世界上经济实力强大的国家，但是也仍未能摆脱收入分配差距过大问题的困扰，现如今已经成为发达国家中分配差距最大的国家。根据美国人口统计局公布的数据，2006 年美国基尼系数冲破 0.4 的国际警戒线，2015 年高达 0.479。美国政府积极采取一系列措施，力求缩小贫富差距，使收入分配更加公平合理，从而更好地维护社会与经济的稳定。

制定合理的税收制度。首先，美国采取累进税率进行个人所得税征收，来调节个人收入差距。累进税率跨度较大，为 15%~39%。这就意味着收入越高的人缴纳的个人所得税就越多。所以在美国，通过征收个人所得税缩小收入分配差距有着显著的调节作用。其次，采取比例税进行相关税的征收。如美国的富人在进行资本投资时，还需要缴纳资本利得税；进行继承遗产或接受赠与时要缴纳遗产税或赠与税；每年将会按照约房价的 10% 缴纳房地产税。美国对于税收采取累进税率和比例税率相互配合，对合理分配收入起到了有效的调节作用。在对高收入群体实施严格的税收征收的同时对于低收入人群实行税收减免制度。不仅如此，美国政府甚至对低收入群体实施税收保护。据有关数据统计，美国40%的税收是由仅占纳税人口2%的高收入群体缴纳的。此外，除了对低收入群体实行税收减免，美国政府也对进行公益捐赠的企业和个人实行税收优惠或者税收减免，目的是在全社会营造政府鼓励慈善公益捐赠的氛围，最终通过第三次分配对收入分配差距进行有效调节。

完善社会保障制度。美国政府通过法律强制手段向每位社会成员根据其自身情况，不同程度地征收社会保障金，但又都平等地享受社会保障等权利。美国的社会保障制度包括了社会福利、社会救助与社会保险。当社会成员失去收入来源，难以继续维持正常生活时，政府便会向这些人分发社会保障金，帮助他们渡过生活难关。低收入阶层、失去收入来源的弱势群体可以从完善的社会保障体系中获得基本的住房福利、医疗福利、养老福利等有力保护。

（三）日本

日本基尼系数曾经直逼0.7。如今的日本是典型的“橄榄型国家”，其基尼系数仅有0.3。

首先，完善的税收制度对收入再分配进行调节。在日本，国家采取累进制，以家庭为单位，按家庭年收入的高低，对个人征收不同的所得税。近十年来，日本对收入高的人课税越来越重，对于低收入及单亲家庭的补贴更加重视。日本有着高昂的财产继承税与赠与税。财产继承税与赠与税高达50%。1000万日元以下是10%，依次递增，5000万日元以上1亿日元以下是30%，3亿日元到6亿日元之间是50%。所以，越来越多的日本富人更加愿意参与慈善公益事业。日本严格的课税制度，最大限度地缩小了社会贫富差距，给本国民众带来了较为满意的生活。

其次，有多元化的社会保障制度。为了更好地保护民众特别是低收入阶层，日本充分重视社会保障制度的建设与推行，其社会保障全社会覆盖，形式品种多样化。对于不同收入阶层，缴纳的社会保障金要求也有所不同。收入越高交纳的社会保障金越高，而收入较低的民众交纳的就相对较少。同时，社会保障以政府负担为主，个人、企业、社会负担为辅。此外，日本政府高度重视民众就业问题。在促进社会就业方面，加大政府财政投入力度，建立严格的就业预算保障制度与多元化的政策体系，给予相关企业优惠政策，促进民众就业，力求达到缩小收入分配差距的目标。

从瑞典、美国、日本三个国家衡平发展经验可以看出，合理的税收政策对调节收入分配差距有着巨大的作用。国家要想实现收入分配趋向公平，很大程度上需要依靠税收手段。当然，在财政大力支持下的优质社会保障福利制度也显得尤为重要。

三、构建与完善我国财税法促进与保障公平分配制度的研究

收入分配是财税理论中极为重要的问题，对收入的财税再分配是财税理论中的核心领域；财税制度具有明显的再分配功能，通过财税制度实施再分配，可有助于实现分配公平。[①] 关注个体利益分配与国家财政分配的关系，秉持制度正义，兼顾效率与公平，必然要贯穿于财税法的相关制度之中。财税法如何有效地调节收入分配的问题，笔者认为应当高度重视财税法制度设计的针对性、有效性和系统性，形成有效促进和保障收入分配公平的制度合力。

（一）收入调节机制的财税法完善

首先，落实个人所得税改革，进一步完善新制度。2019 年 1 月 1 日，我国迎来了个人所得税法自 1980 年出台以来的第七次修订，也是新中国成立以来进行的覆盖面最广、力度最大、以减税为主的个人所得税制度的修订。该制度采取统一的七级超额累进税率，按年征收个人所得税。此次修订也首次建立了综合与分类相结合的个人所得税制，将工资薪金、劳务报酬、稿酬和特许权使用费等 4 项主要劳动性所得纳入综合所得征税范围，从而促进了相同收入劳动者的横向公平。其次，将个税起征点由 3500 元 / 月提至 5000 元 / 月，减轻劳动者负担。更重要的是，此次修订增加了子女教育、赡养老人、住房贷款、住房租金、继续教育、大病医疗等 6 项与人民群众生活密切相关的专项附加扣除。[②] 允许从税基中刨除个人在承担不同社会责任时所产生的生活成本，无疑将对缩小贫富差距、让社会更加公平产生积极作用。但是笔者认为，如果我国在个税改革的基础上能够参照建立以家庭为单位进行个税申报，效果也许更加显现。我们可以按照家庭收入总计来计算个人所得税，不必区分家庭成员之间的分配明细，这样可以避免家庭成员的部分个人收入

---

① 张守文:《公平分配的财税法促进与保障》，北京大学出版社 2017 年版。

② 《推进个人所得税改革，促进社会公平正义》，载国家税务总局官网。

偏高而交纳更多的个税。

其次，引导企业和市场将更多的收入分配给劳动者。目前《企业所得税法》对安置残疾人员支付的工资可以加计扣除，鼓励企业吸收社会残疾群体，帮助其就业，改善生活质量。《企业所得税法》第 30 条实际上还允许对“国家鼓励安置的其他就业人员”支付的工资加计扣除，但目前国务院尚未确定除残疾人员以外的其他人员，这是对国家法律落实不到位的问题。既然法律已经授权国务院可以出台鼓励安置其他就业人员的优惠政策，国务院就应当抓紧研究落实。提高劳动分配率重点是提高低收入群体的劳动报酬，因此，“国家鼓励安置的其他就业人员”应当主要指低收入群体，除残疾人员以外，还可以包括下岗失业人员以及领取低保的家庭等。企业向上述人员发放的工资都可以加计扣除。

（二）地区调节机制的财税法调整

税收优惠制度直接决定了生产要素的流动方向。一旦国家给予某地特殊的优惠政策，投资者就会蜂拥而至。近年来，中国税务部门认真贯彻落实支持西部大开发的税收优惠政策，对符合条件的企业给予 15% 企业所得税低税率优惠等；认真落实支持东北等老工业基地振兴、中部崛起等税收优惠政策，积极推动了区域协调发展。为更好支持“一带一路”建设、京津冀协同发展和长江经济带发展，分别出台了一系列跟进和改进税收服务与征管的措施。为推动城乡均衡发展和乡村振兴战略，认真落实了一系列惠及农业、农村、农民的税收优惠政策，有力地促进了城乡差距的缩小和美丽乡村的建设。“千钧将一羽，轻重在平衡”，税收促进均衡发展的作用越来越得到充分发挥和提升。

（三）财产税调节机制的财税法创新

财产税种的免税额和累进税率可以对现存财产进行较大程度的调节，从而缩小不同主体存量财产的差距。我国目前针对个人征收的主要财产税是房产税和车船税。我国《房产税暂行条例》对“个人所有非营业用的房产”免征房产税，无法对个人拥有的房产进行贫富调节。未来我国应当全面对“个人所有非营业用的房产”征收房产税，但应当设置免税面积，以确保居民的基本居住权。房产税的税率应设置三个以上的档次，以更好地发挥其调节居民对住房占有差距较大的作用。

发达国家的基尼系数之所以并不高，遗产税在其中发挥了重要作用。遗产税作为限制最高收入群体财富增长速度的重要制度，对缩小居民之间的财富差距具有重要作用。开征遗产税的作用不仅仅在于富人实际缴纳了多少遗产税，更在于向富人宣示国家应当追求公平分配的目标，促使富人提前通过各种方式将财富转移给其他社会群体。目前我国尚未开征遗产税，我国应当设计合理的遗产税，加快遗产税的落地征收。

（四）社会福利调节机制的财税法保障

财税法可以通过对低收入劳动者的教育和培训，提高其劳动技能，从而提高其取得的劳动报酬。劳动者取得报酬的多少在很大程度上取决于其劳动的价值，取得低报酬的劳动者往往是简单的体力劳动者，缺乏较高的劳动技能和知识。如果政府能在基础教育、技能教育和职业培训等方面加大投入，为低收入群体提供免费或者低费教育，则可以大大提高他们在初次分配中取得的收入，从而可以提高整个社会的劳动分配率。党的十八届三中全会明确提出："大力促进教育公平，健全家庭经济困难学生资助体系，构建利用信息化手段扩大优质教育资源覆盖面的有效机制，逐步缩小区域、城乡、校际差距。"同时也强调要推进学前教育、特殊教育、继续教育改革发展。

对社会保险费设置不同的缴纳比例可以对居民的收入进行调节。我国应当对高收入群体征收较高的社会保险费，低收入群体征收较低或者不缴纳社会保险费。十八届三中全会提出了"健全多缴多得激励机制"的目标，但未明确指出健全的方向。社会保险由于是强制参保，并不需要过多依赖"多缴多得"的方法来激励参保主体参保，而应当在这个阶段使用法律的强制力让高收入群体多承担一些社会保险的责任，适当减轻低收入群体承担社会保险的责任，从而对收入分配进行调节。"适时适当降低社会保险费率"，这一政策应当理解为降低低收入群体的社会保险费率，高收入群体应当适当提高社会保险费率。其次，在社保基金不足以支付居民的社保待遇时，可以考虑用其他财政收入来弥补社保基金。目前我国财政资金投入社保领域的比例还比较低，无法满足社保资金保障居民基本生活的需要。"健全社会保障财政投入制度，完善社会保障预算制度。"由于我国每年财政支出的总额是一定的，提高投入社保的比例就必然降低投入其他领域的比例，因此，未来应当认真研究哪些支出可以适当压缩。

目前，针对单纯贫困群体的基本社会福利是低保制度，但仅靠低保生活的群体很难维持基本生活。如自2019年7月1日起南京市城乡低保标准调高至每人每月900元。由此可见，我国目前的低保制度主要还是一种补贴制度，并非保障居民最低生活水平的制度。国家提出“推进城乡最低生活保障制度统筹发展”的目标，但未明确提出低保制度应当能够维持最低生活水平的原则。未来我国的最低生活保障制度应当对不同贫困状况的群体提供高低不同的补助，没有任何收入来源的群体获得可以维持最低生活水平收入的补助，有部分收入来源的群体获得可以维持最低生活水平的收入与其实际收入之间差额的补助。

财税法治有助于协调各利益主体之间纷繁复杂的关系，使财税改革凝聚起最大共识。[①] 目前，我国贫富差距已经进入高风险区域，收入差距、地区差距以及城乡差距进一步扩大，缩小贫富差距势在必行。在我国当前的法治环境下，财税法衡平发展功能有利于解决社会主要矛盾，促进社会平衡发展，使全国人民能够真正意义上共享改革开放发展成果。

---

① 刘剑文:《财税改革的政策演进及其内含之财税法理论———基于党的十八大以来中央重要政策文件的分析》，载《法学杂志》2016年第7期。

其他金融财税法问题篇

地方政府投资的财政部门监督机制研究

邹焕聪　王治富*

摘　要 ▶ 国家和各地出台的有关政府投资管理、财政监督的法规和规章大多会涉及财政部门监督，但有关地方政府投资专门的财政部门监督条款少，法治尚不健全。通过规范分析，可以看出地方政府投资财政部门监督存在监督原则不准确、监督内容不明晰、监督方法不完善、监督结果的运用不充分等问题。针对这些问题，需要构建财政部门的依法监督原则、引导与效益原则、全过程灵活监管原则，明确以资金拨付监督为中心、以预算监督和决算监督为基本点的监管内容，完善绩效评价机制和信用监督机制等监督方法，发展七大监督结果运用的类型。

关键词 ▶ 地方政府投资　财政部门监督　法治完善

一、地方政府投资财政部门监督机制亟待研究

从狭义上看，财政监督是指财政部门依法对财政运行相关主体的财政财务行为所实施的监控、检查、稽核、制裁、督促和反映等活动的总称。[①] 相较于地方政府投资的主管部门监督，地方政府投资的财政部门监督更具有专门性和针对性，即对财政、财务和会计等事项实施监督，是地方政府投资监督体系的重要组成部分。财政部门监督在政府投资中肩负着极其重要的作用，可以说是财务监管的中枢，因此研究财政部门的监督机制，显得尤为重要。该监督的依据来源于国务院给财政部门划定的职责和法律、法规、规章以及规范性文件的

* 作者单位：江苏大学法学院。

① 参见财政部干部教育中心组编：《现代财政监督研究》，经济科学出版社 2017 年版，第 2 页。

规定。“完备的财政管理与监督制度增强了财政的可持续性和规范度，有利于国家聚拢财富和维护公众利益。”[①]目前财政部门的监督依据仍处于完善的过程中，涉及的内容众多，其中监督原则、监督内容、监督方法、监督结果的运用等是制定和修改法律文件中亟需解决的问题，也是构建地方政府财政监督体系的重点和难点。

2019年出台的《政府投资条例》把财政部门和人大、审计、监察等对投资的监督归为一类，作出一样的监督规定，没有根据各部门监督的自身特点作出更具有针对性的规定，不利于部门工作的开展。其他地方性法规和规章对财政部门监督规定得不完善，主要表现在对上述四个重点问题规定得不充分、不明确，存在立法缺失现象。目前《财政部门监督办法》、各省财政监督条例的关注点在于以财政为中心的所有监督事宜，难免不能深入地方政府投资监督的领域。本文通过规范分析，考察以投资为中心和以财政为中心的法律文件的监督条款，并对上述四个重点问题展开论述，以期对地方政府投资财政部门的监督提出法治建议。

二、地方政府投资财政部门监督机制的主要问题

截至2018年底，郑州市、贵阳市、珠海市、广州市、深圳市、汕头市等6个地方人大机关出台了有关政府投资管理的地方性法规，重庆市、邯郸市、乌鲁木齐市、太原市、青岛市、宁波市、浙江省等7个地方政府出台了地方政府规章，对财政部门的“监督原则”“监督内容”“监督方法”进行了详细不同的规定（限于篇幅，不再进行专门的规范分析）。与此同时，在财政监督方面，还有专门的立法。财政监督的专门性规定很早就有立法实践，比如《财政部门监督办法》和各省级财政监督条例等。本文挑选江苏、山东、湖南、西藏这四个地方的文件进行分析，对规范性文件中涉及“监督原则、监督内容、监督方法、监督结果的运用”的条款予以总结、提取、归类（见表1），可以直观地看到规范性文件规定的情况。

① 贾洁蕊：《中国古代财政与国家治理：历史的轨迹》，载《地方财政研究》2019年第4期。

表 1　有关财政监督部门规章、地方性法规对财政监督的规定

序号	文件名	监督原则	监督内容	监督方法	监督结果运用
1	财政部《财政部门监督办法》（2012 年 5 月 1 日实施）	无	9 大项内容，见法条［（一）财税法规、政策的执行情况；（二）预算编制、执行、调整和决算情况等］	全过程的监督、绩效监督、信息化手段监督、专项监督和日常监督相结合、监控、督促、调查、核查、审查、检查、评价等方法	作为预算安排的重要参考依据；根据监督结果完善相关政策、加强财政管理
2	《江苏省财政监督条例》（2017 年 12 月 1 日实施）	依法、客观、公正、公开	14 大项内容，见法条［（一）财税法律、法规的执行情况等］	日常监督和专项监督相结合、财政检查（检查组）、财政核查、调取、查阅、核实、查询等	一是及时报告；二是依法公开；三是公共信用信息建设；四是作为预算安排、完善政策的依据；五是信息共享；六是帮助监督对象
3	《山东省财政监督条例》（2009 年 3 月 17 日实施）	合法、客观、公开、公正	13 大项内容，见法条［（一）部门预算、决算编制的内容、程序和方法，部门预算执行的进度、效率和效益，部门预算变更的范围、权限和程序等］	监督与财政管理相结合、财政监督与审计监督相协调、源头监管、过程跟踪和绩效评价，事前审核、事中监控和事后检查相结合、运用电子信息技术	将重大问题，向本级人民政府和上一级人民政府财政部门报告，并可以向有关部门通报或者向社会公告
4	《西藏自治区财政监督条例》（2005 年 3 月 1 日实施）	公开、公平、公正	11 大项内容，见法条［（一）各预算部门及其所属单位预算编制、执行、调整和决算情况等］	调查、稽核、检查、询问、核实等方法，直接监督与委托监督相结合，专项检查、综合检查与日常检查相结合、委托中介机构检查	向本级人民政府报告财政监督中发现的重要情况和问题、和其他经济监督部门之间互通信息

续表

序号	文件名	监督原则	监督内容	监督方法	监督结果运用
5	《湖南省财政监督条例》（2000年7月1日实施）	无	7大项内容，见法条［（一）本级各部门和单位的预算编制、执行、调整和决算等］	审查、稽核、检查（检查组）、调查、询问、核实、财政监督一般与日常的财政、财务收支管理结合、专项检查、综合检查	无

经过分析，地方政府投资财政部门监督机制的主要问题有：

（一）监督原则不准确

从各地政府投资项目管理条例来看，没有任何一个文件规定监督的原则是什么，《政府投资条例》也仅仅提出“依法……”，我们暂且将其称为“依法监督原则”，由此可见，原则性规定在上述文件的制定过程中并没被重视。从各省财政监督条例来看，随着时间的推移，监督原则被明确制定出来，从2000年《湖南省财政监督条例》的“无”到2017年《江苏省财政监督条例》的“依法、客观、公正、公开”，是法治的进步。但是财政监督，要义不仅仅在于“管”，而且要进一步理解“如何管”的问题，比如针对特定的资金用途进行管理，“国家完善有关政策措施，发挥政府投资资金的引导和带动作用”。财政监督的原则要与国家的整体经济发展规划相适应，国家要求其发挥应有的作用，而上述文件并没有体现这一点。有的地方容易形成“胡子工程”“烂尾工程”“闲置工程”“面子工程”“政绩工程”等，造成国家资金的大量浪费，原因在于忽视政府投入的产出比，部分投资效益低下。根本原因在于立法时未能对政府投资的财政监督做好原则性布局，重实际操作，而轻理论研究。抽象出原则，对监督的适用起着总揽全局的作用，根据行政法原理，行政过程中法律具体规定缺位的情况下，应根据法律原则处理案件，监督原则不准确将导致实践中监督方向的离散，把握不住重点。

（二）监督内容不明晰

关于各地政府投资项目管理条例和各省财政监督条例对监督内容的规定，

主要存在三个问题。一是规定缺失，存在立法空白。比如珠海市仅规定了“审批、工程预算、工程结算和竣工财务决算”，然后以“按照各自职责对政府投资项目进行管理和监督”兜底，实际上是对财政部门监督没有具体的规定，这样就会造成地方政府投资思路不清、规定不明的问题。再比如有的规定了“信息共享”“利用科学技术”等，有的没有规定。二是规定不清晰，对监督的内容一笔带过，存在很大的解释空间，如深圳规定市财政部门对政府投资项目的财务活动实施管理和监督，但是没有明确哪些属于财务活动，哪些不属于财务活动，还有《江苏省财政监督条例》规定了 14 大项监督内容，但是具体到政府投资这一块，仅明确规定了监督政府投资基金的问题，然而政府投资基金不等于《政府投资条例》中的预算安排的资金，因此还需要进一步明确。三是重点不突出。哪一部分是监督的重点？能不能形成一个体系化？财政“大监督”环境下，不能“眉毛胡子一把抓”，财政部门也抓不过来，关键是抓重点、抓要害，集中力量办大事，对事关紧要易发生的问题要重点监督，对于不可能或者很难发生问题的部分可以适当监督。然而，从上述条款上看，财政部门监督的内容散见于各法条之中，亦没有轻重缓急之分，中心不突出。以上种种问题，归根结底就是监督内容不明晰的问题，如果规定清楚了，各地方只要贯彻落实即可。

（三）监督方法不完善

监督方法的不完善主要体现在两个方面，一是多而低效，二是方法缺失。监督方法众多，从文件比对可以看出，各地根据本地实际，制定了多种多样的监督方法。如对代表性项目开展后评价、在线监测、跟踪评审、全过程管理、调查、检查、直接监督与委托监督相结合等不胜枚举。以上监督方法，保障了监督职权的行使，随着时间的变化，越来越多的监督方法被制定出来，然而，市场主体的增多、经营方式的变化，不断给监管带来新的挑战，监督方法不在于多，而在于长期有效、监督的可持续性发力，真正形成监督的场域。考察现行规定方法，“追踪问效机制”和“绩效评价机制”是财政部门主要的两个长期有效的监督方法，需要继续深入研究，但是在以上文件中规定过于简单，不利于充分发挥其效用。随着社会治理的发展，信用体系建设的不断推进，构建地方政府投资的信用监管机制成为必然要求。而监督方法不完善的原因仍然可以说是对财政部门监督机制的研究不足，未能做到与时俱进，同时很多条款出台较早，是十几年前的规定，但是2019年制定的《政府投资条例》未规定信用监督的内容，不能不说是遗憾。就目前来说，“跟踪追效”“绩效评价”“信用监督”是长期有效的监督方法，但仍需完善。

（四）监督结果的运用不充分

监督结果的运用问题也有两个方面，一是结构性的，从整体上看出现大面积立法空白；二是内容性的，内容还需要补充。《政府投资条例》仅规定“信息共享”和“信息公开”两项，13部各地政府投资项目管理条例也很少有规定财政部门监督结果的运用。好在国务院《财政部门监督办法》和各省财政监督条例对监督结果的运用作出了些许规定，虽然结果运用规定得不全面、不充分，但具有一定的前瞻性和探索性。2017年《江苏省财政监督条例》规定了6种结果运用的类型①：一是及时报告；二是依法公开；三是公共信用信息建设；四是作为预算安排、完善政策的依据；五是信息共享；六是帮助监督对象。以上6种监督结果，基本上包括了其他规范性文件中相关规定，但是作为地方性法规，只能在江苏省内运用，在没有明文规定的其他地方，如何运用监督结果，充满了随意性。而且，江苏省规定的结果运用类型也未能充分发挥监督结果运用的效果，还可以提出更多运用的方式方法。一开始的监督都轰轰烈烈、声势浩大，如果越往后期的监督越“偃旗息鼓”，无法充分运用监督结果，就会导致前面的监督工作发挥的效用也不能充分展现出来，不利于财政部门监督目标的实现。

三、地方政府投资财政部门监督机制的法治完善

（一）建立监督原则

1. 依法监督原则。依法监督原则是财政部门的行使监督职权和履行监督职责的基本遵循，监督过程中检查、核查、审查、处理等各项活动的开展、处理问题的程序、权限等，都必须以“法”为依据，“法无明文规定即禁止”，离开了“法”的规定，监督相关活动就禁止进行。这个“法”的含义可以包括宪法、法律、行政法规、规章、地方性法规等文件，关键在于监督行为要有“依据”，不能因为个人意志或者部门意志随意开展监督工作。依法监督

① 参见《江苏省财政监督条例》第4章“监督结果运用”和第39条至第44条之规定。

的内涵包括法治精神之公正、平等、公开、正义，“政府投资监管必须实事求是，平等对待被监督对象，兼顾各方利益，财政监管信息要符合政务公开要求”①，财政部门的监督行为必须是为了正义的事业，不能违背监督的目的。依法监督原则在所有原则中应具有统领作用，一切活动即使符合其他原则，也不能违反依法监督原则。这要求财政部门要时刻用法治的思维办事，作出一项行为时，首先应考虑的是有没有法律等依据，而不是凭私人利好任性处置。

2. 引导与效益原则。地方政府投资的监督结果将作为法规、政策的制定和修改依据，反过来，法规、政策要求政府投资资金的引导和带动作用，鼓励社会资金投入，亦要体现在监督的原则之中，这样二者才能循环往复，良性互动。财政部门监督的过程和内容要注重发挥政府投资资金的引导作用，把钱用在符合政策的刀刃上，势如破竹深化改革，带动薄弱地区和领域经济增长。监督也要注重效益，“效益”不等于“营利”，“政府投资资金投入项目应以非经营性项目为主”，政府尊重市场，不代表要如市场主体一样逐利，相反，政府应当为公众提供更多的福祉。效益是指项目对国民经济所作的贡献，地方政府投资同样要讲回报、多产出（产出不一定是经济性盈利，也可是环境保护、文化建设、生态优化等方面），注重多方面的效益。同时，也应当注意长期效益和间接效益需要时间来体现，不可过早下定关于否定投资“效益”的结论，以免误判，要保证政府投资有效性，不是过于保守，要给创新的项目提供有力的资金环境，从而有利于地方政府投资的创新发展。

3. 全过程灵活监管原则。“全过程”要求财政部门的监管范围要涵盖项目建设的“预备到既遂”全部阶段，包括项目支出预算编制、预算审核、资金拨付、竣工决算、绩效评价等环节。灵活监管，不是随意、任意监管，也要事先通过规范性文件规定下来，再执行，主要体现在监督方法、方式的多样性，因地制宜采取灵活的措施监督，包括线上与线下监督相结合、直接与委托监督相结合、专项与综合监督相结合、日常与突击监督相结合等。行政法要求行政行为要符合比例原则，本文引入这种理念，将其改造成为符合地方政府投资特点的“灵活监管原则”。灵活监管的原则要求财政部门不得违规干扰被监督项目

① 湖北省人大常委会预算工作委员会编:《政府投资监督》，湖北长江出版集团、湖北人民出版社 2011 年版，第 49~51 页。

的正常运行，通过比较，选择既能达到监督效果，又能达到“少扰民”的监督方法和监督措施，换言之，财政部门的监督行为要符合手段与目的的适当比例，树立“服务”意识，寓服务于监管之中，灵活使用监督方法、采取监督措施。

（二）明确监督内容

财政监督内容庞杂，需要分清楚重点，让地方财政部门始终把握住监督工作的大方向。研究上述立法文件后，本文指出监督内容的“一个中心，两个基本点”，即以资金拨付监督为中心、以预算监督和决算监督为基本点。

1. 资金拨付，说到底是“出钱”的活动。地方政府投资的资金拨付，涉及诸多环节，如果监督不力，仅靠自我约束，很容易出腐败等问题。地方政府投资可分为省直项目投资和市县项目投资，对省直项目的资金拨付，要严格按照支出预算、项目进度和合同、竣工决算、绩效评价等，按照国库集中支付的方式严格拨款；对市县项目的资金拨付，同样按照上述标准，但是采取对下转移支付的方式，由省财政厅拨到市县项目所在地的财政专门账户，财政部门要严把资金拨付关，成为监督的中心。

2. 预算监督机制，即对支出预算编制、审核与执行的监督管理。《预算法》规定，财政部门具体编制预算、决算草案，负责预算执行的具体工作，加强对预算支出的监管，安排部署编制决算草案。首先是预算编制的监督。支出预算编制要具有合法性和合理性，关键在于让投资资金的预算安排有章可循，预算编制应设立“项目入库”制度，设立省、市、县三级项目库，采取先评审入库，再编制支出预算的模式。其次是支出预算的审核。要根据地方财政状况与经济社会发展水平，量力而行，在法律法规规定的范围内，特别考虑地方投资的国家方针、政策，按照法定程序，高效高质完成审核，报同级政府审定。最后是执行，支出预算的执行具体工作，要根据绩效管理的要求开展。“由于财政预算资金量大、对国民经济发展方向与发展战略起着决定性作用，对预算的绩效管理从一开始就必须采用绩效监督型管理制度。”[①] 实际上，《政府投资条例》也明确规定了政府投资应当注重绩效，2018 年修正的《预算法》也规定了各级预算应当讲求绩效，因此地方政府投资的支出预算绩效监管有着立法实践

① 孙放：《中国政府投资法律制度研究》，华东政法大学 2012 年博士学位论文。

和现实实践，值得地方政府贯彻落实。如果预算做得好，将会给之后的决算等监管工作带来很多益处，如果预算做得不好，会带来很多不必要的麻烦，因此财政部门务必要做好预算监督工作。

3. 决算监督机制，即对竣工财务决算编制部署、评审与批复工作的监督管理。监督竣工财务决算编制部署、评审与批复工作，是财政部门监督的第二个基本点工作。财政部门部署编制工作，要科学、合理，具体到单位和负责人，做到规范、可行。关于竣工财务决算评审与批复，财政部出台了数部文件规定①：项目决算批复部门应按照先审核后批复原则，由财政部批复的项目决算，一般先由财政部委托财政投资评审机构或有资质的中介机构进行评审，根据评审结论，财政部审核后批复项目决算等。上述虽然不是针对政府投资的，但具有参考价值，地方财政部门的监管工作可参照执行。经财政部门批复生效的决算，是项目获取尾款、产权登记、物权变动的重要依据。作为一项具体行政行为，决算一旦生效即具有行政法上的确定力，非经法定事由和法定程序，不得撤销、变更。财政部门对决算的监督，要严格按照程序，构建超期有利于被监督人制度。如果财政部门无正当理由超过评审期限或者预期不作出批复，那么视为项目财务决算通过，可进入项目验收阶段，由此造成的后果由财政部门承担。

（三）完善监督方法

监督方法的完善主要有两个方面，一是对现有的两种长期有效的方法进行改进，二是构建新的财务信用监督机制。

1. 健全地方政府投资资金的追踪问效机制。作为贯彻“全过程灵活监督原则”和“引导与效益原则”的具体措施，追踪问效机制通过对每一笔财政支出的流向、用途等内容进行追踪监督，确保财政资金使用规范、安全、高效。对于资金流向、用途不明或者违法违规情况，要及时处理、修正，这种全过程监督，有利于防止资金被挪用、侵占等。追踪问效不仅要注重全过程监督，还要“问效”，即对资金使用的“效益”进行监督，对于效益好的，要予以肯定，考虑是否推广；对于效益差的，要及时采取补救、阻止、挽回措施，防止损害进

① 参见《基本建设项目竣工财务决算管理暂行办法》（财建〔2016〕503号）和《中央基本建设项目竣工财务决算审核批复操作规程》（财办建〔2018〕2号）。

一步扩大。

2. 完善地方政府投资的绩效评价机制。作为“引导与效益原则”的具体化，绩效评价机制特指财政部门对地方政府投资资金的使用管理过程及其效果进行综合性考核与评价。绩效评价作为一种现存的监督方法，在很多领域中都存在，其效果也是显而易见的，其本质是追求预设目标的实现。2018 年财政部曾规定[①]，“受益对象为社会公众的政府购买公共服务项目，应当积极引入第三方机构开展绩效评价工作”，因此建议引入第三方机构。相较于财政部门自身开展评价，第三方机构评价更专业、独立，财政部门针对第三方提供的评价报告再进行监督即可，对于有疑惑的地方及时提出，要求第三方和被监督对象作出解释，这样有利于财政部门集中监督资源，更好地行使监督职权。项目前期、中期、后期，都应开展绩效评价，绩效评价的主要内容以财政部门的监督内容为内容，绩效评价指标依据评价内容设定，可以通过打分制来确定评价的等级，指标的选取要紧紧把握绩效评价的目的，还要具有可操作性，能落实评价行为，打分制要求能量化的尽量量化，不能量化的再主观评价，主观评价与客观评价相结合，得到真实、合理的评价结果。财政部在扶贫、水污染防治、城市管网专项资金绩效评价等方面都有明文规定，相关部门每年都会向社会公布评价情况，有着丰富的实践经验。建议根据地方政府投资资金绩效评价的特点，制定《地方政府投资资金绩效评价办法》。

3. 构建地方政府投资的信用监督机制。信用监督机制作为信用社会的重要组成部分，是一种新的监督方法。“健全社会信用体系，加快构建以信用为核心的新型市场监管体制，让声誉机制的威慑作用真正生效，是应对当前监管挑战的可行之策。”[②] 早在 2014 年，国务院就印发了《社会信用体系建设规划纲要（2014–2020 年）》，推进了社会信用体系的建设。2016 年又出台了国务院《关于建立完善守信联合激励和失信联合惩戒制度加快推进社会诚信建设的指导意见》，之后在湖北、上海、河北、浙江 4 省市试点，已制定配套社会信用地方性法规，对社会信用建设等各方面进行了详细规定。2019 年《政府工作报告》指出，要推行信用监管，优化执法方式，让失信者寸步难行，让守信者一路畅通。因此，信用监督机制被纳入财政部门开展信用监督方法之一，能

① 参见《关于推进政府购买服务第三方绩效评价工作的指导意见》（财综〔2018〕42 号）。

② 陈丽君、杨宇:《构建多元信用监管模式的思考》，载《宏观经济管理》2018 年第 12 期。

充分发挥政府职能部门的示范、引导作用，符合“引导与效益原则”。具体可实行打分制和四色名单制，打分制的目的一方面是与社会征信体系接轨，另一方面作为四色名单颜色评定的重要依据。打分制的标准，可按照社会信用评价标准执行，但是为了更好发挥信用监督的效果，还可以接着实施四色名单制。红、绿、黄、黑名单对应的是信用良好、信用一般、信用修复、信用差三种类型。对于红名单，应适用“守信联合激励”；对于绿名单，帮助其成为红名单防止其成为黑名单；黑名单即为信用差（不讲信用）的失信单位或个人，应适用“失信联合惩戒”；黄名单处于信用修复阶段，到期后，既可能成为绿名单，也可能成为黑名单。四色名单制应注意锁定信用评定结果的期限，避免频繁变更，根据项目计划书及建设阶段、工期、进度等合理确定信用重新评定的期间。财政部门作出的信用评定报告应长期保存，留档备查。构建信用监督机制，是一个长期的系统工程，对于社会整体来说，影响深远、意义重大。政府作为投资者，应首先讲诚信，加强公信力建设，同时鼓励与引导被监督单位讲信用、守约定。

（四）充分运用监督结果

经过以上各种监督方法对监督内容进行监督，会得到一些诸如绩效评价、信用评价、重大问题的监督结果，但如何发挥财政部门对地方投资的监督作用，就要看如何运用评价结果了。借鉴《政府投资条例》《江苏省财政监督条例》等文件关于监督结果运用规定的长处，提出以下运用方面：

1. 及时向上级机关报告。这里的“上级”，既包括上级财政部门，也包括同级人大和政府，即业务上具有指导或者领导关系的上级。针对监督的内容，财政部门应当将发现的重大问题，及时向本级人民政府和上级财政部门报告，并向有关部门通报。财政部门报告的内容应当是经财政部门确认有效的监督结果，在自己职责范围内能处理的应当自行依法处理，做到“矛盾不上交”，无须及时报告（但需要在年初或者年终时报告），只有超出职权或者重大的情况才及时报告。

2. 作为政府信息公开的重要内容。每个监督阶段工作结束后，财政部门应将监督结果报本级政府同意后，在本级政府部门辖区范围内公开，并在财政部门专题网站上公布，各方主体均可上网查询。实现政府信息公开，丰富其内容，有利于经济发展。同时有利于加强社会监督，提高公众参与感和参与度，让公众切实感受到地方政府投资带来的获得感。

3. 用于公共信用信息建设。财政部门应当按照规定将行政处罚、对负责人的处分、优秀信用奖励、嘉奖等情况报送公共信用信息系统。另外，还要作为守信激励和失信惩戒的依据，与国务院正在推行的信用建设相衔接，充分发挥监督结果在社会信用建设方面的运用，扩大信息流量，让更多的人看到社会信用建设的成果，自觉参与社会信用建设。

4. 作为预算安排、完善相关制度的依据。财政部门要根据监督结果情况，完善相关制度，加强财政管理。"政府年底'突击花钱'和财政资金结余结转占比偏高的背后反映的是政府预算进度执行滞后问题"[①]，解决这个问题的有效做法就是采取预算绩效管理，监督结果可为下一个类似项目预算编制提供先验性参考，使预算更切合实际需要，而不是机械地比照往年或者以期类似项目而编制。财政部门在监督的过程中难免会遇到问题，遇到问题解决问题，更长远的考量是对制度的完善。财政部门要总结经验，改进不足，提高自身管理能力和水平。

5. 与监察、审计等部门信息共享。政府各部门之间应加强信息沟通和成果共享。财政部门的监督结果能够满足监察、审计等部门履行职责需要的，监察、审计等部门应当加以利用。政府各部门之间的监督是系统化的有机一体，不是各自为政的"单打独斗"，各行政部门要精诚合作、协调配合、互相制约、互相监督。其他各部门要珍惜财政部门得来的监督成果，充分发挥现有监督成果的效益，避免无效的重复监督，给被监督对象带来不利影响。

6. 反馈、帮助被监督对象。监督结果要充分听取被监督对象的陈述和讲解，让被监督对象及时了解监督结果，财政部门要有"服务意识"，结合被监督对象的实际情况，切实可行地提出改进管理措施，帮助其完善管理制度，以提高资金使用效益。

7. 作为领导干部及其他相关人员的考核、问责依据。监督结果出来后，结果为优秀的，要对相关领导干部的能力予以肯定，在考核中予以加分；出现问题的就要寻找产生问题的原因，是被监督对象本身的问题，还是相关领导干部没有履行好法定职责，要对未尽法定职责的领导干部问责，培养一支懂投资、

---

① 崔军、李苗：《我国政府预算执行进度滞后问题研究：整体状况与地区差异——基于全国、省级与地市级的财政数据》，载《经济纵横》2019年第5期。

勇担当、抓实干的工作队伍。为了“完善政府投资项目监督与约束机制，充分发挥监督机构在责任追究中的作用”①，还要对项目单位的相关人员进行问责，政府投资的项目一般具有非营利性，多为基础设施建设，涉及民生福祉，对项目单位负责人或者项目主管人员不尽职、不勤勉，造成监督结果出现问题的，同样要追责。

① 李振华：《政府投资立法研究》，中国政法大学出版社 2013 年版，第 8 页。

初探仲裁实务中关于第三人的相关问题

王传柱 *

摘　要 ▶ 没有第三人制度是民商事仲裁与民商事诉讼的显著区别之一。然而，随着民商事交往日益复杂化，在处理民商事仲裁案件的实践中，涉及第三人的情况愈发常见，在案件审理过程中，由于没有仲裁第三人制度，导致案件事实无法查明、仲裁程序拖延或第三人利益无法得到有效保护的情况时有发生。因此，在实践中，基于查明案件事实、快速处理纠纷及第三人利益保护的需要，出现了要求在仲裁中引入第三人的呼声。仲裁作为与诉讼并行的争议解决方式，有其特殊性，仲裁管辖权的取得来之于当事人的授权——仲裁协议，这与诉讼管辖权基于法定或约定有着很大的区别，这客观上也造成了法律对于两者的第三人制度截然不同的态度。诉讼第三人制度由民事诉讼法予以明确规定，对于第三人的加入或追加、第三人的诉讼地位、权利义务等均有着明确的规定，而对于仲裁第三人制度而言，我国仲裁法并未对此进行明确规定。在仲裁实践中，囿于法律规定及严格的司法审查，也导致仲裁机构或仲裁庭对仲裁第三人制度抱有谨慎态度。对于是否可以在仲裁中引入第三人制度，理论及实务界均存有不同意见。鉴于此，本文针对仲裁实践中关于第三人加入的问题，从法律及仲裁规则的规定入手，通过分析第三人加入的争论，探究是否可以在仲裁中引入第三人制度，以期在正确理解《仲裁法》和仲裁规则的基础上，充分发挥仲裁高效的制度特性，为当事人之间纠纷得到快速解决提供制度保障。

关键词 ▶ 仲裁第三人　理论探讨

---

*　作者单位：南京仲裁委员会案件承办二部。

一、仲裁第三人概述

（一）仲裁第三人的概念

仲裁第三人是相对于仲裁当事人的一个概念，因此准确界定仲裁第三人，需要先明确仲裁当事人的概念。对于仲裁当事人，目前国内大部分学者的意见是一致的，即是指依据共同的仲裁协议，能够以自己名义提起或参加仲裁，行使仲裁权利，履行仲裁义务，受仲裁结果约束的自然人、法人或其他组织。从仲裁当事人的概念可以看出，仲裁当事人之间必然存在着共同的仲裁协议，否则仲裁程序的“参与人”无法落入仲裁当事人的范畴。在现行的法律框架下，狭义的仲裁第三人应是指与仲裁程序当事人之间具有共同的仲裁协议，案件的处理结果与其有法律上的利害关系，为保护自己的合法权益而参加到仲裁程序中的人。然而，这种定义也存在很大的局限性，在仲裁实践中大量出现的非共同的仲裁协议签字人的“第三人”，如何以“第三人”的身份进入仲裁程序的问题，在现行法律制度下，无法解决，故本文将着重讨论广义的仲裁第三人，即与正在进行的仲裁有利害关系，为共同仲裁协议当事人或虽非仲裁协议的签字人，但是根据相关法律规定或理论，可以将其视为仲裁协议当事人或仲裁当事人与第三人达成了补充的仲裁协议成为仲裁协议当事人，为保护自己的合法权益而主动申请仲裁或参加到正在进行的仲裁程序中的人。第三人参与仲裁是由于仲裁裁决会影响其法律上的权益。

（二）仲裁第三人的类型

1. 基于共同仲裁协议的仲裁第三人

（1）原共同仲裁协议当事人的仲裁第三人

如拟加入或被追加进入仲裁程序的仲裁第三人，为原仲裁协议的当事人，由于三方之间具有共同的仲裁协议，因而在此情形下，仲裁机构或仲裁庭有权决定是否同意该第三人是否进入仲裁程序，而无须经原仲裁程序当事人的同意。如甲、乙、丙、丁四方订立借款合同，约定甲为借款人，乙为贷款人，丙、丁为担保人，因乙未能按时还款，甲以乙、丙为被申请人申请仲裁，要求乙偿还借款，丙承担担保责任，在仲裁过程中，甲又申请将丁追加为被申请人，由于四方具有共同的仲裁协议，因而仲裁机构或仲裁庭决定是否同意丁进入仲裁程序，并无障碍，也无需乙、丙、丁的同意。

（2）达成补充仲裁协议的仲裁第三人

如仲裁程序的当事人申请追加第三人进入仲裁程序，而该第三人并非仲裁协议的当事人，在此情形下，仲裁机构或仲裁庭通常会就是否达成补充仲裁协议，并同意加入仲裁程序征求仲裁程序当事人及第三人的意见，而在这种案件中，达成补充仲裁协议与同意加入仲裁程序是具有一致性的，如未能达成补充仲裁协议，则也表明有一方或多方不同意该第三人进入仲裁程序，如达成了补充仲裁协议，一般也同意加入仲裁程序。

2. 基于法律规定的仲裁第三人

我国相关法律并未就仲裁第三人直接进行规定，散见于其他法律中，也主要是分立、合并、继承等，如合同法第90条规定分立合并后，由分立合并后的主体继受原合同的权利义务，再如根据继承法第33条规定继承人在继承范围内对债务承担清偿责任，最高人民法院《关于适用〈中华人民共和国仲裁法〉若干问题的解释》（以下简称仲裁法司法解释）第8条①则再次对此予以明确，对于这类非原仲裁协议签字人的第三人进入仲裁程序并无争议。

（1）关于合并、分立中的仲裁第三人

合并、分立前的法人或其他组织订有仲裁协议的，由于合并、分立后的法人或其他组织继受合并、分立前的法人或其他组织的权利和义务，虽然合并、分立后的法人或其他组织并非原仲裁协议的签字人，但是由于继受了相关的权利义务，故其原仍受原仲裁协议的约束。但是考虑到仲裁意思自治的原则，仍然赋予原仲裁协议当事人在订立合同时，对该类情形下仲裁协议的继受的排除权。

（2）关于继承中的仲裁第三人

与法人或其他组织对应的是自然人，自然人生前订有仲裁协议的，如其继承人继承遗产，根据继承法第33条的规定，继承人在继承范围内对被继承人的债务承担清偿责任。但是如果没有继承人或无人继承遗产，根据继承法第32条的规定，遗产归国家或集体组织所有，此种情形下，由于国家或集体组织

① 最高人民法院《关于适用〈中华人民共和国仲裁法〉若干问题的解释》第8条规定："当事人订立仲裁协议后合并、分立的，仲裁协议对其权利义务的继受人有效。当事人订立仲裁协议后死亡的，仲裁协议对承继其仲裁事项中的权利义务的继承人有效。前两款规定情形，当事人订立仲裁协议时另有约定的除外。"

并非继承法第10条规定的继承人，且认定财产无主也是由基层法院认定，因而笔者认为此种情形下，国家或集体组织并不符合仲裁法司法解释第8条的情形，故国家或集体组织不受原仲裁协议的约束，而应直接由法院处理。

3. 基于相关理论的仲裁第三人

合同相对性原则是合同法的一个重要原则，仲裁协议本身也受合同法的约束，因而仲裁协议也应遵循相对性原则，故仲裁协议仅对签署方有效，非书面仲裁协议的签字方，不受该协议的约束，这似乎是合同法及国际商事仲裁的基本原则。[①] 但是，随着社会经济的发展及法律研究的深入，合同相对性的例外日趋增多，因而对于仲裁协议效力扩张的研究逐渐增加，有的学者称，仲裁协议效力扩张的情形为“仲裁协议对未签字人的效力”，而实现效力扩张的仲裁协议则称为“长臂的仲裁协议”[②]。也有学者认为仲裁协议效力扩张意指在国内外立法普遍确认了鼓励和发展仲裁原则的大背景下，人们为了支持仲裁、鼓励仲裁，在特定的情况下，不再固守传统的仲裁理论，仅将仲裁协议的效力及于书面协议的签字人，而是将其扩大到未签字方。[③] 对此，笔者持赞同意见，如果在限制仲裁发展的法律环境中，仲裁协议效力的扩张必然是无法实现的。但是，对于这类第三人是否可以进入仲裁程序，目前是有所争议的，比如在现代商业环境中，公司集团的形式非常常见，居于控制地位的控制公司通过人事、财务、股权等形式控制着集团内的其他公司，在此情形下，控制公司是否受其控制下的公司签订的仲裁协议约束呢？在这方面首开先河的是1960年Fisser v. Internation Bank案，法官在分析此问题时指出，实施控制的母公司漠视了子公司和其独立实体地位，故应被看作是同一实体，因此子公司签订的仲裁协议对母公司具有约束力。[④] 虽然该案中，法官运用这种制度将仲裁协议非签字的控制公司引入仲裁程序，但实际上是这是有争议的，仲裁机构作为民间性的第三方争议处理机构，不宜通过对公共利益的认定而扩大仲裁协议的约束方，且在该案例中也是通过法院认定仲裁条款对控制公司有效。我国仲裁法也规定了违反公共利益的裁决，法院可以撤销或不予执行，因此仲裁协议对控制公司是否

① 傅静坤：《二十世纪契约法》，法律出版社1997年版，第1页。

② 赵健：《长臂的仲裁协议：论仲裁协议对未签字人的效力》，载《北京仲裁》2005年第4期。

③ 刘晓红：《仲裁协议效力扩张的特殊情形》，载《中国仲裁》2004年第6期。

④ 杨秀清、韦选拾：《仲裁协议效力扩张若干问题研究》，载《仲裁研究》2007年第1期。

有效，应当通过法院确认，而在我国的仲裁实践中，也无相关的案例表明母公司应受子公司的仲裁条款的约束。此外，基于仲裁司法审查的要求，基于相关理论的仲裁第三人几乎没有出现过。

当然，基于相关理论的第三人类型多样，并不仅局限于前述母子公司，因此本文将在后文继续予以探讨。

二、国内关于仲裁第三人的现状

我国对仲裁的司法监督主要体现在法院有权对仲裁协议效力进行确认、有权撤销仲裁裁决或不予执行仲裁裁决[①]，因此，法院对于仲裁第三人的态度，在很大程度上左右了仲裁机构对仲裁第三人的接纳与否。在我国的司法实践中，一般认为，不是仲裁协议当事人的第三人不能参加仲裁程序，最高人民法院在1998 年“江苏物资集团轻工纺织总公司诉（香港）裕亿集团有限公司、（加拿大）太子发展有限公司侵权损害赔偿纠纷上诉案”的裁定中认为：“本案当事人均应受合同条款的约束，即使本案涉及第三人，在仲裁庭不能追究第三人责任的情况下，轻纺公司可以以第三人为被告向人民法院另行提起诉讼，当事人的合法权益仍然可以维护。”最高人民法院在该案的裁定中认为在仲裁案件中涉及第三人的，应以第三人为被告另行起诉。2013 年 3 月最高人民法院《关于成都优邦文具有限公司、王国建申请撤销深圳仲裁委（2011）深仲裁字第 601 号仲裁裁决一案的请示的复函》：“案涉担保合同没有约定仲裁条款，仲裁庭关于主合同有仲裁条款，担保合同作为从合同应当受到主合同中仲裁条款约束的意见缺乏法律依据。仲裁庭对没有约定仲裁条款的担保合同进行审理并作出裁决，担保人王国建申请撤销该仲裁裁决中涉及其作为担保人部分的裁项的理由成立。”再次确认了最高人民法院对于仲裁第三人是持否定意见的，尽管我国不是判例法国家，但是最高法类似案件裁定仍然对下级法院有着示范效应，这也在一定程度上影响了国内仲裁机构对引入第三人的积极态度。

目前，国内大部分的仲裁机构对于仲裁第三人持谨慎态度，鲜有仲裁机构的规则有关于第三人的明确规定，大部分是以追加当事人的方式引入第三人，

① 江苏省高级人民法院《关于审理民商事仲裁司法审查案件若干问题的意见》第 1 条规定：“仲裁司法审查案件包括申请确认仲裁协议效力、申请撤销或执行我国仲裁裁决以及申请承认和执行外国仲裁裁决的案件。”

因而可以说国内目前没有实质意义上的仲裁第三人。

而在仲裁实践中出现大量的涉及第三人的案件，如保险合同纠纷、担保合同纠纷、债权转让纠纷、代位权纠纷、代为求偿权纠纷等，实践处理并不一致，如人身保险合同纠纷，投保人与被保险人或者受益人不一致的情形下，被保险人或受益人并非保险合同的签字人，发生保险事故后，被保险人或受益人依据保险合同申请仲裁，实践中并未予以禁止，而对于财产保险合同纠纷，现行保险法并未对财产保险规定受益人，由于实务中存在债权人要求债务人在投保时将债权人列为受益人的情况，在财产保险合同中约定受益人是否有效的问题上即存有争议，更加导致此情形下，所谓的受益人无法依据保险合同中的仲裁条款申请仲裁。

从上我们也可以看出，对于非仲裁协议签字人能否进入仲裁程序的司法审查，缺乏统一尺度，这也影响了仲裁机构的规则制定，笔者为此查阅了国内一些知名仲裁机构的仲裁规则，除广州仲裁委员会仲裁规则规定了第三人外，国内鲜有仲裁机构直接就第三人问题进行规定。要说明的是，广州仲裁委员会仲裁规则虽然对第三人加入进行了规定，但其前提仍然是第三人与当事人之间具有共同的仲裁协议或事后达成补充仲裁协议。现代仲裁制度起源于欧洲大陆，我国仲裁法颁布实施20余年，有必要对仲裁法实施过程中出现的如日渐增多的第三人等新问题进行梳理，才能更好地保障当事人的利益，为仲裁制度的发展提供法律支撑。

三、特殊类型案件中的仲裁第三人

（一）涉他合同纠纷

根据合同的效力是仅及于合同当事人还是当事人以外的第三人的标准将民商事合同分为涉他合同与束己合同，涉他合同是指当事人双方订立的合同中涉及第三人的利益，包括向第三人履行的合同和由第三人履行的合同。仲裁案件中，涉他合同的第三人是否受仲裁条款的约束，能否申请仲裁或加入已经进行的仲裁程序中呢？针对涉他合同中第三人的诉讼地位，最高人民法院《关于适用〈中华人民共和国合同法〉若干问题的解释（二）》（以下简称《合同法解释（二）》）第16条规定，法院可以根据具体情况将合同法第64、65条规定的第三人列为无独立请求权的第三人，但不得依职权将其列为有独立请求权的第三人或者被告。从该规定看，最高人民法院认为合同当事人之间的争议与第三人是有利害关系的，因而可以将其列为第三人。在仲裁案件中，该第三人虽非仲裁协议的签字人，但如其同意加入正在进行的仲裁程序中，应视其接受仲裁协议的约束，其可以视其为仲裁协议的当事人，在经仲裁程序双方当事人的同意后，其得以进入仲裁程序，成为仲裁程序的当事人；如仲裁协议当事人在已经进行的仲裁程序中请求追加第三人进入仲裁程序，笔者认为，由于其并非仲裁协议的签字人，此时应将是否同意加入仲裁程序的选择权交由该第三人，而不能参照《合同法解释（二）》的规定由仲裁庭或仲裁协议的当事人来决定。

（二）债权债务转让纠纷

债权转让纠纷中，涉及三方关系，分别是债权（务）受让人、债权人、债务人，根据合同法第80条的规定，债权转让应当通知债务人，否则该转让不对债务人发生效力，合同法第84条规定债务转让的，应经债权人同意。仲裁法司法解释第9条[①]规定，债权债务（部分）转让的，除另有约定、受让时明确反对或不知有单独仲裁协议外，仲裁协议对受让人有效。该规定明确了受让人对于仲裁协议的排除权，但是债权或债务转让的生效条件是不同的，对于债权转让而言，通知债务人即可，对于通知的方式法律在此并未明确规定；而对于债务转让而言，需要征得债权人同意，那么，在债权债务转让中，原债权人或债务人是否可以与受让人之间没有仲裁协议为由，拒绝接受仲裁管辖，法律并未明确规定。达成仲裁协议是双方当事人的自愿行为，债权或债务转让从本质上看，虽然并不是合同的概括转让，受让人与原债权人、债务人之间发生的是债权债务的转移，从常理上看不能当然地认为原债权、债务人与受让人之间受原仲裁条款的约束，但结合仲裁法司法解释第9条，受让人排除仲裁前提是另有约定或明确反对或不知晓有仲裁协议，而原债权人、债务人对是否有仲裁协议是明确知晓的，且选择仲裁也是其原来的意思表示，因而仲裁法司法解释并未赋予原债权人、债务人排除仲裁协议的权利，故笔者认为，不宜对此进行扩大，而应严格按照司法解释的规定执行。对于合同的概括转让，由于必然涉及受让人、债权人、债务人事前的协商，受让人承继转让人的相关权利，除非

① 最高人民法院《关于适用〈中华人民共和国仲裁法〉若干问题的解释》第9条：债权债务全部或部分转让的，仲裁协议对受让人有效，但当事人另有约定，在受让债权债务时受让人明确反对或者不知有单独仲裁协议的除外。

另有约定或有受让人所不知的单独的仲裁协议外，受让人与原债权人、债务人仍受原合同仲裁条款的约束。

（三）代位权纠纷

对于代位权，合同法第73条规定债权人可以向人民法院请求以自己的名义代位行使债务人的债权，实践中如债务人与次债务人约定之间的债务由仲裁管辖，发生行使代位权情形时，债权人究竟是向法院起诉还是依据仲裁条款向仲裁机构申请仲裁呢？实践中各地法院对此也有不同的认识，有的法院认为，最高人民法院《关于适用〈中华人民共和国合同法〉若干问题的解释（一）》（以下简称《合同法解释（一）》）第14条规定，代位权纠纷由被告住所地人民法院管辖，该解释明确了代位权纠纷的诉讼管辖，虽然债务人与次债务人之间约定了仲裁管辖，但是债权人与次债务人之间并无仲裁条款，因此应依据法律规定，由法院诉讼管辖。[①]有的法院则认为，我国合同法司法解释规定，次债务人对债务人的抗辩，可以向债权人主张。这种抗辩既包括实体上的抗辩，也包括程序上的抗辩。债权人提起的代位权诉讼，其实质是代债务人向次债务人主张到期债权，基于保护次债务人管辖利益立场，代位权人应当受该仲裁条款的约束[②]。对此，笔者认为，代位权是对合同相对性的突破，代位权人即债权人通过法律规定取得了以自己名义向次债务人主张债务人对次债务人的债权，从法律地位上看，债权人取得了对次债务人债权请求权，次债务人也可以向债权人主张对债务人的抗辩，接受仲裁条款约束并未加重任何一方的义务，代位权与债权转让虽然有所区别，但是可以参考债权转让中的关于仲裁协议的相关论述。

（四）代位求偿权纠纷

保险法第60条规定，保险人向被保险人赔偿保险金后，代位行使被保险人对第三者赔偿的权利，但是保险人取得代位求偿权后向第三者求偿的，是否受被保险人与第三人间仲裁条款的约束呢？同样，在实践中，各地法院对此认

① 广东省高级人民法院（2015）粤高法立民终字第301号民事裁定书，载ttp://wenshu.court.gov.cn/content/content?DocID=78b833bb-40e2-4d44-9cd2-cd9530b43093，2017年10月23日访问。

② 上海市高级人民法院（2017）沪民辖终29号民事裁定书，载http://wenshu.court.gov.cn/content/content?DocID=0b2f892a-0682-4135-9cd4-a74800fc1541，2017年10月23日访问。

识不一，有的法院（如广东省高院）认为保险代位求偿权是依法取得的实体求偿权不是依据债权债务转让合同取得的债权，在代位权人未明确表示接受仲裁条款的情况下，不应受合同仲裁条款约束。① 而有的法院（如江苏省高院）则认为代位求偿权是法律规定的债权转让，代位权人提交了被保险人与第三者之间的合同，说明其对仲裁条款是知晓的，其未明确反对，因此仲裁条款对代位权人有效，案件应由仲裁管辖，人民法院没有管辖权。②

法院的不同意见主要集中在代位求偿权的性质，债权拟制转移说认为虽然在保险人偿付保险金后被保险人的债权消灭，但该债权已移转给保险人；赔偿请求权说认为保险人在给付保险金时起，取得与其已赔付的债务的请求赔偿权；债权移转说认为代位求偿权实质上是保险人法定受让了第三人的债权，无须被保险人及债务人的同意，该说目前为大多数学者所采纳，广东省高院及江苏省高院也是持该观点的，二者的区别在于广东省高院认为代位权人取得的是实体求偿权，不适用仲裁法司法解释第9条，在此情形下，除非代位权人明确表示接受仲裁条款，否则不受仲裁条款约束，而江苏省高院的观点是相反的，认为法定债权转让也适用仲裁法司法解释第9条。从仲裁法司法解释第9条规定看，该规定并未排除法定债权转让的适用，因而笔者赞同江苏省高院的意见。

（五）涉及分支机构的纠纷

对于分支机构以自己的名义对外签订的合同中约定仲裁条款，合同相对方在申请仲裁时，是否可以将总公司列为共同被申请人，有的法院认为对于领取营业执照的分支机构，其具有民事主体资格，有权对外签订合同并作为当事人参与诉讼或仲裁，根据合同相对性原则，仲裁条款仅约束合同双方当事人，虽然公司法规定分支机构的民事责任由总公司承担，但这仅是总公司与分支机构之间的实体责任承担问题，根据仲裁自愿原则，总公司并未与相对方订立仲裁

① 广东省高级人民法院（2014）粤高法立民终字第1875号民事裁定书，载 http：//wenshu.court.gov.cn/content/content?DocID=665d3713-693e-492c-9a01-3950deea05ee，2017年10月23日访问。

② 江苏省高级人民法院（2015）苏商辖终字第00101号民事裁定书，载 http：//wenshu.court.gov.cn/content/content?DocID=5bd3088e-f904-4f94-a201-925fbd3aa52c，2017年10月23日访问。

协议，因而仲裁协议对总公司没有约束力。[①] 但是基于同样的理由，有的法院则认为分支机构的权利义务及民事责任应由总公司承担，因此分支机构与相对方的仲裁条款对于总公司发生法律效力。[②]

笔者认为，对于涉及分支机构的仲裁案件，应区别对待，对于未领取营业执照的分支机构，其本身并无民事主体资格，在民事诉讼中，以设立该分支机构的法人为当事人，但仲裁与诉讼是有差异的，由于该分支机构并未领取营业执照，双方签订的合同由于该分支机构并不具有行为能力，因而不能认为双方签订的仲裁条款符合仲裁法第 17 条[③] 的规定，因而仲裁协议无效，故总公司在此情形下，不受分支机构仲裁条款的约束。对于领取营业执照的分支机构，其具备独立的诉讼主体资格，根据担保法第 17 条的规定，分支机构不能以其自身财产足额对外清偿的，由总公司承担责任，在无证据证明总公司对干预或控制其分支机构的经营行为的情形下，总公司并无仲裁意思表示，因而不宜将总公司列为被申请人，此外，根据最高法《关于人民法院执行工作若干问题的规定（试行）》第 78 条，在执行申请人对分支机构执行过程中可以将企业法人列为被执行人的前提是作为被执行人的该企业法人分支机构不能清偿债务，虽然第三人不受仲裁裁决约束，但案件执行程序中，既判力和执行力依照法律规定均可以扩张，即在符合法定情形下，即使生效执行依据未将第三人载明为债务人，执行程序仍可将其变更或追加为被执行人，对第三人产生强制执行上的权利义务关系[④]。因而，不将总公司列为共同被申请人并不会损害该合同相对方的权利。对于领取营业执照的分支机构，如该分支机构已经注销，注销行为是总公司作出的，总公司对其所负债务承担责任，为保护合同相对方的利益，总公司应受原仲裁条款的约束。

---

① 江西省萍乡市中级人民法院（2016）赣 03 民特 16 号民事裁定书，载 http://wenshu.court.gov.cn/content/content?DocID=fa7c1f61-0148-4e68-8c9f-e65f17a0fa26，2017 年 10 月 23 日访问。

② 北京市第三中级人民法院（2014）三中民（商）特字第 12997 号民事裁定书，载 http://wenshu.court.gov.cn/content/content?DocID=27efd595-09d3-48f6-b0a5-b09a155e9bbe，2017 年 10 月 24 日访问。

③ 《中华人民共和国仲裁法》第 17 条："有下列情形之一的，仲裁协议无效……无民事行为能力人或限制行为能力人订立的仲裁协议……"

④ 四川省高级人民法院（2016）川执复 41 号执行裁定书，载 http://wenshu.court.gov.cn/content/content?DocID=3407e818-5d30-4f7a-b2ba-51f43dc7511c，2017 年 10 月 24 日访问。

（六）清算中涉及仲裁的纠纷

清算包括非破产清算及破产清算。非破产清算是指在公司解散时，在财产足以偿还债务的情况下，依照公司法的规定所进行的清算。有限责任公司的清算组由股东组成，股份有限公司的清算组由董事会或股东大会确定的人员组成。公司清算前签订了仲裁条款的，在清算中及清算后，清算组是否受仲裁条款的约束？公司法第 185 条规定，在清算期间清算组代表公司参加诉讼，根据该规定，在清算期间，清算组也应受公司在清算前签订的仲裁条款的约束。在清算结束后，因清算不当造成相对人损失的，相对人是否可以依据仲裁条款对清算组的成员申请仲裁呢？有的法院认为，双方签订的仲裁条款只约束合同当事人，仲裁条款效力不能及于清算组的成员。[①] 有的法院则认为清算组的成员作为原公司的权利义务继受者，根据最高人民法院《关于适用〈中华人民共和国仲裁法〉若干问题的解释》第 8 条的规定，受仲裁条款的约束。[②] 笔者对此认为，清算不当，造成相对方损失的，根据最高人民法院《关于适用〈中华人民共和国公司法〉若干问题的规定（二）》第 11 条规定[③]，清算组的成员应当承担赔偿责任，相对方对于原公司的债权因瑕疵解散而消灭，同时基于瑕疵解散行为，相对方对清算组的成员产生新的债权，这种权利与原债权的性质不同，并不是对于原债权的继受，因而对清算组成员而言，其并未与相对方订有仲裁条款，故其不受仲裁条款的约束。

对于破产清算而言，进入破产程序后，破产企业的债务纠纷，是否具有可仲裁性，清算组是否受原仲裁条款的约束，各地法院对此有不同认识。有的法院认为根据企业破产法第 21 条的规定，有关债务人的民事诉讼只能向受理破

---

① 湖南省长沙市中级人民法院（2013）长中民五仲字第 01078 号民事裁定书，载 http：//www.court.gov.cn/cpwsw/hun/hnszsszjrmfy/ms/201405/t20140508_1011231.htm，2017 年 10 月 24 日访问。

② 山东省日照市中级人民法院（2014）日民仲撤字第 11 号民事裁定书，载 http：//wenshu.court.gov.cn/content/content?DocID=174599d1-94a7-458b-962c-0eb6c101dbdc，2017 年 10 月 24 日访问。

③ 最高人民法院《关于适用〈中华人民共和国公司法〉若干问题的规定（二）》第 11 条："公司清算时，清算组应当按照公司法第一百八十六条的规定，将公司结算清算事宜书面通知全体已知债权人，并根据公司规模和营业地域范围在全国或者公司注册登记地省级有影响力的报纸上进行公告。清算组未按照前款规定履行通知和公告义务，导致债权人未及时申报债权而未获清偿，债权人主张清算组成员对因此造成的损失承担赔偿责任的，人民法院应依法予以支持。"

产申请的法院提起。[①]有的法院则认为，企业破产法第21条的规定是对破产企业所涉的民事诉讼的统一管辖问题作出规定，并未明确规定企业进入破产清算程序后，此前与其他民事主体订立的仲裁协议一概失去效力，进而导致相关纠纷仅能向受理破产申请的人民法院提起民事诉讼。因此，认为进入破产清算程序后与他人签订的仲裁协议即失去效力，相关纠纷应由受理破产申请的人民法院进行审理的理由不能成立。[②]笔者也赞同该意见，仲裁法或其他法律并未将此排除在可仲裁的范围外，清算组也应受原仲裁条款的约束。

四、有限制引入仲裁第三人的制度构建

前文对仲裁第三人的概念、引入的争议、理论基础以及域内外立法、仲裁规则的比较、特殊类型案件中的仲裁第三人等进行了阐述，从这些论述，我们可以发现实践中出现了特殊类型案件的仲裁第三人，而各地法院在司法审查中尺度不一，因而确有必要在不全面建立仲裁第三人制度的基础上，针对特殊类型案件的仲裁第三人的制度构建进行探讨。

（一）有限制引入仲裁第三人立法模式的选择

仲裁是区别于诉讼的争议解决方式，具有灵活自主的特点，因而仲裁立法也应遵循这一特点，而我国是统一的成文法国家，法律的制定和修改具有严格的程序，因而关于第三人的仲裁立法宜宽不宜细，这就涉及立法模式的选择。关于第三人的仲裁立法模式选择，已经形成了间接和直接立法两种模式，对于该两种立法模式的含义，有的学者认为间接立法模式是指不在仲裁规则或者仲裁法直接规定仲裁第三人加入仲裁的前提条件，而是通过仲裁规则或者仲裁法作一些较为原则的规定，给予法院或仲裁庭在一定条件下允许第三人加入仲裁的自由裁量权。直接立法模式则是指在仲裁规则或者仲裁法中，明确允许仲裁第三人加入仲裁的条件。[③]对此，笔者认为，立法是有权机关根据其立法权限进行法律制定的过程，仲裁机构制定仲裁规则的行为并不是立法行为，因而关

---

① 海南省第二中级人民法院（2015）海南二中立终字第3号民事裁定书，载http：//wenshu.court.gov.cn/content/content?DocID=8e6bb2ab-1a52-4ad7-93ce-c66946b2a5c9，2017年10月24日访问。

② 江苏省宿迁市中级人民法院，（2016）宿13民特1号民事裁定书，载http：//wenshu.court.gov.cn/content/content?DocID=64218540-46c1-4e48-8a8f-a7280102c01e，2017年6月15日访问。

③ 萧凯、罗骁：《仲裁第三人的法理基础与规则制定》，载《法学评论》2006年第5期。

于仲裁第三人仲裁规则的制定不宜被认为是直接立法，也不能将这种模式视为直接立法模式。基于此，笔者认为，直接或间接立法模式，应以是否在法律中直接规定仲裁第三人为标准进行区分，直接立法模式意指在法律中直接规定仲裁第三人的立法模式，而间接立法模式则是仅在法律中授权仲裁机构在仲裁规则中对仲裁第三人予以规定。

我国目前有 200 多家仲裁机构，各家仲裁机构在体制机制、运行方式、发展模式上多有不同，大部分仲裁机构仍属于事业单位，少部分仲裁机构为参公管理单位或企业化管理单位，仲裁机构间的案件受理量、仲裁收费金额、仲裁员数量及办案质量等存在较大差异，因而仲裁立法应充分考虑到这些现实状况，可在法律中明确仲裁不适用第三人制度，但针对特殊类型案件，可以在经法院或仲裁机构审查后，有限制地引入第三人，并对可以适用仲裁第三人案件类型、条件进行规定，同时不宜在法律中直接对该类仲裁第三人加入程序作出强制性规定，而应授权仲裁机构，对仲裁第三人的加入程序等进行规定，亦即宜采用间接立法模式。

（二）关于有限制引入仲裁第三人的立法内容

1. 关于仲裁第三人的适用条件

确定仲裁第三人的范围是引入仲裁第三人的基础，仲裁第三人是仲裁意思自治原则下合同相对性的例外，因而应当严格限制仲裁中第三人的范围，不宜对仲裁第三人的范围过分扩大。对此，可以适用两个标准：

（1）形式标准，即第三人与当事人之间的争议具有表面上的牵连关系。

（2）实质标准，该第三人不是原仲裁协议的签字人。第三人是与案件有利害关系的非仲裁协议签字人，借用诉讼第三人的分类，仲裁第三人同样也可能具有独立请求权或不具有独立请求权，对于有独立请求权的第三人，如该第三人与一方或双方当事人之间关于争议解决约定了诉讼主管，则该第三人与当事人之间的争议应由法院处理，不应纳入仲裁第三人的范围；如该第三人与当事人之间没有仲裁协议，由于第三人对于当事人之间的争议标的具有独立请求权，其可以根据民事诉讼法的规定，依法向法院起诉，因而也不应纳入仲裁第三人的范围。笔者认为，结合本文对广义仲裁第三人的定义，仲裁第三人应当是具有共同仲裁协议或虽非仲裁协议的签字人，但是根据相关法律规定，可以将其视为仲裁协议当事人，或仲裁当事人与第三人达成了补充的仲裁协议，进而主动申请仲裁或参加到正在进行的仲裁程序中的人。对于基于相关理论的仲裁第三人，从仲裁实践及司法审查的需要，并结合国内外立法、仲裁规则看，应当有限制地允许该类第三人加入仲裁程序或主动申请仲裁。

2. 关于仲裁第三人的加入方式

第三人可以主动要求加入正在进行的仲裁程序，也可以由一方或双方当事人提出追加第三人，对于第三人主动要求加入的，要听取当事人的意见；而对于一方或双方当事人要求追加第三人的，则应当听取第三人的意见，且上述两种情形下，是否同意追加，组庭前由仲裁机构决定，组庭后由仲裁庭决定。关于仲裁庭是否可以主动追加的问题，笔者认为仲裁不具有司法性，多数国家的法律或者仲裁机构的仲裁规则也均未规定仲裁庭可以追加第三人，因此不应赋予仲裁庭主动追加的权力。

3. 关于仲裁第三人的地位及相关权利义务

目前大部分仲裁机构的仲裁规则对于第三人的规定是“追加当事人”，追加后，该第三人即被视为申请人或被申请人，裁决文书中也不会将被追加的当事人列为“第三人”。如前所述，有独立请求权的第三人，并不在仲裁第三人的范围，故对此不作赘述，对于无独立请求权的第三人，其对争议标的没有独立请求权，因而其进入仲裁程序后，并非仲裁案件的当事人，此时应在仲裁程序中明确该第三人并非当事人，而是第三人。即便这样，由于无独立请求权第三人对于案涉利益通常是与一方当事人利益相关的，故此时无独立请求权第三人虽然并不具有当事人的身份，但仍应当赋予该第三人与当事人等同的，诸如回避、选定仲裁员、管辖异议等相关权利，且无独立请求权第三人也应履行相关义务。

4. 第三人加入的异议

第三人可由一方或双方当事人追加，也可以由第三人主动加入。由于第三人加入涉及对仲裁协议的突破，因而应赋予当事人或第三人对第三人加入的异议的权利，对此，可以参考仲裁法现行对确认仲裁协议的法律规定，异议人可以在首次开庭前向仲裁机构或仲裁机构所在地中级人民法院申请对第三人加入异议进行确认。

5. 关于仲裁第三人的救济

如前所述，赋予了当事人及第三人对于第三人加入的事中异议权，同时应当赋予当事人及第三人关于第三人加入的事后救济的权利。现行仲裁法中同时规定了当事人对于裁决的撤销及不予执行的申请权，对此，也可以参考该规定，给予第三人申请撤销仲裁裁决及申请不予执行的权利。

（三）关于仲裁第三人的仲裁规则制定

如前所述，法律可就仲裁第三人的范围、加入及地位等进行规定，并授权仲裁规则对第三人加入的异议、决定主体、仲裁庭组成、举证等进行细则规定。

1. 第三人加入的决定主体

第三人可由一方或双方当事人追加，也可以由第三人主动加入。如任何一方已向法院申请对加入异议的确认，则是否追加由法院进行确定，如仅任何一方向仲裁机构提出异议或虽未提出异议，但仲裁机构或仲裁庭主动审查的，则组庭前由仲裁机构决定是否同意第三人加入，组庭后由仲裁庭根据案件情况决定是否同意第三人加入。

2. 仲裁员选定及仲裁庭组成

第三人虽非当事人，但是案件结果是与其有利害关系的，因而也应当给予其选定仲裁员的权利。对于发生在组庭前的第三人加入，仲裁机构可以根据表面证据，决定第三人与申请人或被申请人一方共同选定仲裁员。对于发生在组庭后的第三人加入，大部分仲裁机构的仲裁规则规定仲裁程序继续进行，这也是为了保证仲裁程序不因第三人的加入而发生延宕的需要，笔者也对此持有肯定意见。除此之外，也应赋予第三人举证质证、申请回避、参加庭审等一般性权利。

尽管对于能否引入仲裁第三人尚有争议，但是不能因为存有争议，就对仲裁第三人的现实需要进行回避，从国内现状及国内仲裁机构对仲裁第三人的态度看，我国现阶段不应全面建立仲裁第三人制度，仅可在部分特殊类型案件中，有限制地允许第三人加入。我们应当看到，仲裁第三人并非仲裁的常态，而是例外，如不加节制地引入仲裁第三人，将对仲裁制度意思自治原则的基石造成破坏，最终也将影响仲裁制度的发展。

机动车辆保险纠纷同案不同判问题研究

肖天存*

摘　要 ▶ 机动车辆保险纠纷“同案不同判”问题突出，损害司法公信力和保险诚信度。本文通过典型考察保险产品适用、赔偿限额适用、保险责任界定、专用词语界定等四方面的车险领域“同案不同判”现象，深度分析“同案不同判”现象主要是基于保险立法滞后性、免责条款评判性、司法意见差异性及自由裁量随意性等多重因素交织叠加产生的效应和结果，提出构建“立法司法衔接规则、保险条款监管规则、保险案例指导规则、专业专职审判规则”四位一体的法律适用格局，化解机动车辆保险领域“同案不同判”裁决风险。

关键词 ▶ 机动车辆保险　同案不同判　应对策略　案例指导

“同案不同判”是指上下级法院之间、不同法院之间、不同庭室之间、不同法官之间，对一些相同或者相似的案件，作出大相径庭的判决结果。美国大法官卡多佐说：“如果有一组案件所涉及的要点相同，那么各方当事人就会期望有同样的结果；如果依据相互对立的原则交替决定这些案件，那么就是一种很大的不公。”“同案不同判”不仅损害司法公信力，令社会公众质疑法律信仰，更挑战着公平正义的司法精神。近年来，随着保险业的快速发展，与保险合同纠纷相关的诉讼案件日趋增多，其中“同案不同判”问题突出，甚至部分法院在审理保险合同诉讼案件时，存在违反保险原理、突破保险法律规范裁判等问题，判令保险人负担保险责任之外的超额责任。本文通过典型考察机动车辆保险领域“同案不同判”现象，分析“同案不同判”成因，提出“同案不同判”的应对策略。

* 作者单位：江苏省常州市中级人民法院。

一、“同案不同判”现象的典型考察

近年来，各级人民法院受理各类保险纠纷案件呈大幅上升趋势，在各类保险纠纷案件中，主要涉及保证保险、机动车辆保险、财产损失保险以及健康和意外伤害保险四大类，其中机动车辆保险的比重最高。正是比重最高的机动车辆保险领域“同案不同判”问题严重，不仅损害司法公信力，更损害保险诚信度。机动车辆保险领域“同案不同判”现象主要体现在保险产品适用、赔偿限额适用、保险责任界定、专用词语界定等方面。

（一）保险产品适用

保险产品适用方面的“同案不同判”主要表现为强制保险与商业保险混同问题，主要原因是审判机关没有准确识别强制参加保险人经营的商业性第三者责任保险并不是第三者责任强制保险（即机动车交通事故责任强制保险）。在《道路交通安全法》颁布至《机动车交通事故责任强制保险条例》（以下简称《条例》）生效的“过渡期”内，由于强制保险立法的滞后性，不同省级审判机关对保险人的商业第三者责任险条款采取两种截然不同的做法，一种观点认为商业第三者责任险即为强制保险，另一种观点认为商业第三者责任险仍为商业保险，直接导致“同案不同判”。

将商业保险混同为强制保险的观点认为：投保人所投保的第三者责任险即为《道路交通安全法》所规定的强制保险，审判中将商业性第三者责任险赔偿限额全部视为强制保险赔偿限额，并排除近因原则的适用，如酒后驾车、肇事逃逸等判决保险人一律承担赔偿责任。由于强制保险立法“缺位”导致的特殊法律环境严重损害了保险人的合法权益，也损害了司法公正的形象。

随着最高人民法院明确 2006 年 7 月 1 日前投保的第三者责任保险的性质为商业保险，交通事故损害赔偿纠纷发生后，应当按照保险合同的约定，确定保险公司的赔偿责任，强制保险与商业保险的混同至此终结。

（二）赔偿限额适用

赔偿限额适用方面的“同案不同判”主要表现为是否区分交强险限额问题，主要原因是审判机关没有准确认识到交强险顶层设计的权威性和严肃性。国务院制定的《条例》，明确规定交强险的分项赔偿原则，但在司法实践中，部分基层法院却以违反《道路交通安全法》为由拒绝分项赔偿，坚持判决保险人全额承担交强险限额责任，但大多数法院仍然判决保险人承担交强险分项限额赔偿责任，直接导致“同案不同判”。

判决保险人不分赔偿限额承担交强险赔偿责任的审判机关认为国务院颁布的《条例》第 23 条虽然规定了交强险分项责任限额，但保监会自行制定的交强险条款不是部门规章，且与《道路交通安全法》第 76 条的规定相冲突，其分项赔偿限额应归于无效，保险人应在交强险总赔偿限额项下承担赔偿责任。部分法院以“最大限度保护受害人利益”的名义判决保险人承担全额交强险赔偿责任的做法于法无据，违背司法裁判中法律适用原则，加重保险人的法定赔偿责任，损害交强险法律制度的稳健运行。

我国《保险法》第 186 条第 2 款规定“强制保险，法律、行政法规另有规定的，适用其规定”，随着最高人民法院明确机动车发生交通事故后，受害人请求承保机动车第三者责任强制保险的保险公司对超出机动车第三者责任强制保险分项限额范围的损失予以赔偿的，人民法院不予支持，至此终结交强险赔偿限额的“同案不同判”。

（三）保险责任界定

保险责任认定方面的“同案不同判”主要表现为被保险人因承担连带赔偿责任而支出的款项是否属于商业第三者责任险的保险责任问题，主要原因是审判机关对保险责任应当包括被保险人的损害赔偿责任外，是否还包括连带赔偿责任的理解不同。

部分法院认为保险责任应包括连带赔偿责任，对外不分份额、不分先后，根据权利人的请求承担赔偿责任。连带赔偿责任属于车险第三者责任险保险责任范围，保险人承担赔偿责任后，取得对其他连带责任人的追偿权。部分法院认为保险责任不应包括连带赔偿责任，第三者责任保险合同本身已经属于合同相对性原则突破的情形之一，若将连带赔偿责任纳入保险责任范畴，无疑是对合同相对性的再次突破，弊大于利，保险法律关系和侵权法律关系、合同之债和侵权之债交织在一起，损害赔偿责任和连带赔偿责任混为一谈，法律关系变得更加复杂，还会浪费诉讼资源，增加当事人的成本。

当前，由于司法审判实践对“连带赔偿责任是否属于商业三责险的保险责任”仍存在不同判断和理解，依然存在“同案不同判”现象。笔者以为出于更好地保护受害者和被保险人的利益，将连带赔偿责任纳入商业三责险保险责任更为合适，这也是保险制度建立代位追偿机制的根本意义所在，避免“同案不同判”。

（四）专用词语界定

专用词语界定方面的“同案不同判”主要表现为该专用词语的内涵外延认定问题，主要原因是审判机关对保险条款或保险法律法规方面的专用词语的理解不同而导致“同案不同判”。

《条例》第22条第2款所规定的“财产损失”系广义的物质性财产损失，还是狭义的财物损毁，一直是司法实践中涉交强险案件时的争议问题。部分法院认为仅指狭义的财物损毁，不包括人身伤亡。理由是《条例》第22条所指的“财产损失”与交强险条款中“财产损失赔偿限额”所提及的“财产损失”系同一概念，仅指与人身伤亡相对应的财物损毁，不包括丧葬费、死亡赔偿金、残疾赔偿金等其他人身伤亡所致的经济损失。部分法院认为指广义的与精神损害相对应的物质性财产损失，包括人身伤亡。理由是《条例》第22条规定的“财产损失”应理解为最高人民法院《关于审理人身损害赔偿案件适用法律若干问题的解释》（法释〔2003〕20号）第33条所指的“各项财产损失的实际赔偿金额”，即“物质损害赔偿金”，《条例》第22条所指“财产损失”与该司法解释规定的“财产损失”“物质损害赔偿金”的含义一致，是指与精神损害相对应的广义上的财产损失，包括因人身伤亡产生的各项经济损失，如丧葬费、死亡赔偿金、残疾赔偿金等。

随着最高人民法院明确对《条例》第22条中的“受害人的财产损失”应作广义的理解，即这里的“财产损失”应包括因人身伤亡而造成的损失，如伤残赔偿金、死亡赔偿金等，“财产损失”内涵和外延争议的“同案不同判”至此终结。

二、“同案不同判”现象的成因分析

通过典型考察机动车辆保险领域“同案不同判”现象，发现保险领域“同案不同判”的成因是极其复杂的。最高人民法院民二庭庭长宋晓明认为保险纠纷案件审判面临的形势严峻，主要表现为市场发育还不够成熟、诚信体系亟须建立，保险纠纷案件增多、类型复杂多样、处理难度加大，保险立法尚待完善，司法解释工作尚待跟进。笔者以为保险领域“同案不同判”现象主要是基于保险立法、免责条款、司法意见及自由裁量等多重因素交织叠加的效应和结果。

（一）保险立法滞后性因素

法律本身存在非完备性、不确定性、模糊性乃至于法律空白，这是导致“同案不同判”发生的主要原因。保险立法包括保险合同立法、国务院颁布的《条例》等法律法规。在2006年《条例》颁布前，审判机关在“保险人的商业性第三者责任险是否属于2004年《道路交通安全法》中强制保险制度”认识方面的差异导致保险产品适用方面的“同案不同判”现象。在《条例》颁布后，审判机关在“《条例》规定的分项赔偿限额是否违反《道路交通安全法》强制保险制度”认识方面的差异导致赔偿责任限额适用方面的“同案不同判”现象。

（二）免责条款评判性因素

免责条款本身欠缺实质性评判要件，乃至于程序性评判要件被滥用，这是导致“同案不同判”发生的关键原因。保险合同包括保险条款、保险单及保险费率。免责条款作为保险合同的核心要素，直接决定着被保险人能否获得赔偿的重大利益诉求，我国《保险法》仅规定免责条款是保险合同必备要素及未履行免责条款醒日提示、明确说明义务等程序性要件的不利法律后果，但并未规定免责条款的实质性评判要件，即免责条款在法律层面的实质性评判标准缺失，不同审判机关对商业保险合同中同一免赔事由（保险车辆未年检、未持有效驾驶证、危险程度增加、违反如实告知义务等）的实质性评判要件理解不同，甚至部分法官运用专业专用术语不准确，涉及保险的概念、规范过于绝对化，与保险原理和涉及保险的有效法律规范相冲突等问题时有出现，导致免责条款适用方面的“同案不同判”现象。

（三）司法意见差异性因素

司法意见具有差异性特点，甚至还有地域性的特点，不同省级高法对保险合同法的解释不一致。司法意见包括最高人民法院的司法解释和省级高级人民法院的指导意见。在司法实践中，最高法、不同省高法关于同一问题有着不同的司法意见，如车险条款中关于“免赔率”的规定，山东省高法认为“免赔率”等属于部分免除保险人责任的条款，应当认定为“免除保险人责任的条款”。而广东高法则认为保险合同约定的“免赔率”不属于“保险人责任免除条款”。从《最高人民法院公报》2011年第3期刊登的《段天国诉中国人民财产保险股份有限公司南京市分公司保险合同纠纷案》来看，最高人民法院认为免赔率不属于免责条款。另外还有挂靠的车辆发生交通事故的赔偿纠纷，由于法律未明确规定被挂靠单位是否就车辆的挂靠行为承担何种责任，不同省高法涉及三种处理意见：挂靠人和被挂靠人承担连带赔偿责任、被挂靠人仅在收取车辆管理费范围内承担有限连带责任、被挂靠人不承担损害赔偿责任。司法意见“打架”严重影响司法裁判的公信力，扩大了“同案不同判”的裁决风险。

（四）自由裁量随意性因素

法官自由裁量权具有随意性的倾向，在保险合同法不尽完善时，部分法院出台审判指导性意见或会议纪要，用以指导判案，但未能使法律得到准确适用。法官自由裁量权行使的尺度不统一，特别是在道路交通事故等涉及保险理赔等案件中，缺乏统一标准，部分案件在计算赔偿金额时差距过大，引起当事人的不满和误解，这进一步加剧了“同案不同判”的裁决风险。

三、“同案不同判”现象的应对策略

机动车辆保险领域“同案不同判”现象是基于不同审判理念的反映和结果。在2010年召开的全国法院商事审判工作会议上，最高人民法院第一次明确提出强化和确立商事审判理念，《保险法》属于典型的商事法，保险案件的审理也应树立商事审判的意识，以商事审判的理念指导保险案件的审理。最高人民法院民二庭庭长宋晓明认为对于当前保险案件审判过程中存在的裁量标准不统一的问题，最高人民法院将研究出台相关的司法解释和司法训则，建立案例指导制度。笔者以为以保障法律适用的统一性为目标，提升司法权威性和公信力，化解机动车辆保险“同案不同判”的裁决风险，需构建“立法司法衔接规则、保险条款监管规则、保险案例指导规则、专业专职审判规则”四位一体的法律适用格局。

（一）立法司法衔接规则

防范和化解机动车辆保险“同案不同判”裁决风险的关键路径就是做好保险条款立法层面的顶层设计，保险条款的最优规则就是制定专门的格式条款立法，可以借鉴英美法系国家出台单行法规来调节格式条款的经验，设计我国格式条款单行法，并应详细列举免责条款无效种类。

《保险法》很重要的一个指导思想就是加强对投保人和被保险人利益的保护，同时注重在适用法律上对合同双方当事人利益的平等保护。《保险法》关于保险合同的成立、条款的解释、当事人权利义务的分配等是司法审判和保险经营实务关注的重点和难点。在保险立法存在缺陷时，需要司法解释予以补充。司法解释更应具有公平性和权威性，在保护被保险人利益和为保险人的诚信经营提供健康的司法环境之间取得平衡。当前最高人民法院层面迫切需要对有关保险利益原则、保险合同的成立与生效、投保人如实告知义务、保险人明确说明义务、保险合同纠纷案件的证据规则、近因原则、不利解释原则以及保险理赔等方面的内容予以规范，对影响"同案不同判"裁决风险的环节作出可操作性强、细致性的解释。通过司法解释，消除《保险法》存在的"法律盲区"，以公正的司法规则减少"同案不同判"风险，提升司法公信力和保险人诚信度。

（二）保险条款监管规则

严谨适法的机动车辆保险条款可以防范和化解机动车辆保险"同案不同判"裁决风险。就审判机关受理保险案件情况看，绝大部分是保险合同纠纷，其中机动车辆保险合同纠纷占比最高。保险条款特别是机动车辆保险条款正是在大量诉讼案件的推进下日趋完善的，如推动车辆保险金额按公允价值协商确定、无责可先行获赔、设置适当免赔额等改进型内容。

机动车辆保险条款属于保险监管审批类条款，保监会在推行《机动车辆商业保险示范条款》的基础上，发布《关于加强机动车辆商业保险条款费率管理的通知》（保监发〔2012〕16号）等重要规章，明确规定符合自行开发机动车辆保险条款的保险人，只可以在协会条款基础上适当增加商业车险条款的保险责任，进一步强化对机动车辆保险条款的实质性监管。保险监管机关应突出抓好车险条款是否符合保险条款的基本结构、是否符合法律强制性规定的形式审查，开展保险条款内容的合法性、公平性、合理性的实质审查。应依据《保险法》对此类保险合同要素、合同体例、合同术语、合同条款等重要涉法内容的审核，特别是加强保险产品设计标准化和差异化的监管，加强保单通俗化和标准化监管，对于保险责任、除外责任、说明义务、如实告知等诸多细节，本着最大限度维护保险消费者权益、便于保险消费者理解和解读的原则，制定保险条款统一监管标准。

（三）保险案例指导规则

案例指导制度是指司法机关为正确适用法律、保障司法权统一行使，通过遴选、发布案例的方式指导司法的工作规则。实行案例指导制度，可以避免"同案不同判"现象，实现司法公正，能够起到总结司法经验、提高审判效率、提高司法审判透明度。2009年2月，中央政法委在下发的《关于深入学习实践科学发展观解决政法工作突出问题的意见》中指出：要求加快构建符合中国国情的案例指导制度，充分发挥指导性案例在规范自由裁量权、协调法治统一性和地区差别性中的作用，减少裁量过程中的随意性。这为我国建立案例指导制度提供了直接的政策依据。在司法实践中，最高法的指导性案例与省高法的典型案例的效力是不同的。最高法发布的指导性案例是"应当参照"，而省级高法发布的典型案例只具有"说服性、参考性"的作用，而没有明确的约束力。

美国大法官霍姆斯说："法律的生命不在于逻辑，而在于经验。"国内外的保险司法实践表明：保险类指导性案例至关重要。如存在停车场的汽车被盗损失20万元，保险人赔偿20万元后取得代位追偿权，停车场收费5元，那么保险人应追偿20万元还是5元，这就涉及合同性质的界定，是保管合同还是收取5元钱租赁费，司法判决不同赔偿就不同，就会导致"同案不同判"风险，此时就需要法律判例制度来指导，通过指导性案例为相同或相似案件提供统一的法律适用标准，保证裁判结果的一致性，实现同案同判，从而有效维护法制统一。

（四）专业专职审判规则

防范和化解机动车辆保险"同案不同判"裁决风险的重要路径就是实行专职法官专业审理保险案件。专职化审判规则可以逐步降低不同法官之间自由裁量权的差异性，对于涉及较强专业性问题的保险案件，可以通过聘请具有专业知识人士担任人民陪审员或专家咨询员等方式，提高案件事实认定的准确性和法律适用的正确性，营造公平、公正、公开的司法环境。

专业化审判规则可以逐步提升类案统一适法的效率性，积极开展多渠道、多样化审判技能培训，提升专职法官保险法律专业知识素养，培养法官遵循司法规律、领悟法律价值取向的思维方式，掌握科学的法律适用方法，以商事审判视角审理保险合同纠纷案件，尊重并遵循保险免责条款、保险金额和赔偿标准、免赔率和免赔额的特殊性条款等保险原理、保险精算基础、保险法律规范、保险监管机关规范性文件和保险行业规则及交易习惯。特别要注意保护保险人的合同权利，对于交强险中醉酒驾驶、无证驾驶等违法情形，在确定保险人赔偿责任的同时，保护其追偿权，维护保险业对经济社会发展的“助推器”和“稳定器”功能。

机动车辆保险领域“同案不同判”现象是我国保险业快速发展和保险法律体系建设不协调、不完备的典型“缩影”。审判机关应本着“更专业、更严谨”的法律职业精神和价值追求，适用法律审理保险案件“不变形、不变味”，提高司法审判的权威性和公信力，实现司法公正。

破产重整制度相关问题研究及建议

傅璟琳 *

摘 要 ▶ 围绕推进供给侧结构改革，助力全区产业结构优化调整，新北法院在探索市场平稳退出机制上狠下功夫。通过破产重整制度，有效发挥市场引领作用，有力推动结构性调整、促进减能增效。随着宏观经济形势的发展，重整制度在审判实务中的缺憾也逐渐浮出水面且备受关注。文章从新北法院审理破产重整的案例入手，并研究深圳、无锡等地典型破产重整成功案例，探索出破产重整制度中存在的缺憾并提出相关建议，望对完善破产重整制度、更好地服务供给侧改革提供参考。

关键词 ▶ 破产重整 优先权 参与人变动 执行期限

一、破产重整制度概述

重整制度被誉为破产程序现代化的标志，是我国破产法上的一大亮点与创新。《破产法》自 2007 年 6 月 1 日施行以来取得了巨大成就，这一部程序法与实体法并重的法律，对审判工作不仅专业化程度要求较高，而且对综合协调性的要求也很高。而破产重整程序被誉为破产程序现代化的标志[①]，是在企业无力偿债但有复苏希望的情况下，依照法律规定的程序，保护企业继续营业，实现债务调整和企业调整，使之摆脱困境，走向复兴再建型债务清理制度[②]；其产

* 作者单位：江苏省常州市高新区（新北区）人民法院。

① 邹海林:《我国企业再生程序的制度分析和适用》，载王欣新、尹正友主编:《破产法论坛》（第一辑），法律出版社 2008 年版，第 59 页。

② 王卫国:《论重整制度》，载《法学研究》1996 年第 1 期。

生和发展是经济大型化条件之下对陷入债务困境企业的处理方法，破产重整的制度使命是为了公平清偿债务和挽救有希望的企业[①]。重整制度的出现是我国破产法上的一大亮点与创新，它以不可替代的优势在中国破产法之路的运行期间收获颇多。

二、破产重整的成功案例分析

（一）利用债转股平衡债权利益，理顺推进重整进程——新北法院受理的常州永泰丰化工有限公司破产重整案

债务人常州永泰丰化工有限公司（含江苏永泰丰作物科学有限公司、陕西永泰丰化工有限公司，以下统称“永泰丰公司”）以其不能清偿到期债务，具备重整能力为由，于2013年10月22日向常州市新北区人民法院申请重整。经审查后我院认为，永泰丰公司不能清偿到期债务且数额巨大，并已停产，明显缺乏清偿能力，但公司生产设备尚好，且具有重要资质即农药生产许可证，职工队伍稳定，产品有一定的市场优势和前景，并有投资者有意参与重整，具有重整价值。2013年10月28日，我院作出《民事裁定书》裁定永泰丰公司重整。

在第一次债权人会议上，重整计划被顺利表决通过，但受第二期偿债资金的影响，引进了新的投资人，后经法院裁定批准同意，延长了重整计划执行期限和执行监督期限。

永泰丰公司的重整中遇到了很多困难：1. 大股东不是大债权人，债权额与股份额不匹配，难以形成一致意见；2. 股东之间互不信任，矛盾无法调和，《重整计划》执行大打折扣，管理人监管处于无奈状态；3. 永泰丰公司丧失融资能力，投资人原想通过以重整企业的相关资产进行融资的计划受阻，直接制约着企业的各项工作的开展。

债转股作为一种新兴的债务重组模式，它将大大降低企业负债率，盘活企业不良资产，实现产业机构调整，完善法人治理结构，并有利于推动建立现代企业制度。债转股在破产重整案件中既能使债权人与债务人的目标实现统一，又能大大降低破产企业的负债率，大大提升顺利重整的概率。

---

① 陶蛟龙、史和新：《关联公司合并破产重整若干法律问题研究——以纵横集团“1+5”公司合并重整案件为视角》，载《政治与法律》2012年第2期。

本案中的战略投资人基本都是债权人，在目标企业面临破产，各债权人均意图实现自身利益最大化时，相互之间的矛盾便变得不可调和，战略投资人相互拆台，相互怀疑，使得重整进程困难重重。法院在了解实际情况后，指导管理人，召开协调会，创新使用债转股的形式使各债权人的利益达到了一定的统一和平衡，使得重整能顺利完成。

针对永泰丰公司的情况，合议庭指导管理人在重整计划的执行中期引入了一家新的企业作为投资人，为企业重新注入活力，另对照重整计划，延长了偿债计划，参照破产和解模式与部分债权人协商达成债转股、清偿款转成新借款或由管理人提存的各类协议，并最终完成了偿债工作，履行了重整计划，也办妥了相关企业的股权变更登记手续，使生产归于有序正常。

（二）周边城市重整成功案例

1. 尊重当事人意思自治，慎用强制审批权，促成重整计划顺利通过——深圳中华自行车（集团）股份有限公司破产重整案。

深圳中华自行车（集团）股份有限公司（以下简称深中华）系上市的中外合资股份有限公司，成立于 1984 年 8 月 24 日，注册资本及实收资本均为人民币 5.5 亿余元。深中华生产的自行车曾远销欧美，市场占有度和知名度较高，但市场环境发生变化后，企业深陷亏损境地。曾经亚洲最先进的全自动化自行车生产线被迫下马停产，企业靠代工生产业务和物业出租养活 187 名员工。深中华原有的厂区经过多轮查封、冻结，无法变现和更改用途，且被出租给各个小企业用于生产，厂区存在严重的环保、安全、交通和监管隐患。因长期亏损，深中华连续多年被深交所退市风险警示，如其不能在 2013 年会计年度内通过重整计划，其股票将被终止上市。2012 年 10 月 12 日，广东省深圳市中级人民法院（以下简称深圳中院）根据债权人申请，裁定受理深中华破产重整案。

2012 年 10 月 29 日，深中华向深圳中院申请自行管理财产和营业事务，深圳中院审查后于 2012 年 10 月 31 日依据《企业破产法》第 73 条第 1 款之规定，批准深中华在管理人的监督下自行管理财产和营业事务。

2013 年 8 月 22 日，债权人会议表决重整计划，普通债权组未能表决通过，税款组、出资人组均表决通过。深圳中院在综合考察深中华的现状后，指导管理人积极作为，针对仍存疑虑的债权人进行沟通和释法，充分阐释通过重整企业原本无法变现资产的清偿率可以获得大幅提升，通过获取股权可以分享重组收益等有利因素，取得了债权人的支持。在同年 10 月 15 日的第二次表决中，重整计划高比率通过。同日，深圳中院裁定批准重整计划。同年 12 月 27 日，执行重整计划完毕。

本案是人民法院充分尊重当事人意思自治，慎重行使强制批准权，确保市场主体充分进行博弈后，帮助企业恢复生机的典型案例。强制批准重整计划草案，主要适用于需要打破利益壁垒、平衡保护当事人利益的情形，应当慎重适用。深中华的重整计划草案经历了两次表决，法院在面临可能需要强制批准的情况下，没有简单化处理问题，而是指导管理人积极作为，以利益导向、发展导向促成债权人的态度转化，避免了司法权对市场的干预。通过重整，实现在职职工安置 187 人，解决积欠社保问题 400 余人，债权人获得了 70% 的清偿，盘活了企业存量资产，为深圳的城市发展释放土地资源 12.73 万平方米。深中华通过重整解决了历史包袱，实现了产业转型，保留了上市公司地位，通过重整迎来了新的产业注入，保留了股权价值。

2. 突出市场引领，争取政府援助，优质战略投资人助力企业起死回生——无锡尚德太阳能电力有限公司破产重整案。

无锡尚德太阳能电力有限公司系全球最大光伏组件生产商之一。2012 年，无锡尚德遭遇美国“双反”壁垒重创，加上重大投资决策失误、巨额欠款不能清偿等原因，企业运行陷入极端困境。2013 年 3 月 18 日，中国银行股份有限公司无锡高新技术产业开发区支行等 8 家银行以无锡尚德不能清偿到期债务为由，向无锡中院申请对无锡尚德进行破产重整。2013 年 3 月 20 日，无锡中院裁定批准无锡尚德进入破产重整程序，并指定由地方政府职能部门组成清算组担任管理人。裁定当日，无锡中院即携清算组完成对无锡尚德财产和营业的全部接管工作，包括接管公司的全部证照、财务及全部财产。为恢复无锡尚德的持续经营能力，从 2013 年 6 月下旬开始，在法院的指导下，管理人从全球范围内上百家光伏行业及上下游企业中，筛选潜在战略投资者，通过报名、资格审查、尽职调查、提交投标文件、工作小组专业评议等严格的招募程序，江苏顺风光电科技有限公司以支付偿债资金 30 亿元的绝对优势获得无锡尚德战略投资者资格。管理人于 2013 年 10 月底提交了重整计划草案，在 2013 年 11 月 12 日召开的第二次债权人大会高票表决通过。2013 年 11 月 15 日无锡中院裁定批准重整计划草案，终止无锡尚德重整程序。2013 年 12 月底，偿债资金 30

亿元全部到位并分配完毕。2014 年 4 月 18 日，无锡尚德重整计划执行完毕。顺风光电入主无锡尚德后，在技术改造、产业优化的基础上增资扩产，职工人数从重整受理时的 2000 余人增至 5000 余人，2014 年上半年产量已创无锡尚德历史新高。

本案中坚持司法主导，严格按照法定程序推进破产重整的每个环节；突出市场引领，充分发挥市场在资源配置中的决定性作用；争取政府援助，充分发挥政府作为公共管理者的特殊作用；积极招募战略投资者，彻底恢复企业持续经营能力；实现企业零负债，生产满负荷；稳定团队扩大就业，促进地方经济发展。

三、破产重整的实践问题分析

（一）债权比例分配问题

重整计划启动中的债权清偿顺序的确定，既是法律技术安排问题，又牵涉重大价值判断。在重整计划表决过程中，债权的清偿顺序往往会牵一发而动全身，影响各方当事人的利益平衡格局，因此，厘清债权清偿顺序尤为必要。我国《企业破产法》第 109 条只规定了“对破产人的特定财产享有担保权的权利人，对该特定财产享有优先受偿的权利”，但对于建设工程价款、消费者购买商品房的购房款及其他民事优先权并无规定，只能依照合同法等其他法律和司法解释处理，但在实践中在清偿顺序及对应的物权分割上很难掌握和区分。

在实务中，建筑工程如果是商品房，并且开发商在房屋竣工之前已经与消费者订立了商品房买卖合同，在开发商无法偿还到期贷款时，就有可能导致购房者对商品房的期待权与借款人的抵押权的冲突。虽然现行法律提供了解决方案，但是却相互矛盾。首先，根据担保法原理，抵押权属于担保物权，有优先受偿的效力。《物权法》第 20 条规定：“当事人签订买卖房屋或者其他不动产物权的协议，为保障将来实现物权，按照约定可以向登记机构申请预告登记。预告登记后，未经预告登记的权利人同意，处分该不动产的，不发生物权效力。”因此，对已经进行预告登记的商品房，购房人享有期待权，但是预告登记的保全效力仅仅及于其后设定的损害债权的行为，而在先设定的抵押权的效力仍优先于购房人的期待权。但是，如果按照《合同法》第 286 条和最高人民法院

《关于建设工程价款优先受偿权问题的批复》(以下简称《批复》)[①] 的规定，建筑工程价款优先受偿权优于抵押权和其他债权，而交付了全部或大部分房款的购房者的利益又优先于建筑工程价款优先受偿权。因此完全可以推导出支付了全部或者大部分房款的购房者的期待权优先于抵押权，且不需要考虑权利形成的先后顺序。由此又进而推理出：消费者的权利可以对抗抵押权，从而得出消费者权利＞工程款优先权＞抵押权＞一般债权这样的财产分配顺序规则。但是这个推理存在的问题是：首先，支付了全部或者大部分房款的消费者享有的期待权不是物权，而是债权，债权一般情况下不能优先于担保物权；其次，消费者的期待权不能对抗已经办理登记的抵押权。因此，在合法性的前提下如何保障人民群众利益和维护社会稳定，是破产重整案件中实现法律效果与社会效果统一性的关键问题。

（二）参与人变动问题

我国《企业破产法》第 77 条第 2 款规定在重整期间，债务人的董事、监事、高级管理人员不得向第三人转让其持有的债务人的股权，但是经人民法院同意的除外。这条规定对重整期间债务人的变动作出了规范限制，但是，重整期间重整参与人较为广泛，不仅包括公司董事，还包括债权人、公司股东等。法律对于重整期间其他重整参与人的变动并没有作出明确规定，目前的空白状态使得审判事务无法可依。尤其，法律对于是否允许部分债权人自愿进行债转股形式消灭债权而取得重整企业的股权没有相关规定。

（三）诉而未决的债权问题

在破产申请受理前，债权人可能就债务人财产提起个别清偿诉讼，为了规范这类案件的审理，最高人民法院规定，破产受理前，债权人就债务人财产提

---

① 《合同法》第 286 条规定：“发包人未按照约定支付价款的，承包人可以催告发包人在合理期限内支付价款。发包人逾期不支付的，除按照建设工程的性质不宜折价、拍卖的以外，承包人可以与发包人协议将该工程折价，也可以申请人民法院将该工程依法拍卖。建设工程的价款就该工程折价或者拍卖的价款优先受偿。”

2002 年最高人民法院在《关于建设工程价款优先受偿权问题的批复》中规定：“人民法院在审理房地产纠纷案件和办理执行案件中，应依照《中华人民共和国合同法》第二百八十六条的规定，认定建筑工程的承包人的优先受偿权优于抵押权和其他债权。”“消费者交费购买商品房的全部或大部分分款项后，承包人就该商品房享有的工程价款优先受偿权不得对抗买受人。”

起某些诉讼，破产申请受理时案件尚未审结的，人民法院应当中止审理。该规定明确了破产程序会中止破产申请前某些就债务人财产提起的诉讼，诉讼中止就存在诉而未决的债权，但是若重整企业存在着诉而未决的债权确认之诉，而重整企业重整计划已届执行结束，人民法院是否能如期裁定重整计划执行完毕，实践中对此存在争议。该裁定不仅是程序性问题，对重整企业实体权利影响也很明显，因为往往企业处于重整阶段不能进行正常融资，这对重整企业而言会形成巨大挑战。

（四）执行期限问题

债务人在执行重整计划期间，若已按计划执行到一定程度，如大部分债权已得到清偿，但由于重整企业在此阶段遇到了一定的经营困难，重整企业可能不能按计划进行全部偿债，是否可以与未清偿债权人进行协商，采取相应公平合理方案延长执行期限，企业破产法未有明确规定，其第 91 条第 3 款规定不尽详实，成为审判中的争议点。

四、完善破产重整制度的建议

破产重整制度在引入我国以来发挥了积极作用，对整个破产法也起着不可替代的作用，但是，如上所述，破产重整制度的规定较为原则、粗疏，在许多具体问题上未作明确规定，这给重整制度在破产案件中的有效发挥带来一定阻碍，给司法实践带来困惑的同时也不利于保护当事人的合法权益，笔者结合司法实务，提出以下建议：

（一）坚持依法为主，原则为辅，审慎处理“受偿顺序”

对于重整计划中债权受偿顺序，2016 年 3 月 1 日，最高人民法院《关于适用〈中华人民共和国物权法〉若干问题的解释（一）》第 4 条规定：“未经预告登记的权利人同意，转移不动产所有权，或者设定建设用地使用权、地役权、抵押权等其他物权的，应当依照物权法第二十条第一款的规定，认定其不发生物权效力。”再次对《物权法》第 20 条做了更加明确的解释。根据该条款规定，只有经过不动产预告登记（不等同于网签备案）的权利人，才可以对抗抵押权等物权的设定。而且《物权法》及解释颁布实施时间均晚于《批复》的时间。据此，在房产企业破产案件实务中，对于消费者的商品房期待权和建设工程的抵押权不能根据前述的推导搞一刀切，应该根据具体问题区别对待；但是对于债权清偿顺序，在实践中由于重整领域权利相对集中，权利冲突也最为明显，基于国情、社会政策和《批复》的考虑，往往需要打破形式意义上的债权平等，保证破产债权的实质公平，以符合正当性要求。所以需要法官的自由裁量权，在依据法律的同时，应该再加上基本原则予以辅助，使重整制度能发挥更好的作用，符合其核心目的。

首先，在依法的前提下，具体问题区别对待：对于先抵押后预售的，应当保护抵押权人利益；对于先预售后抵押的，除非购房同意，否则抵押权不能够对抗商品房期待权。

其次，确定重整中债权清偿顺序的基石应当是公平原则，坚持审慎处理。“公平原则是破产程序应当实现的最重要的价值目标，同时也是破产程序贯穿始终的基本原则”，各国立法为此均做了大量努力，如美国破产法基于国情考虑，将粮食生产者、水产品生产者债权列为第五优先无担保债权。当然，给予特定债权特别保护，也应遵循相应规则，核心要义是坚持审慎处理。也就是说，确定某类债权较其他债权优先受偿，应当审慎依据现行法律和政策所秉持的价值取向和利益衡量，辨析该类债权所代表的利益是否有必要予以优先保护。如果将破产债权的清偿视为分蛋糕，那么，破产债权清偿顺序的确立并不能决定蛋糕的大小，仅仅是改变每个人分得蛋糕的多少。《破产法立法指南》（以下简称《指南》）指出：“不应忘记，为确立这些优先权而调整分配顺序不会增加债权人可获得的资金。这样做只会厚此薄彼，对某一组债权人有利而有损于另一组债权人的利益。”审慎处理的具体要求包括：第一，权利顺位的设置不应轻易违背市场交易规则和规律，避免因后端债权保护规则而影响前端市场交易热情。以抵押债权清偿顺位为例，“世界银行 2001 年制定的《有效清偿和保护债权人利益的原则和指引》指出，破产应保护商业法中规定的债权人享有的权利和各种优先权，以保障债权人的合法预期，促进商业交易的稳定性，强调破产法应承认抵押债权，对有抵押权的债权人进行分配时，公众利益一般应次于私人利益，享有优先于抵押权权利的当事人数量应维持在最低水平”。第二，尽可能减少特别保护规则。正如《指南》所指出：“对多种债权保持若干不同的优先地位，可能使破产的基本目标复杂化，而且难以保证程序的切实有效性。这样做可能造成不公正，而且在重整过程中会使计划的拟定复杂化。”第三，在承认破产制度以及优先性规则局限性的前提下，应当善于运用其他渠道满足债权特别保护需要。比如，欧洲国家先后采纳以破产程序以外的方式保护劳动债权，成立由雇主、职工与政府共同出资的、具有担保或保险性质的机构，由该机构负责支付职工因破产而未获清偿的劳动债权。由于有各项社会配套制度的保障，目前在德国、英国的破产法中，劳动债权均仅作为普通债权对待。

（二）坚持法院自由裁量，解决“参与人变动”问题

对于重整期间其他重整参与人的变动，企业破产法第 77 条可增加一款：“重整期间其他参与人有变动，若对已通过的重整计划中的债权能得以保证，经债务人或管理人向人民法院申请取得同意后可以实施。”由于法律并没有作出明确规定，目前的空白状态使得审判事务无法可依，而重整计划的参与人非常多，其中参与人的变化的情形亦是种类多样的，法律条文的规定不可能穷尽所有的变化情况，此时，司法实践中法院的能动作用就凸显出来了，因为法院既是重整案件的审理者，又是重整程序监督者，在调整债权人与债务人的利益冲突、组织重整程序的正确实施、引导企业重整的顺利进行以及协调私权本位和社会本位方面发挥了重要的作用，担当了平衡、指挥、监督、协调等重要角色。[①] 所以在重整制度中，法院首先应该以依法为首要条件，也是核心目的，但是法条的规定并不是全面的，法律有着它固有的滞后性与不明确性，法院在司法实践中，应充分发挥其自由裁量权，从重整制度的核心与目的出发，不仅要对参与人变动进行形式审查，同时也要做到实质审查，既要对保障债权人利益进行考量，也要在保证重整企业发展的前提下，在协调私权本位和社会本位中进行考量，平衡利弊，两害相权取其轻，两利相权取其重。重整案件中可灵活运用债转股的方式解决战略投资人的引进和降低投资风险的问题。例如美林湖破产案件，存在账面资产大于公司债务的情形，在引入战略投资人时，应考虑美林湖原股东所持有的股权已经拥有了市值，那么战略投资人在考虑偿债比例的同时应考虑如何处理或收购原股东手中的股权，笔者建议先对原股权进行评估，再由战略投资人出价收购，最终达到美林湖脱胎换骨的重整目的。

---

① 毕惠岩：《论法院在破产重整中的角色和地位——以美国破产法制度为中心展开》，载《山东审判》2009 年第 1 期。

（三）坚持“诉而未决的债权”与重整计划分别处理

对于存在诉而未决的债权确认之诉时，笔者建议法院可以如期裁定重整计划执行完毕，而当事人可以在裁定重整计划执行完毕后，请求法院继续对确认之诉依法作出判决。首先，诉而未决的债权确认之诉不在重整计划之内，因为其属于不确定的债权，在规划制定重整计划之时已将其搁置在一旁，所以其不属于重整计划内容之一，对人民法院当时如期裁定重整计划执行完毕没有实质性的影响。其次，重整计划是债权人根据最佳分配原则达成一致意见的，而重整计划执行完毕与否的标准是债务人是否如重整计划中约定的标准完成了清偿计划，如上海第一中级人民法院于2014年12月24日裁定确认上海超日太阳能科技股份有限公司重整计划执行完毕的标准是“各类债券已经按照本重整计划的规定获得清偿，债权人未领受的分配额以及初步确认债权和预计债权对应的分配额已经按照本重整计划的规定提存”。[①]

（四）坚持依法灵活处理“重整计划执行期限”问题

对于重整计划是否可以延长执行的问题，笔者认为，首先，延长监督期限是被允许的，而监督的重要内容是清偿计划的执行，若允许延长监督期限，自然能类推出清偿期限的延长是被法律所允许的。其次，新北法院已有延长执行期限后重整成功的案例，可以从实体上维护法律的权威性，维护当事人的合法利益。当然，延长并非拖延，延长的次数也应受到限制，若在延长的期限内仍然无法完成重整计划，应当及时宣告终止破产重整程序，进入破产清算程序。

重整制度自从被引入我国破产法之中，虽以其独有的特点与优势发挥着不可替代的作用，取得巨大成就，但是，其中存在的法律缺憾也是不容小觑。在司法实践上重整制度中的清偿计划比例分配、参与人变动、诉而未决的债权、执行期限等存在诸多法律规定不明确或过于绝对不尽合理之处，使得司法实践中存在截然不同的做法。这不仅不利于当事人权益的保护，同时也使得司法权威受损。本文从审判实务着手，结合成功案例，针对上述问题提出如下建议：债权受偿顺序应以依法为主，原则为辅，坚持审慎处理；参与人变动依法院自由裁量；存在诉而未决的债权法院亦可如期裁定重整计划执行完毕；执行期限

① 朱瑞：《上海裁定确认超日公司重整计划执行完毕》，载《人民法院报》2014年12月25日第3版。

可充分发挥类推解释和案例指导作用。探求破产重整新思路，旨在新形势下司法服务经济发展积极作用的有效发挥，是建立更加独立公正的重整制度法律体系，保障供给侧结构性改革的必然要求，也是推动建设“强富美高”新北区，争当国家高新区发展示范标杆的应有之义。

抵押物被查封后贷款展期的法律风险防范*

周雷明**

摘　要 ▶ 贷款展期遇到抵押物被查封是困扰理论界和实务界的话题，对抵押贷款展期法律性质的不同认识，造成了截然相反的判决。本文通过对典型案例的梳理，结合法理、法条，从展期贷款的概念入手，分析出展期贷款的法律性质，得出展期贷款的法律风险。剖析相关的风险后，本文试图找出解决抵押物被查封后应对贷款展期的防范措施，以期解决银行控制并化解信用风险和法律风险的两难。

关键词 ▶ 贷款展期　债权债务关系　法律风险　风险防范

一、问题引出

2015年某化工公司在银行申请贷款1000万元，以自有房地产权抵押，签订了3年的最高额借款合同和最高额抵押合同，期限至2018年9月。2018年8月该公司涉诉，公司房产被查封，且该公司无力按期归还银行贷款。银行为化解信贷风险，受理了该公司的贷款展期申请，在审批过程中，就抵押物查封后能否办理贷款展期问题，信贷部门与风险合规部门展开了激烈的讨论。

二、现象探究

当前我国经济发展的内外部环境已经发生了显著的变化。从国际形势看，因贸易摩擦导致出口订单下降，势必影响国内中小企业生产和销售行情。从国内形势看，经济发展模式已经由高速发展向高质量发展转变。国家愈加重

* 此文是笔者在江苏响水农村商业银行股份有限公司工作期间完成，以此致谢。

** 作者单位：江苏致邦律师事务所。

视绿色可持续发展，对涉及环保问题的地区、行业和企业进行严肃查处，尤其是化工相关的企业关停较多。①

经济形势必然影响企业的经营状况，造成资金回流不及时。此时，企业的违约可能性增加，由此必然相应造成银行信用风险增加。基于承担社会责任和控制不良率，银行通过还旧借新、借新还旧、债务承担以及展期等方式来降低信贷风险，相比较展期则是最简便和最有效的方式。

然而，企业除了违约风险外还有诉讼风险，在抵押物被查封后能否展期，以及展期后银行的抵押权是否能够得到保障在理论界和实务界都颇有争议。

三、贷款展期

（一）概念

贷款展期（Loan extension）是贷款到期不能归还，经批准办理延长归还时间的手续。② 易言之，贷款展期是贷款期限的延长，即期限的变更。

中国人民银行《贷款通则》第12条："不能按期归还贷款的，借款人应当在贷款到期日之前，向贷款人申请贷款展期。是否展期由贷款人决定。申请保证贷款、抵押贷款、质押贷款展期的，还应当由保证人、抵押人、出质人出具同意的书面证明。已有约定的，按照约定执行。"由此可见，抵押贷款可以展期，对于抵押物已经被查封的贷款是否可以展期，监管规则并无禁止性规定。

（二）法律性质

如前所述，贷款展期其实就是贷款期限的延长。《合同法》第209条规定："借款人可以在还款期限届满之前向贷款人申请展期。贷款人同意的，可以展期。"但《合同法》并未明确规定展期的法律性质，通过对相关判决的梳理，主要有两个方面的观点。

1. 展期是原债权债务关系的延续。最高法答复："展期贷款性质上是对原贷款合同期限的变更。"③ 从最高法的裁定书亦可看出贷款展期是对原借款合同的

① 《化工企业关停进行时，浙江、苏州、山东、四川等地相继"沦陷"》，载https://www.kanzhun.com/news/189254.html。

② 李伟民：《金融大辞典》，黑龙江人民出版社2002年版。

③ 最高人民法院《关于展期贷款超过原贷款期限的效力问题的答复》。

变更，不能认为是新的借款合同，不产生新的债权债务关系。[①] 从最高法的答复和最高法的判例都可以看出，展期是原债权债务关系的延续，债权人仍可就原抵押物享有优先受偿权。

2. 展期产生新的债权债务关系。贵州省高级人民法院在相关案件的判决中认为："展期协议对借款期限作出相应变更，该变更应视为是对原借款合同实质性的变更，债权人与债务人之间形成新的债权债务法律关系，原债权债务关系消灭。《担保法》五十二条规定，抵押权与其担保的债权同时存在，债权消灭，抵押权也消灭。抵押合同是依附于主合同的从合同，主合同消灭，则从合同也消灭。"[②] 这一裁判思路将贷款展期认定为新的债权债务关系，依附于债务之上的抵押等担保则需要重新办理相关登记手续。

（三）实践操作

1. 内部规定。从银行内部相关制度的规定上，银行认为贷款展期是合同的变更，不改变原有的债权债务关系。例如某银行《银行个人贷款管理实施细则》第 21 条第 1 款："合同变更包括当事人变更、贷款额度调整、合同展期等。"某银行《银行贷款展期管理办法》第 9 条："经审查同意贷款展期的，本行于借款人签订贷款展期协议，并作为原借款合同的附件。属于担保贷款的，贷款展期协议由本行与借款人、担保人共同签订。"

上述实施细则混淆了合同变更的概念。合同变更指的是合同内容的变更，合同主体的变更是合同的转让，在银行业务中合同转让主要是债务承担。尽管如此，银行仍明确贷款展期是合同变更，而不是合同的终止。上述管理办法则直接规定贷款展期协议是原借款合同的附件，即明确是原债权债务关系的延续。

2. 操作效果。银行在处理贷款展期时一般要求展期不能低于原贷款条件。在具体业务的操作中，贷款展期并不产生新的借据，仍沿用原贷款账号，只是在信贷系统和核心系统中延长履行期限。贷款账号是债权债务关系的内部凭证，贷款账号是一次性的，代表一笔债权债务关系。贷款账号余额只能降低，

① 《泉州市丰泽区清源房地产开发有限公司、王德利与王德瑞与中国工商银行股份有限公司泉州洛江支行、林一菱一般借款合同纠纷申请再审民事裁定书》（最高人民法院（2014）民申字第 629 号）。

② 《遵义县农村信用合作联社与遵义县双龙水泥厂破产债权确认纠纷案民事裁定书》（（2015）黔高民申字第 100 号）。

即同一个贷款账号只能还款，不能新增贷款余额。为此，从银行对贷款展期账号和借据的实践操作来看，显然认同展期是原债权债务关系的延续。

3. 银企双赢。从银行的角度看，贷款展期是化解贷款不良最简便、最有效的方式。抵押物被查封后贷款的续贷，不管是还旧借新还是借新还旧，都会结清原贷款。根据《物权法》第 177 条第 1 款的规定，主债权消灭，担保物权消灭。续贷便会失去物的担保，银行不能为了控制不良率而将风险把控置若罔闻。在化解抵押物被查封后贷款可能形成风险的众多举措中，贷款展期无疑成为最佳并且是唯一的选择，甚至有人认为这是银行被“绑架”的典型。

从借款人角度看，贷款展期是信誉和利益的挽救方式。众所周知，贷款逾期必然影响征信，征信瑕疵对借款人声誉带来的不利影响不仅在于金融产品和服务的受限，更在于征信记录已经延伸到社会事务的多个方面，最典型的就是限制高消费，限制出行，限制就业。贷款展期能够避免逾期后带来的不利后果，维护借款人信誉。

此外，贷款展期不产生逾期罚息。我国关于贷款利率的规定，基准利率分为短期 4.35%、中长期 4.75% 和长期利率 4.9%。贷款展期后，就展期部分应当执行原期限和展期期限累加后相对应的期限的利率，一般来说展期后的贷款利率由短期调整为中长期利率较多，调整后的利率上浮 9.2%。《贷款通则》第 14 条规定，逾期贷款按规定计收罚息。具体来说是借款合同载明的贷款利率水平上加收 30% ~50% [①]，银行一般在借款合同中约定上浮 50% 居多，明显高于正常贷款期限调整后上浮的 9.2%。贷款展期能够达到减免部分罚息的效果，减轻了借款人的负担。

四、财产保全

（一）概念

财产保全，也叫诉讼保全，是指人民法院对于可能因当事人一方行为或者其他原因，使判决不能执行或难以执行的案件，在对该案判决前，依法对诉讼标的物或与本案有关的财物采取的强制性措施。

财产保全能够有效预防债务人转移、隐匿、变卖财产，防止发生逃废债后

① 中国人民银行《关于人民币贷款利率有关问题的通知》（银发〔2003〕251 号）第 3 条。

果。根据《民事诉讼法》第103条规定，财产保全可以采取查封、扣押、冻结或者法律规定的其他方法。

（二）查封及解除

查封，是指人民法院将需要保全的财物清点后，加贴封条、就地封存，以防止任何单位和个人处分的一种财产保全措施，一般针对不动产或者体积较大，不易移动的财产。

一般来讲，诉讼保全的效力应维持到生效的法律文书执行时止。但是，财产保全可以解除。[①] 财产保全的被保全人提供其他等值担保财产且有利于执行的，人民法院可以裁定变更保全标的物为被保全人提供的担保财产。[②] 对正常生产经营的企业，采取保护主义，人民法院对有偿还能力的企业法人，一般不得采取查封、冻结的保全措施。已采取查封、冻结保全措施的，如该企业法人提供了可供执行的财产担保，或者可以采取其他方式保全的，应当及时予以解封、解冻。[③]

五、法律风险

抵押物被查封就已经形成了法律风险，如抵押物处置风险；贷款展期后又形成了新的法律风险，如抵押权悬空风险和抵押权顺位风险。

（一）抵押物处置风险

最高人民法院《关于适用〈中华人民共和国担保法〉若干问题的解释》（以下简称《担保法司法解释》）第55条明确规定："已经设定抵押的财产被采取查封、扣押等财产保全或者执行措施的，不影响抵押权的效力。"

最高人民法院《关于人民法院执行工作若干问题的规定（试行）》第40条规定："人民法院对被执行人所有的其他人享有抵押权、质押权或留置权的财产，

① 《民事诉讼法》第104条：财产纠纷案件，被申请人提供担保的，人民法院应当裁定解除保全。

② 最高人民法院《关于适用〈中华人民共和国民事诉讼法〉的解释》（法释〔2015〕5号）第167条。

③ 最高人民法院《关于在经济审判工作中严格执行〈中华人民共和国民事诉讼法〉的若干规定》（法发〔1994〕29号）第15条。

可以采取查封、扣押措施。财产拍卖、变卖后所得价款，应当在抵押权人、质押权人或留置权人优先受偿后，其余额部分用于清偿申请执行人的债权”。

按照最高法的观点，抵押在先查封在后，不影响抵押权的优先性，在抵押期间因司法拍卖所得应首先清偿顺序在先的抵押债务，申请执行人只能就剩余部分清偿。从法律规定看，似乎不动产被查封并不能影响在先设定的抵押权的实现。但实践中往往还有另外一种情况，法院经过降价后方成功拍卖抵押物，拍卖价格可能会低于银行的贷款本息，那么未清偿的贷款必然会形成敞口，因司法的强制执行，会造成抵押物不足值，造成银行被动的局面，形成处置风险，这样的风险常见于抵押物评估过高以及抵押率较高，甚至是两者都高的贷款中。

（二）抵押物悬空风险

在我国，不动产的公示方式是登记。《物权法》第 14 条：“不动产物权的设立、变更、转让和消灭，依照法律规定应当登记的，自记载于不动产登记簿时发生效力。”物权的公示效力应以登记簿记载为准，物权的变更当然以登记为公示要件。

根据《不动产登记暂行条例实施细则》第 68 条第 3 款的规定，债务履行期限变更的，当事人应当持不动产权属证书、不动产登记证明、抵押权变更等必要材料，申请抵押权变更登记。《物权法》第 184 条第 5 款规定，依法被查封、扣押、监管的财产不得抵押。

抵押权的成立以登记为要件，在不动产抵押登记前须有成立借款和抵押的合意且形成书面合同。贷款展期是债务履行期限的变更，按照《不动产登记暂行条例实施细则》的规定，应当办理抵押权变更登记，按照《物权法》的规定，被查封的财产不能抵押。

由此产生了操作上的两难，已经查封的财产不能变更抵押登记，那么贷款展期后则会造成抵押权悬空，形成法律风险，此时关于展期贷款的法律性质认识尤为重要。若按照形成新的债权债务关系的观点，则新的贷款就丧失抵押担保权。若按照债权债务关系延续的观点，则抵押权已经到期，且作为借款合同的主合同已经变更，而作为从合同的抵押合同却不能变更，此时必然会引起抵押权效力的异议。

（三）抵押物顺位风险

《物权法》第 206 条第 4 款规定，抵押财产被查封、扣押，抵押权人的债权确定。抵押物查封后，新增的债权就不在最高额抵押担保范围内，在抵押物查封后增加的债权，即使在最高额借款合同和最高额担保合同的范围内，也丧失了债权的优先性。这样的风险常见于抵押物被查封后在最高额借款合同和最高额抵押合同的限额内增加用信。

《担保法司法解释》第 82 条："当事人对最高额抵押合同的最高限额、最高额抵押期间进行变更，以其变更对抗顺序在后的抵押权人的，人民法院不予支持。"既然司法解释规定抵押权人进行最高限额和抵押期间的变更不能对抗顺序在后的抵押权人，那么是否可以认为期限变更不能对抗顺位在后的申请执行人？

六、防范措施

如前所述，银行基于承担社会责任和控制贷款不良率的考量，对逾期违约可能较大的贷款，必然会通过多种方式化解不良。对于抵押物被查封的贷款，展期或许是无奈但又最有效的方式。针对化解此类特殊贷款面临的信用风险和法律风险，笔者结合工作实践，根据相关法律知识总结出七点注意事项和处置措施。

（一）尽职调查，确保抵押物无瑕疵

撇开贷款展期不谈，即使在抵押期间内循环用信，银行也应该到登记部门查看抵押物的权属状况。[①] 当然现在信息逐渐共享，银行已经与工商、税务、法院、不动产登记等部门实现网络资源对接，在银行的风险预警系统就可以查询借款人、担保人及抵押物的相关信息。保护抵押物顺位必然要求在用信前对抵押物信息的准确核实，避免贷款发放造成抵押物悬空风险。

---

① 《商业银行法》第 35 条第 1 款规定："商业银行贷款，应当对借款人的借款用途、偿还能力、还款方式等情况进行严格审查。"第 36 条第 1 款规定："商业银行贷款，借款人应当提供担保。商业银行应当对保证人的偿还能力，抵押物、质物的权属和价值以及实现抵押权、质权的可行性进行严格审查。"

（二）变更担保，强化担保方式

既然提供了新的抵押物或者质押物，包括更换保证担保人，贷款是否还有展期的必要？有的人认为担保人变更后便是新的贷款。其实不然，只要原债权债务关系并未发生变更，便可以展期。展期的起因是债务人无力归还到期贷款，具有客观性，并不是说变更担保就能归还了。因此，如果能够变更担保，那么原债权债务关系的抵押物被查封的风险就自然而然被转移了，这就能完美解决展期的法律风险。

在大多数情况下，债务人不能归还到期贷款，往往面临的情形是没有优质资产可以提供抵质押。在这种情况之下，对于一个在困境中的债务人，必然难以找到银行认可的保证人。变更担保转移风险的方式往往停留在理想层面，为此银行有必要强化抵押物被查封后的贷款展期担保方式。

此时，强化担保可以简单粗暴地理解为增加担保，主要有增加物的担保和人的担保两种方式。一是增加抵质押物，哪怕是顺位在后；二是增加股东个人连带担保；三是增加第三人的保证担保，尤其是股东的配偶和亲属以及关联人和实际控制人的担保。

（三）提供担保，解除财产保全

一般来讲，诉讼保全的效力应维持到生效的法律文书执行时止。如前所诉，财产保全可以解除。在诉讼过程中，需要解除保全措施的，人民法院应当及时作出裁定解除保全措施。审判实践中，被申请人提供了相应数额的可供执行的财产担保，应当解除财产保全。

对被申请人提供的担保，人民法院应当严格审查，被申请人提供的担保可以是现金担保、实物担保，也可以是资信可靠的保证人出具的保证书。无论何种担保，要以人民法院易于控制和便于执行为标准。担保金额要与保全财产的价值或申请人请求的价值相当。

通常情况下，担保是现金或由银行等金融机构以及资信评价较高的大型企业出具担保的情形较多。我国已经存在专业诉讼保全担保公司，主营业务为诉讼保全担保，能够为财产保全解除提供有力的担保，由此实现抵押物查封被解除的状态。

提供担保，解除抵押物被查封的状态，对于贷款展期的法律风险就能够合理规避。

（四）积极催收，力争展期贷款不欠息

《担保法司法解释》第81条规定："最高额抵押权所担保的债权范围，不包括抵押物因财产保全或者执行程序被查封后或债务人、抵押人破产后发生的债权。"抵押物被查封后，债权便已经确定，新增加的债权不在最高额抵押担保的范围内，展期贷款新增债权主要是利息，本息总额超过抵押物担保的价值可能性较大。为此，应该及时并积极催收贷款利息，若能逐步降本，那么即使面临实现抵押权的诉讼，对于因诉讼支出的诉讼费、律师费和执行费的索回也能得到有力保障。

（五）巧用文书，固化展期协议法律性质

在前文论述展期贷款的法律性质中，如果认为展期贷款是新的债权债务关系，会造成抵押权的悬空。而在实践操作中，银行往往认同展期贷款是原贷款期限的延长，即展期协议是原借款合同的补充。但法院依据法律行使判断权，其裁判标准不以当事人的主观认识为依据。为此，笔者建议，将展期协议更名为"补充协议"，这样的法律文书上能够保证原借款合同和展期协议的同一性和完整性。此外，如果将展期协议的内容变更为还款协议，那么在法律上和实践认识上自然而然就能认同贷款的同一性和延续性。

将展期协议文书名称和内容巧妙变化，其实质内容并未变更，权利义务未变更，当然也不会产生新的法律关系。

（六）完善签字，随时准备物权变更登记

因借款人涉诉的原因可能存在或简单或复杂的不确定因素，即使抵押物被查封后，也可能有多种解决方式，如原告撤诉、解除保全、双方和解、提供担保等因素导致抵押物被解封。银行应该第一时间办理抵押物变更登记，为防止借款人和担保人或蓄谋或临时起意反悔变卦，提前做好抵押变更签字等登记前期手续就非常必要。

为此，银行可以在贷款展期前就跟不动产登记部门协调，完善变更登记手续，有必要时可以请公证机关介入，以破除抵押权可能悬空的状态。

（七）及时起诉，切实保护诉讼时效不经过

《物权法》第202条规定："抵押权人应当在主债权诉讼时效期间行使抵押

权；未行使的，人民法院不予保护。”《民法总则》第 188 条第 1 款规定：“向人民法院请求保护民事权利的诉讼时效期间为三年。法律另有规定的，依照其规定。”因展期贷款不能变更登记，诉讼时效应从原贷款到期之日起次日开始计算 3 年为诉讼时效期间。在展期前主债权诉讼时效期间内行使担保物权，可以避免展期贷款的期限计算失误，最大限度保障金融机构展期债权的期限利益。

在此要提醒银行的一点是，虽然当事人违反法律规定，约定延长或者缩短诉讼时效期间、预先放弃诉讼时效利益的，人民法院不予认可，但是诉讼时效规定的变化显然已经成为法律常识，银行合同文书中相应的诉讼时效规定也应该及时变更，这是银行工作专业、严谨和权威的需要。

网络虚拟信用卡法律之探讨

袁丙杰*

摘　要 ▶ 近年来随着网络购物的兴起，各个电商平台都推出了自己具有预付款功能的消费信贷产品，如支付宝蚂蚁花呗、京东白条、苏宁任性付等，这些消费信贷产品一般具有电子支付功能，更有授信额度和透支消费等类似于信用卡的功能特征，随着业务的不断扩张，这些网络信贷产品也在线下推广和大量应用，其与信用卡边界的法律问题如何理解，愈发显得重要。本文介绍网络消费信贷与信用卡使用的异同，进一步分析了其法律依据和属性，提出目前存在的法律问题，尤其是刑法领域的司法实务问题，并阐述解决问题的设想方法。

关键词 ▶ 网络消费信贷产品　信用卡　虚拟信用卡　问题与对策

一、概念

（一）网络消费贷款

网络消费贷款是近年来随着网络电商的发展，由一些网商平台机构开通的不同于传统消费信贷产品的，具有消费信贷功能的电子支付方式。主要代表有支付宝中的蚂蚁花呗、京东金融中的京东白条、苏宁金融的任性付等。由于花呗开通时间较早，使用范围比较广，最具有代表性，下面以花呗为例，详细介绍一下。支付宝中的花呗是蚂蚁金服推出的一款消费信贷产品，申请开通后，将获得500~50000元不等的消费额度。用户在消费时，可以预支蚂蚁花呗的额

---

* 作者单位：江苏省泗阳县人民检察院。

度，享受“先消费，后付款”的购物体验。蚂蚁花呗自2015年4月正式上线，主要用于在天猫、淘宝上购物，受到了广大消费者尤其是80、90后消费者的喜爱。为了更好地服务消费者，蚂蚁花呗开始打破了购物平台的限制，将服务扩展至更多的线上线下消费领域。

（二）信用卡

信用卡（Credit Card），又叫贷记卡。是一种非现金交易付款的方式，是简单的信贷服务。信用卡一般是长85.60毫米、宽53.98毫米、厚1毫米的具有消费信用的特制载体塑料卡片。是银行向个人和单位发行的，凭此向特约单位购物、消费和向银行存取现金，其形式是正面印有发卡银行名称、有效期、号码、持卡人姓名等内容，背面有磁条、签名条。信用卡是一种非现金交易付款的方式，是简单的信贷服务。真正的信用卡，具有先消费后还款、享有免息缴款期、可自主分期还款的特点。

二、法律依据、使用区别与属性

（一）法律依据

推出这些网络消费信贷产品的机构一般是信贷公司，少有银行，如花呗业务公司全称是“浙江蚂蚁小微金融服务集团有限公司”，是一个提供小额贷款的消费金融公司，目前的法律依据或监管规定主要有以下法律法规；

1. 银监会《消费金融公司试点管理办法》规定“消费金融公司，是指经银监会批准，在中华人民共和国境内设立的，不吸收公众存款，以小额、分散为原则，为中国境内居民个人提供以消费为目的的贷款的非银行金融机构……消费金融公司名称中应当标明‘消费金融’字样。”第3条规定：“消费贷款是指消费金融公司向借款人发放的以消费（不包括购买房屋和汽车）为目的的贷款。”也就是说按照办法规定花呗是不能用于购买房屋和汽车的。

2.《个人贷款管理暂行办法》规定了“本办法所称个人贷款，是指贷款人向符合条件的自然人发放的用于个人消费、生产经营等用途的本外币贷款”。其中第7条规定：“个人贷款用途应符合法律法规规定和国家有关政策，贷款人不得发放无指定用途的个人贷款。”办法规定消费金融公司、汽车金融公司等非银行金融机构发放的个人贷款，可参照本办法执行。但明确提出信用卡透支，不适用本办法。

3. 中国人民银行等十部门发布《关于促进互联网金融健康发展的指导意见》(银发〔2015〕221号，以下简称《指导意见》)。指导意见明确提出互联网金融本质仍属于金融。网络借贷包括个体网络借贷(即P2P网络借贷)和网络小额贷款。个体网络借贷是指个体和个体之间通过互联网平台实现的直接借贷。在个体网络借贷平台上发生的直接借贷行为属于民间借贷范畴，受合同法、民法通则等法律法规以及最高人民法院相关司法解释规范。网络小额贷款是指互联网企业通过其控制的小额贷款公司，利用互联网向客户提供的小额贷款。网络小额贷款应遵守现有小额贷款公司监管规定，发挥网络贷款优势，努力降低客户融资成本。网络借贷业务由银监会负责监管。在互联网信托和互联网消费金融一章中规定，互联网消费金融业务由银监会负责监管。

对于信用卡的定义，在现行法律法规中有多种规定，主要有如下三个：

1.《商业银行信用卡业务监督管理办法》规定，信用卡是指记录持卡人账户相关信息，具备银行授信额度和透支功能，并为持卡人提供相关银行服务的各类介质。

2.《支付结算办法》规定，信用卡是指商业银行向个人和单位发行的，凭以向特约单位购物、消费和向银行存取现金，且具有消费信用的特制载体卡片。

3. 全国人民代表大会常务委员会《关于〈中华人民共和国刑法〉有关信用卡规定的解释》(以下简称《信用卡司法解释》)规定，刑法规定的信用卡，是指由商业银行或者其他金融机构发行的具有消费支付、信用贷款、转账结算、存取现金等全部功能或者部分功能的电子支付卡。

(二)网络消费信贷产品与信用卡使用体验

两者都是先消费后付款的产品，在这一点上，这些网络消费信贷产品可以说和信用卡没有什么区别，只不过信用卡免息期间一般长一些、额度相比高一些，当然，也有一些人获得网络消费信贷产品的额度高一些。网络消费信贷产品一般不能提现；如支付宝花呗，但这个问题不是共性问题，如京东白条就可以提现，不排除以后开通花呗提现业务的可能性。

随着电子支付的发展，这些网络消费信贷产品使用覆盖范围越来越普及。刚开始主要都是在自己家的电商平台上使用，现在线下覆盖范围越来越多，我们在便利店付款时经常可以看到这些电商的收款二维码。

（三）属性

这些网络消费信贷产品主要提供先消费后还款服务，是接入的一种先消费后还款的“类信用卡”业务。从上述法律法规中也可以看出，是一种消费贷款，在批准法律、监管法律法规层面是不同于信用卡的。

但从实际的使用体验层面来讲，蚂蚁花呗的使用与信用卡并无太大差异。尤其蚂蚁花呗提供的先消费后还款的信用贷款服务也符合刑法意义上信用卡规定，因此有人把它们称为“虚拟信用卡”。

三、网络消费信贷相关犯罪

作者在司法机关工作，受到职业习惯特点的影响，考虑问题多是刑法上的，下面就一些常见的罪名进行探讨：

（一）非法经营罪

利用花呗套现行为已经出现司法判例，作者本人在中国裁判文书网进行搜索，出现两个案例。一个是 2015 年重庆市江北区法院的刑事判决，被告人杜某甲与杜某乙等人向杜某丙等人购得淘宝网上的多家店铺后，通过中介人员串通多名淘宝用户，虚构交易 2500 余笔，利用“蚂蚁花呗”套取 4700000 余元，被告人杜某甲获利 6000 余元。

重庆市江北区人民法院经审理认为，被告人杜某甲伙同他人，无视国家法律，利用淘宝店铺虚构交易收款并扣除手续费后再通过支付宝向淘宝用户支付资金，数额达 4700000 余元，扰乱了市场经济秩序，情节严重，其行为已构成非法经营罪。最后判决，被告人杜某甲犯非法经营罪，判处有期徒刑 2 年 6 个月，并处罚金人民币 30000 元。

另一个是山东省沂水县人民法院 2018 年 11 月的一份刑事再审判决书，这个案例比较有代表性，更能反映问题，被告人赵某某使用销售点终端机刷卡套现并从中牟利，在案中有信用卡套现的行为，也有花呗套现的行为。在再审判决书中，法院也承认，对于花呗套现事实能否认定为非法经营罪，理论与实务现有分歧。该种套现行为有被认定为非法经营的地方判例（2015 年重庆江北区法院判决）；也有认为在法无明文规定的情况下，不宜将电子支付账户认定为信用卡，也不宜将电子支付账户运营公司认定为金融机构，主张不将蚂蚁花呗套现行为认定为非法经营罪。

（二）盗窃罪与信用卡诈骗

根据刑法第196条规定，信用卡诈骗罪是指以非法占有为目的，违反信用卡管理法规，利用信用卡进行诈骗活动，骗取财物数额较大的行为。利用信用卡诈骗，一般是指以使用伪造的、作废的信用卡或者冒用他人的信用卡、恶意透支的方法进行诈骗活动。

涉及这些网络消费信贷产品常产生两种问题，一是恶意透支后达到信用卡诈骗条件的，是否可以构成信用卡诈骗罪；二是如果盗用或采用技术手段冒用别人花呗，是构成信用卡诈骗还是盗窃罪。作者在法院裁判文书网上，找到两个案例。一个是四川省都江堰市人民法院一个司法判决，2019年3月7日23时许，被告人乐某某、康某某在搭乘一辆“滴滴”车时，乐某某在该车后排座上发现了被害人冯某某遗落在该处的一部手机，乐某某遂将该手机掩藏并带走。后被告人乐某某、康某某将被害人冯某某的手机SIM卡装入另一部手机后，采用京东白条的方式盗刷被害人冯某某账户人民币2457.8元，通过手机转账的方式盗走被害人冯某某账户人民币545.9元，法院是以盗窃罪判决的。另一个是广州市天河区人民法院的司法判决，2017年12月11日，被告人杨某某在位于广州市天河区某某路被害人陈某某的家中作客时，用陈某某的手机下载并注册京东白条APP，以陈某某的资料设置了账户及密码。当日13时许，杨某某盗用陈某某的京东白条账号购买了一部价格为人民币5199元的苹果7Plus手机，法院也是以构成盗窃罪判决的。

上述司法实践判决应该是认为全国人民代表大会常务委员会《关于〈中华人民共和国刑法〉有关信用卡规定的解释》中明确规定：刑法规定的信用卡，是指由商业银行或者其他金融机构发行的具有消费支付、信用贷款、转账结算、存取现金等全部功能或者部分功能的电子支付卡。虽然蚂蚁花呗具有很多实体信用卡和网络信用卡的功能和特征，但其仍是网络支付工具，本质就是小额信贷，不属于刑法意义上信用卡范围，不能以信用卡诈骗罪定罪处罚。但既然认为是信用贷款，从上述案例看，是不是还涉及骗取贷款罪呢？这个也是值得探讨的。

有观点认为，《商业银行信用卡业务监督管理办法》第7条规定“本办法所称信用卡，是指记录持卡人账户相关信息，具备银行授信额度和透支功能，并为持卡人提供相关银行服务的各类介质”。花呗是符合授信额度和透支功能的。另外在《信用卡司法解释》中也规定信用卡是指由商业银行或者其他金融机构发行的，这个其他金融机构或许可以认为包括消费贷款公司，花呗在使用上同样有消费支付、信用货款等功能，把花呗看成“虚拟的信用卡”可以认为构成信用卡诈骗罪。

上述情况，只是反映在刑法层面的一些问题，在金融管理、民事活动还有其他很多问题，尽快明确修改相关法律，成为当务之急。

四、对策思考

目前《商业银行信用卡业务监督管理办法》第 10 条规定：“本办法所称发卡银行，是指经中国银监会批准开办信用卡发卡业务，并承担发卡业务风险管理相关责任的商业银行。”把信用卡发卡行限制在商业银行领域过于保守，可以在后面加一句“和其他金融机构”，这样预留一个口子，可以对符合条件的消费贷款公司进行审批，将游离于信用卡监管外的“虚拟信用卡”进行正常管理。

《商业银行信用卡业务监督管理办法》第 7 条把信用卡限定在各类介质，略显保守。其实信用卡要义核心是授信额度和透支消费，这才是关键，至于是什么形态并不重要。因此建议修改为“信用卡是符合法律条件的金融机构发行的具备授信额度和透支消费功能支付工具或手段”，这样给数字虚拟和未来新兴方法的出现留下更大空间。

预售商品房按揭制度中抵押权预告登记实务问题研究

夏 磊 丁 丽*

摘 要 ▶ 根据预售商品房按揭制度安排，银行为购房者提供按揭贷款用于购买开发商预售的商品房，在银行取得商品房抵押权他项权证前，银行和购房者共同办理商品房抵押权预告登记，开发商需提供阶段性保证。商品房抵押权预告登记效力问题影响到多方当事人之间的利益均衡，尤其在因购房者其他债权纠纷导致商品房被查封、执行时，清偿先后顺序问题将更为突出，司法实践对这些问题仍有不同认识。笔者从相关案件同案不同判的现象出发，就商品房按揭制度中抵押权预告登记争议问题进行梳理和分析，并提出了意见和建议。

关键词 ▶ 预售商品房 按揭 抵押权预告登记 优先受偿权

几乎房地产市场的每一次政策调控都会包含预售商品房按揭贷款政策的调整，预售商品房按揭制度完善与否与我国社会主义市场经济能否持续健康发展息息相关。笔者仅从预售商品房按揭制度中抵押权预告登记这一环节出发，梳理相关争议，提出解决路径。

一、预售商品房按揭贷款制度、流程及常见纠纷类型

（一）预售商品房按揭贷款制度

“按揭”经过吸收、改造后，注入了新的内涵，很多方面发生了变化，成

* 作者单位：夏磊，江苏致邦律师事务所；丁丽，江苏省南京市中级人民法院。

为了与让与担保不同的，也不能被我国传统抵押和质押所全部容纳的一种新型的物权担保形式。这种新形式，满足了房地产开发商、银行、购房者三方的需求，达到了三方的共赢。房地产开发商以此刺激需求，快速回笼资金，获得滚动式发展；银行以此作为其拓展低风险金融业务的重点领域；购房者以此解决自己的资金困难，圆了自己的“住房梦”。因此，按揭成为了三方都能接受的最佳付款方式、最佳担保方式，迅速在各地广泛流行和蔓延开来。[①]“按揭”一词已经融入我们的社会生活，且已具有“中国特色”，但是我国法律体系中并未给予准确定义。有学者认为，中国式“按揭”的本质是一种双重抵押担保制度，完全不同于英国的 Mortgage，也不同于我国法律规定的一般抵押担保制度。[②]

（二）预售商品房按揭贷款流程

笔者根据房地产市场现状，将中国特色的预售商品房按揭流程归纳如下：

1. 商品房开发商与银行签订融资合作协议，约定银行为开发商预售商品房提供按揭贷款服务，开发商承诺为购房者按揭贷款提供阶段性保证责任；

2. 购房者与开发商签订预售商品房买卖合同，支付首付款，同时开发商帮助购房者向银行申请按揭贷款以支付剩余购房款；

3. 银行审核同意后，由购房者与银行签订金融借款合同。同时，银行、购房者、开发商三方签订商品房抵押合同，购房者同意以其所购商品房提供抵押担保，银行与购房者共同进行抵押权预告登记，待购房者进行产权登记后再进行抵押登记，开发商在银行取得抵押权登记后解除保证责任；

4. 银行在办理商品房抵押权预告登记后，根据购房者授权将贷款直接支付给开发商（三方之间法律关系如图一所示）。

根据以上流程可见，银行在取得抵押权登记前享有双重担保措施，即购房者的商品房抵押权预告登记和开发商保证责任。

---

① 周昊：《我国商品房按揭法律制度研究》，西南政法大学 2007 年硕士学位论文。

② 肖德芳：《中国式“按揭”之本质新论》，载《法学杂志》2008 年第 3 期。

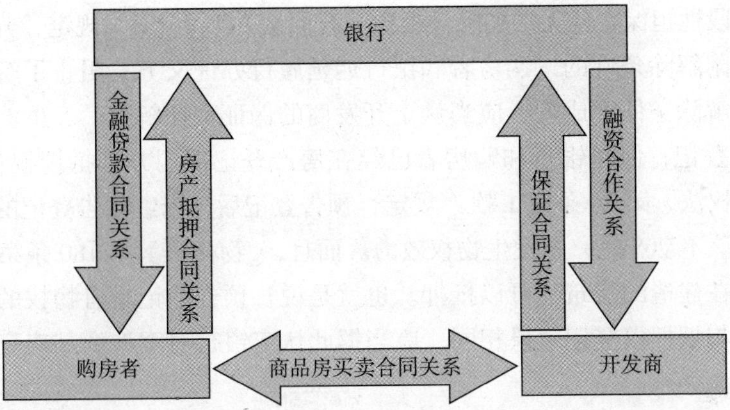

图一

（三）预售商品房按揭贷款常见纠纷类型

在商品房按揭制度设计中，如果购房者正常还款、及时办理产权证，然后配合银行办理抵押权登记，开发商保证责任解除，形成完美的闭环，自然不会产生争议。但现实中，因购房者诚信缺失或遭遇意外无法按时归还贷款，银行依约提前解除借款合同并要求收回按揭贷款，就会形成借款合同纠纷。

如果因购房者涉及其他债务纠纷导致商品房被查封，甚至被强制拍卖，此时银行能否对商品房享有优先受偿权，能否阻止其他债权人因查封而优先受偿，又会引发执行异议纠纷。

二、预售商品房借款合同纠纷中抵押权预告登记问题及裁判观点

（一）预售商品房借款合同纠纷中诉辩观点

因购房者未能按约归还按揭贷款，银行依照按揭贷款合同要求购房者归还按揭贷款的借款合同纠纷中，银行诉讼请求都会要求确认对商品房享有优先受偿权，可能同时要求开发商承担保证责任，少数银行仅要求开发商承担保证责任。总之，银行处置这类风险多数会双管齐下，一是请求确认对商品房享有抵押权和优先受偿权，二是要求开发商承担保证责任。

开发商在此类案件中的一般答辩思路是：1. 认可涉案商品房权属实际归购房者，因为购房者迟延办理产权证，银行和购房者未办理抵押权登记，导致开

发商的阶段性担保责任无法解除。根据《合同法》第 45 条[①]规定，开发商的保证责任是附解除条件的，购房者和银行迟延履行办证义务，阻止了解除条件成就，视为解除条件已成就，应当认定开发商的保证责任解除。2. 虽然银行未取得抵押权登记，但是银行和购房者已经在房产登记部门办理抵押权预告登记，根据《物权法》第 20 条第 1 款[②]规定，预告登记后，未经预告登记的权利人同意，处分该不动产的，不发生物权效力。而且，《物权法》第 180 条第 1 款[③]也规定，正在建造的建筑物可以抵押。也就是说，预告登记具有物权的属性且对外公示，与抵押权登记效果相同，应当据此认定银行对案涉商品房享有优先受偿权。

从银行和开发商诉辩内容来看，争议焦点问题就在于，预售商品房按揭制度中抵押权预告登记法律效力问题，银行是否享有抵押权和优先受偿权。

（二）江苏省内人民法院在借款合同纠纷中关于抵押权预告登记问题的裁判观点

笔者以“抵押权预告登记”“优先受偿权”为关键词在无讼案例检索到江苏省内各级人民法院 2017 年至今公开的民事判决书共计 28 份，均为按揭贷款银行起诉的借款合同纠纷，各地人民法院有明显不同裁判意见，笔者梳理如下表所示：

① 《合同法》第 45 条：“当事人对合同的效力可以约定附条件。附生效条件的合同，自条件成就时生效。附解除条件的合同，自条件成就时失效。当事人为自己的利益不正当地阻止条件成就的，视为条件已成就；不正当地促成条件成就的，视为条件不成就。”

② 《物权法》第 20 条第 1 款：“当事人签订买卖房屋或者其他不动产物权的协议，为保障将来实现物权，按照约定可以向登记机构申请预告登记。预告登记后，未经预告登记的权利人同意，处分该不动产的，不发生物权效力。”

③ 《物权法》第 180 条第 1 款：“债务人或者第三人有权处分的下列财产可以抵押：（一）建筑物和其他土地附着物；（二）建设用地使用权；（三）以招标、拍卖、公开协商等方式取得的荒地等土地承包经营权；（四）生产设备、原材料、半成品、产品；（五）正在建造的建筑物、船舶、航空器；（六）交通运输工具；（七）法律、行政法规未禁止抵押的其他财产。”

序号	案号	审理人民法院	审判日期	人民法院观点
1	（2016）苏0102民初1230号	南京市玄武区人民法院	2017-02-20	银行有抵押权、优先受偿权，开发商承担连带清偿责任
2	（2016）苏01民再24号	南京市中级人民法院	2017-05-23	银行有抵押权、优先受偿权
3	（2018）苏1012民初8739号	扬州市江都区人民法院	2019-02-25	银行无抵押权和优先受偿权
4	（2018）苏1012民初8741号		2019-02-25	银行无抵押权和优先受偿权
5	（2019）苏10民终1272号	扬州市中级人民法院	2019-05-17	银行有办理抵押登记的请求权，并可排他性地对抗他人针对抵押物的处分，无抵押权
6	（2019）苏10民终1273号		2019-05-17	银行有办理抵押登记的请求权，并可排他性地对抗他人针对抵押物的处分，无抵押权
7	（2016）苏0925民初2827号	盐城市建湖县人民法院	2017-01-16	银行有抵押权、优先受偿权，开发商承担连带清偿责任
8	（2016）苏0925民初3052号		2017-08-22	银行有抵押权、优先受偿权
9	（2017）苏0925民初3054号		2017-09-06	银行有抵押权、优先受偿权
10	（2017）苏0925民初3060号		2017-11-09	银行有抵押权、优先受偿权
11	（2017）苏0925民初3119号		2018-03-01	银行有抵押权、优先受偿权
12	（2018）苏0925民初280号		2018-03-12	银行有抵押权、优先受偿权
13	（2018）苏0925民初268号		2018-03-13	银行有抵押权、优先受偿权
14	（2017）苏0925民初5136号		2018-05-10	银行有抵押权、优先受偿权
15	（2018）苏0925民初264号		2018-06-06	银行有抵押权、优先受偿权

续表

序号	案号	审理人民法院	审判日期	人民法院观点
16	（2018）苏 0903 民初 2615 号	盐城市盐都区人民法院	2018-06-28	银行无抵押权和优先受偿权
17	（2017）苏 0831 民初字第 287 号	淮安市金湖县人民法院	2017-02-28	银行有办理抵押登记的请求权，并可排他性地对抗他人针对抵押物的处分，无抵押权
18	（2017）苏 0831 民初字第 569 号		2017-03-27	银行有办理抵押登记的请求权，并可排他性地对抗他人针对抵押物的处分，无抵押权；开发商承担保证责任
19	（2017）苏 0831 民初 1958 号		2017-09-06	银行有办理抵押登记的请求权，并可排他性地对抗他人针对抵押物的处分，无抵押权；开发商承担保证责任
20	（2018）苏 0831 民初 267 号		2018-03-16	银行有办理抵押登记的请求权，并可排他性地对抗他人针对抵押物的处分，无抵押权；开发商承担保证责任
21	（2017）苏 08 民终 1158 号	淮安市中级人民法院	2017-08-18	该案一审人民法院认为，银行无抵押权和优先受偿权，因贷款归还完毕，二审未予理涉
22	（2017）苏 0703 民初 1671 号	连云港市连云区人民法院	2017-11-01	银行有办理抵押登记的请求权，无抵押权；开发商承担保证责任
23	（2017）苏 0703 民初 3310 号		2018-02-26	银行有办理抵押登记的请求权，无抵押权；开发商承担保证责任
24	（2018）苏 0703 民初 1965 号		2018-09-27	银行有办理抵押登记的请求权，无抵押权；开发商承担保证责任
25	（2017）苏 0382 民初 6630 号	徐州市邳州市人民法院	2017-09-27	银行有办理抵押登记的请求权，并可排他性地对抗他人针对抵押物的处分，无抵押权；开发商承担保证责任

续表

序号	案号	审理人民法院	审判日期	人民法院观点
26	（2017）苏 0324 民初 2378 号	徐州市睢宁县人民法院	2017-06-14	银行无抵押权，仅具有对抗第三人的部分物权效力；开发商承担连带清偿责任
27	（2018）苏 0324 民初 3083 号		2018-06-27	银行有办理抵押登记的请求权，无抵押权；开发商承担保证责任
28	（2017）苏 1323 民初 773 号	宿迁市泗阳县人民法院	2017-07-30	银行有办理抵押登记的请求权，并可排他性地对抗他人针对抵押物的处分，无抵押权

在上述 28 份判决文书中，有 11 份认为银行因抵押权预告登记而享有优先受偿权，另外 17 份认为银行不享有抵押权，其中 9 份进一步认为银行仅享有办理抵押登记的请求权，并可排他性地对抗他人针对抵押物的处分。所有人民法院对于开发商保证责任能否解除认识一致，即无论是否确认抵押权和优先受偿权，都没有支持开发商保证责任解除。笔者归纳裁判观点以及论证依据如下：

1. 支持银行抵押权、优先受偿权的裁判理由

（1）抵押合同有效，抵押有效，支持优先受偿权。比如，盐城市建湖县人民法院在建行建湖支行与高海洋、周利芹金融借款合同纠纷一审民事判决书[①]中认为，“原告建行建湖支行与被告高海洋、周利芹之间签订的个人住房借款合同系双方当事人的真实意思表示，且不违反法律、行政法规的强制性规定，应确认合法有效。两被告未按合同的约定偿还借款，构成违约，应负清偿、抵押和违约责任”，判决原告建行建湖支行“有权对被告高海洋、周利芹设定抵押的房产折价、拍卖或变卖，在拍卖或变卖所得的价款中优先受偿”。判决书中无更为深入的论证分析。

（2）购房者违约怠于办理产权和抵押权，视为行使优先权条件已成就，支持优先受偿权。比如，南京市中级人民法院在中行江宁支行与邱立丰、张玉凤

① （2018）苏 0925 民初 264 号。

金融借款合同纠纷再审民事判决书[①]中认为，“预告登记制度旨在保障将来物权的实现，预告登记权利人享有当不动产物权登记条件成就时对不动产优先办理物权登记的请求权，并可排他性地对抗他人针对不动产的处分”。根据最高人民法院《关于适用〈中华人民共和国担保法〉若干问题的解释》第 47 条[②]规定，“本案被上诉人购买涉案商品房，向中行江宁支行贷款 145 万元，与中行江宁支行签订了《南京市房地产抵押合同》，设立了抵押预告登记。当案涉商品房已具备物权登记条件，因被上诉人违反约定怠于办理案涉房屋的产权，导致抵押权客观上无法依登记而设立，本质上属于被上诉人不正当地阻止条件成就，参照附条件民事法律行为的相关法律规定，视为条件已成就。即债权人行使优先权的条件因义务人不正当阻却而依法视为已成就。本院再审中，被上诉人同意上诉人对案涉商品房的拍卖、变卖价款享有优先受偿权”。

2. 不支持支持银行抵押权、优先受偿权的裁判理由

（1）未领取他项权证，不支持优先受偿权。比如，扬州市江都区人民法院在中行江都支行与周慧、朱玉康等金融借款合同纠纷一审民事判决书[③]认为“由于原告对抵押的房产未领取他项权证书，故请求优先受偿权，依法不予支持”。判决书中无更为深入的论证分析。

（2）确认办理抵押登记请求权，不支持优先受偿权。连云港市连云区人民法院在农行连云港连云支行与孙召艳、王通等金融借款合同纠纷一审民事判决书[④]中认为，“原、被告双方只对涉案抵押房产在房产登记管理部门办理房屋抵押预告登记，未办理他项权证，故原告作为涉案房屋抵押权预告登记权利人，享有的只是当抵押登记条件成就时对涉案房产办理抵押登记的请求权，非现实的抵押权，原告主张对该抵押房屋享有优先受偿权的条件并不具备，对原告该诉请，本院不予支持”。

（3）确认办理抵押登记请求权，并认定可排他性的对抗他人针对抵押物的处分，但不支持优先受偿权。淮安市金湖县人民法院在农行金湖县支行与王歧

① （2016）苏 01 民再 24 号。

② 最高人民法院《关于适用〈中华人民共和国担保法〉若干问题的解释》第 47 条规定：“以依法获准尚未建造的或者正在建造中的房屋或者其他建筑物抵押的，当事人办理了抵押物登记，人民法院可以认定抵押有效。”

③ （2018）苏 1012 民初 8739 号。

④ （2018）苏 0703 民初 1965 号。

松、戴宏英等金融借款合同纠纷一审民事判决书[①]中认为，“首先被告以其购买的期房向原告抵押借款，并进行了抵押权预告登记，但是由于被告对涉案房产并未取得房屋所有权证，也就是说并未完成现实中房产物权登记。银行作为该房产抵押权预告登记的权利人，在未办理房屋抵押权登记之前，其享有的是当抵押权登记条件成就对抵押物办理抵押登记的请求权，并可排他性的对抗他人针对抵押物的处分，但并非对抵押物已享有现实的抵押权”。

三、预售商品房按揭贷款相关执行异议中抵押权预告登记问题及裁判观点

如果案涉商品房因购房者其他债务纠纷而被查封、拍卖执行时，银行能否因为商品房抵押权预告登记而阻止人民法院拍卖处置商品房？如果拍卖商品房，银行因抵押权预告登记能否优先于其他债权人获得清偿？

（一）预售商品房按揭贷款相关执行异议中抵押权预告登记问题的实际影响

对于购房者而言，无法全面清偿所有债务，债务清偿先后顺序对其自身意义不大。对银行而言，即便不享有案涉商品房执行款项的优先受偿权，不能从商品房拍卖变现中得到清偿，仍可追究开发商的保证责任。银行基于现实强势地位，通常在金融合作协议或房地产抵押合同中会要求开发商放弃优先处置商品房抵押担保的抗辩权。如果相对其他债权人无法取得优先受偿权，银行必然为减轻风险，选择要求开发商承担保证责任。对开发商而言，在向银行承担保证责任后，相当于将之前取得的房款（即按揭贷款部分）还给银行，此时又因其他债权人的在先查封，卖出的商品房无法收回，将面临房屋与房款两者皆空的窘境。

可能有的开发商认为商品房买卖合同虽经房产登记部门备案或所有权预告登记，但是商品房产权尚未转移到购房者名下，仍属于开发商所有，若能解除商品房买卖合同，要求返还房屋，则避免商品房被查封在先其他债权人申请执行。但是，现实中该等请求仍无法得到人民法院的普遍支持。比如，江苏省高级人民法院2018年6月13日发布《关于执行疑难问题的解答》规定，被执行人

---

① （2018）苏0831民初267号。

购买的预售商品房，被人民法院预查封后，开发商或被执行人以仲裁或诉讼方式解除合同的，不得对抗人民法院的执行，人民法院可以继续执行预售房产。

（二）江苏省内人民法院在执行异议中关于抵押权预告登记问题的裁判观点

笔者以“抵押权预告登记”“执行异议”为关键词在无讼案例检索到江苏省内各级人民法院 2017 年至今公开的民事裁判文书共计 18 份，通过阅读确认有 8 份与抵押权预告登记问题有关，笔者梳理如下表所示：

序号	案号	审理人民法院	审判日期	裁判观点
1	（2017）苏执复 73 号	江苏省高级人民法院	2017-07-17	支持预告登记排他效力
2	（2019）苏 0205 民初 654 号	无锡市锡山区人民法院	2019-06-19	支持预告登记排他效力
3	（2018）苏 10 执异 32 号	扬州市中级人民法院	2018-10-31	支持预告登记排他效力
4	（2018）苏 0591 执异 45 号	苏州工业园区人民法院	2018-05-08	支持预告登记排他效力
5	（2018）苏 0591 执异 49 号		2018-05-21	支持预告登记排他效力
6	（2017）苏 0682 执异 43 号	如皋市人民法院	2017-07-10	不支持预告登记排他效力
7	（2018）苏 11 执异 46 号	镇江市中级人民法院	2018-08-07	不支持预告登记排他效力
8	（2018）苏 13 执复 11 号	宿迁市中级人民法院	2018-01-31	不支持预告登记排他效力

在上述 8 份裁判文书中，有两种明显不同的裁判意见，笔者归纳裁判观点以及论证依据如下：

1. 支持抵押权预告登记排他效力的裁判理由

江苏省高级人民法院在姜志云与陈永祥民间借贷纠纷执行裁定书[①] 中认为，

① （2017）苏执复 73 号。

依据《物权法》第20条第2款[①]的规定，“在交行扬州分行对被执行人陈永祥的债权未得到清偿，陈永祥也没有办理案涉16套房产的相关权属证书的情形下，交行扬州分行拥有的案涉16套房产抵押权预告登记至今仍然有效”，依据最高人民法院《关于适用〈中华人民共和国物权法〉若干问题的解释（一）》第4条[②]的规定，“交行扬州分行有权在未经其同意的情况下，依据其拥有的对案涉16套房产抵押权预告登记，主张阻却对上述案涉房产所有权全部或者部分的转移”，因此扬州中院将交行扬州分行案涉拥有抵押权预告登记的16套房产中的5套房产裁定归姜志云所有，适用法律不当。

无锡市锡山区人民法院在建行苏州分行与无锡中浦电气有限公司、苏州市昊海变压器有限公司等案外人执行异议之诉一审民事判决书[③]中分析，“苏州建行对涉案房产的预抵押登记虽不具有设立抵押权之效果，但该预告登记具有保全债权的法律效力”。依我国《物权法》第20条之规定，“未经苏州建行的同意，将不发生物权变动的效力，即无法为拍卖成交的买受人办理房屋过户手续。现苏州建行在诉讼中已表示在满足其债权受偿的前提下认可人民法院的拍卖行为，即对涉案房产的处置需满足苏州建行对拍卖款的在先受偿顺位这一前提条件，否则将导致因未经预告登记权利人同意而不产生物权变动之效力的后果”。

2. 不支持抵押权预告登记排他效力的裁判理由

镇江市中级人民法院在工行镇江京口支行、镇江市江泰物资有限责任公司与潘松青、江苏瑞峰建设集团有限公司买卖合同纠纷执行裁定书[④]中认为，“根据执行异议的相关规定，即使抵押权人以其享有优先受偿权为由，请求人民法院停止对抵押物执行的，人民法院也不予支持，这是因为人民法院对抵押物进行拍卖变卖并不影响抵押权人对抵押权的实现，抵押权人可在人民法院拍卖变卖抵押物中优先受偿”。本案工行京口支行虽系涉案房屋预告登记抵押权人，

---

① 《物权法》第20条第2款：“预告登记后，债权消灭或者自能够进行不动产登记之日起三个月内未申请登记的，预告登记失效。”

② 最高人民法院《关于适用〈中华人民共和国物权法〉若干问题的解释（一）》第4条：“未经预告登记的权利人同意，转移不动产所有权，或者设定建设用地使用权、地役权、抵押权等其他物权的，应当依照物权法第二十条第一款的规定，认定其不发生物权效力。”

③ （2019）苏0205民初654号。

④ （2018）苏11执异46号。

“并非是涉案房屋现实抵押权人，即使其是涉案房屋抵押权人，本院对涉案房屋采取执行措施，也并不妨碍其抵押权的实现，故其提出要求本院停止对涉案房屋的执行异议请求，于法无据”。

宿迁市中级人民法院在李劲松、葛艳执行裁定书[①]中认为，“宿迁工行作为涉案房产抵押权预告登记的权利人，在未办理涉案房产抵押权登记之前，其享有的是当抵押登记条件成就或约定期限届满对涉案房产办理抵押权登记的请求权，并非对涉案房产享有现实的抵押权。且涉案房产在2014年3月即可办理不动产物权登记，而宿迁工行未能在规定时间内办理正式抵押登记，根据上述规定，宿迁工行现主张对涉案房产享有抵押权，并要求对涉案房产的拍卖款优先受偿，无事实和法律依据，本院不予支持”。该案只说明可办理不动产物权登记时间，并未进一步查明未办理抵押登记的原因。

四、商品房抵押权预告登记争议问题的解决路径

（一）解决预售商品房按揭制度中抵押权预告登记问题的必要性

针对商品房按揭贷款引发的抵押权预告登记争议，无论是银行起诉购房者和开发商的借款合同纠纷，还是银行按揭贷款涉及的执行异议纠纷，人民法院在处理案件过程中通常都会分割商品房按揭涉及的各种法律关系，不去通盘考虑各法律关系之间相互依存的现实关系，没有注意到银行优先受偿权问题直接涉及开发商利益平衡。司法实践中，绝大多数人民法院能够尽力保护银行，而忽视了地位处于劣势、双重风险压力下的开发商利益，这种现状有必要从预售房按揭贷款制度层面进行思考和完善。

预售商品房按揭制度的最终目的是使银行、购房人和开发商三方的利益和风险能得到均衡，在有其他债务参与因素下，也一样保证交易高效、安全、可行，从而促进房地产市场良性发展，实现“三方共赢”。抵押权预告登记则是预售商品房按揭制度中重要一环，司法实践针对抵押权预告登记环节中抵押权和优先受偿权问题同案不同判，且多年来长期处于不确定状态，充分显示了预售商品房按揭制度的不足，需要进一步完善。

① （2018）苏13执复11号。

（二）解决预售商品房按揭制度中抵押权预告登记问题的建议

笔者认为，可以通过以下路径来解决和完善预售商品房按揭制度中抵押权预告登记环节现实问题：

1. 将抵押权预告登记明确为在建建筑物抵押登记，登记即设立抵押权

《物权法》第180条中明确允许正在建造的建筑物可以抵押，第187条进一步规定，以正在建造的建筑物抵押的，抵押权自登记时设立。最高人民法院《关于适用〈中华人民共和国担保法〉若干问题的解释》第47条更加明确，以依法获准尚未建造的或者正在建造中的房屋或者其他建筑物抵押的，当事人办理了抵押物登记，人民法院可以认定抵押有效。

预售商品房显然属于“正在建造的建筑物”范围，若将现有的预售商品房抵押权预告登记确定为正在建造的建筑物进行抵押登记，不存在法律障碍。这种定性改变将确保在签订抵押合同并办理登记时即设立预售商品房抵押登记，而非预告登记，一劳永逸地解决因购房者不及时不配合办理商品房产权登记导致抵押权预告登记无法转化为抵押登记的现实问题，司法实践也无须再纠结于抵押权预告登记与抵押权登记的效力区别问题。

2. 在不改变定性情况下，全面明确银行因抵押权预告登记排他性而保证债务得到优先受偿

首先，抵押权预告登记时间先于其他债权查封，查封措施采取时应当知道抵押权预告登记的存在。其次，抵押权预告登记具有排他性的物权请求权的属性，在后查封行为已经影响到物权的变动。再次，因为抵押权预告登记的存在，银行享有要求购房者办理抵押登记的请求权，若银行主张该权利，抵押权预告登记就可能变更为抵押登记。因为其他债权人申请查封的存在，成为银行此种权利的障碍，无法实际取得抵押登记。最后，因为涉案商品房产权人是开发商并非购房者，相关查封行为也只是预查封。在同时存在抵押权预告登记和预查封的情况下，如果商品房实际产权无争议时，应当按照时间先后顺序发生转化效力，先发生房屋产权转让，再由抵押权预告登记变更为抵押登记，然后才是预查封转为查封，此时抵押仍然在先。

最高人民法院《关于适用〈中华人民共和国物权法〉若干问题的解释（一）》第4条规定：“未经预告登记的权利人同意，转移不动产所有权……应当依照物权法第二十条第一款的规定，认定其不发生物权效力。”这进一步强调

了预告登记的法律效力，银行因抵押权预告登记应当享有物权上的排他性，甚至超过了抵押权的实际影响。因此，人民法院在审理借款合同纠纷中即便不能支持银行对商品房的优先受偿权，也应该全面表述银行因抵押权预告登记而享有办理抵押登记请求权，并认定可排他性地对抗他人针对抵押物的处分。人民法院在强制执行时，有必要在拍卖商品房前听取抵押权预告登记银行的意见，银行也因此能够实际享有排他性对抗权利，从而得到债务优先受偿的保证。考虑到现在各地人民法院审理和执行时仍有不同认识，最高人民法院有必要通过相关司法解释予以明确或通过指导案例形式进行确认。

银行也需要注意到预告登记的时效性，在符合抵押权登记条件时及时办理登记，否则预告登记将失效，优先受偿权将化为泡影。

3. 在商品房按揭贷款制度中赋予开发商更多权利，包括要求银行优先处置商品房的抗辩权、商品房买卖合同解除权、代为清偿债务的优先受偿权

银行优先受偿权无法得到保障时或不优先处置购房者所购商品房抵押担保时，开发商需承担保证责任。开发商承担保证责任后若遭遇购房者其他债务纠纷，极有可能陷入丢房赔钱的双重危险境地，导致开发商在商品房按揭制度中利益失衡，因此有必要赋予开发商更多权利。

《物权法》第 194 条第 2 款："债务人以自己的财产设定抵押，抵押权人放弃该抵押权、抵押权顺位或者变更抵押权的，其他担保人在抵押权人丧失优先受偿权益的范围内免除担保责任，但其他担保人承诺仍然提供担保的除外。"若通过修订立法保障开发商享有要求银行先处置购房者所购商品房抵押担保的抗辩权，不会损害银行利益，银行在处置购房者所购商品房不足清偿时仍然可以继续要求开发商承担保证责任，却能够避免开发商先承担保证责任再追偿的周折。上述公开裁判文书显示，人民法院在认定银行对商品房享有优先受偿权后并没有认定解除开发商的保证责任，更加显示这种优先处置抗辩权的重要性。

在商品房按揭制度中，银行按揭贷款合同与商品房买卖合同之间相互依存，根据最高人民法院《关于审理商品房买卖合同纠纷案件适用法律若干问题的解释》第 24 条[①]，商品房买卖合同解除，银行按揭贷款合同因合同目的无法

① 最高人民法院《关于审理商品房买卖合同纠纷案件适用法律若干问题的解释》第 24 条："因商品房买卖合同被确认无效或者被撤销、解除，致使商品房担保贷款合同的目的无法实现，当事人请求解除商品房担保贷款合同的，应予支持。"

实现可以一并解除。银行解除按揭贷款合同，开发商承担保证责任后，相当于返还出售商品房买卖合同部分房款，商品房买卖合同目的同样也没有实现，也应当同理允许开发商解除商品房买卖合同。开发商解除商品房买卖合同，扣除承担保证责任代偿款项外的剩余购房款返还购房者，可用于清偿其他债权人的债权。当然，若开发商和购房者在商品房买卖合同中已经约定类似情形下的单方解除权，司法更应当予以尊重和优先适用。

也许是考虑到商品房买卖合同签订后价格持续上升，该增值利益归属于开发商不利于购房者，部分人民法院采取认可开发商在承担保证责任代为清偿范围内享有优先受偿权。比如，江苏省高级人民法院 2018 年 6 月 13 日发布《关于执行疑难问题的解答》，针对被执行人购买的预售商品房，“对于开发商已退还银行的相应款项，在变价款中预先扣除支付给开发商”。该地方性指导意见尚需更强的制度性保障。

PPP项目合同中唯一性条款纠纷解决机制研究

张 蕾*

摘 要 ▶ 作为公私主体关于公共项目建设而产生的一系列合作伙伴关系的契约性集合，PPP项目合同在项目全过程中都发挥着整体性管控作用。但由于PPP项目具有合作周期长、投资金额巨大、资本创收缓慢、利益相关者众多及合作环境不稳定等特征，PPP项目合同中唯一性条款存在缺失或者不完备的情形，从而导致私人主体投资权益的严重受损。应当设立完善的PPP项目合同及其唯一性条款纠纷解决机制，应当在遵从特定法律逻辑及原则理念的基础上，适时构建PPP模式的立法性规范并合理安排配套制度，避免现有政策、规章所造成的司法实践困境，力图实现我国PPP争议解决路径综合体系的建立与健全，以期对我国PPP模式立法、司法的建立完善及其实践的发展有所裨益。

关键词 ▶ PPP项目合同 唯一性条款 特许经营 争议解决机制

经过近几年来PPP项目实践的应用以及理论研究的逐步深入，PPP模式正逐步被我国各地政府以及拥有资本实力的社会私人部门所接受。在PPP模式实践中，社会资本方与政府主体为实现风险分配、利益共享的合作目的，通常会形成项目合同作为公私双方权利义务的固定，防止出现相应的违约风险。但是，基于政府公权力主体地位的考虑，其与社会资本方在这一合约中始终难以被认定为通常意义上的平等主体关系，而更倾向于表现为政府授权社会资本主体参与原本由政府主持的公共项目，公私双方之间是一种主体地位不平等的行

* 作者单位：江苏路韬律师事务所。

政法律关系。虽然 PPP 模式要求公私双方合理配置项目风险，但作为与公权力部门相对应的社会私人部门，显然会考虑将项目建设及运营中的各类风险更多地分配给最具有风险承受能力的政府一方来承担。[①] 因此，PPP 项目合同中通常会涉及政府部门对社会资本方所作的唯一性承诺或保证，也即政府应当保证在一定期限及地域范围内不会出现与现有 PPP 项目形成竞争关系的公共项目。就实际成效而言，这并非私人资本投资风险的单纯转嫁，而更倾向于表现为推动项目合作的顺利进行，从而在整体上将 PPP 项目的风险降至最低。但是，政府所作的唯一性保证是否履行或者是否全面履行，直接关系到 PPP 项目成败与否，同时也是当前世界范围内 PPP 项目纠纷产生的主要争议问题。

一、唯一性条款——PPP 模式运作之保障

（一）唯一性条款的概念解读

“唯一性条款”，又称“非竞争性条款”，是指为确保社会资本方在政府主导的公共基础设施建设项目中的投入能够获得稳定回报，政府在拟定的 PPP 项目合同中对社会资本方作出非竞争性的承诺，即政府保证在一定地域、期限内不授权或批准建设与既有的 PPP 项目产生竞争关系的其他项目。我国财政部《PPP 项目合同指南（试行）》中，明确采用了“唯一性条款”的表述。

以高速公路 PPP 项目为例，社会资本方的收益程度与车辆通行量直接相关，如果不能保证该项目在很长一段时间内具有不可替代的唯一性，那么社会资本方的投资收益将面临巨大风险。可以说，各地政府在高速公路的建设方面都存在巨大的资金缺口，甚至已经出现难以填补的地方债务的情况。高速公路项目建设所需资金量动辄几十亿上百亿元，但项目建成后的通行收费又不能完全按照市场机制进行调节而仍应被限定在公共利益的范围内，投资主体显然无法在短期内收回成本并获得“合理”收益。即便是社会资本方在对高速公路 PPP 项目进行投资时已经预见或者知晓资金回收周期长的情况，但如果不对政府修建同类型项目进行约束，则必然导致其他道路项目形成对 PPP 项目竞争结果而使其不再具有唯一性，从而严重影响社会资本方的合理收益甚至致使该项收益权归于消灭。

① 参见李永强、苏振民:《PPP 项目风险分担的博弈分析》，载《基建优化》2005 年第 5 期。

在高速公路 PPP 项目中，相近路段出现同类型可替代的道路交通建设方案往往是对社会公共利益进行综合考量下不可避免的结果，后者主要表现为政府为优化交通路网而进行的市政建设，与社会资本无关。但该竞争性路段的出现，必然引发 PPP 项目合作双方之间的利益冲突。因此，为防止社会资本方因竞争业务的出现而严重影响资金回收及预期的合理收益，由政府作出在一定地域、期限范围内不新建道路或不改建原有道路的承诺或保证，是社会资本方与政府就 PPP 项目融资建设谈判的重要筹码，也是 PPP 项目顺利开展的关键所在。

（二）唯一性条款的基本特征

1. 以合同约定为前提

PPP 项目中，包括项目公司在内的社会资本方会围绕项目的投融资、建设、移交、运营、管理签订一系列合同，以此作为确定和调整相互之间的权利义务关系，并由此构成了较为庞杂的 PPP 项目的合同体系。虽然“唯一性条款”这一概念出现在我国相关法律文件中，但由于其法律位阶低而未能上升到法律法规的层面，也即政府没有做出唯一性保证、防止竞争项目的法定义务。因此，“唯一性条款”所体现的社会资本方对政府方权利的约束与义务的设定，仍然需要通过合同的形式来确定。

2. 设定形式的多样性

通常而言，“唯一性条款”应当作为 PPP 项目合同中的必要条款与重要组成部分。但是，考虑到项目利益相关者众多，“唯一性条款”也可能出现在股东协议中，或者采取另行订立协议的方式，又或者由政府出具承诺书，等等。其中，股东协议不同于项目合同，前者应当由全体社会资本方与政府方签订，后者则存在于项目公司与政府方之间。当政府违反股东协议中的非竞争性保证时，应由政府赔偿全体社会资本方的投资损失。如果采取另行订立协议或者承诺书的方式，项目参与方应当注重该补充协议或者承诺书与项目合同之间的衔接性，避免不同文件中相关权利义务的设定发生冲突，并且可以考虑将其作为项目合同的附件予以明确约定。无论采取何种方式，均应从法律层面上肯定其效力。

3. 与公共利益具有可调和性

在考察唯一性条款与社会公共利益之间的关系时，应当看到，社会资本方强调项目的唯一性并非绝对意义上的排除任何竞争性项目的出现。因为政府在一定期限及地域范围内是否授权或批准兴建其他具有竞争性的公共项目，在很大程度上取决于地方经济发展水平以及公共利益的现实需求，这就意味着“唯一性条款”必然面临社会资本的投资回报率与公共利益需求之间的矛盾关系。当政府出于公共利益的考虑而不得不违反约定修建竞争性公共项目时，唯一性条款的作用就体现在，社会资本方已经事前通过合同等形式对政府的唯一性保证义务进行了明确约定，政府违反该合同义务，就应当承担相应的违约责任。也就是说，即便社会资本方的投资回报有违预期，也能够通过政府违约责任的承担获得有效弥补。另外，当政府的违约成本过高时，唯一性条款也可以在很大程度上抑制政府授权不必要的其他同类竞争项目，避免过度开发，否则将会造成公共利益的侧面受损。

（三）唯一性条款的重要意义

PPP 模式引入公共项目建设初期，社会私人主体或许并未意识到唯一性条款的重要性，而没有在项目合同中对该类型的条款给予应有的关注，导致后续的项目建设中无法于合同层面或者法律层面上对政府及其公共部门构成制约力。随着 PPP 模式研究的进一步深入以及 PPP 项目建设实践的发展，政府方对 PPP 特许经营的保障作出了必要回应，也使唯一性条款的设置有据可循。财政部《PPP 项目合同指南（试行）》在“政府承诺”一节中就指出，在采用使用者付费机制的项目中，项目公司需要通过从项目最终用户处收费以回收投资并获取收益，因此必须确保有足够的最终用户会使用该项目设施并支付费用。鉴此，在这类项目的 PPP 项目合同中，通常会规定政府方有义务防止不必要的竞争性项目，即通常所说的唯一性条款。类似的规定还在《基础设施和公用事业特许经营管理办法》《政府和社会资本合作项目通用合同指南》等政府文件中有直接反映。

足以见得，唯一性条款不仅是 PPP 项目合同的关键组成部分，更是 PPP 模式有效运作的重要保障，其现实意义主要表现在以下两个方面：

其一，唯一性条款是争取贷款的重要筹码。PPP 项目最直观的特点就在于投资成本巨大，即便社会资本方具有较强的资本实力，也仍然需要通过贷款保证资金融通。对于金融机构而言，PPP 项目的稳定收益是其保证贷款安全性的唯一衡量标准，而 PPP 项目合同中的唯一性条款，正是 PPP 项目获得稳定收益的重要前提条件。因此，公私双方在 PPP 项目合同中关于唯一性条款的设置，有助于金融机构发放贷款，从而保证项目的顺利开展。

其二，唯一性条款是政府契约精神的重要体现。PPP 模式的应用，打破了以往政府一手操办公共项目的局面，极大程度地缓解了政府的财政压力。与此同时，政府应当意识到，公私双方在 PPP 项目合同关系中的法律地位是平等的，即便政府在这一合作关系中实际上仍然处于主导地位，也必须对社会资本方的投资权益给予有力保障。在早期的 PPP 项目实践中，社会资本方对 PPP 项目合作保持了高度的热情与自信，而没有在项目合同中对政府唯一性保证进行必要的关注，从而导致了项目的失败。为此，社会资本方一是要使唯一性条款成为 PPP 项目合同的必备条款，二是应该全面设置唯一性条款的具体内容、违约责任并使之具有法律适用性，让政府意识到违约的代价，防止己方权益遭受不当侵害。

二、唯一性条款法律规制之缺陷

（一）PPP 法律文件效力层级低

随着 PPP 模式在我国公共基础设施建设领域中的不断推广，国务院及地方政府为规范 PPP 项目中的公私合作秩序，维护项目相关方及社会公众基本利益，出台了一系列部门规章等 PPP 法律文件。但是，这些法律文件中的相关规范内容整体上并未上升到更高效力位阶的法律、行政法规的层面，从而导致 PPP 项目争议解决在规范适用上的不确定性。

在数量庞杂的 PPP 法律文件中，有关争议解决的规范内容较为缺乏，尤其是作为 PPP 模式实践中最常见的导致项目失败的唯一性条款之争议，目前仍未形成统一的纠纷解决机制。更重要的是，即便唯一性条款争议解决制度在现有 PPP 部门规章中有充分反映，也会因其效力等级的问题而无法普遍适用。综观现行 PPP 法律文件，对于 PPP 项目合同中的唯一性条款进行明确规定的应为财政部《PPP 项目合同指南（试行）》，但同样因属部门规章而存在法律效力层级低的问题。为此，有必要由财政部、国家发改委等 PPP 模式推行牵头部门根据 PPP 项目的实践发起相关法律、行政法规的制定，解决当前 PPP 法律文件应用中的效力问题，从而为唯一性保证产生的纠纷提供具有普遍适用意义的法律纠纷解决机制，充分保障社会资本方的合法权益。

（二）PPP 法律文件适用的冲突

仅从 PPP 项目合同的性质考虑，因 PPP 项目合同引起的纠纷应当属于行政诉讼受理案件的范围。这主要是因为，PPP 项目合同的一方当事人为政府或其相关部门，而且合同标的涉及的是具有公共利益属性的以道路、桥梁等为主要表现形式的交通基础设施项目，而不同于一般的政府采购产品或服务，与政府部门作为一般民事主体参与市场交易的情况有所区别。因此，PPP 项目合同具有类似于特许经营协议的概念。① 也就是说，PPP 项目合同的本质应当表现为政府对社会资本方参与原本由政府主持的公共项目的一种授权，二者之间并未形成平等的民事主体关系。因而，PPP 项目合同属于行政合同调整的范畴，因 PPP 项目合同唯一性条款产生的争议，应当遵从行政法及行政诉讼法的相关规定进行处理。对此，本文第二部分关于政府唯一性保证的法律本质中亦有详细论证。

虽然在 PPP 模式的制度构建上，财政部和国家发改委两部委始终发挥着重要作用，其各自发布或者联合发布的 PPP 规章文件也在一定程度上保证了我国 PPP 模式的顺利开展。但是，就 PPP 项目合同的性质及其涉及的争议解决诉讼程序而言，两部委所制定的部门规章及规范性文件就与我国《行政诉讼法》及其司法解释存在矛盾与冲突，主要表现为：

其一，在已经颁布实施的《基础设施和公用事业特许经营管理办法》中，国家发改委虽然未对特许经营协议属于民事合同还是行政合同作出明确定性，但其强调了行政相对人认为政府的具体行政行为不当时，可以选择行政复议或者行政诉讼进行权利救济。而在该办法颁布之前的征求意见稿中，国家发改委又指出，因特许经营协议产生的争议并非绝对意义上的民事争议或者行政争议。如果公私双方就特许经营协议的履行产生了争议，应当协商解决，协商不成的则可以依据仲裁协议提请仲裁，或者直接向法院提起民事诉讼；如果特许经营者认为政府以具体行政行为的方式违法变更、解除特许经营协议，或者政府没有依法履行、依约履行、全面履行特许经营协议所确定的义务的，也可以通过行政复议或者行政诉讼方式加以解决。由此可见，在司法审判实践中，行政争议与民事争议之间并没有绝对的界限，与之相应的行政诉讼及民事诉讼之

① 参见王丛虎、徐琳：《PPP 与政府特许经营的关系及立法策略》，载《财政研究》2016 年第 6 期。

间也应当根据不同的情况予以协调适用。

其二，财政部《PPP 项目合同指南（试行）》第 2 章第 20 节规定的适用法律及争议解决中明确指出，PPP 项目合同中的政府与社会资本方属于平等的民事主体，社会资本方应当基于民事诉讼法的相关规定提起民事诉讼。并且，还特别强调了 PPP 项目合同争议解决方式对行政复议以及行政诉讼程序的排除适用，且认为上述争议解决的规定不会因政府公权力主体的身份而有任何改变。

其三，根据最高人民法院《关于适用〈中华人民共和国行政诉讼法〉的解释》，政府为满足社会公众交通基础设施的需要而与社会资本方签订的特许经营协议，应当属于行政合同调整的范畴，并明确将其纳入行政诉讼的受理案件范围。

基于上述，当前我国制度层面上对于 PPP 项目合同的性质及其争议解决程序尚未形成统一的处理意见。这就容易导致 PPP 项目合同中唯一性条款争议解决方式的不确定性，也在很大程度上造成了司法审判工作的困扰，更难以在个案与个案之间保持审判结果的相对平衡性与稳定性，同时也增加了社会资本方参与 PPP 项目的众多顾虑。

（三）PPP 法律文件缺乏操作性

不难看出，两部委所制定的部门规章及规范性文件实际上并未就 PPP 项目合同涉及的争议解决规范进行更进一步的明确与细化。无论是其规定的协商、调解、仲裁、民事诉讼或者是行政诉讼，都仅是对争议解决方式的简单列举，而没有形成系统化的争议解决方案或体系，也缺乏具体的操作规则。

以财政部《PPP 项目合同指南（试行）》为例，虽然其就争议解决条款设置的背景、项目纠纷的协商解决办法、专家裁决的技术性需求、仲裁程序的基本优势、民事诉讼程序的选择适用、争议期间的合同履行等内容进行了较为全面的规定或阐释，但在内容上却更像是一种政策性的指导意见，实践性及可操作性不强。相比之下，英国《标准化 PFI 合同》就对 PPP 项目合同争议中采用的协商、仲裁、专家裁决、诉讼等争议解决方式的具体操作规则进行了明确细致的规定。例如，该标准化文本仅就“专家裁决”一项内容就有专家裁决的案件适用、裁决人员的提名与选定、权限范围，以及裁决的期限、效力、保密性等数十条规定。[①] 然而，国内 PPP 项目合同争议解决的相关规范还停留在简单列举阶段，甚至就诉讼程序这一关键性问题，在不同规范之间仍然存在较大争议。

三、唯一性条款之立法完善建议

（一）确认唯一性条款的合法性地位

唯一性条款的立法确认，是解决当下 PPP 法律文件相关规定不完备、效力层级低、纠纷解决机制冲突以及司法实践困扰的重要途径，同时也是国家对于公共项目采用新型融资模式进行建设已经渐成规模并纵深发展之现状作出立法回应的必然要求。鉴于唯一性条款赖以存在的 PPP 项目合同具有行政合同的属性，且项目实践中不乏政府利用其行政主导地位排除唯一性条款及违反该唯一性保证所应承担的责任等权利义务内容在 PPP 项目合同中的设定的现实案例，特别是社会公众对于该唯一性条款的认知存在偏差而认为其具有行政垄断的因素等情况，都在客观上对于唯一性条款的合理构建产生了不利影响，也在很大程度上挫伤了社会资本利用 PPP 模式参与公共项目建设的积极性。为此，有必要将合约性的唯一性条款及其争议解决机制纳入法律规定的范畴，确保社会资本方项目收益的基本权利得以保障。

1. PPP 模式立法的指导原则

第一，强调行政权力与私人权利的合作关系。在 PPP 模式中，政府方制定公共项目建设的市场准入机制，社会资本方则提供项目建设、运营、管理过程中所需的资金支持。在这一模式中，政府简政放权的力度越大，PPP 项目的合作目的也即公共利益也越能得到保障。相较于传统的公共项目建设模式，PPP 项目合同更加关注公私部门之间的合作关系，而不单纯是政府基于其行政主导地位或者公共利益的考虑实行的一种自上而下的融资策略。因此，PPP 模式的立法应当进一步强化政府的市场意识，从而为社会资本方参与 PPP 项目创造应有的市场环境。

第二，明确争议解决机制的选择适用。PPP 模式立法化规范，虽然要求 PPP 项目合同具有相应的法律强制效力，但也应当赋予公私双方一定范围内的

---

① 参见路铁军：《英国 PFI 模式的发展及其借鉴意义》，载《国际经济合作》2015 年第 10 期。

意思自治权。即使唯一性条款在立法上被确认为 PPP 项目合同中的必备条款，也不排除政府和社会资本方就唯一性条款的具体内容进行充分协商。也就是说，PPP 项目合同及其合同条款既有公权色彩，也有私权特征，因而在相关争议解决机制的设定上不能完全固化，而应当根据 PPP 项目争议的具体内容及类型等进行确定。

第三，保证项目合作的专业性与效率性相结合。公共基础设施项目具有所涉法律关系众多，工程技术性要求较高，建设以及投资周期较长等基本特点，如果政府选择的社会资本方尚无 PPP 项目开发的经验，也没有具备 PPP 项目通常所需的资质，或者资本运营能力有待考察，显然无法满足 PPP 项目合作的“专业”与“效率”要求。在此情况下，一旦公私双方就项目开展产生争议，必然无法在短期内解决争议并将项目风险降至最低，因此立法上必须对上述原则予以明确。

2. PPP 立法模式之应然遵循

从国际经验来看，世界各国关于 PPP 立法模式的构建，都是以本国国情及 PPP 项目实践中的突出问题为基本导向的。例如，美国各州针对公共交通建设公私合作领域所进行的“个案立法”模式，德国推动 PPP 统一立法而制定的 PPP 促进法，印尼、蒙古等国就公共项目特许经营问题制定的专门性法律，波兰所采用的 PPP 基本法与政府部门颁布的特许经营法规双轨制立法模式，英国则根据欧盟就政府采购相关指令制定了公共属性的合同法，用以调整政府采购行为并将 PPP 项目纳入其调整范畴，等等。[①] 由此可见，PPP 领域并未形成具有代表性或者典型意义的类型化立法模式，也没有绝对的优劣之分。

但就我国而言，法律实务界以及多数学者均认为应当对 PPP 模式进行统一立法，从而改变当前各部委 PPP 法律文件之间及其与行政法律规范之间严重冲突的现状。事实上，国家发改委就我国 PPP 法律文件所存在的系列问题已有深刻认识，并经组织专家论证会达成了统一立法的共识，也即应当采用 PPP 单一制立法模式。[②] 需要指出的是，我国早期的特许经营制度与 PPP 模式并不存在本质上的区别，因而在 PPP 模式的统一立法过程中应当全面融合特许经营的相

① 参见傅宏宇、张秀：《政府与社会资本合作（PPP）法律问题国别研究》，中国法制出版社 2016 年版，第 8~30 页。

② 参见《特许经营立法专家论证会议纪要（第一期）》，载 http：//www.sohu.com/a/144712043_481621。

关制度内容，避免 PPP 与特许经营概念混淆、法律适用交叉的混乱局面，进而造成统一立法在司法实践中的困扰。

（二）明确违反唯一性条款救济方式

唯一性条款的拟定，虽然是为了防止竞争性项目的出现对社会资本方投资利益所造成的不利影响，但是该唯一性条款始终仅是政府在项目筹备阶段作出的保证，法律不应、也不可能从真正意义上排除政府基于公共利益的现实需要而违反项目合同约定安排相关竞争性项目的可能性。也就是说，社会资本方真正关注的并不是非竞争性保证本身，而是政府违反该约定义务后，社会资本方的合法权益是否能够以及能在多大程度上得到保障的问题。因此，违约行为及违约后果在 PPP 项目合同中的合理构建才是公私双方唯一性条款争议解决的关键所在。

1. 违约责任条款设计思路

对于高速公路 PPP 项目合同中唯一性条款的违约责任设计，应当遵循以下基本思路：

其一，明确何种行为构成对唯一性条款的违反，避免公私双方就违约行为这一基础问题产生争议。具体而言，双方首先应当对唯一性条款进行相应的概念解释，并进一步明确该条款对政府行为约束的具体范围，例如竞争性项目的类型、地域界限的划定等。同时，PPP 项目合同中还应考虑不同情形下的唯一性保证风险问题，例如政府对其他收费性公路降低收费或者实行免费政策是否构成非竞争保护义务的违反；或者在 PPP 项目跨越行政区域的情况下政府所作的唯一性保证是否有效的问题，等等。对此，建议双方在项目合同中采用概括与列举相结合的方式对上述问题予以明确，避免条款解释方面产生歧义。

其二，明确违反唯一性保证的具体责任承担方式，如采取补救措施、防止损失扩大、支付违约金、赔偿损失等。无论以何种方式承担责任，都应当保证相关条款的具体化设计，使其具有可操作性。例如，违约金条款应当具有相应的计算依据，包括计算基数、计算标准以及起止时间等，而且不能超过法律规定的限度；在赔偿损失的情况下，除了实际损失是否还需计算预期利益损失，应当如何计算，等等。

其三，明确违反唯一性条款后继续履行或者终止履行的具体情况。政府违反唯一性保证后可能仅仅涉及违约金、赔偿损失等责任承担问题，并不必然导致PPP项目合同的终止履行。如果还有继续履行的可能性，任何一方不得以争议尚未解决为由擅自停止PPP项目的运营、管理或者利益分配，也符合公共利益保护的项目宗旨。如果确实因为客观原因没有继续履行合同的必要性或者现实意义，则应当终止合同的履行并明确后续事宜的处理方式。

2. 规避唯一性风险的特殊条款

（1）特许经营期限的延长

高速公路PPP项目合同中的特许经营期限既包括项目建设期限，也包括项目建成后的经营期限。其中，建设周期的确定一方面体现了政府督促社会资本方按期或提前完成项目建设任务的约束作用，另一方面也符合保证社会资本方项目合理收益的基本要求；而经营期限则是公私双方基于PPP项目成本投入以及预期收益进行评估预测后所建立的长效盈利机制，也即在经营期限内社会资本方不仅要收回项目成本，还应保持一定的利润水平。高速公路PPP项目合同约定的特许经营期限届满后，也就意味着项目资产及经营性权益的整体转移，社会资本方不再享有任何项目权益。因此，特许经营期限条款属于PPP项目合同的必备条款，其不仅涉及了公私双方权利义务的履行，更与公共利益的平衡密切相关。

通常而言，在使用者付费机制无法完全根据市场行情的变化进行调整的情况下，社会资本方所享有的项目回报率与高速公路特许经营期限的长短呈现出正相关的关系。也即在项目周期性收益应当保持相对稳定性的前提下，特许经营期限越长，越符合社会资本投资者的盈利期待。当然，根据我国《收费公路管理条例》的相关规定，经营性公路的收费期限应当遵循收回成本并获取合理收益之原则，其规定一般地区公路收费期限不得超过25年，地方权限较大的区域如省、自治区、直辖市等最多延长至30年。而在国家发改委等六部门联合发布的《基础设施和公用事业特许经营管理办法》中，特许经营期限被限定在30年内，但其同时也规定在满足一定条件的前提下，特许经营者与政府可以协商确定30年以上的项目经营期限。之所以存在上述规定，主要是基于社会资本利益与公共利益平衡的考虑，但不难看出，唯一性条款与特许经营期限条款在社会资本方的收益水平方面具有特定的内在逻辑。政府违反唯一性条款影响社会资本方合理收益的情况下，应当视为已经满足延长特许经营期限的条件，也即延长经营期限应当作为政府违反唯一性条款的责任承担方式之一。

（2）项目付费机制的调整

国际上对于营利性高速公路的收费办法主要包括三种类型：一是“使用者付费”方式，也即由项目公司直接向过往车辆按照规定标准收取通行费，这种面向客户的收费机制属于 PPP 项目收回成本赚取利润的主要方式，因而又称为“真正付费”；二是与真正付费相反的“影子收费”，高速公路使用者无须支付通行对价，而由政府根据车流量大小向项目公司支付费用，该模式首次应用于重庆曾家岩大桥 PPP 项目并取得了良好的示范作用；第三种方式则介于使用者付费与政府购买服务之间，即项目公司针对使用者的通行收费低于业内正常标准，与正常盈利水平的差额部分则由政府部门承担，是一种混合式的付费机制。无论何种付费机制，都会受到诸如高速公路本身技术成分及相应成本、通行服务质量、经营期限、使用者付费意愿或政府购买能力、市场环境等综合因素的影响。与特许经营期限类似，PPP 项目合同中的付费机制在上述综合因素保持恒定的情况下，也会因为项目收费价格的上涨而使社会资本方获得更多的收益，二者之间仍然呈现的是正相关关系。

在高速公路 PPP 项目合同中，唯一性条款是公私双方必须商定的条款。当该条款的违约救济方式与项目付费机制联系起来时，显然不能按照社会资本方的私人利益要求对项目使用价格进行完全意义上的市场化的调整。因为唯一性条款在很大程度上限制了政府在一定范围内修建道路改善交通拥堵状况的行为，那么在高速公路 PPP 项目使用收费过高，且无其他同等级的替代性道路可供通行的情况下，出行者的交通出行方案无非只有两种：要么支付高额通行费使用 PPP 项目，要么选择等级较低、出行时间要求更高的低级道路通行。如果社会资本方的定价策略完全超出的绝大多数社会公众的心理预期，则会使得高速公路 PPP 项目车流量的急剧减少，不仅不能达到项目调价的利益期待，也极易导致其他道路交通拥堵。

因此，作为政府唯一性保证违约责任承担的重要方式，项目付费机制的合理构建与调整至关重要。一方面，社会资本方不能一味追求项目收益而对公共利益不予考虑；另一方面，政府部门也不能完全依据公共利益排除社会资本方应有的调价权利。基于社会资本方私人利益有公共利益平衡的考虑，笔者认为，项目公司不能直接将政府违反唯一性条款产生的相关经济损失直接转嫁于社会公众，而应当由政府部门承担相应的价格风险，项目使用者则仍然按照原定付费机制支付通行费用。

（3）政府回购 PPP 项目

在美国加州 91 号快速路 PPP 项目案例中，就涉及了政府以回购项目的方式解除唯一性条款约束的问题。但加州政府的回购行为并非基于违反唯一性条款所承担的违约责任，而是在法院调解确认唯一性条款效力并要求政府继续履行该非竞争保护义务的情况下，加州政府意识到继续保持唯一性条款的约束力仍然未能解决再次出现的交通拥堵现状，从而采取的合同约定之外的解除唯一性条款的可行手段。事实上，加州政府回购项目的做法恰为今后唯一性条款的保障提供了有益借鉴，也即可以将政府回购义务作为违反唯一性条款的责任承担方式及重要举措。

但需要明确的是，无论是政府还是社会资本方要求回购 PPP 项目，均应当满足一定条件：其一，社会资本方特许经营期限尚未届满且尚未获得 PPP 项目合同中所确定的“合理收益”，这主要是因为社会资本方的利益期待得以满足后原则上就不再享有相应的项目收益权；其二，政府回购 PPP 项目后应当实现社会公众的免费通行权，否则极易导致政府刻意违约通过收回 PPP 项目作为维持地方财力的手段；其三，政府回购 PPP 项目后不得在原有 PPP 项目合同约定的地域范围内实施另外的 PPP 项目，而只能以政府财政拨款的传统形式建设公共基础设施，否则有违公平竞争秩序的建立；其四，政府的回购代价不应超过合理限度，即应以满足社会资本方的预期利益为原则，但公私双方也可以在项目合同中约定除预期利益之外的赔偿责任。

（三）行政法与民法规则的协调适用

PPP 项目合同与特许经营协议并无本质上的区分，二者同属于行政合同的范畴，相关争议也应由行政法律规范调整。但是，司法实践中的民事争议与行政争议并非完全对立，而是随着公法私法化的趋势逐渐交叉、融合。对于这类法律关系复杂的民行交叉案件，目前法院通常采取将两类案件严格区分后单独进行审理，作为行政案件附带审理民事部分争议或者相反，在另案结果作出之前中止本案审理等诉讼程序。然而，PPP 项目合同纠纷通常是民事争议与行政争议的综合反映，上述任何一种诉讼程序的选择都将在很大程度上造成公私双方的讼累，也导致了司法效率的低下。因此，在我国 PPP 模式的立法过程中应尤其关注项目合同纠纷中法律适用问题。

基于上述考虑，笔者认为有必要建立及完善法院内部不同审判部门之间的案件审理衔接机制，条件成熟后也可单独成立民行交叉案件审判庭，从而保证PPP 项目合同纠纷的统一审理。从司法审判实务的角度来看，民行交叉案件的统一审理也具有较强的可操作性。由于 PPP 项目合同纠纷属于行政合同，只不过其中涉及的当事人意思自治的内容可能构成民事争议，因而公私双方提起的 PPP 项目合同纠纷诉讼可以作为“行政附带民事案件”进行审理。而且，我国立法上也未对民行交叉案件的合并审理作出禁止性规定。例如，根据最高人民法院《关于执行〈中华人民共和国行政诉讼法〉若干问题的解释》的相关规定，行政机关对于平等主体之间民事争议作出的裁决违法，民事争议当事方要求行政案件受理法院一并审理民事争议的，人民法院可以准许。需要特别指出的是，当前我国行政诉讼法并未赋予政府作为原告起诉行政相对人的基本权利，但在 PPP 项目合同中，社会资本方也可能因为违反约定而损害政府利益乃至公共利益。因此，在 PPP 模式的立法中应当进一步完善行政法以及行政诉讼法的相关规定，在认定 PPP 项目合同属于行政合同的基础上进一步明确公私双方的诉讼权利。

具体到唯一性条款纠纷，如果政府违反法律的明确规定，没有在 PPP 项目合同中向社会资本方作出项目唯一性保证，进而在 PPP 项目附近建设竞争性项目，则属于政府具体行政行为引发的纠纷而应当由行政法律规范进行调整。如果双方就政府违反项目合同中唯一新条款的具体约定内容产生争议，如违反唯一性条款的政府赔偿责任就属于公私双方意思自治的范畴，应当属于民事争议，应当适用民事法律的相关规定。也就是说，对于唯一性条款涉及的民行交叉问题，应当由同一审判庭合并进行审理，并根据争议的具体内容分别适用不同的法律规定。

我国智能投顾的定位及监管

李　林*

摘　要 ▶ 智能投顾近几年在我国迅速发展，但监管方却没有给出及时、明确和统一的回应，导致定位不明、监管不清。本文通过对我国智能投顾的发展现状和现有规范进行分析，并对比资产管理、基金中基金以及投资顾问三种可能的定位路径，提出将我国智能投顾定位为“单纯的投资顾问”。对于智能投顾的监管，应当在促进智能投顾的发展的同时，注重保障金融消费者的合法权益。立法方面应明确智能投顾的定位和准入，借鉴监管沙盒、监管科技、功能监管的经验，处理好责任承担和纠纷解决问题，并保证投资个性化的实现。

关键词 ▶ 人工智能　投资顾问　资产管理　监管

在金融服务领域，早有“投资顾问”的概念，“智能投顾”这一新概念从国外兴起，2015 年首次引入国内。[①] 智能投顾是近年来在科技金融、数字金融、惠普金融等浪潮下发展起来的“人工智能 + 投资顾问”的金融服务新形式。其利用人工智能，具有避免非理性投资、降低成本、方便快捷等优势。然而，智能投顾除可能具有传统金融工具所具有的市场风险、信用风险、操作风险等之外，由于具有“智能性”与新颖性，还存在着特殊的法律风险。有学者从准入风险、业务界限的模糊性与传统信义义务挑战、服务跨界性对分层监管的挑战、算法专业性对传统监管手段的挑战、决策集中性与一致行动人监管的挑战等方面论述了智能投顾的特殊法律风险。[②] 其中，对于智能投顾的准入监管问

---

*　作者单位：南京大学法学院。

①　姜海燕、吴长风：《智能投顾的发展现状及监管建议》，载《证券市场导报》2016 年第 12 期。

②　李文莉、杨玥捷：《智能投顾的法律风险及监管建议》，载《法学》2017 年第 8 期。

题，需要通过对我国智能投顾的定位来确定。

一、我国智能投顾发展现状及问题提出

（一）我国智能投顾发展现状

从运营主体的角度，我国现有智能投顾可以分为两类：一是证券公司、银行、保险公司等传统金融机构运营的智能投顾，如广发证券推出的贝塔牛、中国工商银行的AI投、平安一账通等；二是大型互联网公司或金融科技公司推出的智能投顾，如京东智投、百度股市通、灵犀智投等。从运营方式的角度，我国现有智能投顾大多采取“投资顾问＋代理买卖”方式，即智能投顾在给出投资组合、投资建议后，为投资者提供代买服务，一些智能投顾还提供后续的再平衡服务，如前述的灵犀智投、贝塔牛等。另外，还有部分智能投顾提供对特定证券的投资咨询服务，如百度股市通提供股票投资建议服务。下面对比较有代表性的灵犀智投和工行AI投进行投资理念和流程介绍：

灵犀智投具有证券投资咨询以及基金销售资格，选择主板、创业板、港股、美股、黄金、债券、货币市场七个大类资产，根据投资需求、年龄、家庭收入、家庭状况、可投资资产、风险承受度、投资年限七个问题为用户确定具体的投资组合，同时提供实时跟踪和动态再平衡。具体投资流程见下图表 。

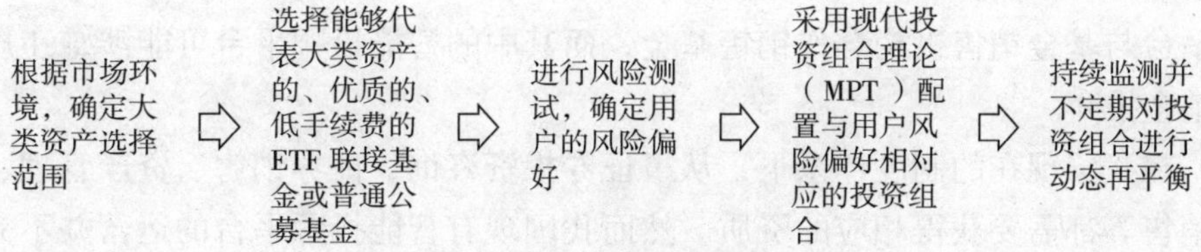

图1　灵犀智投投资步骤①

中国工商银行推出AI投（包括AI智投、AI指数、AI策略），其中AI投同样基于大类资产配置以分散投资风险。AI智投通过两个维度确立投资组合，一是风险等级，由低风险至高风险共1至5五个等级；二是投资期限，分别为1年以下、1年至3年以及3年以上。资产在股票类、货币类、固定收益类、

① 资料来源：灵犀智投投资方法白皮书。

商品类、另类及其他五大类中进行配比。用户自行选择风险等级以及投资期限，并提供一键投资服务，但调仓服务需要投资者亲自确认。

（二）问题提出——智能投顾定位如何

智能投顾服务在不同国家的功能定位不同：欧美国家通常将智能投顾的功能定位为“投资顾问 + 资产管理”，以美国 Betterment 为例，其根据投资者的年龄、可投资资产、投资目的等提供股票 ETF 和债权 ETF 的资产组合，并具有自动再平衡、自动存款、利息再投资、节税等功能。① 日韩国家则将智能投顾概念限制在“投资顾问”范围内，资产管理服务另外提供。② 两种不同定位的根本差异在于，智能投顾是否包含有“资产管理”的概念，也即智能投顾平台是否能“全权代理”投资者进行投资，不仅代客户买卖投资标的，还提供买入后持续的监测、调仓服务，而不须投资者进行后续操作。

理论上许多观点借鉴欧美模式，认为智能投顾应当包含“资产管理”的概念，认为我国《证券法》第 171 条禁止证券投资咨询机构及从业人员“代理委托人从事证券投资”的规定与智能投顾的本质相冲突。有人认为，域外智能投顾“提供组合建议并发出交易指令”“执行交易指令”与“持续监管账户”的过程是“联动且循环的整体”，正是这个连续的过程而使智能投顾具有与传统投资顾问不同的智能化、个性化特征，“全权委托”是智能投顾的本质要求。有人认为，禁止全权委托可能使仅仅向投资者提供大类资产配置建议的智能投顾平台与基金销售机构合作销售基金，而其中的智能投顾平台可能涉嫌违规进行基金推介。③

在我国现在的制度体系下，从事证券投资咨询、证券销售、资产管理、基金销售等都需要获得相应的资质。然而我国现有智能投顾平台的运营并不完全符合规定，并且往往借鉴欧美模式同时提供证券投资咨询以及类似资产管理的服务。例如，上述灵犀智投虽然具有证券投资咨询和基金销售资格，但其后续进行的实时跟踪和动态再平衡实际上可能构成资产管理行为，从而需要资产管理资质。再例如京东金融旗下的京东智投为投资者提供定制化资产配置服务，但是其网站公示的营业执照由北京方博资元信息科技有限公司持有，经营范围

---

① 参见 https://www.betterment.com/how-it-works/。

② 吴烨、叶林：《“智能投顾”的本质及规则路径》，载《法学杂志》2018 年第 5 期。

③ 郭雳、赵继尧：《智能投顾发展的法律挑战及其应对》，载《证券市场导报》2018 年第 6 期。

并不包括证券投资咨询、资产管理等内容。[①] 那么，我国智能投顾的功能定位是否应当包含证券、基金销售甚至是机构主导性更强的资产管理?

二、智能投顾的定位分析

（一）词义与规范分析

近年来，人工智能以及大数据、互联网等技术越来越与金融领域融合，催生了具有低利润率、轻资产、高创新、增长快几个特征的 Fintech（金融科技创新，指技术进步驱动的金融创新），[②] 智能投顾就是在这个背景下产生。“智能投顾”一词从文义上自然同时包含有“人工智能”与“投资顾问”的意味，即用人工智能的手段提供投资顾问服务以代替传统的自然人投资顾问。可见，从直观的词义来分析，智能投顾业务的本质应当归属于投资顾问的范畴。

投资顾问是证券投资咨询业务的基本形式，根据我国《证券、期货投资咨询管理暂行办法》以及《证券投资顾问业务暂行规定》，投资咨询业务为委托人从事证券投资分析、预测或建议，而处于下位概念的投资顾问则提供包括投资品种选择、投资组合、理财规划建议在内的投资建议服务。[③] 可见，投资顾问服务主要内容是提供“投资建议”，即根据投资者的投资理财目标、年龄、风险承受能力等个人因素，提供与其相匹配以及适合的资产以及资产组合建议。根据上述暂行办法，投资顾问不仅需要具有证监会规定的投资咨询资格，还需要在证券业协会注册登记成为投资顾问。但同时，正如前述《证券法》第171条禁止投资咨询机构和人员代理委托人从事证券投资，《证券投资顾问业务暂行规定》第12条存在相应的“证券投资顾问不得代客户作出投资决策”的规定。这一现行规定基本上否定了中国采用欧美式智能投顾概念，否定智能投顾平台代理客户投资以及“全权代理”客户进行后续操作。

2018年4月27日发布的中国人民银行、中国银行保险监督管理委员会、中国证券监督管理委员会、国家外汇管理局《关于规范金融机构资产管理业务

① 参见京东金融主页最下方的“营业执照”，载 http://img30.360buyimg.com/jr_image/jfs/t26398/228/2024551290/150862/7048fb83/5bf51d0fN46d70792.jpg。

② 赵鹞:《Fintech 的特征、兴起、功能及风险研究》，载《金融监管研究》2016年第9期。

③ 参见《证券、期货投资咨询管理暂行办法》第2条以及《证券投资顾问业务暂行规定》第2条。

的指导意见》（以下简称《指导意见》）第 23 条提供了监管者对于智能投顾业务的明确意见，可以总结为以下几点：第一，区分运用人工智能技术开展投资顾问业务以及资产管理业务，即投资顾问与资产管理是两项相互区分的业务，而非一项统一的业务；第二，运用人工智能技术开展投资顾问业务应当取得投资顾问资质，此处没有说明“投资顾问资质”具体如何，按照现行规定，可以理解为“获得证监会的证券投资咨询执业资格 + 在证券业协会注册登记为证券投资顾问”；第三，非金融机构不得开展资产管理业务，更不得借助智能投顾开展资产管理业务，即资产管理业务专属于金融机构；第四，《指导意见》并没有指明金融机构利用人工智能技术的资产管理业务是否需要具有特殊的资质；第五，《指导意见》没有否定金融机构在开展投资顾问业务的同时开展资产管理业务，可以推定为允许同时开展。总之，《指导意见》明确将智能投顾的功能限制在投资顾问的范围内，但允许金融机构的智能投顾的业务与智能资产管理业务相衔接。似乎相对放松了前面《证券法》第 171 条以及《证券投资顾问业务暂行规定》第 12 条对投资顾问的严格限制。

综上，我国监管部门更倾向于将智能投顾单纯认定为投资顾问。

（二）可能的路径选择

1. 资产管理

所谓资产管理，根据上述《指导意见》第 2 条，是指“银行、信托、证券、基金、期货、保险资产管理机构、金融资产投资公司等金融机构接受投资者委托，对受托的投资者财产进行投资和管理的金融服务”。根据这个界定，可以对资产管理业务的法律关系作出如下分析：首先，资产管理业务的法律关系性质是委托合同关系；其次，主体包括委托人和受托人，委托人是投资者，受托人是银行、信托、证券、基金等金融机构；最后，法律关系内容即受托人为投资者提供财产的投资和管理的金融服务，委托人自担风险并支付管理费。根据《证券期货经营机构私募资产管理业务管理办法》，资产管理分为单一资产管理计划和集合资产管理计划两种业务形式。单一资产管理计划为单一投资者设立，集合资产管理计划为多个投资者设立，并且设定均等份额。另外，资产管理计划应当根据所投资的主要品种区分为固定收益类、权益类、金融衍生品类以及混合类。

根据上述对资产管理计划的分析可以得出，资产管理计划中，受托人为委托人的利益管理其投资的财产。资管计划持续期间，管理人对所管理的财产全权负责，对符合资产管理计划合同的内容，不再需要委托人同意和确认，基本符合“全权委托”的特征。将智能投顾定位为资产管理，更趋向于欧美式“一站式”服务的智能投顾。这一定位的优点明显：第一，可以最大程度地利用人工智能的优势为投资者提供高效、便利的服务，使得缺乏或没有理财知识和经验的投资者也可以享受理财的优惠；第二，人工智能具有的“理性”可以避免投资者介入理财而导致的非理性、情绪化投资行为，为投资者争取最大的投资利益；第三，可以对资产管理行为进行统一而连续的监管，而不须分开对投资顾问和资产管理行为进行监管。由此而导致问题有：在资产管理模式下，投资顾问功能被掩盖，投资者无从自己选择具体资产种类，完全“听从”管理人的管理。而所谓“顾问”，应当是给出建议的过程，投资者可以选择接受或者不接受“顾问”的建议，并自己作出投资决定。在投资资产性质基本相同的情形下，作为银行、证券、基金公司等的管理人无法避免在投资品种的选择上发生利益冲突，管理人投资于自己发行或买卖的资产品种是否应当受到限制存在问题。

2. 基金

如第一部分所述，中国工商银行推出的 AI 智投为投资者提供了投资风险和投资期限两个维度的选择，投资者根据自己的投资意愿进行选择后，AI 智投便给出一个由股票类、固定收益类、货币类、商品类、另类及其他五大类基金所构建的投资组合。国外智能投顾如 Betterment 的设置的资产组合，标的是股票 ETF 和债权 ETF。ETF，即交易型开放式指数基金，也属于基金的一种。以上“智能投顾”的模式类似于基金，更进一步说，类似于基金中基金。所谓基金中基金（FOF，Fund of Funds），根据《公开募集证券投资基金运作指引第 2 号——基金中基金指引》第 3 条，是将 80% 以上的基金资产投资于公开募集的基金份额的基金，即基金中基金的投资标的是基金，而非股票、债权等资产。根据《证券投资基金法》（以下简称《基金法》）第 2 条，设立证券投资基金，该法未规定的，适用《信托法》。而《指导意见》第 2 条第 3 款指出，有关私募投资基金的法律、行政法规没有明确规定的适用《指导意见》，即适用有关资产管理的规定。《证券期货经营机构私募资产管理业务管理办法》第 1 条又明确，该办法依据《基金法》制定，而对于资产管理的性质，有“委托说”“信托说”“中间道路说”等。[①]

抛开有关基金、信托、资产管理之间的区分不谈，现有的“智能投顾”将资产投资于ETF等基金，确有FOF的特点。但是，让投资者自行选择基金种类丧失了投资顾问的本来功能。同时，FOF毕竟是设立好的基金组合，虽然不同的FOF具有不同的投资风格和风险性，但是由于总量不足因而并不能达到“智能投顾”的个性化要求，无法根据投资者的具体情形进行独特的调整。

3. 投资顾问

回到最初的对智能投顾的语义分析所得出的结论，智能投顾应当以投资顾问为基础。如果智能投顾的功能仅限于投资顾问，似乎又存在一些问题：一方面，人工智能计算快、实时监控、反应迅速的优势难以发挥；另一方面，本以方便投资者为宗旨产生的智能投顾并不能为投资者提供投资服务，而只是给出投资建议或规划，如果投资者接受建议，还需要亲自去购买复杂的资产组合并不现实。这意味着，如果采取投资顾问的定位，就需要与资产管理或基金等服务进行对接和组合，才能完整地为投资者提供服务。

（三）定位确定

根据对上述三种定位可能性的分析，可以得出，单纯采用资产管理、基金中基金或者投资顾问来规制智能投顾都存在相应的缺陷。笔者认为，应当将智能投顾定位为“单纯的投资顾问”，如果投资者希望获得全权委托的理财服务，可以采用“单纯的投资顾问+单纯的资产管理”模式。所谓单纯的投资顾问，即智能投顾平台仅提供利用人工智能技术的投资顾问服务，根据投资者的个性化特征提供个性化的投资建议。所谓单纯的资产管理，不同于现有的资产管理，是利用人工智能技术的、对投资者确定的投资组合进行投资并进行后续管理的资产管理服务，其中的投资组合可以以基金中基金的形式呈现。具体地说，智能投顾平台根据投资者的年龄、收入、财产状况、家庭状况、投资目标、风险偏好、投资期限等因素给出大类资产的投资组合建议，包括资产类别、资产配比等，投资者可以在给出的资产类别中选择自己偏好的具体资产，也可以选择采用智能投顾平台随机组合的资产。其后，如果投资者决定采纳建议进行投资，可以选择人工智能技术支持的资产管理服务，将选择好的投资组

① 缪因知:《资产管理内部法律关系之定性：回顾与前瞻》，载《法学家》2018年第3期。

合数据提交管理者，并由“智能管理者”进行投资以及后续操作。此外，在基金中基金发展到数量足够多时，如果某项基金与投资者特征相符合，也可以利用基金中基金进行后续投资。当然，这需要加强对人工智能技术与资产管理服务以及基金管理服务的结合。

三、对我国智能投顾的监管建议

金融消费者权益保护是金融消费领域的监管重点，在信息化、快捷化的金融消费领域发展中，如不注重对金融消费者的权益保护，可能会引发大量矛盾，导致社会矛盾，甚至引发系统性金融风险。但同时，监管方也不能忽视对智能投顾发展的保护，积极的监管有利于引导新事物向有利的方向发展。下文针对智能投顾的定位，主要从立法、执法、司法、守法四个角度提出关于行业准入、监管方式、纠纷解决以及实现个性化方面的监管建议。

（一）立法——明确智能投顾定位以及准入资质

监管首先应当解决立法问题，明确、统一的规定可以为智能投顾平台提供确定性的指引。现有智能投顾发展较为混乱，许多平台在缺乏相应资质的情况下利用立法空缺或冲突从事相关活动，这很大程度上是由于相关规定的模糊所导致。因此，为了促进智能投顾的发展以及更好地实施监管，应当统一立法，使经营者和监管者都有法可依。第一，明确智能投顾的定位——单纯的投资顾问。单纯将智能投顾定位为投资顾问有利于尊重投资者的选择，投资者有可能只需要获得投资建议而非全流程的投资服务；第二，明确智能投顾行业准入——智能投顾资质。根据智能投顾的定位，设立不同于传统投资顾问资质的智能投顾资质。虽然两者均为投资顾问，且最终均为投资者提供投资建议，但由于所依据的技术手段、数据信息实际不同，因此需要完全不同的监管方式。传统的投资顾问属于证券投资咨询，根据规定，经营证券投资咨询的机构需要5名以上取得从业资格的人员，从事证券投资顾问业务需要具有证券投资咨询从业资格、加入一家证券投资咨询机构并在证券业协会登记为投资顾问，可见传统的投资顾问是对从业人员的许可。由于暂时难以对“智能投顾软件”本身设定资质，将智能投顾资质设定为对机构的许可更符合实际，具体要求至少应当包括一定数量具有证券投资咨询从业资格和一定数量具有人工智能技术的人员并获得证监会的审批。

另外，投资顾问和资产管理的衔接问题也需要立法明确。现有规定不允许投资顾问代投资者作出投资决策以及代理投资者从事证券投资，最新的《指导意见》区分了利用人工智能技术开展投资顾问和资产管理业务。根据现有状况，智能投资顾问与智能资产管理的资质应当在区分的同时相衔接。具体地说，获得智能投顾资质的平台可以从事智能投顾服务，如果可以另外获得智能资管资质，就可以继续从事智能资管服务。进行两者区分的原因是，由于不需要实际从事证券的买卖，智能投顾相比于智能资管技术水平要求较低。两者进行区分可以降低智能投顾门槛以鼓励其发展。两者相互衔接的原因有：第一，"投资顾问建议——投资者决策——资产管理代理投资者买卖"的模式可以比单纯的投资顾问建议更好地发挥人工智能相比于人工在信息获取与计算、反应速度、学习能力、精力、理性化等方面的优势；第二，我国现有的智能投顾也大部分采用类似于"建议 + 代理买卖"的模式，区别之处在于，应当充分尊重投资者在最初确定投资决策时的自主权，体现在投资者有权在相同风险收益特征的资产中选择具体的投资对象。

（二）执法——采用监管沙盒、监管科技、功能监管

在监管方式的选择上，可以突破传统的监管手段，借鉴监管沙盒经验，利用监管科技，采用功能监管代替机构监管。

监管沙盒概念来自于英国，"在确保消费者权益和保证金融运行稳定的前提下，允许金融机构和金融科技企业对创新的金融产品、服务及模式进行测试"①。监管沙盒是一个真实的市场，但是有一定时间、空间和范围的限制，在保护金融消费者权益的同时在一定程度上豁免金融机构的责任。监管沙盒尤其注重对金融消费者的保护，在英国的监管沙盒测试下，进行测试的消费者会被告知潜在风险以及可获得的赔偿并且同意参与测试，参与测试的企业必须证明其有能力承担对消费者任何损失的赔偿。② 将智能投顾以及智能资管产品先在监管沙盒中进行测试，有助于迅速发现智能投顾在我国市场环境的实践中可能出现的问题，针对问题提前准备应对方案，积累监管经验，为优化监管奠定基础。

监管科技（RegTech）不同于传统的金融监管，是监管主体利用科技手段

① 张景智：《"监管沙盒"的国际模式和中国内地的发展路径》，载《金融监管研究》2017 年第 5 期。

② Financial Conduct Authority："Regulatory sandbox"，Financial Conduct Authority，2015.11.

对利用科技手段进行金融服务的金融机构进行监管，具有数字化、敏捷性、实时性、共享性、智能化的特征。[①]有观点认为智能投顾的监管框架应包括宏观审慎指标、微观行为指标以及服务品质指标三个维度，以解决系统性风险、内幕交易以及客户满意度问题。[②]笔者认为，在智能投顾的模式下，监管科技的核心在于对算法设计的监管。一方面，智能投顾大多运用现代投资组合理论设计投资组合，难以避免实质一致的算法所可能导致的"羊群效应"以及当发生巨大的系统风险时的群体性的损失。监管科技应对不同平台的算法设计进行批准前的综合分析以及运营中的实时监控，及时发现问题，避免发生系统性危机。另一方面，尽量避免投资顾问利益冲突问题。同时运营投资顾问以及证券自营、承销与保荐、证券经纪的智能投顾平台，在提供建议时应避免优先选择自营或承销等的证券，智能投顾还应避免选择佣金回报较高而不利于投资者的产品，这在监管科技运用中都应得到体现。

"功能监管"对应于"机构监管"，是以金融机构的经营活动性质而非金融机构的性质为依据划分监管主体的监管方式，采用功能监管可以避免机构监管"监管真空""监管套利"、忽视保护公众投资者利益的缺陷。[③]如本文最开始所述，我国智能投顾业务存在于银行、证券公司、互联网公司、金融科技公司等等机构之中，如果采用机构监管的方式会造成监管的分散。监管机构应当对智能投顾业务的功能实质进行分析，凡是符合利用人工智能技术为投资者提供个性化投资建议服务这一功能的，都应采用统一的标准进行监管。

（三）司法——责任承担与纠纷解决

智能投顾平台在提供投资建议服务的过程中，如发生利益冲突而进行不利于投资者的交易、合谋进行内部交易等行为应当承担行政责任自不待言。在此讨论智能投顾平台与投资者之间发生民事争议，例如智能投顾软件未履行忠实、勤勉义务而提供了不适当的建议或是发生利益冲突损害投资者利益时，如何分配责任以及责任主体如何确定。关于如何分配责任，通常在投资顾问合同中会约定双方的权利义务以及相应责任，但应当避免智能投顾模式下电子格式

① 蔚赵春、徐剑刚：《监管科技 RegTech 的理论框架及发展应对》，载《上海金融》2017 年第 10 期。

② 张家林：《监管科技（RegTech）发展及应用研究——以智能投顾监管为例》，载《金融监管研究》2018 年第 6 期。

③ 黄韬：《我国金融市场从"机构监管"到"功能监管"的法律路径》，载《法学》2011 年第 7 期。

合同条款不利于投资者的情形。对此，一方面监管方可以公布格式合同范本以供参考，另一方面应当对智能投顾平台免除、限制其责任的条款认定无效。关于责任主体的确定，可承担责任的主体主要有三方，分别是智能投顾平台、提供投资组合设计原理的自然人投资顾问以及进行算法、程序、软件设计的程序员或其他技术人员。其中，负责算法设计的人员只是根据提供投资组合设计的自然人投资顾问的方案编写算法，因此不对智能投顾违反忠实、勤勉义务等的行为负责。从保护金融消费者权益的角度，应当由智能投顾平台对投资者承担无过错责任。原因在于人工智能具有专业性、复杂性、学习性等特征，当无法解释是由于算法设计、数据收集与处理还是投资组合设计等方面发生问题时，由智能投顾平台首先对投资者承担责任有利于充分保障消费者权益、避免相互推诿以及举证困难。同时，可以提供面向智能投顾平台的责任保险，以避免由于责任过重而阻碍智能投顾行业发展的情况。

另外，由于智能投顾的网络性、电子性，通常平台与投资者不进行直接面对面交流。当发生纠纷与争议时不仅应当通过网络进行交流，更应当发展“线上+线下相结合的处理模式”[①]，允许投资者选择采用互联网、电话、面对面等方式与平台沟通，避免“投诉无门”的情况。除诉讼外，应当充分发挥证券业、基金业、银行业等协会在处理纠纷中的作用，健全调解、仲裁、投诉等多种纠纷解决机制，及时化解矛盾，建立投资者对智能投顾行业的信任，以促进行业进一步发展。

（四）守法——智能投顾应致力于投资个性化的实现

智能投顾强调利用人工智能、大数据等技术为投资者提供个性化的投资建议。个性化的极限就是为每个投资者所提供的投资建议都根据投资者的特点而有所区别，至少，类似于工行AI智投等根据投资风险和投资期限简单构建出几种确定的投资组合并没有真正实现个性化。甚至，这种直接构建具体资产组合的服务可能涉嫌违反禁止证券投资顾问代客户作出投资决策的规定，其建议由于过于具体从而具有较强的引导性，很大程度上影响了投资者，尤其是缺乏理财知识和经验的投资者的决策，当发生亏损时容易与投资者发生纠纷，不利于金融消费者权益保护。

① 李晴：《智能投顾的风险分析及法律规制路径》，载《南方金融》2017年第4期。

平台应最大程度发挥智能投顾对个性化投资的作用：首先，个性化体现在智能投顾根据投资者的个人情况配置资产组合中。为了实现投资者与金融产品的匹配，选择合适、恰当的资产与资产组合首先应当对投资者进行充分的了解，智能投顾通常通过调查问卷的形式完成此项任务。为了实现通过调查问卷的形式即可充分了解投资者情况，调查问卷的内容至少应当满足以下要求：第一，问题数量以及角度需要能够全面反映投资者个人情况和投资意愿，如投资者年龄、财产及收入支出状况、风险承担能力、风险偏好、投资期限及目标等，上述因素互相之间也可能产生影响；第二，问卷答案需要能够真实反映投资者个人情况和投资意愿，投资者可能不确定自己的投资意愿，从而需要从多角度进行提问以进行确认和相互印证。平台也应当提醒消费者注意按真实情况和意愿进行填写，以更好地为投资者选择最适合的资产组合；第三,一次问卷只能反映投资者当时的情况，应当进行多次问卷，以反映投资者个人情况和投资意愿的变化。其次，个性化要求在获得投资者个人情况和投资意愿后，利用大数据等技术匹配最合适的资产与资产组合范围以供投资者选择。再次，个性化体现在投资者对投资标的资产的选择权上。如前所述，在智能投顾给出不同资产类别的投资建议后，投资者可以在具有相同风险收益特征的资产中选择自己意欲投资的对象，赋予投资者标的资产选择权有助于避免利益冲突并最大程度地为投资者服务。最后，个性化要求在投资者应当自己做出最初的投资决策，即智能投顾给出投资建议后，投资者可以选择完全接受、部分改变、选择或者不接受资产组合，以及选择是否需要接下来的智能资管服务。如果选择智能资管服务，则需要进一步的调查、了解与沟通。一方面智能资管根据投资者选择的资产组合进行实时监控、及时调仓等操作。另一方面，双方应当提前明确智能资管的操作原理，并约定投资者对资产收益与损失承担最后责任以及相应的例外情况。

在智能投顾大发展的国际以及国内背景下，一方面应借鉴国际经验，一方面应考虑国内现实情况。我国应当在控制金融风险、保障金融消费者权益的前提下构建智能投顾的监管体系，将智能投顾定位为利用人工智能技术开展的单纯的投资顾问。具体的监管措施，可以利用监管沙盒测试，逐步探索适合我国智能投顾发展的道路。